Daniel Hen

WILHELM FRIEDEMANN BACH

Epigone oder Originalgenie, verquere Erscheinung oder großer Komponist?

ibidem-Verlag
Stuttgart

Bibliografische Information der Deutschen Nationalbibliothek
Die Deutsche Nationalbibliothek verzeichnet diese Publikation in der Deutschen Nationalbibliografie; detaillierte bibliografische Daten sind im Internet über http://dnb.d-nb.de abrufbar.

Bibliographic information published by the Deutsche Nationalbibliothek
Die Deutsche Nationalbibliothek lists this publication in the Deutsche Nationalbibliografie; detailed bibliographic data are available in the Internet at http://dnb.d-nb.de.

∞

Gedruckt auf alterungsbeständigem, säurefreien Papier
Printed on acid-free paper

ISBN-13: 978-3-8382-0178-8

Printed in Germany

Wilhelm Friedemann Bach

Epigone oder Originalgenie, verquere Erscheinung oder großer Komponist?

von

Daniel Hensel

-Für Anna-Maximiliane Geraldine, meine Erstgeborene-

Inhaltsverzeichnis

Danksagung

Eine solche Arbeit schreibt man naturgemäß nie ohne Hilfe von außen. Als erstes danke ich meiner Mutter Roselinde Hensel und meiner Frau Dorota Ewa Hensel, meinem Vater Reinhard Hensel und meiner Großmutter Rosemarie Eckert, die mir in der Kinderbetreuung den Rücken für diese Tätigkeit freihielten. Auch danke ich meiner Frau für ihre Hilfe bei den Korrekturen. Dann sei Prof. Dr. Peter Ackermann für seine Unterstützung und seinen Rat gedankt. Danken möchte ich auch Herrn Michael Meißner für seine fachliche Unterstützung und Frau Gisela Vogt für Ihre Hilfe bei der Bereitstellung der vorliegenden Bilder, sowie allen Mitarbeitern des Bachhauses Eisenach. Nicht zuletzt sei Herrn PD Dr. habil. Peter Wollny für seinen kompetenten Rat gedankt und dafür, daß er trotz eines gewaltigen Arbeitspensums jede noch so kleine e-Mail von mir immer zügig beantwortet hat. Herrn Prof. Dr. hc. Zsolt Gárdonyi danke ich sehr für die Beratung im Bach-Kontrapunkt und seine eigens für dieses Buch formulierten Äußerungen zur Darstellung der Grundtonfortschreitung sowie für das Geschenk eines neuen Exemplars seiner »Harmonik«. Auch danke ich Frau Dr. Kerstin Helfricht, ohne die ich die Schriften Heinrich Christoph Kochs nicht kennengelernt hätte. Vor allem danke ich meiner ehemaligen Oberstufen-Tutorin Frau Hildegard Schlaugk für die sprachlichen Korrekturen und ihrem Mann, meinem ehemaligen Erdkundelehrer, Herrn Arno Schlaugk, der uns die Korrekturgespräche sehr angenehm gestaltete. Auch danke ich der Edition Schott, dem Henle-Verlag und der Edition Peters für die unkomplizierten und unbürokratischen Genehmigungen. Und ich danke Frau Valerie Lange und dem ibidem-Verlag für die kompetente und freundliche Betreuung und für die Veröffentlichung dieses Buches. Es ist mir eine große Freude, daß dieses Buch nun erscheinen kann.

Vorwort

> »Lange Jahre hat sich die Vorstellung von Wilhelm Friedemann Bachs künstlerischer Persönlichkeit auf das Orgelkonzert in D-moll gestützt, das sich als eine Bearbeitung eines Vivaldischen Konzertes durch J.S. Bach herausgestellt hat, während der Mensch Friedemann als unechte Romanfigur im Bewußtsein der Allgemeinheit lebte. A. E. Brachvogel (Friedemann Bach; 7. Aufl. 1907) will natürlich keinen Bericht der Geschehnisse geben, aber leider ist nicht einmal das allgemeine Bild der Zeit getroffen: Im Streben nach äußerer Wirkung ist der Roman mehr die Ausgeburt berechnenden Verstandes und einer sentimental sich erhitzenden Phantasie, als die Wiederbelebung der Vergangenheit durch den schöpferischen Geist des wahren Dichters, der so oft den Geschichtsschreiber auf den rechten Weg zum Verständnis führt. Wir haben in dieser Hinsicht keine zu erwarten, sondern müssen uns ganz auf die Prüfung der Quellen verlassen, um das echte Bild Wilhelm Friedemann Bachs zu sehen.«[1]

So begann Martin Falck im Jahre 1913 seine Dissertation über Wilhelm Friedemann Bach. Es ist schlimm, daß man fast hundert Jahre später W.F. Bach gegen die gleichen Vorurteile verteidigen muß. Daraus ist ersichtlich, daß Falcks Werk ohne die Breitenwirkung geblieben ist, die das Brachvogel-Buch inne hatte. Diese Arbeit soll also vom Werke Friedemann Bachs handeln und eine Anregung für Musikwissenschaftler und ausübende Musiker sein, sich mit dem Werk, oder dem, was davon übrig geblieben ist, eingehend zu beschäftigen. Dabei soll versucht werden, sich in die musikalische Denkweise der Zeit hineinzuversetzen und auch zu einer Neudeutung der Musik des 18. Jahrhunderts, oder dem, was man gemeinhin »Vorklassik« nennt, zu kommen. Entgegen der ursprünglichen Absicht, eine Arbeit über das geistliche Werk Friedemanns und Carl Philipps zu verfassen, ist der Autor der vorliegenden Studie zu dem Schluß gekommen, daß eine solche Arbeit eine weitere Ungerechtigkeit gegenüber Wilhelm Friedemann Bach wäre. Denn: Kein Komponist wurde ein Leben lang und nun schon fast 250 Jahre so oft verglichen und\ oder mißachtet wie W.F. Bach. Vergleicht man ihn nicht mit seinem Vater, was ohnehin schon problematisch ist, vergleicht man ihn mit seinen Brüdern. Wenn nicht diese Vergleiche angestellt werden, so vergleicht man ihn mit Haydn und Mozart. Alle diese Vergleiche hinken.
Michael Heinemann und Jörg Strodthoff stellten bei ihrer Einführung zum W.F. Bach Symposium richtig fest, daß man keinem Kind gerecht werde[2], »wenn man es permanent nur am Vater«[3] messe[4], und daß unter den »Söhnen J.S. Bachs«[5]

es der älteste war[6], »der stets den Vergleich«[7] habe dulden müssen, und das »keineswegs zu seinem Vorteil«.[8] Allerdings habe Wilhelm Friedemann Bach die »–produktive – Auseinandersetzung mit dem Vater«[9] auch gesucht, »indem er weit mehr als seine Brüder im gleichen musikalischen Metier lebte«[10] und »das geistige Milieu des protestantischen Mitteldeutschland kaum je«[11] verlassen habe. Dieser Sachverhalt legte automatisch »einen Vergleich mit den Kompositionen des Vaters nahe, zumal mit seinen Clavierwerken und Kantaten, der selten für den Sohn günstig«[12] ausgefallen sei.[13] Nach Heinemann und Strodthoff konnten die »Unterschiede, die unmittelbar«[14] auffielen, »leichter als Verfall«[15], »denn als Versuche, eigene und innovative Lösungen zu präsentieren«[16], gewertet werden. Das »Bild des genialischen Sonderlings, dessen fantastisches Orgelspiel die Zeitgenossen ebenso rühmten wie sie seinem exzentrischen Lebenswandel bestenfalls mit Unverständnis begegneten«[17], habe »bei einer Gegenüberstellung mit den Werken«[18] Haydns und Mozarts[19] »noch schärfere Konturen«[20] bekommen. Wo ein »spätes, letztes ›Barock‹, das Johann Sebastian Bach«[21] repräsentiere »und eine "Wiener Klassik" Gipfelpunkte der Musikgeschichte«[22] markierten, bleibe »für Komponisten, die das Pech haben, dass man sie stilistisch keinem dieser beiden Pole zuordnen«[23] könne, »das Verdikt des ›nicht mehr‹ oder ›noch nicht‹ «[24]. So sei ein »faires Urteil über die kompositorische Lebensleistung eines Wilhelm Friedemann Bach«[25] »ebenso wenig zu erhalten wie im Überschwang des Bildersturms, dem die ›Heroen‹ der Tonkunst zum Opfer«[26] fielen.

So wird die Musik Friedemann Bachs auch kontrovers diskutiert, gar attackiert: Etwa von Clemens Kühn, der in seinem Aufsatz zu Friedemann Bachs Harmonik den Eindruck erweckt, man könne Kunst an der Einhaltung von Regeln oder, wie er es ausdrückt, harmonischen Standards messen.[27]Welche Standards sollen hier gelten? Wieso diese Musik mit Maßstäben von Barock oder Klassik messen, mit Maßstäben, die einer Musik in einer der wahrscheinlich gewaltigsten musikalischen Umbruchzeiten – wahrscheinlich gewaltiger als die Umbrüche im 20. Jahrhundert – nicht gerecht werden können. Kühn meint, Wilhelm Friedemann Bach sei weder im Vergangenen noch im Künftigen zu Haus, er sei außerdem »ein Komponist minderen Ranges«[28], »allgemein in der Erfindung[29]« als auch »speziell im Harmonischen ohne schöpferisch eigenständige Kraft«.[30] Kühn meint zudem, W.F. Bach wäre heute vergessen, wenn er nicht den Nachnamen seines Vaters trüge.[31] Die Musik W.F. Bachs sei »durchzogen von Ungereimtheiten«[32], nur »als geschichtliches Dokument einer Umbruchzeit oder einer verqueren kompositorischen Erscheinung, kaum aber für sich selbst«[33] könne sie »noch Interesse beanspruchen«.[34]

Ist ein Komponist eigenwillig, so ist er gleich verquert. Warum nimmt man nicht diese Musik, wie sie ist, warum mißt man diese Musik nicht mit den selbst gestellten Prämissen dieses Komponisten, der immerhin der Kompositions- und Orgel-

schüler J.S. Bachs war? Fast schon wieder ein ungewollter Vergleich: Schüler des großen Bach. Es gibt zahlreiche zeitgenössische Würdigungen, aber leider auch Herabsetzungen. Dem Verfasser geht es in dieser Studie darum, nicht nur das Werk Friedemanns populärer zu machen, sondern auch das Werk derer, die sich musikwissenschaftlich um Friedemann verdient gemacht haben. Dazu zählen vor allem Martin Falck und Peter Wollny, die beide über Friedemann promovierten. Falcks Buch ist noch immer ein herausragendes Standardwerk, die Wollnysche Dissertation ist leider nur auf Englisch zu bekommen, aber ein ebenbürtiges Werk. Deshalb hat der Autor im weiteren Verlauf dieser Arbeit im Bereich der Quellen versucht, einiges der Wollnyschen Dissertation ins Deutsche zu übertragen und dabei zu bearbeiten und verarbeiten. Seine Stärken liegen – als Komponist naturgemäß – im analytischen Bereich, lesenwerte Biographien sollen in diesem Metier begabteren Personen überlassen werden. Man soll das tun, was man am besten kann. Deshalb zieht es der Autor eigentlich vor, das zu tun, was er am besten kann, nämlich zu komponieren. Aber gerade an detaillierten Analysen der Werke Friedemanns durch Komponistenden herrscht größter Mangel. Gerade diese Analysen wären aber für die Musik Friedemanns ungemein erforderlich: Sie, die Komponisten, denken schlichtweg anders als Musikwissenschaftler, weil sie tagtäglich Musik erfinden und sich mit dem jahrhundertealten »Berg der Musikgeschichte« kreativ auseinandersetzen müssen. Der Autor sieht sich deshalb als Komponist umso mehr in der Pflicht, die Besonderheiten und Schönheiten der Friedemannschen Musik analytisch zu belegen. Deswegen wird es exemplarische und ausgiebige Analysen der Werke Friedemanns geben. Diese Studie greift ständig auf die Publikation der Dresdner Musikhochschule von Heinemann und Strodthoff zurück, die die erste eigenständige deutschsprachige, musikwissenschaftliche Abhandlung über Friedemann in einem Zeitraum von 1913-2005 war!
Martin Falck beendete sein Vorwort folgendermaßen:

> »Auf Grund der Prüfung aller dieser Nachrichten wird sich die verschwommene romantische Vorstellung von Bachs Leben auflösen, der sich unter dem Einfluß einer späten Legendenbildung [...] bisher die meisten Darsteller nicht ohne Wohlgefallen hingegeben haben. An ihrer Stelle wird ein nüchternes Bild auftauchen. Das Schicksal eines großen Menschen, dessen bedeutende Schöpfungen, in einer Übergangszeit entstanden, den Alten zu neu, den Neuen alt erschienen, der von seiner Bahn gedrängt nach langem Kampfe am Ende die Welt selbst schroff von sich wies, werden wir mit Teilnahme nicht kalt verurteilend betrachten.«[35]

Nach dem Lesen der Arbeit haben wir einen lebendigen Blick auf das 18. Jahrhundert, abseits der Wiener Klassik, einem Jahrhundert voll von gesellschaftlichen und musikalischen Umbrüchen.
Da das Wilhelm Friedemann-Bach-Repetitorium von Peter Wollny zum Zeitpunkt

der Bearbeitung dieses Skriptes noch in Vorbereitung war und zum Zeitpunkt der Fertigstellung der Analysen dieser Studie gerade erst der 1. Band der Gesamtausgabe erschien, mußte man sich bei den Analysen und Werkbezeichnungen am damals Vorhandenen – oft auch nur antiquarisch Zugänglichen – orientieren, was nicht weiter schlimm ist, da es um kompositorische Grundprinzipien und nicht um musikalische Lesarten geht.

Dem Autor dieser Arbeit scheinen die Klavierwerke am besten einen Überblick über das innovatorische kompositorische Vermögen W.F. Bachs zu geben, bei den Orgelwerken ist die Urheberschaft W.F. Bachs nicht immer einwandfrei geklärt. Es soll sich zunächst an Werken orientiert werden, die auch ohne großen Aufwand zugänglich sind: Erst die komplette Veröffentlichung der Gesamtausgabe wird tiefer schürfende Studien möglich machen. Es sei zu erwähnen, daß es in der Literatur über Friedemann Bach geradezu an musikwissenschaftlichen, insbesondere aber an analytischen Abhandlungen mangelt. Denn bis auf die erwähnte Dissertation Falcks aus dem Jahre 1913, die immer noch ein Standardwerk ist, und achtzig Jahre danach derjenigen von Peter Wollny, die, wie bereits gesagt, leider nur auf Englisch und auch nur schwer aufzutreiben, aber in ihrem Umfang und Analyse der Werke und Quellen bahnbrechend wie die Falksche ist, finden sich nur wenige Abhandlungen und – nach derzeitigem Kenntnisstand – keine weiteren Dissertationen über W.F. Bach! Der Autor dieser Arbeit ist wie angedeutet selbst Komponist und will der Musik W.F. Bach abseits von musikologischen Vorurteilen kompositorisch\ analytisch auf den Grund gehen, dabei aber auch den Einflüssen auf die Musik und Nachwirkungen dieser Musik auf andere bewußt machen. Nach Wollny sei eine Würdigung der Musik der Bach-Söhne nur möglich, wenn man von einem Verständnis für die theoretischen Grundlagen ihrer Kompositionen, im Kontext zu den der zeitgenössischen Musikpraxis immanenten Traditionen gesehen, ausgehe.[36] Der Autor dieser Arbeit will Wollny widersprechen:

Kunst muß zeitlos formuliert sein, wenn sie bestehen will. Deshalb erfolgen die Analysen dieser Stduie abseits des musikhistorischen Kontexts. Es wird danach gesucht, was uns diese Musik denn heute noch zu sagen hat und warum sie des Lesens und des Hörens überhaupt wert ist!
Gerade als der Autor dieser Studie das Skript dem Verlag zur Veröffentlichung übergeben wollte, erfuhr er durch Herrn Michael Meißner vom Bachhaus Eisenach von Ulrich Kahmanns Buch »Wilhelm Friedemann Bach Der unterschätzte Sohn.«[37]. Dies ist eine sehr lesenwerte Biographie, nicht die eines Musikologen, sondern eines Biographie-Forschers, die dem Autor noch zahlreiche neue Fakten dargeboten hat, einige Hyptothesen hinfällig machten, so daß eine komplette Überarbeitung des Skriptes erfolgen mußte (das zwei Monate vor dem geplanten Abgabetermin). Das Kahmann-Buch ist eine reine Biographie, und die hier vorliegende Studie ist eine Abhandlung über die bisherige musikwissenschaftliche

Auseinandersetzung mit Friedemann insgesamt[38] und über die kompositorischen Prinzipien Friedemanns. Somit schließen sich beide Bücher nicht aus und können auch nicht miteinander konkurrieren. Was das eine Buch entbehrt, enthält das andere und umgekehrt. Der Autor der vorliegenden Studie benutzte das Kahmann-Buch dann aber doch noch zum Abgleich, um den aktuellsten Stand der Forschung zu berücksichtigen, und kam so zu einer weiteren spannenden wissenschaftlichen Auseinandersetzung. In den musikalischen Deutungen ist der Autor der vorliegenden Studie mit Ulrich Kahmann nicht immer einer Meinung. Kahmann ist allerdings Biographieforscher und kein Musikwissenschaftler. Und sicherlich würde auch Kahmann, sollte er dieses Buch lesen, die biographischen Einsichten des Autors ebenfalls kritisch in einer neuen Auflage bearbeiten. Jedoch unterscheidet sich die Sichtweise auf Friedemann sehr! Denn auch Kahmann betrachtet Friedemann als Komponisten zwischen den Stühlen. Das Ergebnis dieser Studie kommt zu anderen Schlüssen: Friedemann steht folgerichtig an einem entscheidenden Punkt in der Musikgeschichte. Vielleicht fällt diese Schlußfolgerung einfach einem Komponisten leichter, der in einer Zeit lebt, in der alle seine Kollegen einen ganz indiviuellen Stil schreiben, und es trotzdem so etwas wie einen allgemeinverständlichen, zeitgenössischen Stil in der Musik gibt. Die Schlußfolgerung, daß Friedemann ins 19. und 20 Jahrhundert vorausweist, ist nicht neu: Bereits Batta/Friesenhagen[39] und Synofzik[40] haben dies bereits bemerkt, allerdings wird die Vermutung hier durch tiefer schürfende Analysen bestätigt.

Eines soll klargestellt werden: Es geht in dieser Studie nicht um wissenschaftliche Aktualität! Dieses Feld wird der Friedemann-Bach-Forschung überlassen, denn diese Arbeit kann der Autor alleine logistisch nicht leisten. Es soll hier aber dem Leser ein tieferes Verständnis für die Musik Friedemann Bachs vermittelt werden. Auch geht es hier nicht um Schmälerung des bereits Publizierten und nicht um wissenschaftlichen Streit, wenngleich ein paar polemische Seitenhiebe den Eindruck erwecken könnten (die aber sportlich aufgenommen werden sollen).

Anmerkungen

[1]Falck, S.III

[2]Vgl. HS, S.5

[3]HS, S.5

[4]Vgl. HS, S.5

[5]HS, S.5

[6]Vgl. HS, S.5

[7]HS, S.5

[8]Ebda.

[9]Ebda.

[10]Ebda.

[11]HS, S.5

[12]Ebda.

[13]Ebda.

[14]Ebda.

[15]Ebda.

[16]Ebda.

[17]Ebda.

[18]Ebda.

[19]Vgl. ebda.

[20]Ebda.

[21]Ebda.

[22]Ebda.

[23]Ebda.

[24]Ebda.

[25]Ebda.

[26]Ebda.

[27]Kühn, S.83

[28]Kühn, S.94

[29]Ebda.

[30]Ebda.

[31]Vgl. ebda.

[32]Ebda.

[33]Ebda.

[34]Ebda.

[35]Falck, S.IV

[36]Vgl. Wollny, S.7

[37]Ulrich Kahmann, Wilhelm Friedemann Bach Der Unterschätzte Sohn, Bielefeld 2010

[38]Das Wort »insgesamt« meint eigentlich nur »annähernd«, denn die Fülle an Material ist überwältigend, und diese Arbeit entstand parallel zur Dissertation des Autors über das Werk Gerhard Schedls, so daß aus zeitlichen Gründen die Fülle an Material beschränkt werden mußte.

[39]Andreas Friesenhagen, Die Brüder Bach. Leben und Werk zwischen Barock und Klassik, (Hrsg.) Andras Batta, Köln 2000

[40]Thomas, Synofzik, Flickwerk oder Gewebe? Beobachtungen zu einem Sonatensatz von Wilhelm Friedemann Bach, in: wilhelm friedemann bach der streitbare sohn, Hrsg. Michael Heinemann und Jörg Strodthoff, Dresden 2005

Teil I.

Die Person Wilhelm Friedemann Bach

1. Epigone oder Originalgenie, verquere Erscheinung oder großer Komponist?

Dieser Komponist ist originell. Bizarre Phantasie ist ihm nicht fremd, er ist ein Suchender. Nichts wäre einfacher gewesen, den kompositorischen Pfad des Vaters zu betreten, doch von diesem hat er sich emanzipiert. Dabei bleibt er aber ein gewissenhafter Tonsetzer. Es ist auch gut möglich, daß er, was sein Beharren auf den dreistimmigen, immer noch kontrapunktisch gedachten Satz betrifft, einfach nur die letzten Konsequenzen aus dem Werk des Vaters gezogen hat. So heißt es in einer zeitgenössischen Besprechung nach einem Orgelkonzert in den Kirchen St. Nicolai und St. Marien in Berlin am 15. Mai 1774:

> *»Vergangnen Sonntag hat sich Herr Wilhelm Friedemann Bach, einer der größten Orgelspieler Deutschlands, Vormittags in der St. Nicolai, und Nachmittags in der St. Marienkirche, öffentlich und mit auszeichnendem Beyfall der Kenner und des Publikums hören lassen. Alles was die Empfindung berauscht, Neuheit der Gedanken, frappante Ausweichungen, dissonierende Sätze, die endlich in einer Graunischen Harmonie starben – Force, Delicatesse, kurz dies alles vereinigte sich unter den Fingern dieses Meisters: Freuden und Schmerzen in die Seelen seiner feinern Versammlung überzutragen. Wär es möglich gewesen, den würdigen Sohn eines Sebastians zu verkennen?«*[41]

Peter Wollny in seiner Dissertation hierzu:

> »Here Friedemann is clearly judged in relation to his father – a procedure that appears to deny him the quality of being original: on the other hand, it is particularly the novelty of his achievement that is being praised.«[42]

Einerseits würde also Friedemann ganz klar im Verhältnis zum Vater bewertet, ein Prozedere, das dessen Originalität zu leugnen scheine, andererseits sei es insbesondere die Neuheit seiner Ausführung, die hier gepriesen werde. Also wurde Friedemann schon zu Lebzeiten kontrovers diskutiert. Ebenfalls sehr unglücklich:

> *»Seb. Bach war ein Original weil er keinem nahe war. Ist diese Bemerkung richtig, so musste der Sohn, der ihm am nächsten kam, notwendig weniger Original, d.h. Unoriginal seyn und so denken wir von Friedemann Bach, ohne ihn zu verkleinern.«*[43]

Man spricht Friedemann also einerseits ab, ein Originalgenie zu sein, andererseits will man seine Bedeutung aber auch nicht schmälern. Peter Wollny konstatiert:

»Thus, while Friedemann´s skills as a composer may have been openly reminiscent of his father, the ›inner character‹ of his compositions certainly was his own.«[44]

Diese Feststellung ist richtig: Der innere Charakter der Stücke unterscheidet sich gänzlich von den Werken J.S. Bachs, die Satztechnik Friedemanns verleugnet ihre Herkunft allerdings nicht. Hier eine posthume Würdigung durch Forkel:

»[...] Ich habe oben gesagt, dass Bachs Söhne sich unter seinen Schülern am meisten ausgezeichnet haben. Der älteste, Wilh. Friedemann, kam in Originalität aller seiner Gedanken seinem Vater am nächsten. Alle seine Melodien sind anders gewendet als die Melodien anderer Componisten, und doch nicht nur äußerst natürlich, sondern zugleich außerordentlich fein und zierlich. Fein vorgetragen, wie er selbst sie vortrug, müssen sie nothwendig jeden Kenner entzücken. Nur Schade, dass er mehr fantasirte, und bloß in der Fantasie nach musikalischen Delicatessen grübelte, als schrieb. Die Anzahl seiner schönen Compositionen ist daher nicht groß.«[45]

Allerdings setzt Forkel ihn bald wieder gegen seinen Vater herab:

»Was im Vorhergehenden von Joh. Seb. Bachs vorzüglichem Clavierspielen gesagt worden ist, kann im Allgemeinen auch auf sein Orgelspielen angewendet werden. Das Clavier und die Orgel sind einander nahe verwandt. Allein Styl und Behandlungsart beyder Instrumente ist so verschieden, als ihre beyderseitige Bestimmung verschieden ist. Was auf dem Clavichord klingt oder etwas sagt, sagt auf der Orgel nichts, und umgekehrt. Der beste Clavierspieler, wenn er nicht die Unterschiede der Bestimmung und der Zwecke beyder Instrumente gehörig kennt und zu beobachten weiß, wird daher stets ein schlechter Orgelspieler sein, wie es auch gewöhnlich der Fall ist. Bis jetzt sind mir nur zwey Ausnahmen vorgekommen. Die eine macht Joh. Sebastian Bach selbst, und die zweyte sein ältester Sohn Wilh. Friedemann. Beyde waren feine Clavierspieler; sobald sie aber auf die Orgel kamen, bemerkte man keinen Clavierspieler mehr. Melodie, Harmonie, Bewegung etc. alles war anders, das heißt: alles war der Natur des Instruments und seiner Bestimmung angemessen. Wenn ich Wilh. Friedemann auf dem Clavier hörte, war alles zierlich, fein und angenehm. Hörte ich ihn auf der Orgel, so überfiel mich ein heiliger Schauer. Dort war alles niedlich, hier alles groß und feyerlich. Eben so war es bei Joh. Sebastian, nur beydes in einem noch höhern Grad der Vollkommenheit. W. Friedemann war auch hierin nur ein Kind gegen seinen Vater, und erklärte sich mit aller Aufrichtigkeit selbst dafür.[...]«[46]

Es gibt dann wiederum den Versuch anderer, ihn als Orgelspieler über seinen Vater zu erheben:

> »*Unstrittig der größte Organist der Welt! Er ist ein Sohn des weltberühmten Sebastian Bachs, und hat seinen Vater im Orgelspiel erreicht, wo nicht übertroffen.*«[47]

> »An understanding an appreciation of the music of the Bach sons and students hast to proceed from an understanding of the theoretical foundation of their compositions. The writings of eighteen – century theorists such as Fux, Mattheson, Scheibe, and Kirnberger, reflect a gradual decline of the old rigid system of well defined rules (with an emphasis on craftmanship) in favor of a more practice – oriented approach.[...]Compositions from the time after about 1740 thus can no longer be explained and analyzed as guided by a normative system of rules (and deliberate offences of it), but instead need to be approached directly from the context of the traditions immanent in contemporary musical practice.«[48]

Ein sachliches Urteil widerfuhr Friedemann scheinbar selten, denn einerseits kritisierte man die Abkehr von der väterlichen Norm, andererseits betrachteten – nach den Darstellungen Rochlitz´ – seine Brüder ihn als erneuertes Genie ihres Vaters[49]. Das ist die einzige Aussage Rochlitz´, der Falk Glauben schenkt. Der Autor der vorliegenden Studie will sich Falk in diesem Glauben gerne anschließen. Er wird dann wiederum als bizarres Genie gesehen, dem man in seiner phantastischen Introversion als Zuhörer einfach nicht mehr zu folgen vermag.[50] Das letztere Bild trägt sich letztlich durch die gesamte Friedemann Literatur. Um mit einem Mißverständnis gleich aufzuräumen:

Diesen »phantastischen« Friedemann, den wir immer präsentiert bekommen, gibt es nicht.

Friedemann war zwar ein expressiver Komponist, sein technisches Vermögen als Komponist wahrt immer die Balance zwischen Konstruktion und Emotion! Bedenkt man, daß Thomas Szynozik in seiner Analyse von Fk 5 Friedemann zwar nicht zum Exponenten einer entwickelnden Variation im Sinne Schönbergs zu erheben beansprucht, »die dieser explizit als Technik eines homophon-melodischen Kompositionsstils«[51] definiert habe, wobei hier die polyphone Sicht vollkommen außer Acht gelassen wird, und ein Johannes Brahms das *Concerto a duoi Cembali* oder *Sonate pour deux clavecins* Fk 10 in F-Dur, einem der bekanntesten Werke Friedemanns sowohl zu seiner Zeit als auch heute[52], 1864 als *Sonate pour deux pianos* bearbeitete und herausgab, ist die Frage, inwiefern das Oeuvre Friedemanns Einfluß auf Brahms und damit auch auf die Schönbergschule insgesamt genommen haben könnte. Damit erschiene Friedemann nicht mehr nur als kompositorische Randfigur in einer Übergangszeit, sondern auch als Wegbereiter der Moderne! Was Szynofzik nicht will, das tut der Autor der vorliegenden Studie und macht Friedemann zu eben jenem Exponenten der »entwickelnden Variation« Schönbergs. Friedemann schaut nicht voraus in die musikalische Klassik, sein Blick geht sogleich ins 19. Jahrhundert. Friedemann sieht in die ferne Zukunft, ist bald Visionär, bald experimenteller Komponist. Daß Friedemann schon in Richtung Schönberg blickt, wird anhand der d-Moll Polonaise im übernächsten Kapitel dargelegt werden. Falck hält Friedemann sogar für moderner als dessen Bruder Carl Philipp Emanuel; und nirgendwo unterschieden sie sich so sehr wie in den Fantasien, denn Emanuels Fantasien seien »weniger von Grund aus Entladung eines schmerzerfüllten Innern, als eine, oft wertvollste, Darstellung eines lebhaft vorgestellten Geschehnisses«.[53] »Friedemann dagegen«[54] ströme »sich aus in Musik, wie die Mannheimer frei von poetisierenden Absichten, die im 18. Jahrhundert alle einen rationalen Anstrich«[55] hätten. Emanuel habe »ein Trio mit seitenlanger Inhaltserklärung komponiert; an Emanuel, nicht an Friedemann und den Süddeutschen«[56] hätten »sich Anhänger einer rationalistischen Affektenlehre«[57] erprobt, »Emanuelschen Fantasien«[58] habe »ein Gerstenberg Texte«[59] unterlegt, das sei »bezeichnend genug, da das Wesentliche der Emanuelschen Fantasie das monodische Rezitativ«[60] sei, »das Friedemann nur in seiner Fantasie E-Moll 2) verwendet«[61] habe. »Bezeichnend«[62] sei auch, »daß Emanuel keine Dur-Fantasie von der Bedeutung der D-Dur und D-Moll\F-Dur Friedemanns geschrieben«[63] habe, »da in Dur das wortlose Rezitativ merklich an Wirkung«[64] verlöre. »So«[65] erscheine »Friedemann im Innersten moderner als der äußerlich homophonere Emanuel«[66]. Die »poetisierenden Absichten des 18.« seien »nicht mit denen des 19. Jahrhunderts verwechseln«[67]. Denn sie entsprächen »dem Streben«[68], »alle Tätigkeiten des menschlichen Lebens, also auch die musikalischen Äußerungen, mit dem Verstande zu begreifen«. Die Absichten des 18. Jahrhunderts seien ein »Überrest«[69] einer vergangenen Zeit[70], die des 19. Jahrhunderts aber »Ergebnis der Romantik«[71], »der Vorstellung einer über den Einzelkünsten stehenden, die Einzelkünste nährenden Gesamtkunst, die sich gerade in der Zeit der Romantik in vielen Geistern zu verkörpern«[72] scheine.

Ein Erklärungsversuch: Man kann den Unterschied weniger im romantischen »Überkunstmodell« als vielmehr darin sehen, daß – wir sind ja hier in der Zeit der Aufklärung – die Kunst Emanuels ihrer Zeit, ihrem Zeitgeist, also der Aufklärung und der verstandesmäßigen Erfassung aller Dinge, auch der menschlichen Regungen und Empfindungen verpflichtet ist. Friedemann gibt sich aber im romantischen Sinne – natürlich noch unbewußt – in seinen Fantasien dem »Eigensinn« (dieses Wort werden wir noch viel zu hören bekommen), den Unzulänglichkeiten[73] und Unwägbarkeiten der eigenen Persönlichkeit – auch kompositorisch – hin. Er versucht dabei nicht, seine Leidenschaften rational zu durchdringen, sondern wühlt im Unterbewußten und entlädt fast triebhaft das Aufgestaute. Statt einer Dramaturgie eines Geschehens, was ja auch ein klassisches Element ist, denn die klassische Kunst ist eine permanent dramatische (in der Architektur der Form und damit der musikalischen Handlung, die Barockmusik ist eher eine Musik dramatischen Gefühls), folgt er einer Dramaturgie des Ausdrucks (das Wort Affekt wäre hier wieder historisch belastet und mißverständlich). Er stellt ein Abbild der eigenen Seelenlandschaften dar. Es ist keine verstandesmäßige Durchdringung der Gesamtheit der Welt, sondern eine gefühlsmäßige eben. Dabei werden alle Kompositionstechniken und Satzmuster (auch die Improvisationsmuster) mit der Dramaturgie des Ausdrucks zu einer höheren Einheit zusammengeführt. Man könnte so besehen die Kunst Friedemanns eine – bei aller Vorsicht – »expressionistische« nennen, denn in seinen Fantasien sind die emotionalen Zustände fast übersteigert, dünnhäutig, bis hin zur Auflösung in vollkommene Raserei. Diese tritt dann im formalen Kontext auf, wenn Friedemann Formteile gleichsam Blöcken oder auch Versatzstücken wild durcheinanderwürfelt. In diesem Sinne wäre er sogar ein erster Vertreter der Aleatorik. Dem muß aber die außerordentliche Rationalität Friedemanns im Kompositorischen entegegengehalten werden, denn er komponiert motivisch-thematisch minutiös und bleibt immer dem dreistimmigen, polyphonen Satz treu. Auch bei Schönberg gehen extreme kompositorische Anstrengung und extremer Ausdruck einher. Bezeichnend ist auch die Vielgestaltigkeit der musikalischen Elemente in seinen Sinfonien, denn es wird bis Schönbergs op.16 dauern, bis wieder eine Musik entsteht, die so viele musikalische Charaktere fast aphoristisch auf kürzestem Raum vereint. Im Sinne dieses fiebernd triebhaften Fantasierens wäre Friedemann in der Tat ein Künstler vom Format Arnold Schönbergs, der sagte, Kunst komme vom Müssen und nicht vom Können![74] Nach Falk ginge in den Sonaten Friedemanns die Wirkung nicht zu Haydn, sondern durch Müthel, Carl Philipp Emanuel Bach und F. W. Rust hin zu Beethoven.[75] Einschränkend muß hierzu aber folgendes gesagt werden: Ende des 19. Jahrhunderts gab es die Unternehmung durch den Enkel Rusts, die Sonaten des Großvaters als Vorstufe zu den Sonaten Beethovens[76] zu stilisieren, dabei scheute jener nicht vor massiven Eingriffen in den Originaltext der Rustschen Sonaten zurück! Bereits Blume kritiserte diese Stilisierungsunternehmung. Zu Studien hierzu sei auf die Website von Andreas Schlegel hingewiesen, der versucht hat, den Originaltext von Rusts Werken wiederherzustellen.[77] Es ist auch zu fragen, inwiefern denn nicht Carl Philipp sich am großen Bruder orientiert und das Werk Friedemanns in den 1730er Jahren auf ihn eingewirkt hat, wodurch es dann auf Haydn wirkte. Man muß sich vergegenwärtigen, daß der Stil Friedemanns in den 1730er Jahren fast so modern war wie der Stil Schönbergs um 1910 für die damalige Zeit. Daß diese permanente Modernität nicht aufrecht zu erhalten ist, muß jedem klar sein. Auf der anderen Seite sollte man auch bedenken, inwiefern er die Konsequenzen aus den letzten Werken seines Vaters gezogen hat, indem er immer weniger Rücksicht auf die Zusammenklänge, bzw. das Harmonische zugunsten des Linearen nimmt.

Anmerkungen

[41]Dok III, S.264, Nr.786

[42]Wollny, S.5

[43]Vgl. Zelters Notiz auf S.44 seines Handexemplars von Forkels Bach Biographie (US-CA, MS MUS 130), zitiert nach Wollny, S.6

[44]Wollny, S.7

[45]Forkel, S.44ff.

[46]Forkel, S.18ff.

[47]Chr. Fr. D. Schubart, Ästhetik der Tonkunst, Wien 1806, S.81

[48]Wollny, S.7

[49]Vgl. Leipziger Allg. Mus.-Zeitung 2, 829, in: Falck, S.20

[50]Vgl. Weiss, S.100

[51]Szynofzik, S.65

[52]Vgl. Vignal, S.43

[53]Falck, S.87

[54]Ebda.

[55]Ebda.

[56]Ebda.

[57]Ebda.

[58]Ebda.

[59]Ebda.

[60]Ebda.

[61]Ebda.

[62]Ebda.

[63]Ebda.

[64]Ebda.

[65]Ebda.

[66]Ebda.

[67]Ebda.

[68]Ebda.

[69]Ebda.

[70]Vgl. ebda.

[71]Ebda.

[72]Ebda.

[73]Vgl. Gerhard Schedl, *Der formale Gedanke im permanenten Konflikt der zeitgenössischen Material-Klang-Diskussion*, in: Musikalische Gestaltung im Spannungsfeld von Chaos und Ordnung, Studien zur Wertungsforschung, Bd.23, Otto Kolleritsch (Hg.), Wien-Graz 1991, S.115

[74]Vgl. Arnold Schönberg, Stil und Gedanke, Aufsätze Zur Musik (Gesammelte Schriften I), hg. von Ivan Vojtech, Frankfurt am Main 1976, S.165

[75]Vgl. Falck, S.81

[76]Vgl. Erich Prieger, Friedrich Wilhelm Rust. Ein Vorgänger Beethovens, Köln 1894

[77]http://www.accordsnouveaux.ch/de/Autoren/Schlegel/Schlegel.html

1.1. W. F. Bach - Demontage historischen Ausmaßes an einem Künstler

a.) Demontage in der fiktionalen Literatur und im Film

So hat es denn auch nach dem MGG Eintrag von Blume aus dem Jahre 1951 insgesamt 54 Jahre gedauert, bis wieder die musikwissenschaftliche Auseinandersetzung mit W.F. Bach gesucht wurde. Im Jahre 1993 allerdings dissertierte Peter Wollny mit *Studies in the* Music of Wilhelm Friedemann Bach: Sources and Style, Diss. (masch. schr.) an der Harvard University als erster (nach jetzigem Kenntnisstand des Verfassers) nach – sage und schreibe – 80 Jahren nach Falck über W.F. Bach! Nicht einmal als Dissertationsprojekt ist er beliebt. Immerhin taugte Friedemann Bach als Propaganda-Objekt der Nazis, wurde von Gustav Gründgens in der UFA Produktion[78] als Künstler dargestellt, der, weil er einmal zu den Ausschweifungen billiger ausländischer Ballette neigt, im Film ein anderes Mal bei einem Probespiel als Organist ein Werk des Vaters für das seine ausgibt, mit der Kunst des Vaters, die »gesamte deutsche Kunst« verrät, eine Rettung nicht verdient und zum Vagabunden wird (sich mit dem fahrenden Volk einläßt – also mit im nationalsozialistischen Sinn »rassisch minderwertigen Elementen«).[79] Manuel Gervink deutet in seinem Aufsatz über den Friedemann-Film die Aussage so:

> „Zur deutschen Kultur gibt es keine Alternative, wer es dennoch versucht, wird daran zugrunde gehen.“[80]

Das Problem: Friedemann Bach hätte sich nie mit »fahrendem Volk« abgegeben. Das wird beim Lesen der Originalquellen schnell klar. Dieser zwar unterhaltsame, aber von der Aussage und den biographischen Fehlern her unsägliche Film hat ebenso seinen Anteil an der Demontage Friedemann Bachs wie das unsägliche Buch aus dem Jahre 1858 von Albert Emil Brachvogel. Stefan Weiss hat in seiner Studie »Wilhelm Friedemann Bach in der fiktionalen Literatur« festgestellt, wie die fiktionale Literatur Friedemann Schritt für Schritt als Person demontierte, indem einfach erfundene Anekdoten ins Gedankengut der »Biografen«[81] aufgenommen, teils ausgeschmückt, teils umgeändert übernommen, nie kritisch hinterfragt wurden und noch bis ins Jahr 1963 als Grundlage der Friedemann Literatur dienten. Um die Tragweite der Demontage darzustellen, sei diese hier einmal ausführlicher dargestellt:
So überliefere laut Weiss eine »1800 von Friedrich Rochlitz veröffentlichte Anekdotensammlung« »eine spätere Begegnung«[82] W.F. mit C.P.E. »auf dem Rittergute

des Herrn v.«[83]. W.F. sei bereits zum vagabundierenden Spielmann heruntergekommen und spiele »den Gästen des Hausherrn«[84] einer Gruppe »Prager Studenten«[85] auf. C.P.E., »der sich unter den Gästen«[86] befinde, erkenne »den Bruder zwar nicht an seinem verwilderten Äußeren, aber an dessen Clavierspiel«.[87] »Lyser«[88] übernehme »1836«[89] dann »diese von Rochlitz beschriebene Anekdote«[90] und reichere »sie aber um zusätzliche Dramatik dadurch an, dass Friedemann auf dem besagten Gut nicht nur seinem Bruder«[91] begegne, »sondern in der Hausherrin niemand anderes«[92] erkenne »als seine unglückliche Jugendliebe Natalia«[93]:

> »Die Baronesse sank ohnmächtig nieder. Friedemann stürzte, sich einen Weg durch die Menge bahnend, aus dem Saal.«[94]

Das gehe dann so weiter, wenn »Brachvogel«[95] »zwanzig Jahre später«[96] »in seiner Gestaltung der Episode durch einige Details«[97] verrate, »dass ihm die originale Anekdotenfassung von Rochlitz bekannt gewesen«[98] sei. So lasse er Carl Philipp Emanuel ausrufen:

> »Das – das ist mein Bruder Friedemann oder der Satan!«[99]

Das sei »ein Wortlaut, den Brachvogel nicht bei Lyser wohl aber bei Rochlitz«[100] habe finden können. So sei »es doch die Lysersche Variante, die Brachvogels«[101] »Imagination vorrangig befeuerte«[102]. »Auch Brachvogels Friedemann«[103] fände »nebst dem Bruder auch die einstige Geliebte vor – hier: Antonie von Brühl –, was ihm die Freude über die unverhoffte Zusammenkunft mit Carl Phillip Emanuel«[104] vergälle.

> »Er riß sich vom Bruder, der ihn noch halb umschlungen hielt, stürzte nach der Tür, schleuderte den Diener beiseite, der ihn halten wollte, und verschwand im Dunkel des Gartens.«[105]

»Diese Art des Verschwindens«[106] sei »dann alles, was von der Begebenheit 1941 in Gründgens´ Film einging: Wilhelm Friedemann Bach beobachtet«[107] in der Szene, wie C.P.E. Bach »die Musik des Vaters [Stefan Weiss hat recht, wenn er sagt »unfreiwillig komischerweise mit dem Pachelbelschen Kanon vermischt«] spielt«[108]. »Noch bevor ihn der Bruder in die Arme schließen kann, entflieht«[109] Wilhelm Friedemann dann schließlich »ins »Dunkel des Gartens« von Schloss Sanssouci«.[110] Und so weiter und so fort. Der Brachvogel-Roman hat hier sicherlich einen »Friedemann-Standard« gesetzt!
Es ist für uns heute gar nicht mehr zu ermessen, wie stark der Brachvogel-Roman im deutschsprachigen Raum verbreitet war, insgesamt sind nach einer Internet Recherche vom 06.11.08 noch im ZVAB 250 antiquarische Exemplare zu bekommen, was für ein nicht mehr verlegtes Buch doch außerordentlich viel ist. Und so spuken noch heute viele Vorurteile durch die Demontage Friedemanns in den Köpfen herum: der gescheiterte Sohn, der Trinker, der Ehrlose, der die Handschriften des Vaters verkauft hat. Es gilt nach wie vor, einiges an Friedemann wieder gut zu machen! Indes finden sich für den angeblichen verruchten Lebenswandel W.F. Bachs keine Quellen, die dies belegen könnten. Auch die immer wieder vorgeworfene Trunksucht konnte nicht nachgewiesen werden. Hier hat Kahmann herausgearbeitet, wie sich der rote Faden über die Anekdoten bis hin zu Bitter zieht:

> *»W.F.B. hatte nie Geld, und man konnte leicht für Geld oder Wein von ihm erhalten, was er besaß.«*[111]

Diese Worte wurden fast sechs Jahrzehnte nach Friedemanns Tod von dessem ehemaligen Verleger Friedrich Konrad Griepenkerl in einem Brief, datiert auf den 13. Februar 1843 niedergschrieben.[112] Dies ging dann bei Bitter folgendermaßen ein:

> *»Es ist eine leider nur zu bekannte Thatsache, dass Friedemann Bach´s Genie in Trunksucht und mürrischem Wesen untergegangen ist.*[113]
> *Nur Friederike Sophie blieb am Leben, um das traurige Schicksal ihrer unglücklichen Mutter zu theilen und mit ihr unter des Vaters mehr und mehr sich steigernder Trunksucht, Arbeitsscheu und Verdorbenheit zu leiden.«*[114]

Kahmann hat herausgearbeitet, daß diese Herabsetzungen wohl auf Johann Friedrich Reichardt zurückgehen:

> *»Freunde der Kunst und des Bach´schen Namens haben ihn mehr als einmal im eigentlichen Verstande vom Miste genommen, anständig untergebracht und mit den Nothwendigkeiten des Lebens versorgt. Nie aber gelang es ihnen, ihn in einem dauernden Zustande von Ordnung zu erhalten. Sein Eigensinn, sein Hochmuth von der gemeinsten Art und sein grosser Hang zum Trunke liess ihn immer wieder in´s Elend zurückfallen.«*[115]

Falck urteilte über jenen Reichardt:

> »Auf Reichardt, der 1796 im Mu.-Almanach die heftigsten Angriffe auf Bachs sittlichen Lebenswandel führte und nebenbei seine freien Fantasien auf die Dauer langweilig fand, fällt ein recht sonderbares Licht, wenn wir in einem Briefe C.P.E. Bachs vom 9.9.1777) lesen, daß Emanuel seine Freude nicht verbergen kann, daß der glatte, ränkesüchtige Herr Reichardt kürzlich wieder einen Angriff mit einer ›niedrigen Abbitte‹ im Korrespondenten gut machen mußte; Emanuel wünscht, daß ihm zur Strafe für eine schlechte Kritik ›bald eins gegeben‹ würde.«[116]

Mit Wilhelm Friedemann Bach beschäftigten sich noch eine Oper von Paul Graener[117], die heute (wahrscheinlich zum Glück) vergessen ist, der erwähnte Gründgens-Film, sowie von Stabenow[118] ein Roman aus dem Jahre 1935. Sie stützen sich alle im Wesentlichen auf Brachvogel. Mit – wie bereits erwähnt – Falck erschien 1913 die erste Dissertation über W.F. Bach. Hans Franck schrieb 1963, also 50 Jahre nach der Dissertation Falcks, einen Friedemann Roman[119], der zwar versuchte, das Bild Friedemanns zu verbessern und auf eine historische Grundlage zu stellen, aber deswegen kaum weniger anfechtbar sei, wie Martin Geck es ausdrückt.[120] Kahmann verweist noch auf die Versuche wissenschaftlicher Darstellung durch Walrad Guericke aus dem Jahre 1929 »Friedemann Bach in Wolffenbüttel und Braunschweig 1771-1774«, der sich »ohne eifer und Zorn« in die Braunschweiger Jahre vertieft habe, und auf Walter Seraukys Publikation aus dem Jahre 1939, die die schwierige vorausgehende Zeit in Halle erhelle.[121] Hoch gelobt werden müssen die Gesamtdarstellungen der Bach-Söhne durch Marc Vignal einerseits und Martin Geck andererseits. Beide geben ein eigener Art und Weise ein gut recherchiertes und nüchternes und von Anekdotischem bereinigtes Bild ab, wie auch die wunderbare Darstellung »Die Brüder Bach« durch Andreas Friesenhagen und Andras Batta. Die zuletzt erschienene Biographie von Ulrich Kahmann ist die vollständigste. Sie glänzt vor allem durch ihre Fülle an gründlich recherchierten Fakten und ist frei von Vorurteilen.

Im Fernsehfilm des DDR1-Fernsehens »Johann Sebastian Bach«[122] in vier Teilen kommt Friedemann sehr gut davon. Der Film ist auch endlich als DVD erhältlich. Die Dialoge sind absolut glaubhaft, dabei aber unterhaltend. Bewegend ist im vierten Teil das Gespräch zwischen Vater und Sohn in der Kutsche auf dem Weg nach Potsdam: J.S. möchte seinen ersten Enkel besuchen. In der Kutsche läßt Bellag ihn sagen, daß es schade sei, daß Friedemann es nicht in Dresden ausgehalten habe. Darauf entgegenet Friedemann, daß die Stelle in Halle besser sei. J.S. meint, das sei vielleicht jetzt so, aber zu seiner Zeit sei sie »elend besoldet«[123] gewesen. Friedemann sagt, nur die Orgel sei reparaturbedürftig. J.S. antwortet erbost, daß das gar nicht sein könne, denn er selbst habe »die neue Orgel« als Prüfer abgenommen. Darauf entegnet Friedemann ruhig: »Vor 31 Jahren Vater«. Im weiteren Gespräch meint J.S., Friedemann solle sich (als sein Erstgeborener) endlich eine Frau nehmen, es »tät´« seinem »Leben gut«. Friedemann meint, das komme noch. Der Vater spricht noch einmal mit Nachdruck davon. Dann läßt Bellag J.S. sagen, daß er Gott dafür danke, daß C.P.E. und W.F. so gut in der Musik »eingeschlagen« seien, obwohl sie alle beide anders komponierten, als sie es von ihrem Vater gelernt haben.[124] W.F. sagt ruhig, das sei einfach der neue Stil, worauf der Vater brüskiert antwortet: »Willst Du auch sagen, daß ich altmodisch bin? Du auch, ja?«[125] Friedemann beruhigt ihn und sagt, daß heute einfach niemand mehr so viele Fugen schreibe wie der Vater. Der Vater entgegnet wütend, daß »sie« das früher auch nicht getan hätten. Der alte Reincken habe ihm vor 27 Jahren in Hamburg, als J.S. eine Fuge improvisierte, gesagt, daß er glaubte, diese Kunst sei verloren gegangen.[126] Wir erleben in dieser Szene einen besonnenen und ruhigen Friedemann.

Dieser Film ist übrigens der beste dem Autor bekannte filmische Versuch, J.S. Bachs Leben darzustellen und hält sich sehr an die biographischen Fakten ohne Legendenbildung. Auch ist dieser Film – rein filmästhetisch betrachtet – ein Meisterwerk und glänzt durch den hervorragenden und unvergessenen Ulrich Thein in der Hauptrolle als Johann Sebastian Bach und seine kongeniale Partnerin Franziska Troegner als Anna-Magdalena Bach. Thein bereitete sich acht Monate erst einmal pianistisch und orgeltechnisch vor, um alle musikalischen Parts selbst spielen zu können!

Auch das 21. Jahrhundert hat mit dem Stoff weitergedreht: Leider! Im Film »Mein Name ist Bach« von Dominique de Rivaz[127], ist gleich in den ersten Szenen auf der Reise nach Potsdam in einer Kutsche Friedemann mit einer Weinflasche zu sehen. Der Vater hat über seine Augen ein Tuch gelegt.[128] Friedemann gibt dem Vater einen Schluck Wein, nimmt anschließend selbst einen Schluck, ignoriert dabei seinen Vater und wirkt sichtlich genervt. Im weiteren Verlauf dieses Filmes geht Friedemann dann mit Prinzessin Amalia ins Bett. Friedrich II. ist darüber natürlich nicht entzückt. Verschont wird Friedemann nur deshalb, weil er des großen Bachs Sohn ist. Es wird regelrecht auf dem »Originalgenie« Friedemann herumgeritten, das der Vater aber durchaus anerkenne. Bezeichnend ist die »Zaubermusik«, ein Terminus des Autors für die im Film dargestellten Werke, die Friedemanns Musik oder die der »Empfindsamkeit« darstellen sollen. Diese Musik gibt es in Wirklichkeit nicht.[129] Die Bitte Prinzessin Amaliens an Friedemann, mit ihr zu fliehen, wird abschlägig beschieden, da das »Genie« sinngemäß nur Platz für sich selbst und seine Musik im Innern habe und oft auch nicht einmal für Platz dafür. Auch diese Beziehungskiste zur Prinzessin Amalia ist vollkommen willkürlich konstruiert. Immerhin tritt Friedemann im Hinblick auf langfristige Beziehungen sehr verantwortungsbewußt auf. Der Film konzentriert sich, was das Verhältnis der Brüder angeht, hier wie der alte UfA Film ganz auf Friedemann: C.P.E. Bach, der musikhistorisch und vom materiellen Erfolg her betrachtet eine überragendere Rolle als sein älterer Bruder zugewiesen bekommen sollte, wird auch hier als duckmäuserisch dargestellt. Dabei war es immer C.P.E., wenn man Ende des 18. Jahrhunderts von Bach sprach: Es waren nie J.S. oder W.F. gemeint! Die Rolle des alten Bach übernahm Vadim Glowna, Anatole Taubmann gab den Friedemann und Jürgen Vogel spielte Friedrich II. Man darf den Autor nicht falsch verstehen: Der Film ist sehenswert, wenn man auf billige Unterhaltung aus ist. Er hat aber mit dem realen Friedemann wieder einmal nur sehr wenig zu tun und kann sich überhaupt nicht mit der Bellag-Verfilmung messen: Welchen Tiefgang hatte da der DDR-Film; mit welcher Fachkenntnis hingegen wurde Bellags Film gedreht, und wieviel filmische Erzählkunst, vergleichbar der eines Edgar Reitz, ist in diesem Vierteiler zu finden. Daneben wirkt der de-Rivaz-Film nur billig und farblos, was nicht die Schuld des Hauptdarstellers Glowna ist. De Rivaz´ Film ist in der Darstellung Friedemanns allerdings ein großer Rückschritt!

Der Vollständigkeit halber seien noch einmal alle fiktionalen literarischen Erscheinungen Wilhelm Friedemann Bachs hier dargestellt, wie Stefan Weiss [130] sie zusammengetragen hat. Er stützt sich dabei auf die Arbeiten von Norbert Bolin[131] und insbesondere Hans-Martin Pleßke[132]. Der Autor der vorliegenden Studie hat selbst nochmal versucht, die Bücher nachzurecherchieren, einige waren allerdings überhaupt nicht mehr auffindbar, nicht einmal die Deutsche Bibliothek wußte von deren Existenz!

Friedemann als literarische Figur

18. Jahrhundert: Diverse Anekdoten bei Marpurg[133], Reichardt[134] und Rochlitz[135]
1836 Ernst, Ortlepp, Friedemann Bach, Roman (verschollen)
1836 Johann Peter (Burmeister)-Lyser, Sebastian Bach und seine Söhne, drei Novellen:
1. Friedemann, 2. Sebastians Tod, 3. Der alte Musiker
1858 Albert Emil Brachvogel, Friedemann Bach, Roman
1900 Horst Waldheim, Friedemann Bach (Trauerspiel?)[136]
1913 F.N. Berger, Friedemann Bach, Trauerspiel[137]
1919 Heinrich Welcker, Friedemann Bach, Die Tragödie eines Menschenlebens[138][139]
1929 Franz Hofer, Friedemann Bach, Drama[140]
1932 Eugen Dittmer, Friedemann Bach, Drama (nicht recherchierbar)
1933 Günther, Ziegler, Not, Novelle, in: Des Herrgotts Tagedieb[141]
1935 Karl Stabenow, Johann Sebastians Sohn, Roman
1937 Theodor Vogel, Nacht des Schicksals, Novelle (nicht recherchierbar)
1939 Luise Georg Bachmann, Musikantenschicksal, Erzählung, in: Musikantengeschichten[142]
1943 Robert Hohlbaum, Der friedlose Friedemann [die Recherche des Autors ergab das Jahr 1925!][143]
1945 Hans Joachim Moser, Der Melograph, Erzählung, in: Die Harfe mit dreizehn Saiten[144]
1948 Hans Rabl, Friedemann Bach reist nach Halle, Novelle[145]
1955 Rudolf Thiel, Die Söhne Bachs, drei essayistische Skizzen, in: Der Himmel voller Geigen[146]
1963 Hans Franck, Friedemann, Roman

Friedemann als Filmfigur

1941 Traugott Müller und Gustav Gründgens, Friedemann Bach
1985 Lothar Bellag, Johann Sebastian Bach
2004 Dominique de Rivaz, Mein Name ist Bach

b.) Demontage in der Musikwissenschaft und der Musiktheorie

Friedemann hatte auch in der Musikwissenschaft bis zur Dissertation Falks keinen besonderen Stellenwert genossen. Kahmann berichtet, daß Ernst Ludwig Gerber zu Beginn des 19. Jahrhunderts folgendes Bild Friedemanns skizziert habe:

> *»Ohne einige Rücksicht auf die Pflichten, welche die Gesellschaft und sein Amt von ihm forderten, ohne je auch die Zukunft zu sehen, schien seine Aufmerksamkeit*

bloß auf Akkorde gerichtet zu sein: Auf diese Art war es aber auch kein Wunder, wenn ihn bey allen seinen Verdiensten zuletzt Mangel und Dürftigkeit verfolgte.«[147]

Das sei dann folgendermaßen bei Carl Hermann Bitter eingegangen:

»Es scheint also schon zu jener Zeit, wo er erst 36 Jahre alt war, die später bei ihm so hervortretende Neigung zur Trägheit und zu vornehmer Unthätigkeit in ihrem ersten Stadium bemerkbar gemacht zu haben.«[148]

Carl Hermann Bitter verarbeitete in seinem Buch »Carl Philipp Emanuel Bach und Wilhelm Friedemann Bach und deren Brüder« aus dem Jahre 1868 dann weiter unreflektiert die oben genannten Rochlitzschen Legenden und spricht sogar noch in seinem 1883 gedruckten Vortrag von »immer mehr sich steigernder Trunksucht, Arbeitsscheu und Verdorbenheit«, von »Trägheit, Laune und rücksichtslosem Wesen.«[149] Indes: es gibt keinen Beweis für einen Alkoholismus oder die alkoholische Krankheit Friedemanns. Zu jener Zeit war es ohnehin in Großstädten gesünder, Bier oder Wein zu trinken, da sauberes Wasser kaum zu bekommen war, und auch W.A. Mozart war wohl bereits als Kind »Gewohnheitsalkoholiker«. Dies war zu jener Zeit vollkommen normal. Und selbst wenn Friedemann trunksüchtig gewesen wäre: Wäre uns ein solcher Friedemann als Künstler nicht sympathischer als einer sauberer Biedermann? Wie gesagt, es gibt keinen schriftlichen Beleg und im Zweifel für den Angeklagten!
Im 20. Jahrhundert wurde vor allem durch die Dissertationen Falcks und Wollnys das Bild bereinigt. Eine zweite große Demontage findet aber statt, wenn Musikwissenschaftler beim W.F. Bach Symposium 2005 durch erhellende biographische Studien ihn in ein neutrales Licht rücken möchten und ein Musiktheoretiker von Rang und Namen die Harmonik Friedemanns geradezu polemisch demontiert. Man kann in der Tat, wenn man böswillig analysiert, jeden Komponisten so degradieren! Nicht, daß Clemens Kühn seine Thesen nicht belegen würde, doch sind sämtliche harmonischen Beispiele aus dem Zusammenhang gerissen. Der Autor findet, vorsichtig ausgedrückt, diese Demontage gerade an diesem Künstler wegen der erwähnten Vorgeschichte besonders unglücklich. Es gilt zu untersuchen, wie Friedemann überhaupt komponiert, und Komposition ist mehr als Tonsatz, ist aber auch mehr als Instrumentation und formale Bewältigung. Wir wollen uns ein Beispiel Kühns anschauen, das man aber auch anders deuten könnte. Clemens Kühn sagt in seinem Beispiel 21:

»Polonaise d-Moll: Ihr zweiter und ihr vierter Takt sind linear wie klanglich schlichtweg nicht nachvollziehbar.«[150]

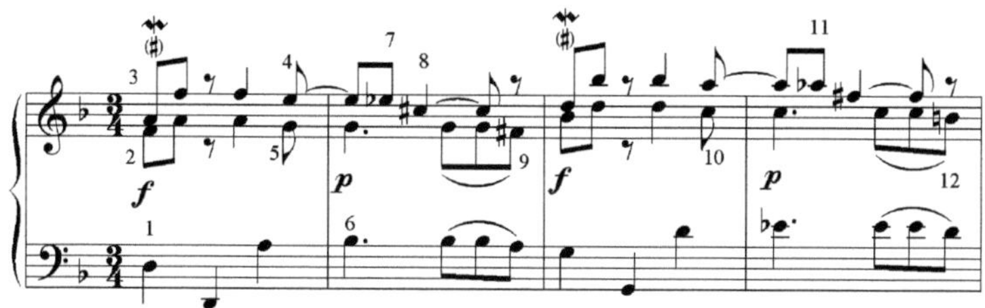

Hier muß deutlich widersprochen werden. Es ist fraglich, wie man das klanglich als gebildeter Musiktheoretiker nicht nachvollziehen kann. Vor allem muß Einspruch erhoben werden gegen das Fazit Kühns:

> »Wilhelm Friedemann, sprachlich weder im Vergangenen noch im Künftigen zu Haus, war ein Komponist minderen Ranges: allgemein in der Erfindung wie speziell im Harmonischen ohne schöpferisch eigenständige Kraft.«[151]

Schaut man sich den Sopran einmal genau an, so stellt man fest, mit welch einfachen Mitteln W.F. Bach für klangliche Irritation sorgt und das ganz bewußt. Man wird auch entdecken, wie kühn seine Harmonik in dieser Polonaise ausfällt. Der Schritt der verminderten Terz wird im zweiten Takt nicht aufgelöst, wir bekommen die Auflösung im dritten Takt dann nachgereicht. Dort fällt sie aber mit dem neuen Sequenzglied zusammen. Außerdem wird hier der Auflösungston insofern ideell gegeben, als er durch die Achtelpause auf der letzten Zählzeit angegeben wird. Diese Form der Sequenzbildung und des Laut-und-Leise-Kontrastes wird ja noch wesentlich zur Herausbildung des klassischen Stils beitragen. Sicherlich ist die Lösung auf T.2 keine »glatte«, aber auch keine stümperhafte. Auch wird im Anschluß in der Mittelstimme die Auflösung des fis in das g vermieden, es springt gleich ins b, sichert die Akkordterz, da ansonsten die Baßfigur ins b hätte führen müssen. Damit wäre aber ein Sextakkord erreicht, der die Sequenz gefährdet hätte. Außerdem hätte Herr Kühn noch erwähnen können, daß in den vier Takten alle zwölf Töne durchschritten werden. Aber wenn man sich auf einen Aspekt versteift, dann übersieht man andere. Wie zukunftsweisend diese vier Takte durch die Auflösungsnegierung oder Auflösungsverschleppung und durch die Vollchromatisierung tatsächlich sind, verschweigt er. Das fast Schwebende der Sequenz ergibt sich aus klanglichen Phänomenen, die in dem d-Moll gar nichts zu suchen haben: So erleben wir im vierten Takt für die Dauer eines Achtels einen Quartsextvorhalt auf es1, also isoliert – es muß wirklich betont werden: isoliert – nämlich ein As-Dur in Quartsextstellung. Natürlich kann man einwenden, daß wir uns im Ausweichungsprozeß in g-Moll befinden und dies As-Dur sich dann als Quartsextvorhalt in die VI. Stufe von g-Moll nach Es-Dur auflösen müßte;

aber allein die Es-Dur\ d-Moll Beziehung als Neapolitaner- und damit Kleinsekundbeziehung überhaupt (wenn man den Quartsextvorhalt im zweiten Takt auf b als Es-Dur annähme) zeigt uns die Chromatisierung und auch den Grundgedanken des Stückes. Ab Zählzeit-Zwei des 2. Taktes kann man die Umgebung harmonisch als VII. Stufe in Terzquartstellung deuten. Es ist alles ein wenig verschleiert, und das macht den Reiz dieser Musik aus. Als Stufengang erleben wir, will man im jeweils II. Takt die VII Stufe annehmen, einen steigenden Sekundschritt, dann einen steigenden Quintschritt und einen steigenden Sekundschritt, nach Auffassung des harmonischen Kontexts als B-Dur im 2. und Es-Dur im 4. Takt vier fallende Terzschritte, wobei der vierte Terzschritt den diatonischen Rahmen sprengen würde! Es gibt viele Betrachtungsmöglichkeiten. Die erste mit der Deutung als steigende Sekund und fallende Quart ist die wahrscheinlichste. Interessant zu beobachten ist auch das Doppelleben der Mittelstimme: Im ersten Takt verdoppelt sie die Oberstimme, im zweiten die Unterstimme, in der Sequenz dann entsprechend, ganz so, als ginge sie mal mit dem und diesem einher. Hier, wie Kühn es in seiner Schrift tut, Friedemann ein Mißverhältnis zwischen Linearität und Harmonik vorzuwerfen, kann man nach Sichtung der Tatsachen als überzogen betrachten. Sicherlich: Diese Musik ist keineswegs glatt. Sie hat Modellcharakter, bildet heraus, experimentiert und folgt wie in unserem Beispiel einem radikalen Konzept, nämlich dem der Verteilung des chromatisierten Tonraums auf alle Stimmen und dem Komponieren von Neapolitanerbeziehungen. Anton Bruckner wird gute 150 Jahre später in seiner V. Sinfonie ähnliche Beziehungen komponieren (wie Bruckner, so war Friedemann einer der gefeiertsten europäischen Organisten und wie Bruckner komponierte er kaum für die Orgel; gerühmt wurde bei beiden die Improvisationskunst). Man hat beim Anhören der 12 Polonaisen das Gefühl, als sei Friedemann ein Chopin des 18. Jahrhunderts. Und was die »Exzentrizitäten« Friedemanns betrifft: Ein Franz Liszt schreibt hundert Jahre später im Alter ebenfalls Werke, die außer ihm zunächst kein Mensch versteht und die aus einer absoluten Innerlichkeit kommen, deren Weisheit und Tiefe vielleicht nur das Alter kennt, liefert und versteht. Aber Friedemann kann sich mit den »Großen« durchaus messen, und hätte er nur seine 12 Polonaisen geschrieben. Oder besser: Gerade mit diesen reiht er sich in die Reihe der Großen ein! Doch dazu mehr in der Analyse. Man darf allerdings hier noch Schönberg zitieren:

> »[...] ein chinesischer Dichter ist doch nicht nur etwas, das chinesisch klingt, sondern er sagt doch auch etwas! [...]«[152]

Es ist die Frage: Wer irrt hier nun, Clemens Kühn oder Forkel? Wie Forkel schreibt, müsse die Musik Friedemanns notwendig jeden Kenner entzücken, doch leider entzückt sie heutzutage nicht Herrn Prof. Kühn. Zumindest die Polonaisen sind überaus avantgardistische Werke, die sich jedes theoretischen und konventionellen Hinterbaus, bzw. der Stilistik des Vaters zu entziehen versuchen. Und wieder Schönberg:

»Wer wagt hier Theorie zu fordern?«[153]

Diese Studie will aufzeigen, wo die Stärken der Friedemannschen Musik liegen und wo die Schwächen sind, die es natürlich hier und da gibt.

Anmerkungen

[78]Traugott Müller und Gustav Gründgens, Friedemann Bach, Drehbuch: Ludwig Metzger, Helmut Brandis und Eckart von Naso, Deutschland, 25.06.1941

[79]Vgl. Gervink, S.110

[80]Gervink, S.110

[81]Weiss, S.98

[82]Weiss, S.98

[83]Friedrich Rochlitz, Anekdoten, in Allgemeine musikalische Zeitung 2 (1799-1800), Sp. 862; zitiert nach Weiss, S.98

[84]Weiss, S.98

[85]Friedrich Rochlitz, Anekdoten, in Allgemeine musikalische Zeitung 2 (1799-1800), Sp. 862; zitiert nach Weiss, S.98

[86]Weiss, S.98

[87]Vgl. Friedrich Rochlitz, Anekdoten, in Allgemeine musikalische Zeitung 2 (1799-1800), Sp. 862; zitiert nach Weiss, S.98

[88]Weiss, S.98

[89]Ebda.

[90]Ebda.

[91]Ebda.

[92]Ebda.

[93]Ebda.

[94]Johann Peter Burmeister-Lyser, Sebastian Bach und seine Söhne, in Zeitschrift für Neue Musik, 4 Bd. (Januar-Juli 1836) S.190; zitiert nach Weiss, S.98

[95]Weiss, S.98

[96]Ebda.

[97]Ebda.

[98]Ebda.

[99]Friedrich Rochlitz. Anekdoten, Rochlitz, in: Weiss, ebda.

[100]Weiss, S.98

[101]Ebda.

[102]Ebda.

[103]Ebda.

[104]Ebda.

[105]A. E. Brachvogel, Friedemann Bach. Kulturhistorischer Roman, Berlin o. J. [um 1910]; zitiert nach Weiss, S.98

[106]Weiss, ebda.

[107]Ebda.

[108]Ebda.

[109]Ebda.

[110]Ebda.

[111]Dok. IV, Nr. C 116; zitiert nach Kahmann, S.270

[112]Vgl. Kahmann, S.270

[113]Karl Freiherr von Lebedur, Tonkünstler-Lexikon BErlins von dessen ältesten Zeiten bis in die Gegenwart, Berlin 1860/61, S.24; zitiert nach Kahmann, S.270

[114]Bitter I, S.216; Kahmann, S.270

[115]Reichardt in Muskalischer Almanach von 1796; zitiert bei Bitter I, S.263f.; zitiert bei Kahmann, S.270

[116]Falck, S.32

[117]Rudolf Lothar: Texbuch zu Friedemann Bach; Oper in 3 Akten von Paul Groener, op.90, Berlin 1931

[118]Karl Stabenow, Johann Sebastians Sohn, ein Musikerschicksal zur Zeit Friedrichs des Großen, Leipzig 1935

[119]Hans Franck, Friedemann, Der Sohn Johann Sebastian Bachs, Berlin (Ost) 1963

[120]Geck, S.28

[121]Vgl. Kahmann S.13

[122]Lothar Bellag, Johann Sebastian Bach, Drehbuch, Bellag, Deutsche Erstausstrahlung: 08.03.1985 (DDR1)

[123]Lothar Bellag, Johann Sebastian Bach, Drehbuch, Bellag, Teil IV

[124]Vgl. Lothar Bellag, Johann Sebastian Bach, Drehbuch, Bellag, Teil IV

[125]Vgl. Lothar Bellag, Johann Sebastian Bach, Drehbuch, Bellag, Teil IV

[126]Vgl. ebda.

[127]Dominique de Rivaz, Mein Name ist Bach, Drehbuch: Dominique de Rivaz, Jean – Luc Bourgois und Leo Straat, Deutschland, Schweiz, Veröffentlichungsdatum 08.04.2004

[128]Der Film beginnt mit einer Untersuchung J.S. Augen durch einen Arzt im Mai 1747. Es wird im Kontext nicht ganz klar, ob ihm die Augen hier schon operiert wurden, es sieht allerdings so aus. Deshalb legt sich J.S. in der Kutsche auch ein tuch über die Augen. Nur war die Augenoperation durch den »Starstecher« John Taylor erst im Jahr 1750. Das wird aber in den Einblendungen am Ende des Filmes auch angemerkt. Anm.d.Verf.

[129]Warum nahm man kein Originalwerk Friedemanns? Anm.d.Verf.

[130]Vgl. Weiss, S.95+97

[131]Vgl. Norbert Bolin, : „...ist´s nur Geschöpf der Phantasie?“, Das wundersame Leben des W.F. Bach in der Wort-, Ton-, und Filmkunst, in: concerto 1 (1983-1984), Heft 4, S. 37-51

[132]Vgl. Hans Martin Pleßke, Bach in der deutschen Dichtung, 2 Teile, in Bach-Jahrbuch 46 (1959) S.5-51 und 50 (1963-1964), S.9-22

[133]Simeon Metaphrastes [d.i. Marpurg, Friedrich Wilhelm]: Legende einiger Musikheiligen, Köln 1786, Reprint Leipzig 1980, S. 26f., 60.f., 184 – 186

[134]Johann Friedrich Reichardt, Musikalischer Almanach, Berlin 1796, S.135-137, 192f.

[135]Friedrich Rochlitz, Anekdoten, in Allgemeine musikalische Zeitung 2, (1799-1800), Sp.830-832, 861-863

[136]Horst Waldheim: Friedemann Bach, Zerbst: E. Luppe 1900

[137]F. N. Berger, Friedemann Bach, Trauerspiel in drei Aufzügen, Hannover 1913

[138]frei herunterladbar als PDF von Mikrofilm unter http://www.archive.org/details/3326430

[139]Heinrich Welcker: Friedemann Bach, Leipzig 1919 Theodor Weicher, Copyright Berlin Oesterheld & Co.1919

[140]Franz Hofer, Friedemann Bach, für die Bühne bearbeitet, Berlin um 1929, laut Deutscher Bibliothek

[141]Günther Ziegler, Not, Novelle in: Des Herrgotts Tagedieb, Berlin 1933

[142]Luise Georg Bachmann: Musikantenschicksal, Erzählung, in: Musikantengeschichten: Kleine Geschichten aus 7 Jahrhunderten um unsere großen deutschen Meister, Paderborn 1939

[143]Robert Hohlbaum, Der friedlose Friedemann, Novelle, in: Götter auf Erden, Novellen, Wien 1925

[144]Hans Joachim Moser, Der Melograph, in: Die Harfe mit dreizehn Saiten,[13 Geschichten um Musik und Musiker], Stuttgart Auflage von 1961

[145]Hans Rabl: Friedemann reist nach Halle, Berlin Esser 1948

[146]Rudolf Thiel, Der Himmel voller Geigen, Berlin/Wien/Stuttgart 1955

[147]Ernst Ludwig Gerber, Neues Historisch-biographisches Lexicon der Tonkünstler, Leipzig 1812-1814, Sp.224; Vgl. Kahmann, S.50f.

[148]Bitter 1868, II, S.549; Vgl. Kahmann S.51

[149]Carl Hermann Bitter, Die Söhne Bach´s, Sammlung musikalischer Vorträge, Reihe 5, Nr.49, Leipzig 1883, S.33. Siehe auch: Ulrich Kahmann, S.10

[150]Kühn, S.93

[151]Kühn, S.94

[152]Arnold Schönberg, Diskussion im Berliner Rundfunk vom 31. März 1931 mit Dr. Heinrich Strobl

[153]Arnold Schönberg, Harmonielehre, Wien 1922, 1949, S.504

2. Zur Biographie Wilhelm Friedemann Bachs

Diese Studie möchte ein nüchternes Bild der Friedemann-Biographie darstellen. Die Biographie stützt sich im Wesentlichen auf die Quellen, die Yvonne Pickmann in »Wilhelm Friedemann Bach – Eine Chronik nach Dokumenten«[154] zusammengetragen hat, und folgt naturgemäß dem Lauf ihrer Chronik. Wer eine ausgiebigere Biographie mit mehr Hintergrundinformationen lesen möchte, dem sei das bereits erwähnte Buch von Kahmann empfohlen und Christoph Wolffs »Johann Sebastian Bach«.[155]

Hier wird der von Frau Pickmann erstellten Chronik gefolgt, dabei aber zusätzlich auf Martin Geck, Marc Vignal, Ulrich Kahmann und Peter Wollny zurückgegriffen. Das Buch von Bitter ist sehr wertvoll, da er vieles an Briefen erstveröffentlicht, allerdings auch leider die Rochlitzschen Legenden (s.o.) unreflektiert übernommen und weiterverbreitet hat und das von Brachvogel übliche Bild vermittelt. Bedenkt man allerdings die Entstehungszeit, ist es immer noch ein nach heutigen Maßstäben außerordentlich wissenschaftliches Buch. Doch hauptsächlich stützen sich alle neueren Biographen auf Falck. Er hat auch hier Maßstäbe gesetzt, die nach fast hundert Jahren noch Gültigkeit haben; der Pickmannsche Ansatz ist jedoch der wissenschaftlichste. Die hier angeführten Quellen werden weitgehend ungekürzt wiedergegeben und sind in der vorliegenden Zusammenstellung weder bei Frau Pickmann noch bei Kahmann und den anderen Autoren zu finden, sondern bilden eine Synthese aus den genannten Büchern, so daß dieser biographische Ansatz neben den erwähnten Büchern durchaus auch seine Berechtigung hat. Dabei bildet das Kapitel eine Gratwanderung: einerseits darf die Biographie nicht das Übergewicht über die Analysen bekommen, andererseits soll sie ausgiebig sein und die wesentlichen Fakten darstellen. Sie soll der Chronik folgen, dabei aber den erzählerischen roten Faden aufrecht erhalten und sich von Kahmann und Pickmann unterscheiden. Das ist oft nur schwer möglich und keine leichte Aufgabe für jemanden, der es gewohnt ist, sich in Tönen und Klängen auszudrücken!

Am 22. November 1710 wird Wilhelm Friedemann Bach als erstes Kind des 25 jährigen Johann Sebastian Bach und seiner ersten Frau, seiner Base zweiten Grades, Maria Barbara Bach in Weimar geboren.[156] Johann Sebastian war zu jener Zeit Kammermusiker und Organist am Hof der Herzöge von Sachsen-Weimar. Im Taufbuch der Stadtkirche Weimar ist folgendes verzeichnet[157]:

> *»Herrn Hoforganisten Joh; Sebastian Bachens Weib Maria Barbara, ist auch eine gebohrene Bach, Einen Sohn gebohren den 22.9br[...]getauft den 24ten. Nahmens Wilhelm Friedemann; die Pathen*
>
> *1. Herr Wilhelm Ferdinand Baron von Lynker Fürstlich Sächsischer Cammer-Juncker alhier.*
>
> *2. Frau Anna Dorothea Hagedorn, Herrn Gottfried Hagedorns J.U. Candidati in Mühlhausen Frau Eheliebste*
>
> *3. Herr Friedemann Meckbach, J.U. Doctor in Mühlhausen«*[158]

Wilhelm Friedemann Bach verdankt also seinen Namen seinen beiden männlichen Paten, dies war der Brauch der Zeit. Auch zeigt die Auswahl der Paten schon etwas wie ein zukünftiges »biographisches Programm« des W.F. Bach: die abermals gesuchte Nähe zum Hof, vertreten durch den Baron von Lynker, die kirchenmusikalische Profession, an die die Hagedorns erinnern, da J.S. Bach diese in seiner Zeit als Organist in Mühlhausen kennen lernte, sowie zuguterletzt die akademische Ausbildung, die W.F. Bach im Fach Mathematik und Jura auf Wunsch des Vaters absolvierte, hier vertreten durch Dr. Friedemann Meckbach, der Jurist und Sohn des Bürgermeisters von Mühlhausen war. Nach Kahmann sogar Jurist weltlichen und geistlichen Rechtes.[159] Wenn man diese drei Facetten zusammen nimmt, erhält man ein ungefähres Bild von den Talenten und Wegen des W.F. Bach!

Am 8. März 1714 wird sein Bruder Carl Philipp Emanuel Bach in Weimar geboren. Die erste musikalische Unterweisung erhielt W.F. – wie sollte es auch anders sein– von Johann Sebastian Bach. Wie sah dieser Unterricht aus? Carl Philipp Emanuel Bach schildert den Unterricht – freilich nach über 50 Jahren am 13. Januar 1775 in einem Brief an Forkel:

> *»Der seelige [J.S.Bach]*[160] *war wie ich u. alle eigentlichen Musici, Liebhaber, von trockenem alten Zeuge [...] außer Frobergern, Kerl und Pachelbel hat er die Werke von Frescobaldi, dem Badenschen Kapellmeister Fischer, Strunck, einigen alten guten französischen, Buxtehude, Reincken, Bruhnsen u. dem Lüneburgischen Organisten Böhmen geliebt und studirt. [...] Obige Favoriten waren alle starcke Fugisten. [...] In der Composition gieng er gleich an das Nützliche mit seinen Scholaren, mit Hinweglaßung aller der trockenen Arten von Contrapuncten, wie sie in Fuxen u. andern stehen. Den Anfang mussten seine Schüler mit der Erlernung des reinen 4stimmigen Generalbasses machen. Hiernach gieng er mit ihnen an die Choräle; setzte erstlich selbst den Baß dazu, u. den Alt u. den Tenor mussten sie selbst erfinden. Alsdann lehrte er sie selbst Bässe machen. Besonders drang er sehr starck auf das Aussetzen der Stimmen im General-Baße. Bey der Lehrart der Fugen fing er mit ihnen die zweystimmigen an, u.s.w.. Das Aussetzen des Generalbaßes u. die Anführung zu den Chorälen ist ohne Streit die beste Methode zur Erlernung der Composition, qvoad Harmoniam. Was die Erfindung der Gedancken betrifft, so forderte er gleich anfangs die Fähigkeit darzu, u. wer sie nicht hatte, dem riethe er, gar von der Composition wegzubleiben. Mit seinen Kindern u. auch andern Schülern fieng er das Compositionsstudium nicht eher an, als bis er vorher Arbeiten von ihnen gesehen hatte, woraus er ein Genie entdeckte. ad 10mum Außer seinen Söhnen fallen mir folgende Schüler bey: Organist Schubert* [Johann Martin Schubart][161], *Org. Vogler* [nicht der spätere Abeé Vogler, also nicht Georg Joseph Vogler, sondern Caspar Vogler (1696-1765)][162], *Goldberg beym Grafen Bühl* [der Goldberg der „Goldberg-Variationen“][163], *Org. Altnicol mein seeliger Schwager, Org. Krebs, Agricola, Kirnberger, Müthel in Riga, Voigt in Anspach, [...]in der letzten Zeit schätzte er hoch: Fux, Caldara, Händln, Keysern, beyde Graun, Tele-*

mann, Zelenka, Benda u. überhaupt alles, was in Berlin und Dreßden besonders zu schätzen war. Die ersten 4 ausgenommen, kannte er die übrigen persöhnlich. In seinen jungen Jahren war er oft mit Telemannen zusammen, welcher auch mich aus der Taufe gehoben hat.«[164]

Forkel berichtet folgendes:

»Alle seine Schüler sind bey dieser so vortrefflichen Lehrart ausgezeichnete Künstler geworden, obgleich einer mehr als der andere, je nachdem einer entweder früher in seine Schule kam, oder in der Folge Aufmunterung und Veranlassung zur ferneren Ausbildung und Anwendung des von ihm erhaltenen Unterrichts fand. Seine beyden ältesten Söhne, Wilh. Friedemann und C.Ph. Emanuel, sind indessen doch die ausgezeichnetsten unter ihnen geworden, gewiß nicht, weil er ihnen bessern Unterricht als seinen übrigen Schülern ertheilt hat, sondern weil sie schon von ihrer ersten Jugend an Gelegenheit hatten, im väterlichen Hause nichts als gute Musik zu hören. Sie wurden also schon frühe, selbst ehe sie noch Unterricht erhielten, an das Vorzüglichste der Kunst gewöhnt, anstatt dass die übrigen, ehe sie seines Unterrichts theilhaft werden konnten, entweder noch nichts Gutes gehört hatten, oder durch gemeine Compositionen schon verwöhnt waren. Man kann übrigens die Güte der Schule daran erkennen, daß, ungeachtet solcher Nachtheile, auch selbst diese Bachischen Schüler dennoch sämmtlich einen hohen Kunstsinn erhalten und sich auf eine oder die andere Art ausgezeichnet haben.«[165]

Marc Vignal findet es indessen bemerkenswert[166], daß Carl Philipp Emanuel sich eines Anachronismus schuldig macht, wenn er 1775 schreibt, daß sein Vater gleich an »das Nützliche mit seinen Scholaren«[167] [gegangen sei], mit »Hinweglaßung aller der trockenen Arten von Contrapuncten, wie sie in Fux u. andern stehen«[168], da nämlich J.S. Bach ein halbes Jahrhundert zuvor tatsächlich nur die »Praxis« der Musik, aber keineswegs die Theorie habe lehren können. Sein Beinahe-Zeitgenosse Fux zeigt in seinem »Gradus ad Parnassum« (1725) die verschiedenen Arten des Kontrapunkts als »musica activa«[169]. Erst in der folgenden Generation hätten Musiker und Komponisten begonnen[170], die »Wissenschaft der Musik«[171] von der »kompositorischen Praxis«[172] zu unterscheiden, wobei »die erste als unabkömmlich für eine gute Beherrschung der zweiten gegolten«[173] habe.[174] Mit dem Fortschreiten im Lernen hielt es der Vater wohl so, wie der zweitgeborene Sohn schreibt:

»[...] Es ist schädlich, die Scholaren mit zu vielen leichten Sachen aufzuhalten; sie bleiben hierdurch immer auf einer Stelle, einige wenige von der ersten Art können zum Anfange hinlänglich seyn. Es ist also besser, dass ein geschickter Lehrmeister seine Schüler nach und nach an schwerere Sachen gewöhnet. Es beruht alles auf der Art zu unterweisen und auf vorhero gelegten guten Gründen, hierdurch empfindet der Schüler nicht mehr, dass er an schwere Stücke gebracht worden ist. Mein seliger Vater hat in dieser Art glückliche Proben abgelegt. Bey ihm mussten seine Scholaren

gleich an seine nicht gar leichte Stücke gehen. Solchergestalt darf sich auch niemand vor meinen Probestücken fürchten.[...]«[175]

Johann Sebastian Bach sitzt vom 6. November bis zum 2. Dezember 1717 ein, denn er hatte zuvor einen Vertrag, der ihn zum Hofkapellmeister und Kammermusikdirektor beim Fürsten von Anhalt-Köthen beförderte, unterzeichnet – ohne Genehmigung und ohne Entlassung durch seine Weimarer Dienstherren, und wurde bei der Rückkehr aus Dresden trotz seines Triumphes (das berühmte Wettspiel gegen Marchand, der das Weite suchte) in Weimar unehrenhaft entlassen und festgenommen. Es heißt in den Dokumenten:

»[...]wegen seiner Halßstarrigen Bezeügung v zu erzwingenden dimission.«[176]

Kahmann berichtet, offenbar habe J.S., der in dieser Akte schon »der bisherige Concertmeister« genannt wurde, »mehrfach vergebens um seine Entlassung gesucht und war jedesmal gescheitert.«[177] Kahmann mißt dieser Begebenheit einiges Gewicht für die Psyche Friedemanns bei:

»Wilhelm Friedemann hatte erfahren, dass ein Mann nicht alles auf sich nehmen muss, was ihm zugemutet wird, und dass es notfalls gilt, bereit zu sein, die Folgen zu tragen. Und der Siebenjährige hatte gelernt, dass Beharrlichkeit und Courage zum Ziel führen können. Dieses Ziel aber stand von Anbeginn fest: Musiker zu werden.«

Am 29. Dezember 1717 übersiedelt die Familie Bach endlich nach Köthen, und J.S. Bach tritt seine Stellung als Hofkapellmeister und Kammermusikdirektor des Fürsten Leopold von Anhalt in Köthen an.[178] Wilhelm Friedemann besucht dort bis ca. 1723 die Lateinschule. Und am 22. Januar 1720 beginnt Johann Sebastian Bach, das Klavierbüchlein für Wilhelm Friedemann Bach einzurichten[179]:

»Clavier Büchlein.

vor

Wilhelm Friedemann Bach

angefangen in

Cöthen den

22. Januarii

Anno. 1720.«[180]

Exkurs:

Bei dem *Clavierbüchlein* handelt es sich um mehr als um eine Klavierschule, es finden sich dort die frühesten Kompositionsversuche Wilhelm Friedemann Bachs, die er unter der Anleitung des Vaters schrieb. Es ist ein Kompositionslehrgang, bei dem zugleich das Instrument erlernt wird und zu dem auch das Kopieren von Noten gehört. Man könnte sagen, daß es sich um ein allgemeines Musikstudium handelt.

Wohlgemerkt: das im Alter von neun Jahren! Das Büchlein fängt auch nicht bei Null an! Aus eigener Erfahrung als Klavierlehrer an zwei Instituten waren die Kinder im Alter des kleinen Friedemann, mit vergleichbaren Vorkenntnissen stets überfordert! Wolfgang Lessing sagt, das *Clavierbüchlein* schien – nach älteren musikwissenschaftlichen Ansichten – im Jahre 1723 mit der Manuskriptfassung der zweistimmigen und dreistimmigen »Inventionen« und »Sinfonien«, hier noch »Präambulum« und »Fantasie« überschrieben, deren Reinschrift genau auf das Jahr 1723 datiert, beschlossen worden zu sein.[181] Das *Clavierbüchlein* hätte so einen Entstehungszeitraum von 3-4 Jahren gehabt. Deshalb sei immer wieder Gegenstand der Vermutung gewesen, das *Clavierbüchlein* sei »in einem Guss konzipiert«[182] worden, und man habe auch geglaubt[183], durch das *Clavierbüchlein* einen »Beweis für die wunderkindartige Begabung Wilhelm Friedemanns zu besitzen«. [184] Diese »Überzeugungen«[185] seien »jedoch zweifelhaft geworden«[186], weil »Schriftenvergleiche«[187] ergeben hätten, daß »die letzten Seiten des *Clavierbüchleins*«[188], »also die vor 1723 entstandenen«[189] »Inventionen«[190], »keineswegs die letzten Eintragungen«[191] seien: Nach Wolfgang Lessing, gestaltet sich die Chronologie so, daß das erste Drittel des Büchleins in chronologischer Reihenfolge entstanden sei. Dieses Drittel würde durch die Präludien »C-Dur, c-Moll, d-Moll, D-Dur, e-Moll, E-Dur und F-Dur des späteren "Wohltemperierten Klaviers"«[192] beschlossen. »Danach«[193] scheine J.S. Bach »ca. 30 Seiten übersprungen zu haben«.[194] »Die nächste Eintragung«[195] sei »die erwähnte Manuskriptfassung der zweistimmigen Inventionen«. Einen »plausibleren Grund für diese merkwürdige Aussparung«[196] böte »Walther Plath: Vermutlich sollten die Präludien, die ja bei F-Dur stehen geblieben waren«[197], noch »in der tonalen Ordnung«[198] weitergeführt werden, »die Bach in den vorangegangenen Präludien vorgegeben hatte«[199]. Im Gegensatz zum WK wird nämlich im *Clavierbüchlein* diatonisch und nicht chromatisch vorgegangen, »wobei die Tonart mit den geringeren Vorzeichen immer den Vortritt hat«[200]. »Vermutlich«[201] habe »zunächst«[202] der Plan bestanden, »die Präludien in dieser Tonartenfolge fortzusetzen«[203], so hätten dann die nächsten Stücke in f-Moll, G-Dur, g-Moll, a-Moll und A-Dur stehen müssen.[204]

Forkel berichtet über den Klavierunterricht Bachs:

> *»Nach der Seb. Bachischen Art, die Hand auf dem Clavier zu halten, werden die fünf Finger so gebogen, daß die Spitzen derselben in eine gerade Linie kommen, die sodann auf die in einer Fläche neben einander liegenden Tasten so passen, daß kein einziger Finger bey vorkommenden Fällen erst näher herbei gezogen werden muß, sondern daß jeder über dem Tasten, den er etwa niederdrücken soll, schon schwebt. Mit dieser Lage der Hand ist nun verbunden: 1) daß kein Finger auf seinen Tasten fallen, oder (wie es ebenfalls oft geschieht) geworfen, sondern nur mit einem gewissen Gefühl der innern Kraft und Herrschaft über die Bewegung getragen werden darf. 2) Die so auf den Tasten getragene Kraft, oder das Maaß des Drucks muß in gleicher Stärke unterhalten werden, und zwar so, daß der Finger nicht ge-*

rade aufwärts vom Tasten gehoben, sondern durch ein allmähliges Zurückziehen der Fingerspitze nach der innern Fläche der Hand, auf dem vordern Theil des Tasten abgleitet. 3) Beym Uebergange von einem Tasten zum andern wird durch dieses Abgleiten das Maaß von Kraft oder Druck, womit der erste Ton unterhalten worden ist, in der größten Geschwindigkeit auf den nächsten Finger geworfen, so daß nun die beyden Töne weder von einander gerissen werden, noch ineinander klingen können. Der Anschlag derselben ist also, wie C.Ph. Emanuel sagt, weder zu lang noch zu kurz, sondern genau so wie er seyn muß.[...]Zu allen diesem kam nun noch die von ihm ausgedachte neue Fingersetzung, Vor ihm und noch in seinen Jugendjahren, wurde mehr harmonisch als melodisch, auch noch nicht in allen 24 Tonarten gespielt. Weil das Clavier noch gebunden war, so daß mehrere Tasten unter eine einzige Saite schlugen, so konnte es noch nicht rein temperirt werden; man spielte also nur aus solchen Tonarten, die sich am reinsten stimmen ließen. Von diesen Umständen kam es, daß selbst die damahligen größten Spieler den Daumen nicht eher gebrauchten, als bis er bey Spannungen durchaus unentbehrlich wurde. Da Bach nun anfing, Melodie und Harmonie so zu vereinigen, daß selbst reine Mittelstimmen nicht bloß begleiten, sondern ebenfalls singen mußten, da er den Gebrauch der Tonarten theils durch Abweichung von den damahls auch in der weltlichen Musik noch sehr üblichen Kirchentönen, theils durch Vermischung des diatonischen und chromatischen Klanggeschlechts erweiterete, und nun sein Instrument so temperiren lernte, daß es in allen 24 Tonarten rein gespielt werden konnte; so mußte er sich auch eine angemessenere Fingersetzung ausdenken, und besonders den Daumen anders gebrauchen, als er bisher gebraucht worden war.«[205]

Diese Methode hat heute noch Gültigkeit, auch noch Georg Roth verwendet im 1949 erschienenen Buch »Methodik des virtuosen Klavierspiels. Alfred Hoehns Methode«[206] ähnliche Übungen.Weiter berichtet Forkel:

»Ich will zuerst etwas über seinen Unterricht im Spielen sagen. Das erste, was er hierbey that, war, seine Schüler die ihm eigene Art des Anschlags, von welcher schon geredet worden ist, zu lehren. Zu diesem Behuf mußten sie mehrere Monathe hindurch nichts als einzelne Sätze für alle Finger beyder Hände, mit steter Rücksicht auf diesen deutlichen und sauberen Anschlag, üben. Unter einigen Monathen konnte keiner von diesen Uebungen loskommen, und seiner Ueberzeugung nach hätten sie wenigstens 6 bis 12 Monathe lang fortgesetzt werden müssen. Fand sich aber, daß irgend einem derselben nach einigen Monathen die Geduld ausgehen wollte, so war er so gefällig, kleine zusammenhängende Stücke vorzuschreiben, worin jene Uebungssätze in Verbindung gebracht waren. Von dieser Art sind die 6 kleinen Präludien für Anfänger, und noch mehr die 15 zweystimmigen Inventionen. Beyd schrieb er in den Stunden des Unterrichts selbst nieder, und nahm dabey bloß auf das gegenwärtige Bedürfniß des Schülers Rücksicht. In der folge hat er sie aber in schöne, ausdrucksvolle kleine Kunstwerke umgeschaffen. Mit dieser Fingerübung entweder in einzelnen Sätzen oder in den dazu eingerichteten kleinen Stücken, war die Uebung aller Manieren in beyden Händen verbunden.

Hierauf führte er seine Schüler sogleich an seine eigenen größern Arbeiten, an welchen sie, wie er recht gut wußte, ihre Kräfte am besten üben konnte. Um ihnen die Schwierigkeit zu erleichtern, bediente er sich eines vortrefflichen Mittels, nehmlich: er spielte ihnen das Stück, welches sie einüben sollten, selbst erst im

Zusammenhange vor, und sagte dann: So muß es klingen. Man kann sich kaum vorstellen, mit wie vielen Vortheilen diese Methode verbunden ist.«[207]

Zu erwähnen ist auch das Vorwort des Orgelbüchleins, das 1708 begonnen, der Legende nach von J.S. im Gefängnis weiterkonzipiert wurde und nach dem Friedemann sicherlich gelernt hat. Hat der Vater vorher den Daumenuntersatz als neues Element ins Klavierspiel eingeführt, so wird nun der obligaten Pedalgebrauch durch den alten Bach etabliert:

»Orgel=Büchlein

Worinnen einem anfahrenden Organisten Anleitung gegeben wird, auf allerhand Art einen Choral durchzuführen, anbei auch sich im Pedal studio zu habilitiren, indem in solchen darinnen befindlichen Chorälen das Pedal ganz obligat tractiret wird.

Dem höchsten Gott allein zu Ehren,

Dem Nächsten, draus sich zu belehren.

Autorr

Joanne Sebast. Bach

p.t. Capellar. Magistro S.P.G. Anhaltini

Eutheniensis«[208]

Über das Orgelspiel J.S. und W.F. Bachs berichtet Forkel:

»Was im Vorhergehenden von Joh. Seb. Bachs vorzüglichem Clavierspielen gesagt worden ist, kann im Allgemeinen auch auf sein Orgelspielen angewendet werden. Das Clavier und die Orgel sind einander nahe verwandt. Allein Styl und Behandlungsart beyder Instrumente ist so verschieden, als ihre beyderseitige Bestimmung verschieden ist. Was auf dem Clavichord klingt oder etwas sagt, sagt auf der Orgel nichts, und so umgekehrt. Der beste Clavierspieler, wenn er nicht die Unterschiede der Bestimmung und der Zwecke beyder Instrumente gehörig kennt und zu beobachten weiß, wird daher stets ein schlechter Orgelspieler seyn, wie es auch gewöhnlich der Fall ist. Bis jetzt sind nur zwey Ausnahmen vorgekommen. Die eine macht Joh. Sebastian Bach, und die zweyte sein ältester Sohn Wilh. Friedemann. Beyder waren feine Clavierspieler; sobald sie aber auf die Orgel kamen, bemerkte man keinen Clavierspieler mehr. Melodie, Harmonie, Bewegung etc. alles war anders, das heißt: alles war der Natur des Instruments und seiner Bestimmung angemessen. Wenn ich Wilh. Friedemann auf dem Clavier hörte, war alles zierlich fein und angenehm. Hörte ich ihn auf der Orgel, so überfiel mich ein heiliger Schauder. Dort war alles niedlich, hier alles groß und feirlich. Eben so war es bei Joh. Sebastian, nur beydes in einem noch weit höhern Grad der Vollkommenheit. W. Friedemann war auch hierin nur ein Kind gegen seinen Vater, und erklärte sich mit aller Aufrichtigkeit selbst dafür.«[209]

Forkels Darlegungen über den Kompositionsunterricht:

»Ueberdieß setzte er bey allen seinen Compositionsschülern die Fähigkeit, musikalisch denken zu können, voraus. Wer diese nicht hatte, erhielt von ihm den aufrichtigen Rath, mit der Composition sich nicht zu beschäftigen. Daher fing er auch so wohl mit einen Söhnen als andern Schülern das Compositions=Studium nicht eher an, bis er Versuche von ihnen gesehen hatte, worin er diese Fähigkeit, oder das, was man musikalisches Genie kennt, zu bemerken glaubte. Wenn sodann die schon erwähnten Vorbereitungen in der Harmonie geendigt waren, nahm er die Lehre von den Fugen vor, und machte mit zweystimmigen den Anfang u.s.w. In allen diesen und andern Compositionsübungen hielt er seine Schüler strenge an, 1) ohne Clavier, aus freyem Geiste zu componiren. Diejenigen, welche es anders machen wollten, schalt er Clavier=Ritter. 2) Ein stetes Augenmerk so wohl auf den Zusammenhang jeder einzelnen Stimme für und in sich, als auf ihr Verhältniß gegen die mit ihr verbundenen und zugleich fortlaufenden Stimmen zu haben. Keine, auch nicht eine Mittelstimme durfte abbrechen, ehe was, was sie zu sagen hatte, vollständig gesagt war. Jeder ton mußte seine Beziehung auf einen vorhergehenden haben; erschien einer, dem nicht anzusehen war, woher er kam, oder wohin er wollte, so wurde er als ein Verdächtiger ohne anstand verwiesen. Dieser hohe Grad von Genauigkeit in der Behandlung jeder einzelnen Stimme ist es eben, was die Bachische Harmonie zu einer vielfachen Melodie macht. Das unordentliche Untereinanderwerfen der Stimmen, so daß ein Ton, welcher in den Tenor gehört nun in den Alt geworfen wird, und umgekehrt; ferner das unzeitige Einfallen mehrerer Töne bey einzelnen Harmonien, die, wie vom Himmel gefallen, die angenommene Anzahl der Stimmen auf einer einzelnen Stelle plötzlich vermehren, auf der folgenden Stelle aber wieder verschwinden, und auf keine Weise zum Ganzen gehören, kurz das, was Seb. Bach mit dem Worte Mantschen (sudeln, Töne und Stimmen unordentlich unter einander mengen) bezeichnet haben soll, findet sich weder bey ihm selbst, noch bey irgend einem seiner Schüler. Er sah seine Stimmen gleichsam als Personen an, die sich wie eine geschlossene Gesellschaft mit einander unterredten. [...] Alle seine Schüler sind bey dieser so vortrefflichen Lehrart ausgezeichnete Schüler geworden, obgleich einer mehr als der andere, je nachdem einer entweder früher in seine Schule kam, oder in der Folge Aufmunterung und Veranlassung zur fernern Ausbildung und Anwendung des von ihm erhaltenen Unterrichts fand. Seine beyden ältesten Söhne, Wilh. Friedemann und C.Ph. Emanuel, sind indessen doch die ausgezeichnetsten unter ihnen geworden, gewiß nicht, weil er ihnen bessern Unterricht als seinen übrigen Schülern ertheilt hat, sondern weil sie schon von ihrer ersten Jugend an Gelegenheit hatten, im väterlichen Hause nichts als gute Musik zu hören. Sie wurden also schon frühe, selbst ehe sie noch Unterricht erhielten, an das Vorzüglichste der Kunst gewöhnt, anstatt daß die übrigen, ehe sie seines Unterrichts theilhaft werden konnten, entweder noch nichts Gutes gehört hatten, oder durch gemeine Composition schon verwöhnt waren.«[210]

Hier wird auch ersichtlich, warum Friedemann der Freistimmigkeit nicht zugeneigt war und immer dem kontrapunktischen Denken in einzelnen Stimmen verhaftet blieb. Freistimmige Homophonie gar findet man bei ihm selten. C.P.E. Bach hatte da weniger Skrupel und wurde durch seine homophoneren Werke auch gleich weitaus moderner! Hier muß also Forkel widersprochen werden. Nun tritt ein erster Schicksalsschlag für den jungen Friedemann ein:

Vom 5. auf den 6. Juli 1720 stirbt die Mutter Friedemann Bachs in Abwesenheit ihres Mannes, der sich mit dem Fürsten auf seiner zweiten Karlsbader Reise befand. Stefan Gies konstatiert, was dieser Tod für Johann Sebastian Bach bedeutet haben muß, denn seine Kinder sollten es einmal besser haben als er, der als Waisenkind zwischen den Verwandten hin- und hergeschoben worden war.[211] Kahmann meint, daß gerade dieses Schicksal Vater und Sohn mehr als alles andere miteinander verbunden habe und eben nicht die nur wenig belegbare Rede vom »Lieblingssohn«.[212] Das Begräbnis der Mutter Friedemanns findet am 7. Juli 1720 statt.[213] Am 3. Dezember 1721 heiratet sein Vater dann die Kammersängerin Anna-Magdalena Wilcke (Wülcken), die Tochter des Hofmusikus (Hoftrompeters) Wülcken aus Weißenfels.[214] Hat hier die Friedemannsche Tristesse in den Polonaisen ihre Wurzeln? Aber schrieb nicht ein Mozart in Paris geradezu heitere Musik, obwohl im Nebenzimmer seine Mutter starb? Ist Komposition zu jener Zeit nicht mehr ein Handwerk, das sich durchaus in Affekten und Emotionen äußert, aber fernab vom Biographischen? Am 22. April 1723 wird J.S. Bach zum Thomaskantor gewählt. Darauf zieht die Familie am 22. Mai von Köthen nach Leipzig um.[215] Nach Stefan Gies hat J.S. Bach Leipzig deshalb als künftige Arbeitsstätte ausersehen, um seinen Söhnen an der dortigen Universität in Zukunft die akademische Ausbildung zu ermöglichen, die ihm selbst versagt geblieben war.[216] Es gibt leider keinen schriftlichen Beleg dafür, daß Friedemann im Thomanerchor mitgesungen hat, da die Aufzeichnungen der Choraufstellungen erst ab 1731 angefertigt wurden.[217] Man darf aber als sicher annehmen, daß Friedemann und Carl Philipp Emanuel in eben jenem Thomanerchore mitsangen. Am 22 Dezember 1723 ist der Dreizehnjährige als »Depositus« an der Universität Leipzig vorgemerkt[218]:

> *»Bach, Wilhelm Friedemann, Vinario Thuringensis«*[219]

Mit seinem jüngeren Bruder C.P.E. Bach wird er am 14. Juni 1723 als Externer in die Thomasschule aufgenommen[220]:

> *»d 14 Jun: Wilhelm Friedemann Bach, von Weimar, V.*
> *d eodem: Carl Philipp Emanuel Bach, eodem locus natus ab eodem patre[?]*
> *uts. kommt in qvinta.«*[221]

Es haben sich sogar noch die Arbeitshefte des Thomasschülers von 1723-1727 erhalten, sie wurden beim Abriß des Alten Schulgebäudes gefunden und als Tapetenfutter benutzt, darunter befinden sich:

> *»1. Liber Proverbiorum in usum Wilhelmi Friedemanni Bachii anno 1723 De is Novembr*
>
> *2. Liber Excercitiorum in usum Wilhelmi Friedemanni Bachii, Anno 1725 [daneben z.T. von Emanuels Hand] Exercitium Buch in Nützen von Wilhelmi Friedemanni Bachii.«*[222]

Bei Martin Geck heißt es:

> »[...] und durch einige beim Abbruch des alten Schulgebäudes in der Tapetenfütterung gefundene Schulhefte ist dokumentiert, wie er sich mit der Übersetzung lateinischer Sprichwörter vergnügt oder herumschlägt. Da wird aus „Sui nihil cum

amaricino" in deutscher Übersetzung *„Die Sau hat lieber Koth als Palsam"* usw., usw.«[223]

Ausführlicher hat sich Ulrich Kahmann mit den Schulheften beschäftigt, da sie einigen Aufschluß über die vermittelte Moral der Zeit geben. Es sei hier auf das Kapitel in Kahmanns Buch »Art läßt nicht von der Art«, insbesondere auf die Seiten 45-52 hingewiesen. Herr Meißner vom Bachhaus Eisenach teilte dem Verfasser dieser Studie mit, daß Conrad Freyse im Bach-Jahrbuch von 1951 auf den Seiten S.103-119 die Schulhefte noch ausführlicher als Kahmann behandelt.

Um aber die Geisteswelt des jungen Friedemann Bach darzustellen, sei ein Abschnitt aus dem 3. Schulheft, das am 3. März 1726 begonnen wurde, wiedergegeben. Es ist eine moralisierende erzieherische Botschaft, die Bezug auf die Joseph-Geschichten aus dem Alten Testament nimmt . Interessant ist, daß Friedemann später nach genau jenen Maßstäben gerichtet werden wird:

> *»Nichts ist gemeiner, als daß man das Schicksal anklagt, wenn einem etwas nicht nach Wunsche gehet, da doch alle Schuld vielmehr denen Sitte u. der Aufführung eines jeden zuzuschreiben ist, welche Ursache an Glück u. Unglück sind. Denn auch zu unserer Zeit mangelt es nicht an Leuten, welche aus dem geringsten Pöbel zu großen Ehren komen; Allein man findet auch solche, welche von den höhesten Stuffen und Ehren ins äußerste Unglück fallen. Wenn man beyderseits Sitten betrachtet, so wird man sich nicht wundern, wie es zugehe. Joseph, welcher mir bey der Gelegenheit einfällt, bahnte sich dadurch, daß er das Seinige wohl verrichtete, den Weg zur vornehmsten Würde in Potiphars Hause, u. kam die güldene Freyheit nebst dem grösten Ansehen als eine schuldige Belohnung seiner guten Aufführung Hingegen der Königl. Becker, welchem an Pharaonis Hoffe alles nach Wunsch ging, bekam durch eine plötzl. u. unglückseel. Veränderung anstatt voriger Ehre Bande u. Strick. An diesem seinem Unglück war seine Lebens=Art schuld, denn er wollte lieber thun, was ihm selbst als was seinem König gefiel, u. machte sich wenig draus, demjenigen zu wieder zu seyn, welchem er doch in allen Stücken hätte gehorchen sollen, also geht es noch heute zu Tage. Ehre u. Ansehen wird selten denen gegeben, die es nicht verdienen, hingegen sind die insgemein glückl., welche tugendhaft sind du darbey ämsig, das Ihrige zu thun. Also wenn man sieht, daß es in eines u. des anderen Haußwesen nicht wohl bestellet ist; so mag man gantz frey sagen, daß es von der Trägheit kome, hingegen, wen dasselbe wohl bestellet ist, mag man es dem angewandten Fleiße zuschreiben. Wenn es demnach einigen nicht nach Wunsche ergehet, so haben sie nicht Ursach sich über das Glück zu beklagen, sonder [sic] sie mögen nur auf ihre Sitten zurücksehen, so werden sie finden, daß es ihnen also ergehe, wie dieselben beschaffen sind«*[224]

1724 – von September bis Dezember – und im September 1726 ist Friedemann als Schreiber der Kantatenstimmen seines Vaters nachweisbar. Den musikalischen Wert dieser Tätigkeit für Friedemann kann man nicht hoch genug bemessen! Am 29. Juni 1726 stirbt die drei und einviertel Jahre alte Schwester Christina Sophia Henrietta Bach und wird auf dem Thomas Kirchhofe in Leipzig, am 1. Juli begraben.[225] Es heißt im Schulheft:

> *»Christina Sophia Henrietta Bachin mortua est die 29 junio aeta: 3¼ 1726.«*[226]

Es werden weitere Kinder geboren werden und einige sterben. Das war die traurige Realität dieser Zeit. Das Leben ging trotz allem weiter. Bei den Bachs muß es zugegangen sein, wie in einem Taubenschlage. Die Schüler J.S. Bachs wohnten zum Teil im Hause. Ständig kamen Kollegen Johann Sebastians zu Besuch, um ihm vorzuspielen. So berichtet C.P.E. Bach:

> *»Es reisete nicht leicht ein Meister in der Musik durch diesen Ort, ohne meinen Vater kennen zu lernen und sich vor ihm hören zu lassen.«*[227]

Und weiter:

> *»Bey seinen vielen Beschäftigungen hatte er kaum zu der nöthigsten Correspondenz Zeit, folglich weitläuftige schriftliche Unterhaltungen konnte er nicht abwarten. Desto mehr hatte er Gelegenheit mit braven Leuten sich mündlich zu unterhalten, weil sein Haus einem Taubenhause u. deßen Lebhaftigkeit vollkommen gliche.«*[228]

Man muß sich vergegenwärtigen, daß die Verhältnisse im Hause auch durch die ständig neu hinzukommenden Kinder immer beengter wurden. Von Juli 1726 bis April 1727 nimmt Friedemann in Merseburg bei Johann Gottlieb Graun Unterricht im Violinspiel und in Komposition.[229] Es sollte ihm eine instrumentengerechtere Schreibart vermittelt werden.[230] So heißt es:

> *»Im funfzehnten Jahre seines Alters bediente er [W.F.] sich des Unterrichts des itzo. Königl. Preuß. und dahmahls Hochfürstl. Merseburgischen Concertmeisters Herrn Graun auf der Violine, um nach der Natur dieses Instrumentes setzen zu können.«*[231]

Jener Graun war Schüler des Dresdner Konzertmeisters der Hofkapelle Georg Pisendel gewesen und hatte sich bei Guiseppe Tartini vervollkommnet.[232] Bitter berichtet ausnahmsweise einmal etwas Positives über Wilhelm Friedemanns Violinspiel:

> *»Es ist dies freilich nur eine geringe Ausbeute für ein so langes Leben, doppelt auffallend, da Friedemann ein vorzüglicher Violinspieler war, und es aus diesem Grunde und weil er sich in der Instrurnental-Musik überhaupt am freisten bewegte, natürlich gewesen sein würde, wenn er hierin mehr geschaffen hätte. Doch gereicht es ihm gewissermassen zur Entschuldigung, dass er nie in die Lage gekommen ist, als Orchester-Dirigent zu wirken, und so zu einer Thätigkeit nach dieser Richtung hin besondere Anregung zu erhalten.«*[233]

Die Abschriften von BWV 594 und 525-528 lassen laut Yvonne Pickmann vermuten, daß sich Friedemann in den Jahren 1727-1733 auf eine Karriere als Orgelvirtuose vorbereitete, also im Alter von 17-23 Jahren! Wir brauchen uns nicht zu fragen, was er geübt haben wird, die Frage beantwortet sich von selbst. Am 5. März 1729 ist Friedemann als Jura-Student in den Matrikeln der Universität Leipzig eingetragen:

> *»1728/29. Rectore D. Johanne Schmidio PP.*
> *Num. 109. Natio. M. 5. Mart. 1729. Bach, Wilhelm, Friedemann, Vinar. Thur.«*[234]

Bei Marpurg finden wir folgendes:

> *»Nach öffentlicher Valedicition von derselben, schritte er zu den höheren Wissenschaften auf der Universität Leipzig, allwo er unter den Herren Professoribus Jöcher und Ernesti die Philosophie und insbesondere unter dem verstorbenen Hrn. D. Rüdiger die Vernunftlehre studierte. Ueber die Institutiones hörte er die Herren D. Kästner und D. Joachim, und bey diesem letztern besonders die Pandecten; bey dem Hrn. D. Stiegelitz das Wechselrecht, und bey dem Herren Professoribus Haussen und Richtern die Mathematik.«*[235]

Friedemann studierte nun Jura und Mathematik. Stefan Gies meint hierzu:

> »Friedemann studierte Jura und Mathematik. Jura war wohl der Wunsch des Vaters, Mathematik das Fach seiner Neigung. Das Studium der Jurisprudenz war in der ersten Hälfte des 18. Jahrhunderts ein umfassendes geisteswissenschaftliches Grundlagenstudium und bot ein Höchstmaß an philosophisch fundierter Allgemeinbildung. Aber der Wunsch, aus Friedemann einen Juristen zu machen, muss auch vor dem Hintergrund gesehen werden, dass Johann Sebastian, in dessen Charakterzügen sich Prinzipientreue und Sturheit zu einer gerichtsnotorischen Gemengelage vereinigten, immer wieder in Rechtsstreitigkeiten verwickelt wurde. Vielleicht wollte er auch in diesen Belangen den Sohn besser fürs Leben ausrüsten, als er sich selber gerüstet fühlte.«[236]

Und Falck berichtet:

> »Zum Studium der Mathematik, besonders Algebra, wurde er vielleicht durch Mizler angeregt, der schon damals in Leipzig von einer näheren Verbindung der Tonkunst mit der Mathematik Vorteile erhoffte.[Falck verweist hier in seiner Fußnote 5 auf: 1731/34 Schüler S. Bachs im Klavierspiel. 1739: »Die Anfangsgründe des Generalbasses, nach mathematischer Lehrart abgehandelt.] Neben dieser wissenschaftlichen Tätigkeit laufen aber kompositorische und klavierpädagogische Bemühungen und mancherlei Ausflüge nach Dresden und Halle her.«[237]

Für die »Mizlersche Sozietät der musikalischen Wissenschaften« steuert J.S. Bach mehrere Werke als wissenschaftliche Abhandlung bei, so z.B. das »Musikalische Opfer«. Später wird Friedemann in Dresden noch Privatstunden beim Hofmathematiker Johann Gottlieb Waltz nehmen, um sich weiterzubilden. Kahmann sieht noch einen ganz anderen Grund für das Studium:

Johann Sebastian Bach litt sehr darunter, daß man ihn als »der Vornehmste unter den Musicanten« betitelte, was man mit einem studierten J.S. nicht so leicht gewagt hätte.[238] Kahmann weiter:

> »Ein Studium erlaubte Komponisten die Distinktion von der Gaukler-Aura, die im Zeitalter von Absolutismus und Aristokratie den Musikerberuf umgab.«[239]

Im Sommer fährt Wilhelm Friedemann »im Auftrag des Vaters«[240] nach Halle, um »Georg Friedrich Händel eine Einladung zu unterbreiten«[241]. Der Vater war durch Krankheit verhindert.[242] Diese Unternehmung bleibt leider ohne Erfolg. J.S. Bach schickt also seinen Sohn als Stellvertreter, was auch heißen könnte, daß er große Stücke auf dessen Können hielt, sollte es gar zu einem Vorspiel bei Händel kommen.[243] Wir erinnern uns daran, daß die Brüder Friedemanns ihn – nach Rochlitz´ Schilderung – als erneuertes Genie ihres Vaters betrachteten. Interessant ist auch, ob Bach noch andere Pläne mit Friedemann hatte, als er ihn zu Händel schickte? War es möglich, Händel vorzuspielen?[244] Sollte er Friedemann vielleicht gar als Schüler annehmen und in der Opernkomposition unterweisen? Wir werden es nie erfahren. Forkel berichtet:

> *»Händeln achtete er sehr hoch, und wünschte oft, ihn persönlich kennen zu lernen. Da Händel ebenfalls ein großer Clavier= und Orgelspieler war, so wünschten auch viele Musikfreunde in Leipzig in der dortigen Gegend, beyde große Männer einmahl gegen einander zu hören. Aber Händel konnte nie Zeit zu einer Zusammenkunft finden. Er war dreymahl aus London zum Besuch nach Halle (seyner Vaterstadt) gekommen. Beym ersten Versuch, etwa im Jahr 1719, war Bach noch in Cöthen, nur 4 kleyne Meilen von Halle entfernt. Er erfuhr Händels Ankunft sogleich, und säumte keinen Augenblick, ihm unverzüglich seinen Besuch abzustatten; aber gerade am Tage seiner Ankunft, reiste Händel wieder von Halle ab. Beym zweyten Händelschen Besuch in Halle (zwischen 1730-1740) war Bach schon in Leipzig, aber krank. Er sandte aber, sobald er Händels Ankunft in Halle erfahren hatte, sogleich seinen ältesten Sohn, Wilh. Friedemann, dahin, und ließ Händel auf höflichste zu sich nach Leipzig nach Leipzig einladen. Händel bedeuaerte aber, daß er nicht kommen könnte. Beym dritten Händelschen Besuch, um das Jahr 1752 oder 1753 war Bach schon todt.«*[245]

Im Jahre 1730 übernimmt Friedemann den Unterricht des später selbst als Klaviervirtuosen gerühmten damaligen Thomasschülers Christoph Nichelmanns (1717-1762).[246]

> *»Hier übte er [Nichelmann] also neben den Schullektionen besonders die Musik, und nahm ausser dem Unterricht dessen er von besagtem Hrn. Cant. Bach in den öffentlichen Stunden genoß, auch noch besonders Anweisung von dessen ältestem Hrn. Sohne, Wilh. Friedemann Bach im Clavierspielen. Er fing auch alhier schon an, unter der Aufsicht seiner vortrefflichen Lehrmeister, einige Versuche in der Composition zu machen.«*[247]

Marpurg zählt immerhin auch Friedemann zu den *vortrefflichen Lehrmeister*[n]. Der Zwanzigjährige übernimmt für den Vater schon die Instrumental- wie auch die Kompositionsausbildung, das muß als Beleg für die herausragenden Fähigkeiten Friedemanns in diesen Gebieten angesehen werden! Am 26. März 1731 absolviert Friedemann erfolglos ein Probespiel in Halberstadt.[248] Am 13. September besucht er dann zusammen mit seinem Vater die erste Aufführung von Hasses Oper »Cleofide« in Dresden.[249] Das Interesse für die Oper war vorhanden und sollte Friedemann später im Alter wieder ereilen.[250]

> *»Friedemann, wollen wir nicht einmal wieder die schönen Dresdner Liederchen hören?«*[251]

Einen Tag später konzertiert der Vater in der Dresdner Sophienkirche.[252] Man kann es sich heute nicht vorstellen, wie auf den braven Studenten aus dem lutherischen Umfeld das sinnenfrohe und prächtige Dresden gewirkt haben muß. Nebenbei war hier die Avantgarde sämtlicher Kunstrichtungen zugegen, was auf Friedemann wie ein Katalysator wirkt. Sein Stil löst sich alsbald vom väterlichen Vorbild, und Friedemann findet hier zu seiner ihm eigenen Sprache. Falck berichtet:

> *»Jedenfalls ist es für Friedemanns Stilbildung von großer Bedeutung gewesen, daß er schon in den Jahren der Unreife und des Werdens mit der homophoneren Kunst der Dresdener in nähere Berührung gekommen ist.«*[253]

Im kommenden Jahr steht Friedemann dann Pate bei seiner Großcousine.[254]

> *»d. 4 Decembr. Dorothea Wilhelmine Bachin Tit. Herrn Tobiae Friderici Bachs. Hießigen treuverdienten Cantoris Toechterlein getauffet [...] Item Tit. Herrn Wilhelm Fridemann Bach, L.A. Studiosus Tit. Herrn Joh. Sebast. Bachens hochberühmten CapellMeister u. Cantoris zu Leipzig in D. Thomae Herr Sohn.«*[255]

Im Mai 1731 müssen die Bachs ihr Haus verlassen und sich für ein Jahr in einem Behelfsheim bei dem Juristen Dr. Christoph Donndorf in der Leipziger Hainstraße 17 einquartieren, weil die Kantorenwohung renoviert werden muß.[256] Die ohnehin beengten Verhältnisse werden also noch beengter. Um die Nähe zu den Klassikern aufzuzeigen, sei erwähnt, daß am 31. März 1732 Joseph Haydn in Rohrau in Niederösterreich geboren wird. Nur wenige Monate später, am 21. Juni 1732, wird Friedemanns Halbbruder Johann Christoph Friedrich Bach geboren, der sogenannte Bückeburger Bach. Wenn man die stilistischen Unterschiede bei Haydn und Johann Christoph Friedrich betrachtet, dann wird einem schnell klar, daß die Unterscheidungen zwischen »vorklassisch« und »klassisch« reine Periodisierungsbemühungen der späteren Musikwissenschaft sind, die als historische Kategorie nicht bestehen können und als stilistische ebenfalls problematisch werden können. Es dauerte ja auch bei Haydn bis ca. 1781, bis das, was er schrieb, mit dem Etikett »klassisch« versehen werden könnte.

Christian Pezold, der Organist der Sophienkirche stirbt am 27. Mai 1733 in Dresden.[257] Schon elf Tage später – man muß sich einmal klarmachen, daß es damals weder Telefon, Internet, Radio und Fernsehen gab, die Post mit der Kutsche ausgefahren wurde und es ein paar Tage, wenn nicht Wochen dauerte, bis man eine Todesnachricht erhielt – schreibt ihm der Vater am 7. Juni 1733 zwei Bewerbungsschreiben![258] Interessant ist, daß die Schreiben tatsächlich die Schriftzüge und Worte Johann Sebastians tragen, immerhin war Friedemann schon 23 Jahre alt. Der Vater hatte allerdings mehr Erfahrung im Umgang mit den Konsistorien. Friedemann unterschreibt lediglich das 1. Bewerbungsschreiben, das zweite ebenfalls vom Vater verfaßt, schreibt er nun vollständig ab. Warum das so geschah, erklärt sich der Autor so:

Das erste Schreiben ist ein Brief an den Bürgermeister und Stadtrat von Dresden, der zweite Brief ist an Paul Christian Schröter gerichtet. Wahrscheinlich war es dem Vater lieber, das 1. Schreiben an die Würdenträger der Stadt mit seiner geübteren Schrift zu versehen. Denn es ist ja eine offizielle Bewerbung. Die würde man heute mit dem Computer herstellen und mit Mappe, Photo, Lebenslauf und

Arbeiten versehen. Das Schreiben an Herrn Schröter ist zwar vom Vater verfaßt, jedoch war hier die Handschrift Friedemanns kein Bewerbungshindernis, da es ja ein Bittschreiben und keine offizielle Bewerbung war. Es mußte auch glaubhaft einem unerfahrenen 23jährigen entsprechen. Die Handschrift des zweiten Schreibens wurde übrigens von Bitter als die Friedemanns deklariert. Dieser »Coup« des »alten« Bach trug Früchte. Hier die offizielle Bewerbung:

> *»[Brief an die] Herrn Bürgermeistern und Rathe der Stadt Dreßden*
> *Es wird nemlich Eu: Magnificence und HochEdelgebohrnen Herrligkeiten nicht unbewust seyn, was maßen der Herr Pezold, gewesener Organist bey der Sophien- Kirche, dieses Zeitliche gesegnet, und also dessen vacante Station mit einem subjecto wieder zu ersetzen; wenn demnach bey Eu: Magnificence [...] als einen competenten mich gehorsamst melden wollte obgleich Derer kein Mangel sein dörffte; Als er gehet an Eu: Magnificence [...] meine unterthänige Bitte; dass Dieselben gnädig geruhen wollen bey dieser vacance meine Wenigkeit in hohe consideration zu ziehen, und nebst andern competenten mich zur probe gnädig zu admittieren [...]*
>
> *gantz unterthänig*
> *gehorsamster Diener*
> *Wilhelm Friedemann Bach.«*[259]

Erschreckend ist für uns der unterwürfige Ton, mit dem man sich bewerben mußte. Unfreiwillig komisch wirken die Titel Eu: Magnificence und HochEdelgebohrnen Herrligkeiten. Hier das zweite Schreiben:

> *» A Son Excellence*
> *Monsieur Schröter*
> *Consellier des Apellations*
> *d.S.A. Ryalle Monsieur*
> *l´Electeur de Saxe et Syndic*
> *de la Magistrat de la Residence*
> *à*
> *Dresde.)*
> *Sollte wohl allzu große Kühnheit, vermöge welcher ich mich unterfange, gegenwärtiges an Ew. Excellence abgehen zu lassen, zu pardoniren sein? Massen ja nur zurückdenken sollen, mit wie viel Verrichtungen Ew. Hoch-Edelgeb. Excellence überhäuffet, und es also fast unverantwortlich schiene, Ew. Excellencen davon abzuziehen:*
> *Jedoch sollte meynen dass insonderheit vor Clienten, worunter ich nicht der Letzte, der Zugang zu Eu: HochEdelgebohrnen Excellence sich iederzeit geöffnet fände. Es kann nemblich / Eu: HochEdelgebohrnen Excellence nicht unbekand seyn, wassmaßen der Herr Pezold, gewesener Organist bey der Sophien -Kirche das Zeitliche mit dem Ewigen verwechselt und also deßen station vermuthlig noch vacant. Weile dann bey Eu: Hochedel und Hochweisen Rath als einem Competenten durch ein Memorial mich unterthänig gemeldet; Als ergehet an Eu: Excellance mein gleichmässiges [unterthäniges*[260]*] Bitten, dass dieselben gnädig geruhen wollen, Dero hohes Patrocinium meiner Wenigkeit angedeyhen zu laßen. Wenn dann an gnädiger Aufnahme dieses meines unterthänigen Petiti nicht zweifle, um so mehr werde bemühet seyn*

Zeit Lebens mich zu bezeigen als
Eu:HochEdelgebohrnen Excellence

Leipzig, den 7. Juni 1733 *unterthänig gehorsamen Knecht*

Wilhelm Friedemann Bach.

Weilen auf bevorstehenden 22ten hujus, wegen Absterben des Organisten Hrn. Pezolds, Organistenprobe in der St. Sophienkirche geschehen solle:

So proponirte
Consul regens
Hr. Burckhard Leberecht Behricht ob bey solcher Probe der Herr Oberhofprediger Dr. Merberger zuzuziehen sey, ohngeachtet solches vorhero nicht geschehen. Und ist hierauf vom Collegio Senato folgendergestallt votiret worden:

Der Proconsul Stetiger ist pro affirmation, dass der Hr. Hofprediger dabey zuzuziehen sey.
Vogler Desgleichen. sub praetextu, weil er einen Candidaten recommandiret, solchen mitzuhören.

M. Senatores Zopfe Desgl.
Schlezig. Desgl.
Sommer. Beharret auf der observanz, und da solches noch niemahlen geschehen, trüge Er Bedenken, davon abzugehen.
Klette, wie Herr Sommer, zumahlen derselbe nicht confirmirt würde.
Jünger. Wie Hr. Brgrm Vogler.
Strauch. Desgl.
Stetinger jun. Desgl.
Hr. Lippold. Desgl. Und conformiret sich Consul regens denen majoribus. So nachrichtl regsitriret.
Christian Weinlich
Hat Collegium Senatus entschlossen, nur bloss dem Hrn Oberhofprediger Nachricht zu geben, dass dessen recommandirter Candidat zur Probe admittiret werden solle, jedoch sei dabei weder des Tages, wann solche geschehen werde, zu gedenken, noch demselben daheim zu insinuiren.

So nachrichtl. reg.
Christian Weinlich

Randnotiz:
Zur Anhörung der Probe in der Sophienkirche sind weder der Herr Oberhofprediger noch der Herr Superintendent der Observanz ersucht worden.
D. Schröter«[261]

Friedemann soll also als »unterthänig gehorsamer Knecht der HochEdelgebohrnen Excellence« dienen. Immerhin wird schon zwei Tage später in Dresden das Probespiel vorgemerkt[262]:

»Den 9. Juni 1733 wurde geschlossen, daß auf nechstkommenden 12. [22.] Jun. Nachmittags umb 3 Uhr, in der Sophien Kirchen auff dasiger Orgel von Wilhelm Friedemann Bachen, Christoph Schaffrathen und Johann Christoph Stoyen eine Probe gespielet, und sodann einer unter ihnen, der am besten bestünde, zum Organisten in bemeldter Kirche erwehlet werden sollte, votum in conceßu Senatus.

D.PC.Schröter«[263]

Paul Christian Schröter war übrigens Stadtsyndicus. Die Recherche des Autors brachte ihn auf einen Eintrag in der »Topographischen Geschichte der Stadt Dresden« von Benjamin Gottfried Weinart.

»[...]Der Bürgermeister, Georg Friedrich Stesigen, der Stadtsyndicus, D. Paul Christian Schröter, der älteste Ratsherr, Moses Schade, und der Stadtrichter in Neustadt, Johann Ephraim Zapfe, fuhren in zwey Wagen zum geh. Rath von Leipziger und holten ihn in der Kirche ab. [...]«[264]

Am 20. Juni, elf Tage später, wurde nach einer Abstimmung entschieden, daß der Oberhofprediger Merberger zuzuziehen und zu benachrichtigen sei. Zur Anhörung der Probe in der Sophienkirche waren weder der Oberhofprediger, noch der Superintendent der Observanz ersucht worden.[265] Am 22. Juni fand das Probespiel in der Sophienkirche in Dresden um 15 Uhr statt, die Teilnehmer waren[266]: Wilhelm Friedemann Bach, Christoph Schaffrath und Johann Christoph Stoy. Vom 23. Juni existiert das Protokoll des Probespiels als Eintrag des Sekretärs Christian Weinlich in der »Acta des Stadtraths zu Dresden«:

»Nachdem gestrigen Tages die Probe von Hrn. Bachen, Schaffrathen und Stoyen in der St. Sophienkirche gespielt woorden, So ist Hr. Oberhofprediger dabey nicht erschienen. Inmassen demselben auch, weil er sich krank befindet, keine Nachricht ertheilt worden, und man also bey der vorigen observanz geblieben. [...]«[267]

Daneben in der erwähnten Notiz:

»Bey der abgelegten Orgel-Probe ist auf requisition des Raths zugezogen gewesen der Churfürstl. Vice Capellmeister Monsieur Pandaleon Hebenstreit, und hat selbiger vor anderm des jüngeren Bachs Geschicklichkeit gerühmt mit dem Zusatz, dass er unter denen 3 Competenten der beste sey.«[268]

Und schließlich fällt die Wahl auf keinen geringeren als Wilhelm Friedemann Bach, und seiner Karriere als Organist steht nun nichts mehr im Wege[269]:

»Den 23. Jun.1733
Wurde deliberiret, wer von denen auf die Probe gestellten 3 Competenten zum Organisten in der Sofienkirche zu erwehlen.
Dom. Consul Stettger, Bach sey nach aller Musicorum Ausspruch und Judicio der beste und geschickteste und habe sich auch gestern bey der Probe am besten exhibiret, dahero er ihm sein Votum gebe.
Dom. Consul Vogler

Dr. Jacobi.

Dr. Schlezlg.

- Sommer.

- Klette.

- Jünger.

Strauch.

Boheim.

Stetiger.

Wagner.

Lippold.

sign. Dr. Consul Regens Behrigt

Sind allerseits gleicher Meynung und geben Bachen wegen seiner Geschicklichkeit ihr Votum, Actum in concessus Senatus. *D.Schröter*«[270]

Eine Woche später erhält Friedemann dann die Benachrichtigung über seine erfolgreiche Bewerbung, gleichzeitig wird er über seine zukünftigen Aufgaben, seine Pflichten und Besoldung belehrt[271]:

»*Instruction*
Vor Herrn Wilhelm Friedemann Bach,
Organisten der Sophien-Kirche.
Demnach nach Herrn Christian Pezold´s gewesenen Organisten in der Sophien-Kirche allhier erfolgtem Ableben, unter anderen Competenten sich Herr Wilhelm Friedemann Bach zu solchem vacanten Dienst angemeldet, er auch bey gehaltner Probe seine Geschicklichkeit auf der Orgel in besagter Kirche dergestallt erwiesen, dass er zu solchem Dienste genugsam qualificieret erfunden worden, Und wie denn seinem Suchen statt gegeben; Als wird gedachtem Herrn Bach sothaner Organisten – Dienst in der Sophien-Kirche dergestallt hiemit conferiret, dass er solchen mit allem Fleisse verwalten, den Gottesdienst, so offt er ihn durch Spielen auf der Orgel zu versehen hat, ohne Noth und ohne erhaltene Erlaubnis nicht versäumen oder doch ein solches subjectum, welches auf der Orgel zu spielen geschickt ist, vor sich bestellen, nicht weniger auch sich der gleichen Art, so sich zur Andacht schicket und dem Gehör annehmlich ist, zu spielen befleissigen, das Orgelwerk gebührend in Acht nehmen, und damit kein unnöthiger Bau daran verursacht werde, verhüthen, auch solches alle Sonnabend gehörig zu stimmen[...]Dagegen soll ihm dasjenige, was zur Besoldung und anderen Emolumenten geordnet und der vorige Organist genossen, willig gereicht werden. Urkundlich ist diese Bestallung und Instruction unter unsrer und Gemeinde Stadt – Insiegel, auch gewöhnlicher Unterschrift ausgestellet worden.
So geschehen Dresden den 23. Juny 1733.
Diese Instruction ist Hr. Bachen, wie vormahls gewöhnlich, von dem Rathe allein unterschrieben, gegeben und eben so zur confirmation beym Ober-Consistorio präsentiert worden, welches nachrichtlich anher angemerket worden, den 30. Jun. 1733.
D. Schröter«[272]

Am 11. Juli 1733 tritt Friedemann seinen Dienst als Organist der Sophien-Kirche in Dresden an[273].

»*Dressden, den 11. Juli 1733.*
Anhero ist zu bemerken, dass der Herr Senator und Cämmerer Sommer als Inspec-

tor der Sophienkirche sich nebst Endesbenamten Actuario und dem Orgnisten Herr Wilhelm Friedemann Bachen anhero in gedachte Sophienkirche verfüget, und sind diesem folgende Schlüsseln:
Em Schlüssel zur KirchhoffThüre,
Ein Schlüssel zur KirchThüre;
Ein Schlüssel zum Chor,
Zwey dergleichen zum OrgelGehäuse,
Ein Schlüssel zum Clavier,
Ein Schlüssel zur BalgenCammer, uud
Ein dergleichen zum Schrank
ausgeantwortet und übergeben worden, die er auch in Empfang genommen, So anhero registriret, uts.

Johan Nicolaus Herold.
A.Amer«[274]

Nach Falks Angaben sei Friedemann dann nach Dresden zu Frau Hofrat Alius (oder Allius) auf die Wilsdruffer Gasse gezogen, deren Mann ein Hofrat ohne Session war und 1735 starb.[275] Am 1. August wurde die Orgel an Friedemann übergeben[276]:

»*Dressden, den 1. August 1733.*
Heute diesen Nachmittag begab sich Herr Christian Sommer, des Raths wie auch Cämmerer und Inspector der Sophienkirche nebst mir und Herr Wilhelm Friedemann Bachen, Organisten bey nur gedachter Kirche persönlich anhero in dieselbe und übergabe diesem die nur vor wenig Jahren erbaute Orgel mit dazu gehörigen Schlüsseln,
Einen Schlüssel zur Kirchhoftüre, und
Einen dergleichen zu der ersten KirchenThüre, welche beyde derselbe zu gebrauchen hat, wenn er die Orgel stimmen will.
Einen kleineren zur TreppenThür zum Chor, und der auch die InstrumentenKammer schliesset.
Einen Schlüssel zum Orgel – Chor
Einen zum Orgel – Clavier oder Manuali
u 7. Zwey zur Orgel und Werke selbst.
8. Einen Schlüssel zur BälgeCammer
9. Einen Schlüssel zu einem kleinen Schranke in der InstrumentenCammer, mit der Bedeutung, dass gedachter Herr Organiste Bach nicht nur die Orgel wohl in acht nehmen und keinen Schaden daran verursachen, auch nicht verhängen solle, dass von anderen dergl. dem Werk zugefügt werde.«[277]

Was bedeutete Dresden nun für Friedemanns Karriere?

»Dresden war in der ersten Hälfte des 18. Jahrhunderts eine der musikreichsten Städte Deutschlands, in den dreißiger Jahren vielleicht die bedeutendste. August dem Starken war am 1. Februar 1733 Friedrich August II. als Herrscher gefolgt. Seine und seiner Gemahlin, der österreichischen Erzherzogin Maria Josepha, einer Schülerin Porsiles, Vorliebe für italienische Musik und Poesie hatten die Vorherrschaft der französischen Kunst in Dresden gebrochen, die fortan nur in Abwesenheit des Königs von ihren Verehrern gepflegt werden konnte. Die große musikalische Vergangenheit wurde von der Gegenwart der dreißiger Jahre womöglich noch übertroffen, seitdem Hasse, der damals berühmteste Tonsetzer der Welt, mehr und mehr in den Vordergrund trat. [...] Was in der kontrapunktischen Schule Sebastians zu lernen war, hatte sich Friedemann angeeignet. Die Richtung, die sein Geist schon in Leipzig eingeschlagen hatte, und die teilweise in einer Abkehr von der alten Polyphonie bestand, mußte in Dresden, so schien es, Anklang und Förderung finden. [...] Eine glänzende Laufbahn schien dem jungen Künstler bevorzustehen.«

Reich werden konnte Friedemann mit dieser Stellung nicht. Denn Friedemann hatte ausschließlich die Orgel zu spielen, »während die Figuralmusik vom Kreuzkantor (seit 1721 Ch. Reinhold)für jährlich 3G, 9g geleitet wurde.«[278], und das Organistengehalt war den Aufgaben entsprechend gering.[279] Falck berichtet:

»In Thaler umgerechnet hatte Bach 74 Tlr 19 g 6 h Sold und 5 Taler Benefiz.«[280]

Am 1. August 1733 sendet Friedemann Bach einen Dankesbrief an den Rat der Stadt Dresden, mit der Bitte, eine Entschädigung für einen Orgelstimmer zu gewähren, sowie die jährliche Orgelstimmung auf H. Schramm mit einem Gehalt von 6-7 Gulden zu übertragen.[281] Der Meinung Pickmanns, daß es sich nur um einen Gehilfen handelt, kann sich der Autor nicht anschließen, vielmehr muß es sich um einen professionellen Orgelbauer gehandelt haben, denn die Orgel schien wohl zu hoch gestimmt und damit verstimmt zu sein. Das überstieg wahrscheinlich die Stimmfertigkeiten Friedemanns (der ein kompetenter Orgelsachverständiger war und beim besten Orgelsachverständigen der Zeit gelernt hatte). Der Verfasser der vorliegenden Studie deutet die Formulierung »in der Höhe stehn« als Verstimmung nach oben, nicht als räumliche Anordnung der Register, bzw. der Pfeifen. Kritiker an Friedemanns angeblich skandalösem Lebenswandel sollten bedenken, daß Friedemann hier sehr verantwortungsvoll handelt, indem er sagt, daß hierzu ein Orgelbauer herangezogen werden muß. Es zeigt nämlich Größe zu sagen, daß die eigenen Fertigkeiten nicht ausreichen! Es scheint hier um eine komplette Orgelstimmung von Grund auf gegangen zu sein:[282]

»Ew. Hoch und Wohl Edle Herrl. Dancke ich unter dienstl., dass dieselben bey Ersetzung des durch H. Pezolds Absterben vacant gewordenen Organisten Dienstes auf meine geringe Person gütigst reflectieren und mich darzu verordnen geruhen wollen, ich werde nicht ermangeln meine Devoir so zu bezeigen, dass dadurch Gottes Ehre befördert, auch dieselben nicht bereuen werden, mich dieser Function gewürdigt zu haben. Ich habe aber bey Vorgenommenen Stimmung der Orgel ersehen, dass die Register, welche solcher beständig zu gebrauchen, alle in der Höhe stehen, mit folglich von mir allein ohnmöglich gestimmet werden können, sondern jedesmahl eine besondere Person ohne den Calcaten darzu gezogen werden muß, darzu dem verstorbenen H. Pezolden der Orgel Bauer H. Schramm gebrauchet worden. Nachdem aber diesen nicht zugemuthet werden kann, dergleichen fernerhin ohne einige Ergötzlichkeit zu verrichten; die mit dem Dienste verbundene Besoldung nicht

zulänglich davon etwas abzugeben, hier nächst dem Wercke selbst vorteilhaft sein will, wenn zu der Stimmung ein besonderer Orgel Bauer gezogen wird, welcher das Pfeiffen -Werck, tracturen und übrige intestina in guten Stande zu erhalten bemühet sein muß, auch oftmahls einer kostbaren Reparatur mit einer Kleinigkeit vorkommen kan; Als habe Ew. Hoch und Hoch Edl: Herrl. solches hiedruch gehorsamst vorzutragen, mit ganz Dienstlicher Bitte, sie wollen, weil besagter H. Schramm vor die wöchentl. Bemühung, welche auch bey denen in der Woche einfallenden Festtagen geschiehet, ein sehr weniges und 6 bis 7 R verlangen möchte, diesen Vorschlag sich gütigst gefallen lassen, und besagten Schrammen, oder wem Sie sonst dazu geschickt finden, die Stimmung der Sophien Orgel aufzutragen gelieben. [...] in unausgesetzter Verehrung verharrende,

Ew. Hoch und Wohl Edlen, Herrl.

Dreßden, d. 1 Aug. 1733 *gehorsamster Diener*

Wilhelm Friedemann Bach«[283]

(Dieser Brief wurde nicht von Friedemann selbst geschrieben. Otterbach vermutet Johann Sebastian Bach als Schreiber, denn dieser habe sich zum Zeitpunkt der Abfassung noch in Dresden aufgehalten, da er dem sächsischen Kurfürsten einen Stimmensatz des Kyrie und des Gloria der h-Moll-Messe (BWV 232) übergeben habe.)[284] Laut Frau Pickmann habe Friedemann nebenher Klavierunterricht gegeben, so an Johann Gottlieb Goldberg[285] seit ca. 1737 und habe aktiv am Musikleben des Hofes teilgenommen, dabei die Bekanntschaft mit Johann Adolf Hasse (1699-1783), Johann Georg Pisendel (1687-1755), Silvius Leopold Weiss, Hermann Graf von Keyserlingk, Carl Heinrich von Dieskau (directeur des plaisiers) und der Kurfürstin Maria Antonia Walpurga von Sachsen gemacht. Er habe auch engen Kontakt zu Ian Dismas Zelenka gepflegt, wahrscheinlich in der Kapelle des Grafen Heinrich von Brühl (1700-1763) mitgearbeitet[286] und sich beim Hofmathematiker Gottlieb Waltz (eigentlich Johann Gottlieb Waltz, »sächsischer Commissionsrath«, Betreuer der mathematischen Bibliothek) weitergebildet.[287] In seiner Dresdner Zeit entsteht ein Großteil seiner Sonaten, Sinfonien und Konzerte. Von 1733-1736 traf sich Friedemann mit seinem Vater, um noch einmal mit ihm Kontrapunktstudien durchzuführen.[288] Friedemann nimmt aktiv am Konzertleben der Stadt teil:

»Daß der bedeutende Sohn des neuernannten Hofkomponisten auch zu den Hofkonzerten bisweilen zugezogen wurde, die in den Gemächern der Kurfürstin stattfanden, wundert nicht, zumal bei seiner Bekanntschaft mit Graf Keyserlingk und dem Directeur des plaisirs von Dießkau. Bach erinnert noch 1767 Maria Antonia an eine Szene, wo sein Schüler Goldberg vor ihr spielen durfte, und die Fürstin sich als Sängerin hören ließ.«[289]

Vom 3. Februar bis zum 5. November 1733 sind Treffen mit Hasse belegt.[290] Am 5. September 1735 wird der Halbbruder Johann Christian Bach geboren, auf dessen Schoß in London einmal der kleine Wolfgang Amadeus Mozart sitzen wird! Am 1. Dezember 1736 gibt Johann Sebastian Bach von 2 bis 4 Uhr ein Konzert auf der neuen Silbermannorgel in der Frauenkirche in Dresden und besucht den ältesten Sohn. 1737 taucht ein Beitrag Friedemanns in den Alten und Neuen Curiosa Saxonica innerhalb eines Artikels über die Silbermannorgel der Frauenkirche zu Dresden auf[291]:

> *»Von dieser Orgel hat der Organist zur Lieben Frauen in Dresden, Herr Christian Gräbner, In seinem carmine gratulatorio an Hrn. Silbermann noch angemerket, daß sie beinahe 6000 Pfeifen habe, und Herr Wilhelm Friedemann Bach, Organist zu St. Sophien, rühmet von solcher Orgel folgendes:*
> *Kann was natürlicher als Vox humana klingen,*
> *Und besser als Cornet mit Anmuth scharf durchdringen,*
> *Die Gravität, die nur im Fagotto liegt,*
> *Macht, dass Herr Silbermann Natur und Kunst besiegt.«*[292]

Nach erneuten Treffen mit Johann Adolf Hasse von Februar bis Herbst 1738, reißt Friedemann im Juli 1739 mit Sylvius Leopold Weiss und Johann Kropffgans nach Leipzig, [293] um im Hause Bachs »musikalisch harmonische Sommertage zu verbringen.«[294] So schreibt sein Schweinfurter Cousin Johann Elias Bach am 11. August 1739:

> *»Da eben zu der Zeit etwas extra feines von Music passierte, indem sich mein Vatter von Dreßden (Friedemann), der über 4 Wochen hier (in Leipzig) zugegen gewesen, nebst den beiden berühmten Lautenisten, Herrn Weisen und Herrn Kropffgans etliche mal bey uns haben hören lassen.«*[295]

Am 6. Januar 1745 kündigt Friedemann seine Cembalosonate in D-Dur in den Leipziger Zeitungen an:

> *»Der geschickte Musicus, Hr. Bach, in Dreßden hat eine Partie a Cembalo solo verfertiget, und selbige eigenhändig mit Zuziehung des Königl. Hof-Kupferstechers Signor Zucchi in Kupfer gebracht. Sie besteht aus einem Allegro Adagio und Vivace. Die Herren Liebhaber, welche sich diese wohl ausgearbeitete Partie anschaffen wollen, können sich deswegen in ietziger Neu-Jahrs-Messe entweder bey dem Autore, oder in Berlin bey seinem Hrn. Bruder, dem Königl. Cammer-Musicus, oder auch in Leipzig bey dessen Hrn. Vater auf der Thomas-Schule melden. Weiln wider Vermuthen die Sätze etwas lang gerathen, so wird die Partie nicht anders als 21.gl. verlassen. Der Autor ist auch entschlossen, dem Publico, (woferne diese Partie geneigte Aufnahme finden sollte,) ehestens noch 5 andere von dergleichen Art zu liefern. Die Lieferung wird gleich nach der Messe erfolgen können.«*[296]

Es ist schon interessant, daß ein Komponist sein Werk damals in den Zeitungen ankündigte, dazu gleich Vertriebsquellen angab und dann auch den hohen Preis von 21 Gulden damit rechtfertigte, daß die Partie außerordentlich lang geworden sei. Rein marketingtechnisch ist die Ankündigung ja keine schlechte Idee, allerdings wirkt die Rechtfertigung eher abschreckend. Auch sind die Namen Johann Sebastians und Carl Philipp Emanuels für einen erfolgreichen Verkauf keine echten Zugpferde. Man kann sich kaum vorstellen, daß jemand die Sonate über J.S. oder

C.P.E. Bach tatsächlich beziehen wollte, die ja beide zu dieser Zeit schon einen großen Namen hatten. Auch dies wirkt auf potentielle Käufer eher abschreckend. Die gut gemeinte Ankündigung entpuppt sich so beim Lesen als Hindernis der Verbreitung. Dieses Stück ist allerdings so umfangreich in seinen kleinmotivschen Bezügen und seiner großformalen Anlage, daß eine ausführliche Darstellung in dieser Monographie nicht erfolgen kann, da noch andere Werke besprochen werden. Diese möchte sich der Autor für eine eigene Abhandlung nur über die Sonate vorbehalten, damit ihr der nötige Raum zukommen kann. In ihr finden wir alle kompositorischen Prinzipien, mit denen Friedemann auch in seinen späteren Werken arbeiten wird. Diese Prinzipien werden in der vorliegenden Studie anhand der anderen Werke exemplarisch dargestellt. Zudem war diese Sonate bereits Untersuchungsgegenstand des vom Autor sehr verehrten Egon Wellesz.[297] Er war übrigens Schüler Arnold Schönbergs, so daß sich hier wieder die Frage stellt, ob nicht auch Schönberg das Werk kannte. Die Art und Weise der intervallischen, kleinmotivschen Kompositionstechnik würde diese Frage mit einem eindeutigen Ja! beantworten. Damit aber der Sonate hier doch noch einmal gedacht wird, lesen wir einige Stimmen dazu. Zunächst Wollny:

> »A landmark in the history of keyboard sonatas.« [298]

Hier der Kommentar Falcks:

> »Bachs bei aller Neigung zur Imitation homophones Grundempfinden war in Dresden besonders gestärkt worden. Aber trotz den italienischen Einflüssen in Form, gewissen Äußerlichkeiten (kontrapunktischen Manieren) und Inhalt der nur zweimal angewandten Fuge, Einflüssen, die nur noch in in den ersten Hallischen Gesangsfugen nachklingen, trotz der Aufnahme gewisser melodischer Eigentümlichkeiten, wie des lombardischen Geschmakcs, trotz der an italienischem Geiste gestärkten Heiterkeit und Leichtigkeit der freien Kompositionen (vgl. die Schlußsätze des A-moll- und D-dur-Konzerts!) war der Künstler so eigene Wege gegangen, daß man in der »vorgeschobenen Stätte für den Luxus, die Geselligkeit und die Künste des südlichen Europas« die bei allen südlichen Anregungen deutsche Musik Friedemanns, daß man in der Stadt des bel canto und der schönen Linie die subjektiveren Ergüsse einer dionysisch gestimmten Natur nicht verstehen konnte. Der Mißerfolg seiner im Frühjahr 1745 erschienenen D-dur-Sonate, der ersten Veröffentlichung des Komponisten, spricht davon.«[299]

Und der Kommentar Kahmanns:

> »Hier wollte einer offensichtlich zeigen, wozu ein Bach imstande ist, und namentlich ein Sohn von Bach.«

Schließlich wird der hohe Schwierigkeitsgrad der Sonate den erfolgreichen Verkauf erheblich behindern. Kahmann schildert Friedemanns Dilemma:

> »Unterwarf er sich den Dresdner Idealen, so verriet er das väterliche Erbe des Vaters, so wie er es verstand. Wagte er sich aber, durchaus im Einklang mit Sebastians Innovationsmut, mit künstlerischer Konsequenz an die Formulierung neuer, kühner Ideen, so verfehlte er den Publikumsgeschmack.«[300]

W.F. richtet sich nicht wie sein Bruder C.P.E an »Kenner und Liebhaber«, sondern eigentlich mehr an die »Kenner«.[301] Es kommt aber noch schlimmer, denn es gibt zwei weitere, immer peinlichere Ankündigungen, und er wird von diesem Verfahren auch nicht ablassen. Am 14. Januar 1745 wird die Auslieferungsverzögerung in einer Zeitungsnotiz angekündigt:[302]

»Den Liebhabern des Claviers wird hiermit nochmahls bekannt gemacht, daß wegen unvermutheter Hinderniß die letzthin genannte Bachische Sonate á Cembalo solo aus Dreßden vor 3. á 4 Wochen nicht wird können geliefert werden. Da auch wegen Benennung des Künstlers, so selbige mit besorge hilft, ein Irrtum vorgegangen, hat man solches gleichfalls wissen machen wollen. Der Preiß bleibt aber wie schon erwehnet.«[303]

Die Titelseite der ersten von insgesamt sechs zur Veröffentlichung vorgesehenen Cembalosonaten ist mit dem 16. März 1745 nach der Vorrede datiert[304]: »

Sei Sonate
per il Cembalo
Didicate
al Signore Illustrissimo
il Signore George Ernesto Stahl
Consigliere della corte
di Sua Maestá
il Ré di Prussia Elettore di Brandeburgo
e composte
da
Guiglielmo Friedemanno Bach.

In Verlag zu haben 1. bey dem Autore in Dresden, 2. bey dessen. Herrn Vater in Leipzig, und 3. dessen bruder in Berlin«[305]

Dabei ist folgende Widmung angefügt:

»Illustro Signore, e Padrone Colendo
Non havendo mai havuto lóccasione di far vedere publicamente la riconoscenza, allaque l´honore dellaSua amicizia, e Sua bontà molto particolare verso di me m´obligano : Oso di valerni della presente, dedicando a V.S. Illustra qualche prove del mio studio in musica, e supplicandola di ricevere la buona volontá come un pegno della mia grandissima divozione. Se il prezzo del mio lauroro non convienne al Suo gran nome, io so almeno per certo, che mai vna didicazione, sia fatta con una venerazione uguale á quella, che mir fá sottoscriverede V.S. Illustra
Dresda osservandissimo devotissimo Servo.

il 16. Marzo. 1745 Guiglielmo Friedemanno Bach.«[306]

Nun kommt die letzte Ankündigung der Sonate in einer Zeitungsannonce[307]:

»Den Liebhabern des Claviers wird hiermit nochmalhn bekannt gemachet, daß des Dreßdner Hrn. Bachens erste Sonate nunmehro fertig, und zu bekommen sey, bey dessen Hrn. Vater, dem HofCompositeur Bachen, auf der Thomas-Schule um bereits gemeldeten Preiß, à 21.gl.«[308]

Das Verkaufsecho blieb so gering, daß eine Fortsetzung nicht lohnenswert schien.[309] Allerdings wird drei Jahre später die 2. Sonate ähnlich beworben. Anschließend hat sich Friedemann erfolglos um die Organistenstelle an der Dresdner Frauenkirche[310] beworben, dafür wird er am 16. April an die Liebfrauenkirche in Halle in das Organistenamt berufen, da die Stelle nach dem Tode Gottfried Kirchhoffs am 21. Januar 1746 frei geworden ist. Ein Mitbewerber war Johann Gotthilf Ziegler.[311] Sein Vater war zweiunddreißig Jahre zuvor auf das gleiche Amt von Weimar aus berufen worden, hatte aber zum Ärger der Kirchenältesten das Amt nicht angetreten[312]. Überliefert ist das Entlassungsgesuch mit der Empfehlung des Schwagers Altnickols als Nachfolger, von diesem Schreiben ist nur die Unterschrift autograph:

»Ich bin verbunden, Deroselben gehorsamst zu melden, daß meine Verbesserung außerhalb Dreßden gefunden, und den anderweit verlangten Dienst zu Pfingsten anzutreten mich anheischig gemachet. Nachdem nun Ew. Hoch u. Wohl Edel. Meinen Zeitherigen Dienst vor meinen Abtritt wieder zu ersetzen sich resolvieren möchten; So unterstehe mich zugleich, ein anderes Subjectum in Vorschlag zu bringen. Es ist ein Studiosus aus Leipzig, Hr. Altnicol, welcher bey meinem Vater das Clavier und zzugleich die Composition gelernt. Wenn nun Dieselben auf ihn gütigst zu reflectieren und eine Probe spielen zu lassen belieben wollten; So zweifle ich nicht, er werde seine Geschicklichkeit auf der Orgel dergestalt zeigen, daß Deroselben meine Recommendation nicht gänzlich mißfallen werde. Hiernechst habe zu Ew. Hoch und Wohl Edl. auch Hoch und Wohlgeb. Herrn das zuversichtl. Vertrauen, Sie werden mir so lange, als den itzigen Dienst versehe, und biß zu Ende des Quartals die davon abhangenden Emolumenta und Besoldung reichen, Hochgütigst geruhen, gestalt ich denn, wenn auch ein paar Sonntage nach meinem Abzuge versäumen müsste, eine solche Persohn zu bestellen schuldig bin, welche die Orgel inmittelst versehen kan. Indessen dancke ich gehorsamst vor die mir Zeithero erzeigte Propension und Wohlgewogenheit, wünsche, der Allerhöchste wolle Dero Regiment mit allen Seegen begnadigen, auch ihre Hochgeehrteste Personen und Wehrtesten Famillien mit langen Leben beglücken, ich aber empfehle mich zu fernern Wohlwollen, und verharre in schuldigster Devotion [...]«[313]

Friedemann hatte in Dresden kein Glück gehabt. Obwohl er alles mitbrachte, was normalerweise eine Karriere befördert hätte, blieben die Erfolge aus, was laut Kahmann auch damit zu tun hat, daß der Spagat zwischen dem katholischen Herrscherhaus und dem protestantischen Land immer größer wurde. Friedemanns Erfolglosigkeit hatte ihre Ursache auch in den politischen Umständen. Das widerfährt ihm später in Halle in ganz anderer Weise, da er dort sein Vermögen im Zuge des Siebenjährigen Krieges verliert. Kahmann faßt als erster sämtliche Erklärungsmodelle für Friedemanns Weggang in ein schlüssiges Gesamtbild zusammen:

> »Der Ehrgeiz, polnischer König zu werden, hatte August den Starken über die Köpfe und Herzen der Sachsen hinweg katholisch werden lassen. Da der Warschauer Thron im Erbgang nicht zu erlangen war, musste er durch romloyales Wirken verdient werden. Selbst nach Erlangung der polnischen Königswürde gaben August und mehr noch sein Sohn und Thronfolger Friedrich August II. (als Polenkönig der III.) beflissen den katholischen Erwartungen an der Weichsel nach, ohne dabei viel Rücksicht auf die protestantischen Wünsche zu nehmen, die man an der Elbe nähren mochte. So entstand ein konfessioneller Spagat, der 1719 durch die Wahl der Habsburger Prinzessin Maria Josepha als Gattin Friedrich August II. noch breiter wurde.
>
> Dresden blühte unter dem katholischen König zu immer noch üppigerer Blüte auf. Die Stadt wurde zur gewaltigen Baustelle, besonders nach 1737. Die »Brühlschen Herrlichkeiten« schmückten fortan die Stadt: Bibliothek, Galerie, palais, Elbterrassen: praller Barock, erbaut für die Ewigkeit. Drei schlesische Kriege setzten der Ewigkeit ihr vorläufiges Ende.
>
> Auch die Sophienkirche war betroffen. Trinitatis 1737 (am 16. Juni) wurde sie durch den Oberhofprediger Marperger für den lutherischen Gottesdienst wieder eröffnet, nachdem das Gotteshaus lange Zeit aufwendig umgebaut worden war. Zugleich wurde eine neue katholische Kirche errichtet. Die alte Schlossskirche, die seit der Reformation protestantisch gewesen war, wurde indessen entweiht und in Wohnungen für Hofbedienstete verwandelt. Die evangelische Bevölkerung, und das hieß die Mehrzahl der Dresdner, war brüskiert.
>
> Dem protestantischen Hofpersonal wurde für seine Andachten die renovierte Sophienkirche zugewiesen. Für die musikalische Gestaltung dieser Gottesdienste war der Sophienkirchenorganist zuständig, zusätzlich zu denen, die er bisher betreute und nach wie vor zu betreuen hatte. Nunmehr musste er sonntäglich zweimal spielen, weil die Hofangestellten es nicht standesgemäß fanden, sich unter die gewöhnliche Gemeinde zu mischen. Eine symbolische Entwertung bedeutete dies auch für die Stellung des Organisten, was seinen materiellen Ausdruck darin fand, dass Wilhelm Friedemanns Mehrarbeit durch keinerlei Mehrbezahlung entgolten wurde. Dass sich die Belastung erheblich vergrößert hatte, wussten die Dienstherren Bachs durchaus: 1740 erhielt der Orgelstimmer den doppelten Lohn, weil der Zeitaufwand für das Stimmen enorm gestiegen war. Auf soviel Gefälligkeit konnte Wilhelm Friedemann nicht rechnen. Unmissverständlicher konnten die Hoffnungen, die einer gehegt haben mochte, dieweil sein Arbeitsplatz renoviert und sein Aufgabenfeld erweitert wurde, nicht desavouiert werden. Wie verloren der Posten des protestantischen Organisten im offiziell katholischen Dresden war, wurde noch offenbarer durch den Umstand, dass Friedemann Bach als Sachkundiger übergangen wurde, als im Zuge des Umbaus der Sophienkirche die Silbermann-Orgel restauriert wurde. Das war ein offener Affront gegen den Organisten, der sein Amt seit nunmehr vier Jahren bekleidete und der dieses Instrument gründlicher kannte als irgendjemand.«[314]

Friedemann war gute 13 Jahre in Dresden tätig gewesen. Daß er nicht schon zehn Jahre früher ging, begründet Kahmann damit, daß er seinem Vater keinen

Kummer bereiten wollte, nachdem sein Halbbruder Johann Gottfried Bernhard im November 1737 sein Amt als Organist in Sangershausen an der Jacobikirche verließ und in Jena bei Johann Nikolaus Bach untergetaucht war, um sich an der juristischen Fakultät einzuschreiben.[315] Nach dem Duktus der Zeit war das Universitätsstudium nur den älteren Kindern vorbehalten.[316] Da W.F. und C.P.E. bereits die Universität besucht hatten, war es Johann Gottfried Bernhard vom Vater verwehrt worden, der ihm eine Stelle als Organist suchte.[317] Die 1. Anstellung als Organist in Mühlhausen hat er nach mehrmaligen Querelen (auch den typisch bachischen, was die Beschwerden über die gottesdienstlichen Choralbegleitungen betrifft) zugunsten einer Anstellung als Organist an der Jacobikirche in Sangershausen – auch wieder mit Hilfe des Vaters – gewechselt.[318] Er warf diese Stelle aber alsbald hin, verschwand über Nacht und hinterließ nichts als Schulden, die Johann Sebastian begleichen mußte. Dieser sprach sodann auch vom »leider mißrathenen Sohn.«[319] Dieser Sohn starb nur 24jährig am »hitzigen Fieber«[320] in Jena. Da auch C.P.E. sein Amt in Frankfurt an der Oder entgegen den Plänen Johann Sebastians zugunsten der Anstellung als Cembalist am Hofe Friedrichs. II. in Berlin aufgab und Johann Sebastians Gemüt durch die Attacken Johann Adolph Scheibes ohnehin schwer getroffen war, habe Friedemann wohl aus Rücksicht auf den Vater keine Anstalten gemacht, sein Amt zu wechseln.[321] Erfolgreich hätte Friedemann allenfalls als Opernkomponist in Dresden sein können, doch Opern schrieb er keine, obwohl oder gerade, weil er mit Hasse verkehrte. Erst im hohen Alter kommt es zu einem Opernplan, von dem sich aber nur Spuren erhalten haben.

Am 16. April 1746 tritt der nunmehr fast 36jährige Friedemann das Amt als Organist der Marktkirche St. Marien (Liebfrauenkirche) und Director Musices in Halle an der Saale an.[322] W.F. gilt mittlerweile als ein so exzellenter Orgelspieler, daß es kein Risiko darstellt, ihn ohne Probespiel anzustellen![323] Vom heutigen Standpunkt gestaltet sich die Beurteilung der Bedeutung Halles für die Karriere Friedemanns als schwierig: Zwar wurde sein Rang höher, dem Vater nunmehr gleichgestellt. Aber damit erhöhten sich auch seine Verpflichtungen; zudem mußte er fortan einem kleingeistigen Konsistorium dienen und zog sich letztlich – auch wenn Halle kirchenmusikalisch von Bedeutung und vor dem Siebenjährigen Krieg eine Stadt in höchster Blüte war – künstlerisch in die Provinz zurück, während sein Bruder C.P.E. im Laufe seiner Karriere von Berlin nach Hamburg umsiedelte, damit immer in den kulturellen Zentren Norddeutschlands blieb und für seine Werke auch ganz andere Verbreitungswege fand. Das Problem war sicherlich, daß Friedemann den Anschluß an die sich entwickelnde bürgerliche Musikkultur nur mit Instrumentalwerken hätte schaffen können. Die neue Stelle, mit der Verpflichtung Kantaten aufzuführen, brachte die notwendige Auseinandersetzung mit den Kantatenwerken des Vaters und einer eigentlich veraltenden Gattung. Sinfonien wird Friedemann nun nicht mehr schreiben und den Anschluß an seine Zeit verlieren. Die Sinfonien werden in den Kantaten oftmals als Einleitungs- oder Zwischenmusiken Verwendung finden. Allerdings wird er durch die neue Stelle zu Honoratioren der Stadt zählen, muß aber auch als Vorbild dienen.[324]

Kahmann beurteilt den Gang nach Halle folgendermaßen:

> »Gab man an der Saale auch kein Welttheater, war die Bühne auch nicht grandios, so war sie doch bedeutend höher als alle anderen, der Hallenser Director musices

verschaffte dem Amtsinhaber Ruhm und Reputation. Mit diesem Titel war der 36-Jährige seinem Vater in Leipzig formal gleichgestellt. Die Hoffnung auf eine adäquate Karriere, die in Dresden leer geblieben war, in Halle schien sie endlich erfüllt. Wilhelm Friedemann Bach hatte Aussicht auf eine Musikerexistenz, die seinem Selbstverständnis und seinem Selbstbewußtsein entsprach.«[325]

In der Bestallungsurkunde werden nicht nur die Regularien und das Gehalt festgelegt, sondern noch vieles mehr: Es ist erschreckend, wie viele Vorschriften ihm von musikalischen Laien im Orgelspiel, was Registrierung und Choralbegleitung betrifft, gemacht werden. Das Konsistorium schreibt hier peinlich genau alle Eventualitäten vor. W.F. Bach ist nicht nur für das Orgelspiel an Sonn- und Festtagen, sowie Trauungen und Nebengottesdiensten zuständig, sondern auch für die großbesetzte vokal-instrumentale Kirchenmusik. Nebeneinkünfte werden auch verboten, ihm wird aber freigestellt, um Lohnerhöhungen anzusuchen. Instrumente darf er nicht ohne Zustimmung des Rates verleihen (das wird noch im Verlaufe seiner Tätigkeit zu einigem Ärger führen), sie sind auch nur für den kirchlichen Gebrauch bestimmt, unterstehen allerdings seiner Verwaltung. Am Ende seiner Dienstzeit werden einige Instrumente fehlen. Vater Bach wird sehr wahrscheinlich geschmunzelt haben, als er die Urkunde las und die Passage sah, die dem Sohne vorschreibt, daß er dissonanzarm, harmonisch und ohne rhythmische Eigenwilligkeiten zu begleiten und ohne große Effekte zu registrieren habe, denn seinerzeit als Organist in Arnstadt hatte man sich über »wunderliche variationes««[326] und viele »frembde Thone«[327] im Orgelspiel J.S. Bachs beschwert:

»Wir Endes Unterschriebene Kirch- Vorsteher und Achtmanne zu Unserer Lieben frauen allhier von Unß und Unserer Nachkommen im Kirchen Collegio uhrkunden hierdurch und bekennen, daß wir dem Wohl Ehren Vesten und Wohlgelahrten Herrn Wilhelm Friedemann Bachen, wohlbestallten Organisten bey der St. Catharinen Kirche in Dreßden Krafft dieses zum Organisten dergestallt bestellet und angenommen haben, daß Er unß und Unserer Kirche treu und dienstwärtig sey, eines tugendhafften und exemplarischen Lebens sich befleißigen, zuvörderst bey der ungeänderten Augspurgischen Confession der Forumla Concordiae und anderen symbolischen Glaubens Bekänntnissen bis an sein Ende beständig verharre, nebst andächtigen Gehör göttlichen Wortes sich zu dieser Kirchen Altar fleißig halte, und dadurch sein Glaubens Bekänntniß und Christenthum der gantzen Gemeine bezeuge. Hiernechst soviel seine ordentliche Amts-Verrichtung concerniret, lieget ihm ob:
1.)alle hohen und andere einfallende Feier oder Fest Tage und deren Vigilien auch aller Sonntage und Sonnabends Nachmittage, ingleichen bey denen ordentlichen Catechismus: Predigten und bey öffentlichen Capulationen, die große Orgel, zur Beförderung des Gottes Dienstes nach seinem besten Fleiß und Vermögen zu schlagen, jedoch dergestalt daß zuweilen auch die kleine Orgel, und das Regal, zumahl an hohen Festen bey der Choral und Figural Musique gespielet werde.
Wie er denn 2.) ordinarie bey hohen Festen und anderen Festen, ingleichen über den 3. Sonntag nebst Cantore und ChorSchülern auch StadtMusicis und anderen Instrumentisten eine bewegliche und wohlklingen gesetzte andächtige Musique zu exhibiren, extraordinarie aber die zwey letzten hohen Feyertage nebst dem Cantore und Schülern, auch Stücke zu musiciren und alles dergestalt zu dirigiren hat, dass dadurch die eingepfarrte Gemeinde zur Andacht und Liebe zum Gehör göttliches

Wortes desto mehr ermuntert und angefrischet werde.
Vornehmlich aber hat Er 3.) nöthig die zur Musique erwehlten Textus und Cantiones dem Herrn Ober Pastori Unserer Kirche Tit. Consistorial Rath und Inspactori George Franken zu dessen Approbation in Zeiten zu communiciren, gestalt er deßwegen an den Herrn Consistorial-Rath hiermit gewiesen wird.
Ferner wird er 4.) sich befleißigen, sowohl die ordentliche, als auch von denen Herrn Ministerialibus vorgeschriebene Choral Gesänge vor und nach denen Sonn und Fest Tages Prediten, auch unter der Communion, item zur Vesper und Vigilien Zeit langsam ohne sonderbahres coloriren mit vier und fünff Stimmen und den Pricipal andächtig schlagen und mit jedem Versicul die andern Stimmen jedesmahl abzuwechseln, auch zur quintaden und Schnarr Werke, das Gedacke, wie auch die Syncopationes und Bindungen dergestalt zu adhibiren, dass die eingepfarrete Gemeine die Orgel zum fundamente einer guten harmonie und gleichstimmigen Thones setzen, darinnen andächtig singen und den Allerhöchsten danken und loben möge.
Wobei Ihme 5.) zugleich das große und kleine Orgel-Werck nebst dem Regal und andere zur Kirche gehörige in einem Ihme auszustellenden Inventario specifizirte Instrumenta hierdurch antrauet und anbefohlen werden, daß Er fleißige Obacht habe damit die erstern an Bälgen, Stimmen und Registern auch allen anderen Zubehörungen in guten Stande auch rein gestimmet und ohne Dissonanz erhalten und da etwas wandelbar oder mangelhaft würde, solches alsobald dem Vorsteher oder wenn es von Wichtigkeit dem Kirchen Collegio zu reparatur und Verhütung größeren Schadens angezeiget werde. Das aus unseren Kirchen Arario angeschaffene Regal aber und übrige musikalische Instrumente sollen allein zum Gottes : Dienst in unserer Kirche gebrauchet, keineswegs aber in andern Kirchen vielweniger zu Gustereyen ohne unsere Einwilligung verliehen, auch da etwas davon verlohren oder durch Verwahrlosung zerbrochen würde, der Schade von Ihme ersetzet werden.
Vor solche Bemühungen sollen Ihme aus den Kirchen: Einkünfften Einhundert und Vierzig Thaler Besoldung, ingleichen Vier und Zwantzig Thaler zur Wohnung und Siebzehn Thaler 12 gr. Zu Holtz alljährlich gezahlet, auch vor die Composition der Cetechismus Musique jedesmahl 1 Thlr. und von jeglicher Brautmesse 1 Thlr. gegeben werden. Wogegen er verspricht, Zeit währender dieser Bestallung keine Neben Bestallungen abzunehmen, sondern die Dienste allein an dieser Kirche fleißig zu versehen, jedoch bleibt ihme so viel ohne deren Versäumung geschehen kann frey; durch information oder sonsten accidantia zu suchen.
Zu dessen Uhrkund haben wir diese Bestallung in duplo unter dem größern Kirchen Secret ausfertigen lassen, eigenhändig nebst dem Herrn Organisten beyde exemplaria unterschrieben, eines davon Ihme ausgestellet, und das andere ist bey der Kirchen zur Nachricht behalten worden.

So geschehen Halle den 16. April 1746

(L.S) *Wilhelm Friedemann Bach*

Schäfer.
Becker.
Möschel.

Queinz.

Dr.Francke.

J.Stappenius.

Hoffmann.

Loeper.

Krause.

O. Hippius.«[328]

An Pfingsten wird die erste Kantate Friedemanns »Wer mich liebet« uraufgeführt.[329] Friedemann ist als »Director Musices« nun auch für Kantatenaufführungen verantwortlich. Er führt eigene, Kantaten von Telemann, Stölzel und Fasch, sowie Kantaten seines Vaters auf, wie »Nimm von uns Herr«, »Herz und Mund und Tath und Leben«, »Vergnügte Ruh« und »Es ist das Heyl uns kommen her.«[330] Falck meint, daß das Kirchen-Kollegium dem Manne, der es nicht gescheut hatte, die schwierigen Kantaten seines Vaters aufzuführen, manche kleine Versäumnisse hätte nachsehen sollen.[331] Wollny gibt eine Antwort darauf, warum Friedemann nur 20 Kantaten geschrieben hat, nur ein Zehntel des väterlichen Kantatenschaffens! Einerseits habe sich vieles nicht erhalten, andererseits jedoch sei das geringere Kantatenschaffen auf den Umstand zurückzuführen, »dass die figurierte Kirchenmusik in Halle gewöhnlich in festem Turnus zwischen den drei Stadtkirchen abwechselte; nur an den mittleren und hohen Festtagen wurde dieses Rotationsprinzip ausgesetzt. W.F. Bach konnte also nur an den Festtagen damit rechnen, in jedem Jahr das Kirchenmusikensemble für Aufführungen zur Verfügung zu haben und beschränkte daher sein Komponieren fast ausschließlich auf Werke für diese Anlässe.«[332] Die Kantaten des Vaters reservierte er, wie seine eigenen, für die hohen Festtage.[333] Der Vater wiederum führte die Kantate »Lasset uns ablegen« Fk 80=BR F1 Anfang Dezember 1749 in Leipzig auf. Er muß also sehr stolz auf Friedemanns Schaffen gewesen sein und die stilistischen Wandlungen zumindest gebilligt haben.[334] Auch dürfte Friedemann Wohlgefallen daran gefunden haben, vom Vater als Kollege akzeptiert zu werden.[335] Am 28. Juli 1746 findet die Übernahme der auf dem Chor der Marienkirche aufbewahrten Musikinstrumente statt.[336]

»Derjenigen musicalischen Instrumenten, welche auf dem Chor der Hauptkirche zu U.L. Frauen allhier verwahrlich aufbehalten, und nunmehro dem neuen Organisten daselbst Herrn Bach sollen extradiret und eingehändiget werden.

1. Ein paar Pauken nebst Klöppeln.

2. Drey neue Trompeten, welche an. 1743 anstatt der gestohlenen angeschafft worden.

3. Bine alte Trompete, und noch eine altere.

4. Ein Regal

5. Ein alter unbrauchbarer Violon.

6. Drey Zinken.

7. Drey Posaunen.

8. Sechs Violinen.

9. Zwey Violen, darunter eine unbrauchbar.

10. Zwey Flöten.

11. Ein Schalmeyen-Bass.

Augustus Becker; Lic.
Wilh. Friedemann Bach«[337]

Die Blasinstrumente wurden von den Stadtpfeifern gespielt.[338] Walter Serauky berichtet dazu:

> »Allerdings genügte bei Friedemanns Eintritt in Halles Musikleben die rathäusliche Musik der Stadtpfeifer und Hautboisten schon rein zahlenmäßig kaum mehr den gesteigerten Anforderungen, besonders wenn es galt, große Festmusiken zu veranstalten.«[339]

Das Chorwesen beschreibt Serauky so:

> »Dieser hallische Stadtsingechor gliedert sich um 1750 immer noch in drei Abteilungen; zwei 'Chori symoniniaci' – Schulchor und Stadtchor – sowie die damals aus 80 Knaben bestehende Kurrende. Der Schulchor war im wesentlichen nur auf Choralgesang eingeübt; er stand vor allem für die musikalische Ausgestaltung der Schulfeiern zur Verfügung, hatte aber auch allsonntäglich in den drei Hauptkirchen (St. Marien, St. Ulrich, St. Moritz) zu singen, sofern nicht an jedem dritten Sonntag der mehrstimmige stadtchor sich in einer dieser Kirchen hören ließ.«[340]

Jener Schulchor hatte nach Schätzung Wollnys die Größe von 12 bis 16 Knaben und war so groß wie der Thomanerchor.[341] Damit waren drei bis vier Knaben pro Stimmlage besetzt.[342] Das steht in krassem Gegensatz zu den »gletschernen Chören« (Glenn Gould), die wir heute gemeinhin außerhalb historischer Aufführungspraktiken (manchmal auch mittels dieser) dargeboten bekommen.

Zurück zu Friedemann, seiner Person und seinen sozialen Kontakten in Halle: Falck meint, man mache sich eine falsche Vorstellung, wenn man sich Friedemann als ungenießbaren, mürrischen und weltscheuen Menschen denke, der Zutritt in vornehme und gesellige Kreise weder gesucht noch gefunden habe.[343] Vielmehr wisse man aus einer Mitteilung Latrobes (in Dorpat) an Griepenkerl, daß W.F. Bach der persönliche Freund des hervorragenden Buchdruckes J.J. Gebauer gewesen sei, der wagemutig sämtliche Werke Luthers auf eigene Faust, eine große Weltgeschichte und Drucke in verschiedensten Sprachen verlegt habe, usw.[344] Sein »Haus, Garten und Weinberg«[345] wurden als kleine Akademie angesehen[346], weil »Gelehrte und sonst hervorragend gebildete Menschen diesen Mann von feinstem Geschmacke häufig und gern aufgesucht«[347] haben. Der »gleichaltrige Mann«[348] müsse Friedemanns »ähnliche Natur besonders angezogen haben«[349]. Gebauer habe sich eine bedeutende Sammlung Friedemannscher Werke zugelegt.[350] Durch Gebauer sei Friedemann in »persönliche Berührung«[351] mit »J.S. Baumgarten gekommen, dem Verfasser der Hallischen Bibliothek und anderer Bücherbeschreibungen«[352], sowie »Besitzer einer interessanten musikalischen Bibliothek«[353]. Bach sei außerdem mit dem »Oktavus am Gymnasium und Ulrichskirchenkantor«[354] Michael Bach aus Ruhla verwandt gewesen, dessen Sohn Johann Christian (1743-1814), dem »Hallischen Klavierbach, er wertvolle Handschriften«[355] geschenkt habe.

Vom 7. bis 8. Mai 1747 ist Friedemann mit seinem Vater auf Einladung Friedrich II. nach Potsdam unterwegs, jene berühmte Einladung, die das »Musikalische Opfer« J.S. Bachs zur Folge haben wird.[356] Friedemann erzählte die Geschichte der Reise Forkel, der sie folgendermaßen wiedergiebt:

> »Der König hatte um diese Zeit alle Abende ein Cammerconcert, worin er meistens selbst einige Concerte auf der Flöte bließ. Eines Abends wurde ihm, als er eben seine Flöte zurecht hatte, durch einen Officier der geschriebene Rapport von angekommenen Fremden gebracht. Mit der Flöte in der Hand übersah er das Papier, drehte sich aber sogleich gegen die versammelten Capellisten und sagte mit einer Art von Unruhe: *Meine Herren, der alte Bach ist gekommen*! Die Flöte wurde hierrauf weggelegt, und der alte Bach, der in der Wohnung seines Sohns abgetreten war, sogleich auf das Schloß beordert. Wilh. Friedemann, der seinen Vater begleitete, hat mir diese Geschichte erzählt, und ich muß sagen, daß ich noch heute mit Vergnügen an die Art denke, wie er sie mir erzählt hat. Es wurden in jener Zeit noch etwas weitläuftige Complimente gemacht. Die erste Erscheinung Joh. Seb. Bachs vor einem so großen Könige, der ihm nicht einmal Zeit ließ, sein Reisekleid mit einem schwarzen Cantor-Rock zu verwechseln, mußte also nothwendig mit vielen Entschuldigungen verknüpft seyn. Ich will die Art dieser Entschuldigungen hier nicht anführen, sondern bloß bemerken, daß sie in Wilh. Friedemanns Munde ein förmlicher Dialog zwischen dem Könige und dem Entschuldiger waren.
>
> Aber was wichtiger als dieß alles ist, der König gab für diesen Abend sein Flötenconcert auf, nöthigte aber den damahls schon sogenannten alten Bach, seine in mehrern Zimmern des Schlosses herumstehende Silbermannische Fortepiano zu probieren. Die Capellisten gingen von Zimmer zu Zimmer mit, und Bach mußte überall probiren und fantasiren. Nachdem er einige Zeit probirt und fantasirt hatte, bat er sich vom König ein Fugenthema aus, um es sogleich ohne alle Vorbereitungen auszuführen. Der König bewunderte die gelehrte Art, mit welcher sein Thema so aus dem Stegreif durchgeführt wurde, und äußerte nun, vermuthlich um zu sehen, wie weit eine solche Kunst getrieben werden könne, den Wunsch, auch eine Fuge mit 6 obligaten Stimmen zu hören. Weil aber nicht jedes Thema zu einer solchen Vollstimmigkeit geeignet ist, so wählte Bach selbst eines dazu, und führte es sogleich zur größten Verwunderung aller Anwesenden auf eine ebenso prachtvolle und gelehrte Art aus, wie er vorher mit dem Thema des Königs gethan hatte. Bach wurde daher an den folgenden Tagen von ihm eben so zu allen in Potsdam befindlichen Orgeln geführt, wie er vorher zu allen Silbermannischen Fortepiano geführt worden war. Nach seiner Zurückkunft nach Leipzig arbeitete er das vom König erhaltene Thema 3 und 6stimmig aus, fügte verschiedene kanonische Kunststücke darüber hinzu, ließ es unter dem Titel: Musikalisches Opfer, in Kupfer stechen, und decidirte es dem Erfinder desselben.«[357]

In Halle ist unter anderem Friedrich Wilhelm Rust Kompositions-, Klavier- und Orgelschüler Wilhelm Friedemanns.[358] Am 8. Januar 1748 liegt in Halle die Cembalosonate in Es-Dur im Druck vor, der Widmungsträger war der Taufpate von C.P.E. Bachs Sohn Johann Sebastian, Franz Wilhelm Happe[359]: »

SONATE

pour

LE CLAVECIN

Dédieé
A
SON EXCELLENCE
MONSEIGNEUR DE HAPPE.
&c.&c.
composée
par
Gvillaume Friedemann Bach.

In Verlag zu haben 1. bey dem Auctore in Halle, 2. bey dessen Herrn Vater in Leipzig, und 3. dessen Bruder in Berlin.«[360]

Vorrede:

»Monseigneur!
Le gout, que Votre Excellence a pour Musique, et les marques de bonté , que jái reçu d´elle, me font espérer, qu´Elle agréera de même manière ce petit essai, que je prens la liberté de Lui dédier. Mon but ne fend, que de Lui faire connoî l´impressement, que j´ai de m´aquiter par la du plus sacré de´mes devoirs, comme und vive reconnoisance, qui n´en cedera jamais au profond respêt, avec lequel je me fais gloire d´être toute ma vie, Monseigneur ! De Votre Excellence

Le très Humble et les très obèissant Serviteur Gvillaume Friedemann Bach.«[361]

Am 2. Mai 1748 wird der Vertrieb der Cembalosonate Es-Dur in den Leipziger Zeitungen wie folgt angekündigt:

> *»Denen Liebhabern des Claviers dienet nachrichtlich, dass die zweyte ClavierSonate Hrn. Wilhelm Friedemann Bachs von dem Organisten in Dresden, nunmehro Direct. Musices und Organisten zu St. Marien in Halle, in dieser Jubilate – Messe bey dem Autore in Halle, in Leipzig bey seinem Hrn. Vater, Capellmeister Bachen, und in Berlin bey seinem Hrn. Bruder, Cammer-Musico Bach, zu bekommen seyn wird. Auch hat er sich eines leichtern Styli, wie in der erstern beflissen.«*[362]

Da diese Sonate auch nicht die erwünschten Verkaufsergebnisse erzielt, verzichtet Friedemann leider auf die Vollendung der Serie. Ein unglaublicher Verlust! Das Jahr 1749 sollte zu einer Zeit der Spannungen und Konflikte um Kompetenzfragen und Befugnisübertretungen in Halle werden. Der Kantor Johann Gottfried Mittag wird beschuldigt, Kollektengelder veruntreut zu haben.[363] Kahmann recherchierte folgendes:

> *»Es hält der Organist Bach in der Kirche zur lieben Frauen auff der Orgel eine Büchse worrin diejenigen, so auff die Orgel kommen, etwas vor den Organisten hineinzuwerffen pflegen und diese Büchse stehet in einem Schrancke, wozu ich als Cantor wegen meiner darin liegenden Musicalien gleichfalls den Schlüssel habe; da ich nun aus dieser Büchse etwas herausgenommen, so zusammen auf 2 Rthl. betragen wird, so hat der Magistrat zu Halle mich Suspendiret, und will wieder mich mit der Inquisition verfahren.«*[364]

Kahmann berichtet, daß es im 18. Jahrhundert eine Aufgabenteilung zwischen Kantor und Organist gegeben habe, die auch ihren Niederschlag in der Bestallungsurkunde Friedemanns gefunden hatte.[365] Geck formulierte die Aufgabenteilung so:

> »Der Kantor ist Akademiker, Schulmann, Leiter des Schülerchors, Hüter der musikalischen Tradition; der Organist fungiert als Komponist, ausübender Künstler, Leiter eines von ihm selbst aus den vorhandenen Kräften zu rekrutierenden Ensembles, Überbringer des musialisch Neuen.«[366]

Kahmann weiter:

> »Diese Aufgabenteilung war unvermeidbar der Quell diverser Reibereien: ideologischer Art bezüglich einer Auseinandersetzung zwischen seinerzeitiger Tradition und Moderne, mehr noch aber struktureller Natur: Zwangsläufig mussten sich Kompetenzkonflikte und Konkurrenzkämpfe zwischen den beiden kirchenmusikalischen Experten entspinnen. Auch der hier zu berichtende Streit stellte eine Form der Konfliktaustragung dar, eine sonderbar subtile.«[367]

Kahmann berichtet weiter, daß Mittag zu Beginn Friedemanns Berufung bereits die Gefahr gewittert habe, die von diesem ausging. Der Kantor hatte außerdem die Tochter seines Vorgängers geehelicht, der ihm seine kleinen Nebeneinnahmen immer zu einem Drittel hinterlassen hatte, zumal dieser weniger verdiente. Doch Friedemann sah keinen Anlaß, diese Familientradition fortzuführen; der seit kurzem verwitwete Mittag habe das aber als sein angestammtes Recht gesehen.[368] Den Umgang mit den Geldern habe er damit begründet, daß er »es theils zum Spaß, theils auch deswegen gethan dass mir von der Sammlung in der Büchse gleichfalls etwas gebühre, da ich bey der Aufführung der Kirchen Music so viel Mühe und Arbeit, alß der Organist habe.«[369] Friedemann habe dann Klage eingereicht. Mittag denunzierte Friedemann sogar noch.

> *»Ich habe ermeldeten Bachen von Anfang seines Hierseins die Music* [die von Bach komponierten Kirchenkantaten; Anm. von Kahmann] *willig in die Correctur genommen; auch weilen er in der Rechtschreibung nichts Solides weiß und dadurch dem Setzer in der Druckery viel Mühe verursachet.«*[370]

Mittag wurde entlassen, taucht dann aber um 1756 wieder als Musikdirektor der Stadt Uelzen auf. Für seine beiden Kinder aus der besagten Ehe wurde die Hälfte der Einnahmen aus den Sammlungen für arme Kinder zugestanden. Es stellte sich noch heraus, daß er sieben Jahre vor seinem Diebstahl ein uneheliches Kind gezeugt hatte.[371]

> *»Weilen nun aber gedachter Cantor Mittag allbereits in anno 1742 zwey currende Knaben verleitet hat, daß sie Pflantzen holen und ihm bringen mussten, auch letztlich uns zu Ohren kommen, daß er mit einer Weibes Person, Nahmens Anna Magdalena Gestin zwar schon vor 7 Jahren im Ehebruch ein Kind erzeuget, welchses dies zu Notthaufe nicht negiret, so hat er darüber annoch befraget werden sollen.«*[372]

Mittag hatte also noch seine zwei Kinder zum Diebstahl angestiftet. Friedemann wird bald selbst Ärger mit dem pietistischen Rat bekommen: Friedemann wird zusammen mit dem Vater für den Bau einer Orgel der Unterkirche in Frankfurt an der Oder zugunsten des Orgelbaumeisters Cuntius engagiert und verfaßt zwei Mahnbriefe, die vermutlich an den Hofrat Johann Lukas Thering adressiert waren.[373] Am 1. Dezember 1749 mahnt Friedemann das Kollegium, Herrn Cuntio wenigstens die *»billig damahlige Reise und versäumte Arbeit [zu] bonificieren«*[374]. Diesem Schreiben wurde eine von Gottfried Heinrich Cuntius unterschriebene Commission, datiert Halle, den 22. November 1749, mit der Forderung von 2 Louisd´or beigefügt[375]:

»Der Herr Concert Meister Graun, den ich als meinen ehemahligen Meister auf der Violine noch jetzo vene[r]iere, hat auf Ew : HochEdelgebohren Ordre mit zuziehung meines Vaters in Leipzig einen tüchtigen Meister Nahmens Cuntium von hieraus zu einem neuen Orgel – Bau in Vorschlag bringen müßen. Ohngeachtet nun die Sache verschiedene mahl sehr pressant gemacht worden, so ist gleichwohl die letzte Absolution zu einer Abreise von hier ausgeblieben. Ich habe also per Commission bei Ew: HochEdelgebohren anzufragen, ob wie zu vermuthen, ein andres resolviert worden? wann dem also, so habe nur, melden sollen, daß erwehnter Herr Cuntius so beständig wegen seiner Geschicklichkeit mit vieler Arbeit überhäuft, gleich, wohl auf meines Vaters Schreiben, so sich selbst über die gegebene und hernach ins Stocken gerathene Commission oft genug verwundern können, eine Reise nach Leipzig thun und folglich alle Arbeit indeß damahln bei Seit legen müßen, um wegen der neuen Orgel genauere Abrede zu nehmen, ihr Gutachten, Einrichtung und zu forderndes Preisses einander zu communiciren, wie auch die von dem Frankfurter Organist nach Leipzig übermachte zwar sehr ungeschickt abgefasste Disposition der neuen Orgel zu reflectieren. Ich habe ingleichen melden und bitten sollen, dass man Herr Cuntio wenigstens wie billig die damahlige Reise und versäumte Arbeit bonificiren u. die 2 Louisd´or nur an mich, wie bey kommende hinterlassne Commission ausweisst, güttigst zu adressieren, da er auswärts in einem Orgelbau begriffen. Ich habe indessen in Erwartung

einer baldigsten Antwort, die Ehre mich nennen zu dürfen Hochedelgebohrener Hochgeehrtester Herr

Dero

ergebenster Diener

Bach Direct. Music.

Commissoria:

Beifolgendes Schreiben habe dem Herrn Gevatter Dir. Bach in meiner Abwesenheit gütigst zu besorgen und diesen, weil die 10 Rthl. als meinen erlittenen Schaden in meinem Nahmen in Empfang zu nehmen hinterlassen wollen.

Halle, den 22. Nov. 1749.

Gottfried Heinrich Cuntius.

Halle den 1. December 1749.«[376]

Das zweite Mahnschreiben, datiert auf den 20. Februar 1749, natürlich muß es richtig 20. Februar 1750 heißen[377]:

> *»Da die vielen Verrichtungen Ew. HochEdelgeb. An eine Antwort nicht haben denken lassen, will nicht zweifeln; Es ergeht als hierdurch eine gütige Erinnerung indem bewusster Hr. Heinrich Andreas Cuntius vor denen Ferien hier wiederum eintreffen wird, um Rechenschaft von meiner ausgerichteten Commission ablegen zu können. In Erwartung einer baldigsten Resolution und Antwort habe die Ehre, nebst Anwünschung vergnügter Ferien mich zu nennen*
> *HochEdelgebohrener Hochgeehrtester Herr*
> *Halle 20. Febr. 1749* *Dero ergebener Diener*
>
> *W. F. Bach«*[378]

1750 bricht der erste große Streit mit der vorgesetzten Behörde aus: Friedemann war anscheinend nicht sehr gewissenhaft in bestimmten Pflichten und nahm manches nicht so genau: Er hat entgegen den Bestimmungen der Bestallungsurkunde die Pauken ins Collegium Musicum verliehen und wird deshalb am 3. August 1750 mit »Kassation« bedroht.[379] Kurz zuvor kommt es allerdings für Friedemann zu einem schweren Schicksalsschlag: Am 28. Juli 1750 stirbt Johann Sebastian Bach in Leipzig[380]: Er hatte zuvor zwei Augenoperationen durch den englischen Augenarzt John Taylor überstanden, erblindete jedoch, und seine Kräfte verfielen immer mehr, so daß Altnickol und dessen Frau von Naumburg nach Leipzig kamen, um sich um den alten Bach zu kümmern. J.S. Bach erlangte am 18. Juli 1750 die Sehkraft vorübergehend wieder und erlag dann am 28. Juli einem Schlaganfall. Carl Philipp Emanuel und Johann Friedrich Agricola berichten im Nekrolog:

> *»Auf diesen* [Schlaganfall] *folgte ein heftiges Fieber, an welchem er [...] am 28. Julius 1750, des Abends um Viertel auf neun Uhr, im sechs und sechzigsten Jahre seines Alters, au f das Verdienst seines Erlösers sanft und seelig verschied.«*[381]

Die Beisetzung erfolgte am 31. Juli. W.F. Bach fährt, ohne ein Urlaubsgesuch einzureichen, nach Leipzig, um die Erbangelegenheiten als ältester Sohn zu regeln.[382] Der Aufenthalt wird mehrere Monate dauern. Die beiden ältesten Brüder beschließen, das Erbe der väterlichen Kompositionen untereinander aufzuteilen, wobei Friedemann den Anspruch auf das Vokalwerk erhebt, da er es in seiner Funktion als Director Musices in Halle besser gebrauchen konnte als Emanuel in Berlin. Kahmann schildert:

> »Im Trauerhaus traf er seine Geschwister an, die nun zum letzten Male vollständig beisammen waren. Neun Kinder lebten noch beim Tode des Vaters: vier Töchter, als älteste aus erster Ehe Catharina Dorothea, die mit 41 Jahren noch ledig war; Elisabeth Juliana Friederica, die älteste aus zweiter Ehe und einzige, die verheiratet war; sowie die minderjährigen Mädchen Johanna Carolina und Regina Susanna. Dazu fünf Söhne: Wilhelm Friedemann und Carl Philipp Emanuel sowie Gottfried Heinrich, Johann Christoph Friedrich und Johann Christian.
>
> Das musikalische Erbe ging an die vier musizierenden Brüder und an die Witwe, wobei Wilhelm Friedemann und Carl Philipp Emanuel die Löwenanteile erhielten: ersterer die Partituren samt Stimmendubletten der beiden Kantatenjahrgänge,

letzterer die Partituren und Stimmen jeder zweiten Kantate des ersten Kantatenjahrganges, die Partituren samt Stimmendubletten des dritten Jahrgangs, dazu die Triosonaten für Orgel sowie die großen Meisterwerke (Passionen, h-Moll-Messe, Weihnachtsoratorium, Kunst der Fuge). Johann Christoph Friedrich erhielt die andere Hälfte der Partituren und die Stimmen des ersten Kantatenjahrgangs sowie Präludium und Fuge BWV544; Anna Magdalena schließlich wurden die Stimmen des zweiten Kantatenjahrgangs zugesprochen sowie ein Drittel des nicht ganz unbeträchtlichen Vermögens ›während die restlichen zwei Drittel gleichmäßig unter die übrige Nachkommenschaft verteilt wurden (Karl Geiringer, Die Musikerfamilie Bach. Musiktradition in sieben Generationen, München 1958, S. 345).‹ Dass die Bach-Witwe ihr fernes Leben nicht, wie man lange glaubte, in bitterer Armut zubrachte, ist von Maria Hübner dargelegt worden. (Maria Hübner, Zur finanziellen Situation der Witwe Anna Magdalena Bach zum 300. Geburtstag. In BJ88 (2002), S.245-255)«[383]

Einzig W.F. und C.P.E. waren geschäftsfähige erwachsene Männer. Gottfried Heinrich war durch seine geistige Behinderung unmündig, die anderen Jungen waren minderjährig, ebenso die beiden noch jüngeren Mädchen. Als Frauen waren die übrigen »unfrei«[384] und rechtlich »versorgt«[385], »weil verheiratet war einzig Elisabeth Juliana Friedrica. Für Anna Magdalena wurde als Kurator der Advokat beim Sächsischen Oberhofgericht zu Leipzig Dr. Friedrich Heinrich Graff, eingesetzt, der Pate von Gottfried Heinrich und von Regina Susanna, aus dessen Legat die Witwe Zuwendungen erhielt. Die minderjährigen Mädchen erhielten ihrerseits Vormünder.«[386] Als ältestem Bruder obliegt auch Friedemann die Obhut seines jüngeren Halbbruders Johann Christian Bach. Da er aber unverheiratet ist, bringt er ihn zu Carl Philipp Emanuel nach Berlin.[387] Das ist wiederum ein im Privaten sehr verantwortungsvoller Schritt des angeblich so lasterhaften Mannes! Die Biographen vor Kahmann berichten, Friedemann habe sich dann bis Dezember in Berlin aufgehalten und seinen genehmigten Urlaub damit über mehrere Monate überzogen. Batta folgerte, er könne auf einen Posten in Berlin unter der Protektion seines Bruders spekuliert haben.[388] Kahmann allerdings hat herausgefunden, daß Friedemann sich im Spätsommer 1750 bereits wieder in Halle aufgehalten hatte. Denn dies gehe aus einem Zeugnis hervor, das Friedemann seinem Orgelschüler Daniel Christoph Vahlkamp für eine – erfolglose[389] – Bewerbung an der Bielefelder Marienkirche ausgestellt hatte:

»Daß Daniel Christoph Vahlkamp, zur Verwaltung eines Amts, welches auf Tractirung eines Orgel=Werks absonderlich ankömt; nicht ungeschickt sey;

Halle, d.11. Septbr: 1750. *Wilhelm Friedemann Bach.*
Direct: Music:«[390]

Schließlich nimmt Friedemann seine Schwester Catharina Dorothea zu sich, die erst wieder 1771 in Leipzig nachweisbar ist, nachdem Friedemann sein Amt in Halle aufgab. Kahmann berichtet[391]:

»Für ihn [Friedemann] war diese Schwester die verkörperte Erinnerung an Maria Barbara. Er kannte nach des Vaters Tod niemanden länger und besser als sie. Und sie war, so darf man vermuten, dem ledigen Organisten auch eine willkommene Abwechslung in seinem Junggesellen-Haushalt.«[392]

Nun braut sich über Friedemanns Haupt einiger Ärger zusammen. Johann Fabian Böhme, seit 1750 Mitglied des Kirchkollegiums der Liebfrauenkirche in Halle, protokolliert die lange Abwesenheit des Organisten:

> *»Praemissa grat. act. proponierete der Herr Secret. Gueintzius, daß der Herr Organiste Bach vor Mich. dieses Jahres von hier gereiset, ohne solches jemandem vom Collegio zu melden, und keine Dienste gethan, Allererst am Weyhnachts Heiligen Abend wiedergekommen, keinesweges aber auf die Orgel gekommen, noch die ganzen Feyertage über die Besorgung gehabt: Der Herr Organiste Bach, der vor dem Convente zu erscheinen vorgefordert, u. sich eingefunden, wurde vorgelassen, entschuldigte sich zwar, daß Er, weil sein Herr Vater in Leipzig gestorben, dahin solches zu melden, gereiset, und nachher/ wegen befallenen Fiebers sich bis Weyhnachten aufhalten müssten, inzwischen aber doch die Orgel und Music besorget;...«*[393]

Am 25. Februar 1751 ehelicht Friedemann, nun 41 Jahre alt, in Halle die Tochter Johann Gotthilf Georgis, des Königlichen Einnehmers bei der Accise-Kasse zu Halle, Dorothea Elisabeth Georgi (*ca.1725 in Halle, † 21.06. 1791 in Berlin).[394] Kahmann vermutet, daß das Eheversprechen vielleicht gleich nach der Rückkehr in Halle gegeben wurde, denn die Hochzeit fand nicht lange danach statt.

> »Dem Brauch der Zeit gemäß wurde sie als Haustrauung vollzogen, nach dreifachem Aufgebot am Tage der Heirat und den beiden vorangehenden Sonntagen, wie es in Halle vorgeschrieben war«[395]

In den Quellen heißt es:

> *»Dom. Septuages.*
>
> *H Wilhelm Friedemann Bach Director Musices und Organist*
> *bey dieser Kirche (zu U. L. Fr.) u. Jgfr. Dorothea Elisabeth, Herrn*
> *Johann Gotthilf Georgi, Königlichen Einnehmers bey der Accise Caße allhier*
> *eheleibl. älteste Tochter*
>
> *T.pater sponsae.«*[396]

So wird am 10. Januar 1752 der erste Sohn Wilhelm Adolph geboren.[397] Die Kindstaufe findet am folgenden 13. Januar statt: Die Paten sind der Oberhofmarschall Graf Johann Georg von Einsiedel in Dresden, Wirkl. Geh. Etts- und Kriegs-Rath in Berlin Franz Wilhelm von Happe, Frau Geheimrätin von Dieskau (von Einwohnern der Stadt vertreten.)[398] Die Auswahl »adeliger und hochgestellter Paten«[399] vermittele nach Martin Geck den Eindruck, daß Friedemann »zur großen Welt«[400] gehören wollte »und dort auch tatsächlich Anerkennung«[401] gefunden habe. Allerdings hatte er mit ihnen in seinen Dresdner Jahren auch gesellschaftlichen Umgang. Falck meint, Friedemann kannte die hochgestellten Paten durch seine Konzertreisen. [402] Der Sohn verstirbt am 22. November 1752 im Alter von nur elf Monaten. Von Oktober bis Dezember 1753 bewirbt sich Friedemann vergeblich um die Organistenstelle in Zittau. Er hat potente Mitbewerber, so sein Bruder C.P.E. Bach, sowie sein Schwager Johann Christoph Altnickol und die Bach-Schüler Johann Ludwig Krebs und Johann Trier.[403] Daß Friedemann in Halle bleibt, führt Falck auf die Familiengründung und die sichere

Stellung zurück. Falck vermutet auch unter den immer wieder ungenehmigten Reisen »Probekonzertfahrten«. [404] Am 30. Juli 1754 wird sein zweiter Sohn geboren, der bereits nach einem halben Jahr am 16. Januar 1756 stirbt. (Nur elf Tage später wird Wolfgang Amadeus Mozart am 27. Januar 1756 in Salzburg das Licht der Welt erblicken!) Nach einem halben Jahr ist Friedemanns Frau bereits erneut schwanger und am 7. Februar 1757 wird die Tochter Friederica Sophia geboren. Paten sind die Fürstin von Schwarzburg und Rudolstadt Bernhardine Christiane, der Fürst von Anhalt-Köthen Carl Georg Lebrecht, sowie die Prinzessin von Anhalt-Köthen Marie Magdalena Benedictine (von Einwohnern der Stadt Halle vertreten).[405] Kahmann sieht hier in dem Ehepaar zu Anhalt-Köthen, die das Andenken Sebastians anscheinend hinreichend zu schätzen wußten, »eine charmante Reminiszenz an den Großvater seiner Tochter«[406]. »Ohne seine eigene Reputation hätte«[407] er mit der »Gefälligkeit«[408] der Übernahme der Patenschaft kaum rechnen können.[409]

Friedemann will sich nun auch als Musiktheoretiker betätigen und läßt eine Abhandlung vom Harmonischen Dreyklang in den Leipziger Zeitungen ankündigen, die wiederum in ihrer Art der Abfassung so überaus ehrlich ist, daß ein gelungener Verkauf fraglich erscheint. Er verspricht z.B. von vorneherein, auch nur das beste Papier und die besten Lettern zu benutzen:

> *»Es wird künftige Oster-Messe eine Abhandlung vom Harmonischen Dreyklang mit einigen Tabellen im Kupfer versehen von Hrn. Bach zu Halle heraus kommen, und darauf Pränumeration à 18 Gr. von dato an bis Fastnachten angenommen, da nach der Zeit gedachte Abhandlung 1 Thlr. kommen wird. Es wird am Stiche, guten Lettern und feinem Papiere nichts gesparet werden. Die Herren Liebhaber werden also ersuchen, ihre Pränumerations Gelder, wie gewöhnlich, franco an Hrn. Bach, Dir. Mus. Und Organist zu Halle, zu gehöriger Zeit einzusenden.«*[410]

Der von Ulrich Kahmann zitierte Peter Schleuning irrt nach Ansicht des Autors allerdings in seiner Aussage, daß es dabei »nicht mehr um die Zusammenstellung von Einzelstimmen und -intervallen zu einem Klang [wie in der polyphonischen Kontrapunktlehre – U.K.], sondern um einen bestimmten Akkord bzw. dessen Dreiklangsfunktion, dem sich die Stimmen unterzuordnen haben«[411] handele. Schon zu Zeiten des Vaters war die Denkweise in einem Intervallsatz wie zu Palestrinas Zeiten, in dem sich verschiedene Intervalle zu einem Akkord addieren, nicht mehr vorhanden. Seit fast 150 Jahren dachte man mittlerweile in einer Fortschreitung von Akkord zu Akkord. Auch die Fugen des Vaters sind harmonisch gedacht. Kontrapunkt ist immer zugleich ein harmonisches Phänomen und strebt den Zusammenklang an, wie die Harmonielehre immer ein Phänomen der selbständigen Stimmführung als Ziel anstreben sollte. Natürlich sind die Fugen mehr als figurierte Harmonie, natürlich sind die Choräle Bachs aber auch mehr als die Addierung selbständiger Stimmen. Von einer Funktion im Sinne der Funktionstheorie kann man aber erst mit der Musiktheorie Ende des 19. Jahrhunderts aufwarten. Dazu mehr im Analysekapitel. Hier wird sich auch J.S. Bachs Abhandlung über den Dreiklang »Reguln« erörter. Es ist eine noch immer die Auffassung der Musiktheorie des beginnenden 20. Jahrhunderts verbreitet, die ein angebliches »kontrapunktisch-linear« gegen ein »homophones Denken« auszuspielen versucht.

Beides hat es in dieser Form im Barock und auch in der Klassik nicht gegeben. Und wenn überhaupt, dann wurden die Werke Friedemanns zunehmend linearer als harmonisch. Glenn Gould – den die Musikwissenschaft noch immer nicht als Musikschriftsteller zu würdigen weiß, der Bachs Klavierwerke wahrscheinlich besser als alle anderen gekannt hat und imstande war, jederzeit eine Bachsche Fuge zu komponieren und zu improvisieren – hebt in allen seinen Schriften und Sendungen immer die Bedeutung der harmonischen wie der linearen kompositorischen Leistung Johann Sebastian Bachs hervor. (Es ist kaum bekannt, daß Gould auch ein vollendeter Organist war.)

Marpurg bezeichnet sie bereits 1754 als fertig – hier wiedergegeben von Falck– und berichtet über diese (Friedemanns) Abhandlung:

> *»Sein Manuscript von dem harmonischen Dreyklang, welches unstreitig neue Entdeckungen über diese wichtigen Materien mittheilen wird, ist fertig, und wartet auf einen annehmlichen Verleger, woran wir glauben, daß es dem berühmten und gelehrten Autor nicht fehlen wird. und: ›...wird man mit nächstem ein Werk vom harm. Dreyklange erhalten. Die tiefen Einsichten lassen nichts als ein vortreffliches erhoffen.‹ «*[412]

Falck berichtet, daß Marpurg, als das Buch 1760 noch nicht erschienen ist, Friedemann wieder mahnt und ihm zur Strafe verordnet, »etliche Schock Menuetten und Polonaisen für Singuhren« zu komponieren, da er sein »vortreffliches Werk von dem harmonischen Dreyklange so lange dem Publico vorenthalte.«[413] In der Tat hat Friedemann für diese »Besetzung« komponiert, es ist nur fraglich, ob dies die Beweggründe waren.
Kahmann führt Carl Philipp Emanuels Einleitung zum »Versuch über die wahre Art das Clavier zu spielen« an. Es wird hier eine kleine Gegenüberstellung zwischen dem zweitältesten Sohn und dem Vater vorgenommen, um die Überzeugung des Autors zu bestätigen, daß die Einsichten schon beim alten Bach gegolten haben. Die wichtigste Erkenntnis ist: Die Emanuelsche Abhandlung ist wie die Sebastianische Teil einer Generalbaßschule! Von Funktion ist also keine Rede!

> J.S. Bach:
>
> »1) Jede Haubt Note hat ihren eigenen Accord, er sey nun eigenthümlich, oder entlehnet
>
> 2) Der eigenthümliche *Accord* einer *Fundamental Note* bestehet aus der 3. 5. u 8. NB. Von diesen dreyen specibus, läset sich Keine weder die 3. ändern, als welche groß und klein werden kan, dahero *major* und *minor* genennet wird.«.[414]
>
> C.P.E. Bach:
>
> *» § 1. Die vollkommenste Harmonie von Consonanzen, mit der sich mehrentheils ein Stück anfängt, und allezeit endiget ist eigentliche harmonische Dreyklang.*
>
> *§ 2. Es bestehet solcher aus dem Grundtone, dessen Quinte und Terz.«*[415]

Leider kommt es aus Gründen, die wir nie erfahren werden, nicht zur Veröffentlichung. Wahrscheinlich ist die Nichtveröffentlichung den Kriegswirren des Siebenjährigen Krieges zur Last zu legen, denn die einst blühende Stadt Halle wurde von wechselnden Truppen immer wieder verheert, ganz so, als wollte man sie für die militärischen Erfolge Friedrichs II. bestrafen.[416] Durch die Kriegsfolgen verarmte die Bevölkerung, und der kulturelle Sektor wurde arg beschädigt.[417]

So daß es nicht wundert, daß sich Friedemann zunächst nach einer anderen Stellung, auch mit Einbußen im Rang des Kapellmeisteramtes[418], umsieht. Im Jahre 1758 bewirbt er sich auf das Kapellmeisteramt in Frankfurt am Main (mit einem Empfehlungsscheiben Georg Philipp Telemanns (auch 1759), dem Taufpaten Carl Philipp Emanuels).[419] Kahmann führt hier eine alte Quelle an, die von Peter Epstein zitiert wurde.

> Bei den Akten der »Kirchenmusik« im Stadtarchiv zu Frankfurt a.M. findet sich folgende Notiz auf einem leider der Datierung und Unterschrift mangelnden Zettel:
> *»Da bey nahe vor einem Jahr die hiesige Capellmeister Stelle erlediget und zu begeben gewesen, meldete sich ein berühmter virtuos, music director und ausnehmlicher organist wie auch componist, durch 2 Schreiben von Halle in Sachsen mit Nahmen Bach, welche durch besondere recomendation von Hn. Telemann von Hamburg begleitet waren; weil aber der antrag damals zu spath geschahe, so stünde dahin, ob diesesmahl nicht auf ihn reflectiren wolte.«*[420]

Friedemann bewarb sich nicht wieder und kümmerte sich nicht um einen weiteren Verlauf des Bewerbungsverfahrens. Allerdings verschlechtert sich seine finanzielle Situation, auch die der anderen Hallenser Einwohner:
Wegen der Auswirkungen des Siebenjährigen Krieges kommt es zum ersten Verkauf der Werke seines Vaters an Johann Georg Nacke, Kantor in Oelsnitz.[421] Friedemann wird nun im Laufe seines Lebens wegen materieller Schwierigkeiten immer wieder gezwungen sein, Werke des Vaters im Manuskript zu verkaufen. Die Stiefmutter Anna Magdalena Bach starb am 27. Februar 1760 in Leipzig. Sie hat ihren Mann um fast zehn Jahre überlebt.
1760 kommt es wieder zum Streit mit der Kirchenbehörde, da eine Pauke zerschlagen wurde und Friedemann sich weigert, die Reparaturkosten zu tragen. Man wirft ihm vor, daß er einen Studenten statt eines Kirchenmusikers die Pauke habe spielen lassen. Die Kirche weigert sich, die Kosten zu übernehmen und mahnt Friedemann an, endlich die Reparatur zu begleichen.[422] Kirchenvorsteher Brömme gibt am 12. Juli 1760 zu Protokoll:[423]

> *»[...] weil dieses eine Sache, welche [...] der H. Organisten zu tragen, um so mehr, da ein Studente, dehn er die Paucke und nicht den Kirchen Musicanten nach eigenem Geständnis, schlagen laßen, ein Loch durch starckes Schlagen der Paucke verursachet, welches den Herrn Organiste verwiesen, und Er endl. diese Zahlung zu übernehmen acceptiret.«*[424]

Da Wilhelm Friedemann Bach aufgrund des Grundbesitzes seiner Frau als Hallenser Bürger angesehen wird, muß er wie alle Hallenser Bürger auch eine Kriegssteuer zahlen. Diese Kontributionen waren die Folgekosten österreichischer Forderungen, die auf die Bürger umgelegt wurden.[425] Wilhelm Friedemann versucht in einem Gesuch an das Kirchenkollegium, der Steuer zu entgehen:

> *»Hoch Wohl Geborene, Hoch EdelGeborne*
> *Hochgelahrte Herrn,*
> *Insbesonders Hochzuverehrende Herrn*
> *Vornehme Gönner!*

Ew: Hochwohl- und HochedelGeb. habe ich hierdurch melden wollen, daß ich im vorigen sowohl als auch diesem Jahre bey den ausgeschriebenen Contributionen als Bürger betrachet wurde, und die mir in dieser Absicht zuerkannten Gelder bey Strafe militairischer Execution würklich erlegen muste. Da ich mich nun gegen dergleichen verdrießliche Vorfälle nicht in Sicherheit stellen kan, wofern Ew. Hoch Wohl- und Hochedelgeb. nicht desfalls die gehörige Verfügung machen (zumahl ich in Ansehung meiner Frau einmahl zugehörigen Immobilium immer leyden muß und dieserwegen als Bürger angesehen werde), so ergehet an Ew. Hoch Wohl- und Hochedelgeb. hiermit meine gehorsamste Bitte,
es so einzurichten, daß ich ins künftige bey den Contributionen als Kirchen-Bedienter angesehen werde, und als solcher nicht mehr zu conferiren brauche.
Ich nehme mir zu gleicher Zeit die Freyheit, Ew: HochWohl- und HochedelGeb. um Zulage meines Gehalts gehorsamst zu ersuchen. Schon bey Antritt meines Amts gab mir der verstorbene Herr Präsident Schäfer im Namen eines Wohllöblichen Kirchen-Collegi die Versicherung, wenn sich irgend die Kirchen-Umstände verbesserten, darauf bedacht zu seyn. Diese mir seit 15 Jahren gegebene Versicherung samt den itzigen sehr schlechten Zeiten und der
täglich zunehmenden Theuerung bewegen mich ietzt, Ew: HochWohl- und Hoechedel-Geb. deshalb gehorsamst anzugehen.

In Erwartung einer günstigen Antwort hab ich die Ehre zu seyn

Hoch Wohl Geborene
Hoch Edel Geborene
Hoch Gelahrte Herrn
Insbesonders Hochzuverehrende Herrn
Vornehme Gönner.

Halle den 20. Oct. 1761 *Dero gehorsamster Diener*

Wilhelm Friedemann Bach

Denen Hoch Wohl- und Hochedelgeborenen Herrn, Hochansehnlichen acht Männern eines Wohllöblichen Kirchen-Collegii der Kirche zu U.L. Frauen.«[426]

Das Kirchenkollegium lehnt in einer Resolution vom 22. November 1761, also an Friedemanns 51. Geburtstag, den Antrag vom 20. Oktober 1761 ab[427]. Man wirft ihm wegen vieler ungenehmigter Reisen und vorausgegangenen erfolglosen Ermahnungen ungebührliches Verhalten vor. Dies ist weniger eine »Abfuhr«, vielmehr kommt die Resolution »einer Generalabrechnung gleich«.[428]

»*Resolution für Herrn Organisten Bach.*
Es ist bey dem Kirchen-Collegio zu Unserer Lieben Frauen verlesen worden, was deren Organist Hr. Wilhelm Friedemann Bach wegen remedur seines Beytrages zur feindlichen Kriegs Brandt Steuer Contribution, auch verlangter Zulage seines Gehalts bey jetziger Theuerung vorgestellet und gebethen, worauf demselben hiermit zur resolution ertheilet wird, daß wegen den Beytrags zur feindlichen Krieges Contribution, von Königl. immediat Commission nach dem Principio der allgemeinen Mitleydenheit, und von Jeden Einwohnenden, verlangten Schutz die repartitions-Anlage

gemachet worden, und also derselbe von selbst sich zu bescheiden habe; wie Er auch ohne Absicht des ihm anvertrauten OrganistenDienstes, da er durch erforderlichen ContributionenBeytrag, gleichen Schutz wie andere Einwohnende genießet, Er auch weit geringer als der schlechteste Handwerker angeleget worden, seinen Beytrag, ohne sich an Unser Kirchen Collegium zu wenden, vorhin und künfftig bey der general repartition zu thun schuldig seyn. Anlangend die gesuchte Zulage seiner Besoldung betreffend, so finden wir bey dessen öfters ungebührlich bezeigten Betragens, und seiner Vergessenheit der schuldigen Subordination, gegen das Kirchen-Collegium und des Herrn Consistorial-Raths Rambachs Hochwürden, da er Ihme einstmahlen schon in pleno Colegii gebenen Weisung ohngeachtet, ohne erhaltene permission öfters verreist, und Ihme vom Herrn Consistorial Rath Rambach Hochwürden, da er, Ihme einstmahlen schon in pleno Collegi gegebenen Weisung ohngeachtet, ohne erhaltene permission öfters verreiset, und die ihme von Consistorial Rath Rambach gegebene Weisung, zu seiner Besserung sich nicht nutzen lassen, gar keine Ursache, aus welchem Beweggrunde bey seiner ihm von Anfang erhöheten Besoldung, Ihme annoch eine Zulage verwilliget werden solte; da zu mahlen die VermögensUmbstände Unserer Kirche, sich seit seines angetretenen Dienstes nicht verbessert, und sein ungebührliches Betragen, eine Vergeltung für ihn zu suchen, keine Gelegenheit geben. Er wird daher auch dieses Punktes halber ihm zur resolution ertheilt:

wie sein Suchen keine statt finde, und zugleich derselbe erinnert, sich besser wie zeithero, der seinem Officio abliegenden Subordination gegen das KirchenCollegium und den Herrn Consistorial Rath Rambach zu befleißigen, damit wir nicht genöthigt weren, andere Verfügungen zu treffen. Wornach derselbe sich zu richten.
Halle, den 22.Novbr. 1761
Vorsteher und Achtmanne des Kirchen
Collegii zu U.L. Frauen hieselbst.
vidit Loeper
vidit Striebitz
vidit Gade
vidit Büchner
vidit Franke
vidit Krause
vidit Brömme
vidit Hoffmann
Vorstehende Resolution mundiret und dem H. Organisten Bachen durch den Kirchhüter Wenken zugefertiget, d. 30" Nbr. 1761.«[429]

Falck meint, das Kollegium greife weit zurück, »wenn es die Weisung von 1750 wieder herbeizog«[430]: »Von neuen Vergehen hatte man den Paukenfrevel«[431] und die wiederholten Reisen trotz der Mahnung Rambachs vorzuwerfen.[432] Da aber »von Klagen über die Vernachlässigung der Orgel und der Kirchenmusik dabei nie die Rede« sei, mußte sich Friedemann immer um vollwertige Vertretungen gekümmert haben, die von seinen Schülern Petri und Rust übernommen wurden.[433] Deshalb müsse man auch den Ton der Resolution für überscharf halten.[434] 1762 beginnen Verhandlungen mit dem Landgrafen von Hessen um die Vakanz der Hofkapellmeisterstelle in Darmstadt. Friedemann wird der Titel »Kapellmeister von Haus aus« verliehen.[435] Am 28. November 1763 wird im Wöchentlichen Hallischen Anzeiger ein Nachdruck der Cembalosonate Es-Dur mit unveränderter Vorrede, aber neuer Titelseite angekündigt[436]:

»Sonate pour le Clavecin dédiée à Son Excellence Monsigneur de Kaiserling, Comte du St. Empire, Ambassadeur et Conseiller privé de S.M. L´impératrice de toutes les Russies, Chevalier de l´Aigle blanc, Membre de la Société dessciences à Berlin, Seigneur etc.etc. composée par W.Fr.Bach.«[437]

Falck berichtet auf sehr anschauliche Weise von Wechselwirkungen zwischen den Schlesischen Kriegen und den Kantatenaufführungen Friedemanns.

»Nur zwei von den auf kriegerische Ereignisse der Jahre 1756/63 komponierten Kantaten haben sich erhalten, unter ihnen die genannte Geburtstagsmusik und 'Auf Christen posaunt' nach dem Hubertusburger Frieden (kirchliche Feier 13. März 1763), die den Chor der Geburtstagskantate parodiert und einige wertvollere Neuschöpfungen enthält. Von den Musiken auf das Dankfest für den Sieg bei Lissa und den Frieden zwischen Rußland und Preußen (6. Juni 1762) sind nur die Textbücher erhalten, von andern nur Zeitungsnachricten (Schlacht bei Roßbach, Sonntag, 20. November 1757; Friedrichs Geburtstag s.u.; Einnahme Breslaus, 8. Januar 1758; Friedensfeier im Paedagogium Regium), 18. April 1763; Universitätsfeier, 26. u. 27. Mai 1763; nur bei der Friedensfeier der Gesellschaft schöner Wissenschaften, 28. Mai 1763 hat Frieemann sicher nicht mitgewirkt).

Eine Analyse der Kantate auf Friedrichs Geburtstag gibt Bitter, allerdings mit irriger Darstellung des Baues des Chores, der äußerlich wirksam und frisch, wenn auch nicht tief ist.

Entstanden ist das Werk 1758, nicht wie Prieger meint 1754; das geht aus dieser Darstellung hervor):

Mit Erlaubnis des Prorektors J.F. Stiebritz und des Senats feierten die schlesischen Studenten die Wiedereroberung ihrer Heimat durch Friedrich, wozu der Geburtstag des Königs am 24. Januar 1758 ›am füglichsten bestimmet und ausersehen wurde, an welchem die hier befindlichen schlesischen Landeskinder die innern Empfindungen ihrer ausnehmenden Ehrfurcht und Freude öffentlich an den Tag legen wollten.‹ Durch eine Schrift Wideburgs wurde zur Feier eingeladen. Der Musiktext wurde gedruckt als: ›Singgedichte bey dem allerhöchsten Geburtsfeste des ... Königs von Preußen, aufgeführet auf hiesiger Kgl. Friedrichsuniversität, den 24. Jenner 1758. Halle, bey C.P. Francken‹.

Um 9 Uhr wurde von der Wage am Markte mit Trompeten und Pauken zur Feier gerufen. Die Herren Schlesier hielten ihren Einzug auf der Wage. Um 10 Uhr wurden die Professoren in kostbaren Ornaten und diesmalige Redner Baron Herm. Ferd. Christian von Lynker feierlichst mit silbernen Szeptern der Ministeriorum Academiae in das Redezimmer geleitet. ›Hierauf wurde eine wohlgesetzte und zahlreich besetzte Instrumental- und Vokalmusik aufgeführet‹, d.h. Nr. 1-9 der Friedemannschen Kantate. Darauf hielt Lynker, der Neffe des Paten Friedemanns, eine vortreffliche ›teutsche Rede‹, deren Schluß: ›Der Himmel erhöre unsere treueste Wünsche, und verleihe uns allen das vorzügliche Glück, daß wir noch lange ausrufen können: 'Es lebe unser Monarch! Es lebe Friedrich!'‹ zu den Worten der ›abermals erschallenden, wohlklingenden Musik‹ überleite, die Schlesien ausspricht

(Nr.10 Rez.): ›Monarch, der Reiche Lust, Du weisester..., höre Du, der Musen Leben, den lauten Zuruf meiner Söhne‹. Der folgende Coro wäre ja in der Tat nach dem vorausgegangenen Duett eine überflüssige Wiederholung desselben Gedankens, wenn nicht dazwischen Lynkers Rede fiele.«[438]

1764 soll es zu einem Kontakt nach Fulda gekommen sein, jedoch sei laut Frau Pickmann nichts Näheres darüber bekannt.[439] Das bischöfliche Fulda war der katholische »Gegenentwurf zum protestantischen Halle«.

»Dominierte hier der Pietismus, so war jene Stadt profund katholisch, dermaßen, dass es dort um 1764 nicht eine evangelische Kirche gab (die erste lutherische Gemeinde entstand dort 1896). Darum muss es nicht verwundern, dass sich in Fulda keinerlei Hinweise auf Kontakte welcher Art auch immer zu Friedemann Bach finden. Wäre es denn denkbar, dass Friedemann Bach, der qua Erziehung und Überzeugung tief im Protestantismus verwurzelte Kirchenmusiker, seine Überzeugungenen aufgegeben hätte; wäre es vorstellbar, dass man umgekehrt in Fulda einen Bach akzeptiert hätte? Als Konvertiten gewiss, aber Friedemann Bach war von anderer charakterlicher Statur als sein 25 Jahre jüngerer Halbbruder Johann Christian, der tatsächlich zur Katholischen Kirche übergetreten war, unter ganz anderen Umständen, nämlich in Italien, das ihm zur neuen Heimat geworden war und wo er als Protestant kaum eine berufliche Chance gehabt hätte.«[440]

Kahmann merkt an, daß das Gerücht von Bachs Fortgang nach Fulda in der Welt war, und es bleibe unklar, wie es entstanden war. Es gibt nur folgenden schriftlichen Beleg hierfür.[441] Die Hallenser Marienbibliothek[442] bewahrt »einen Brief des Berliner Bürgers Arnold vom 29. Mai 1764«[443] an den Kirchenvorsteher Johann Fabian Brömme auf, in dem es als beschlossen scheint, daß Bach »nach Fulda gehen wird«.[444]Dies habe sich herumgesprochen, denn am 14. Mai »hatte der Organist Christoph Sasse in einer Bewerbung um die Nachfolge Bachs erklärt, er bewerbe sich«[445], »nachdem H. Organiste Bach seine Bedienung als Organist bey der dortigen Marien Kirche aufgeben und nach Fulda gehen wird.«[446] Diese Gerüchte konnten Friedemann aber deutlich schaden. »Im pietistischen Halle wäre es ein leichtes gewesen«[447], Friedemann dadurch zu diskreditieren. »Wer Bach Übel wollte, konnte sicher sein, ihm durch derlei Gerede Unbill zu bereiten.«[448] Friedemann wird Favorit bei der Neubesetzung der Hofkapellmeisterstelle am Darmstädter Hof und wird nominell ernannt. Im Vergleich zur Residenzstadt des hessischen Landgrafen war das bischöfliche Fulda auch eher Provinz. Jedoch läßt er der Ernennung keinen Umzug nach Darmstadt folgen. Falck sieht das so:

»Da Darmstadt größeres künstlerisches Ansehen versprach und eine ungleich glänzendere Besoldung als Halle versprach, kann die Ablehnung nur daraus erklärt werden, daß sich Bach durch das Missverständnis, das sein weltliches Schaffen betraf, verbittert mehr und mehr auf die Orgel zurückgezogen hatte, das einzige Instrument, auf dem die Zeitgenossen seiner Fantasie Gehör schenkten und deren strengere, wenn auch mit neuem Geist erfüllte Kunst er nun mit einer gewissen Opposition seiner Zeit und sich selbst gegenüber gerade in Halle zu betonen begann, zumal da auch das Publikum ihn nur als gelehrten Kontrapunktiker gelten lassen wollte. Kennzeichnend ist, daß Marpurg 1754 in den Beiträgen nur Friedemanns

Sonaten nennt, während er 1760 (Krit. Briefe S.241) das Wort vom Gefallen an Fugen mit drei Subjekten fallen lässt. Wenn Bach 1778 zum ersten Mal 8 Fugen veröffentlichen will und in andern Werken der Berliner Zeit der gebundene Stil häufiger auftritt, so ist das eine Fortsetzung der in Halle einsetzenden Hinneigung zur strengen Schreibart, die gleichwohl ab un zu von modernster abgelöst wird (Fantasien 1770 usw.). Das auffallend Moderne, das den Werken Bachs ursprünglich anhaftete, konnte ein Volk, das von den Sinfonien der Mannheimer mit Recht hingerissen wurde nicht mehr als neu empfinden. Es sah in dem, was wir heute als Weiser der Zukunft ansprechen, nur Überreste einer alten angestauten aber nicht mehr gefühlten Kunst. Die Verbitterung, die Bach so an der Orgel festhielt, mit der durch die altbachische Tradition und seine geniale Begabung verknüpft war, hielt ihn nun bei seiner Stellung in Halle.«[449]

So mutmaßte der Autor der vorliegenden Studie, Friedemann habe es vielleicht einfach an Mut gefehlt. Er war immerhin schon 54 Jahre alt und hatte seit seiner Dresdner Zeit vor über dreißig Jahren nicht mehr allzu viel mit höfischer Musik zu tun gehabt. Allerdings gibt es für diese Mutmaßung keinerlei schriftlichen Beleg. Als er Kahmann las, wurde der wahre Sachverhalt schnell klar. Dieser hat folgendes herausgefunden[450]: Einerseits favorisierte der Hessische Landgraf Ludwig VIII. Wilhelm Friedemann für die Nachfolge Christoph Graupners (1683-1760), der einstmals Thomaner und ein Freund Georg Philipp Telemanns war, bedeutete der Titel doch auch für Friedemann viel Ehre und Bestätigung.[451] Sein Ruf war durch die Hallensischen Vorkommnisse im »Ausland« noch nicht beschädigt.[452] Auch Friedemann war geneigt, die Stelle anzutreten, weil sie ihn aus der wirtschaftlichen Not hätte herausführen können.

»Es ist die Capellmeisters Stelle bey dem Fürstlichen Hof alhier, welche der verstorbene Capellmeister Graupner begleitet hat, erlediget und Unsers gnädigsten Fürsten und Herrn Hochfürstliche Durchl. sind nunmehro gesonnen, diese Stelle mit einem capablen Manne hinwiederum zu besezen, höchst dieselben erinnern Sich dabey des Rums, welchen der Herr Musick-Director bey dem publico durch die Musicalische Wissenschaft und Dero besondere Geschicklichkeit darinnen Sich erworben und haben deshalben Sich entschloßen, dem Herrn Musik-Director, dieße an Dero Fürstlichen Hof vacante Capellmeisters Stelle, mit dem davon abhangenden Rang und einem Jahres Gehalt von 900 G. an Geld, 16 Malter Korn, 8 Malter Gersten, 6 Malter Spelzen, 4 Malter Waitzen, 3 Ohm Wein und 8 Klafter Holz, anbieten zu laßen, dabey auch uns aufzutragen gnädigst geruhet, sich in Deroselben Nahmen unter Zusicherung dero fürstlichen Gnade hierdurch zu thun. Es versehen Sich unseres gnädigsten Fürsten und Herrn Hochfürstl. Duchl., daß der Herr Musik Director, dieses Anerbieten an zu nehmen Sich gefallen laßen werden und uns Ihre willfährige Entschließung bald eröffnen wollen, uns soll es eine besonders angenehme Sache seyn dadurch Gelegenheit zu erhalten, den Herrn Musik Director näher versichern zu wollen, daß wir mit vieler Achtung stets zu seyn nicht ermangeln wollen.«[453]

Andererseits befürchtete Friedemann, daß der Antritt dieser Stelle nicht zweckdienlich sei. Er hatte nämlich gründliche Recherchen über seinen zukünftigen

Dienstherren getätigt, juristischen Beistand bei Ludwig Christian Lichtenberg gesucht und beharrte darauf, seinen Vertrag noch in Halle zu unterschreiben.[454] Friedemann schob Terminschwierigkeiten vor, die ihn vom Antritt der Stelle abhielten, und zauderte mit einer Entscheidung. Denn seine Recherchen hatten ergeben, daß der Hof Hessen-Darmstadt, der ebenfalls in dem Siebenjährigen Krieg involviert gewesen und nun wirtschaftlich ruiniert war, seinen Zahlungsverpflichtungen wahrscheinlich nicht hätte ordnungsgemäß nachkommen können.[455] Da Friedemann zunächst Interesse bekundete und schnell reagiert haben mußte, nun aber nichts mehr von sich hören ließ, setzt der Hof ein Mahnschreiben, datiert vom 17. November 1761, auf. Diesem folgte sodann ein »ungeduldigeres«[456] Schreiben vom 1. Dezember:

> *»Ew. Hochedelgeb. Haben uns durch Dero unterlassene Antwort, auf das, was wir Denenenselben wegen der verlangten weiteren vocation, in Unserm Nahmen zu erkennen geben laßen, in einer Ungewißheit unterhalten, ob dieselben bey Dero declariertem Entschluß beharren, oder aber denselben geändert haben. Wir müßten letzteres um so mehr glauben, als dieselben uns durch Dero Correspondenten Hr. Advocat Lichtenberger zu erkennen geben laßen, wie Sie Ihre Anherokunfft noch nicht bestimmen könten, und uns in einer entfernten Hoffnung laßen, daß solche erst nach diesen Winter Monathen geschehen. [...]*
>
> *Unseres F. u H.H.D. wollen wir also bei denen durch Ew. H. geäßerten Bedenklichkeiten dieselben gar nicht gezwungen wissen ihre gegenwärtige gute Dienste zu verlaßen, welches wir also Ew. H. hierdurch zu erkennen zu geben nicht ermangeln wollen [...]«*[457]

Kahmann[458] schreibt, daß der Autor dieses Briefes das Problem benannt habe und zitiert den ausgelassenen Text:

> *»Wir mögen Ew. Hochedelgeb. nicht bergen, daß wir dadurch zu glauben veranlaßt werden, daß dieselben sich durch eine mit Unrecht gemachte üble Schilderung unsers Hofs in eine ohnentschlossenheit versezen laßen, die Denenselben einen Zwang zu verursachen scheinet.«*[459]

Wollny erzählte Kahmann, daß Friedemann wahrscheinlich von den Hinterbliebenen Graupners erfahren hatte, daß diese noch Anspruch auf 5000 Thaler unbezahlter Honorare hatten, was laut Christoph Wolff heute einer Summe von 360000 Euro entsprechen würde. Eine Vorbedingung für seine Zusage war die Verleihung des Titels eines »Hessen-Darmstädtischen Kapellmeister«, was Erinnerungen an Johann Sebastian Bachs Ernennung zum »Königlich Polnischen und Kurfürstlich Sächsischen Hofkompositeur« wachruft.[460] Obwohl bereits alle Modalitäten von Darmstadt aus für einen Umzug geregelt waren, ließ Friedemann die Gelegenheit verstreichen und hielt den Darmstädter Hof solange hin, bis dieser billigend abwinkte.

> »Hatte er eine Chance vertan? Unter normalen, das heißt politisch friedlichen Umständen gewiß. Aber die Umstände waren nicht so. Es herrschte Krieg, nach wie vor. Dem Risiko, nach Darmstadt zu gehen, zog Friedemann das Wagnis vor, in Halle zu bleiben.«

Noch ein Grund, der gegen Darmstadt sprach war sicherlich auch die andere Mentalität im süddeutschen Raum. So sind bis auf Johann Christian alle Bachs wenn nicht im thüringisch-sächsischen Raum, so doch im norddeutschen-protestantischen Raum geblieben!
Allerdings läßt uns nun vor dem von Kahmann neu beleuchteten Hintergrund der Geschichte um die Darmstädter Berufung der folgende Schritt zunächst etwas ratlos zurück. Friedemann bittet »kaum mehr als zwei Jahre nach dem endgültigen Verzicht auf einen Wechsel nach Darmstadt«[461] den Kirchenvorstand in Halle, ohne allerdings eine berufliche Alternative zu haben, um seine Entlassung und umgehende Einstellung seiner Tätigkeit als Organist. Dachte Friedemann, er könne in der Zwischenzeit vom Wertpapier- und Immobilienbesitz seiner Frau leben, wie Stefan Gies dies annahm?[462] Psychologisch wäre hier auch erklärbar, daß er mit seiner Organistenanstellung die Erwartungen des Vaters erfüllte und nun endlich eigene Wege gehen wollte. Vielleicht wurde er auch darin durch die Verhandlungen mit Fulda und Darmstadt in seinem Vorhaben bestärkt? J.S. Bach war bereits seit 14 Jahren tot, und Friedemann hatte alle Erwartungen des Vaters zu dessen vollkommenster Zufriedenheit erfüllt!!! Wollte er nun nur noch sich selbst genügen und frei werden von der kleingeistigen, kirchlichen Umgebung? Und wagte Friedemann deswegen als erster Komponist in Deutschland den Schritt ins freie Komponistentum? Daß er zunächst das freie Komponistentum der Kapellmeisterstelle vorzog, ist erklärbar: Seinem Können als Komponist und Orgelimprovisator war er sich vollkommen sicher. Auch dürfte er in Kenntnis seiner Fähigkeiten und aus den Erfahrungen, wie weit sein guter Ruf in deutschen Landen reichte, auf eine rasche Neuanstellung oder gar Berufung andernorts gehofft haben.
Lesen wir zunächst das Kündigungsschreiben. Es ist vor dem Hintergrund barocker Rhetorik in seiner Knappheit außerordentlich unhöflich, gleich einer Ohrfeige, und Friedemann gibt zudem zu den Beweggründen seiner Kündigung keinerlei Erklärung ab[463]:

> *»Ew. Hoch Wohl-, Wohl und Hoch Edel Gebohren habe ich hiermit tempestive zu notificieren meiner Schuldigkeit gemäß erachtet was maßen ich gesonnen und mein hiesiges Organisten – Amt zu resigniren. Alle mir erwiesene Liebe und Wohlgewogenheit werde ich Zeit meines Lebens mit schuldigstem Dank zu erkennen geflissen seyn und verharre. Ew. Hoch Wohl- Wohl- und Hoch Edel Gebohren*
> *gehorsamster Diener,*
>
> *Halle den 12. May 1764* *Wilhem Friedemann Bach«*[464]

Am 5. Juli kommt es zu Schwierigkeiten um die Auszahlung des Restes seiner Besoldung.[465] Friedemann solle nur soviel Geld erhalten, wie er auch Dienste geleistet habe, auch soll er, obwohl er auf Auszahlung des »Klingelsack-Geldes in der Büchse auf der Orgel« dringt, daraus kein Geld erhalten. Er soll nach Beschluß des Kollegiums nur bis zum Tag seiner Kündigung bezahlt werden, überdies fehlen Instrumente. Friedemann rächt sich auf seine Art. Als am 5. Juli 1764 der Musikinstrumentenbestand der Gemeinde gezählt und aufgelistet werden soll und er vorher seine Anwesenheit bekundet hatte, bleibt er der Inventur fern.[466]

> »Denn noch vor der Sichtung der Instrumente hatte Wilhelm Friedemann der Kirchenleitung erklärt, dass er den Verlust seinerzeit vertragsgerecht angezeigt hatte,

dass aber der damalige Kirchenvorsteher Becker (dessen Witwe Patin von Friedemanns zweitem Sohn Adolf Wilhelm gewesen war) versäumt hatte, das Instrument aus der Liste auszutragen. ›Ich [habe] aber dieses Vorgeben nicht zugestanden‹ vermerkte dazu im Tonfall eines Schulmeisters der Protokollant Brömme.«[467]

Wir erinnern uns an die peinlich genaue Aufstellung bei Friedemanns Amtsantritt. Bei der Sichtung des Instrumentenbestandes fehlen »ein Fiedelbogen, eine Flöte, ein Zink und eine Posaune«.[468] Einige »Saiten fehlen«[469] am Kontrabaß, »während sich die Zahl der Trompeten«[470] gar »um eine vermehrt hat«.[471] Friedemann nahm das wohl nicht so genau. Gerade das macht ihn aber dem Autor der vorliegenden Studie sympathisch.

»Als der abgehende Organist Herr Bach am 3.Huj. zu mir, dem Vorsteher, gekommen und um die Bezahlung des Restes seiner Besoldung der 35 Thlr. bis Trinitatis h.a. und der Wohnungs-Gelder auf das Quartal von Ostern bis Joh. Mit 6 Thlr. gebeten, ich aber ihm vermeldet, wie Collegium weiter nicht als bis zum 12. May 1764 als den Tag seiner resignation die Bezahlung thun lassen resolvieret, als von welcher Zeit er der Kirche keine Dienste weiter gethan, ferner auch die Trauungs-Gelder und das Klingesacks-Geld in der Büchse auf der Orgel vom 12. May bis Trinitatis urgiret, ich aber aus obgemeldeter Ursache ihm sein Suchen ohne das Wohllöbl. Kirchen-Collegii, dene erstlich davon referiren wolle, nicht accidieren könnte.
Demnächst er auch die bei seinem Antritte 1746 nach einer unterschriebenen Specification erhaltenen musicalischen Instrumenta gehörig abliefern müsse, so wurde von mir mit ihm die Abrede genommen, solches heute Nachmittags 3 Uhr nach geendigter Nachmittags-Predigt zu bewerkstelligen, und er auch darzu willig gewesen, zum voraus aber angezeiget, dass bey dem Empfang 1746 eine Zinke fehlet, welches er auch dem damaligen Hrn. Vorsteher Lic. Beckern vermeldet und auszustreichen gebeten, welches aber nicht erfolget, ich bin darauf auch heute Nachmittags 3 Uhr auf die Orgel gegangen, und habe des Hrn. Organisten Bachen daselbst erwartet, und nach einer Verweilung meiner Anwesenheit in der Kirche nach seinem Logie durch einen Kirchen Knaben wissen lassen, zur Antwort aber erhalten, er sey nicht zu Hause...habe in Gegenwart des Custodi Karbaum und des Calcaten Montag den Schrank, worinnen die Instrumente verwahrlich durch Montag aufschliessen und zur Durchsehung Stück für Stück mir vorlegen laßen und als solche mit der Specification contestieret hat sich befunden.
Verzeichnis der Musicalisch.
Kirch. Instrument d.d.
28. July 1746

[Die Auflistung wurde der besseren Lesbarkeit wegen in Tabellenform gebracht]

1. Ein paar Pauken nebst Klöppeln	*sind vorhanden, nebst Leder – Decke auf die Pauken.*
2. Drey neue Trompeten, so an. 1743 angeschafft	*sind vorhanden.*
3. Eine alte Trompete und noch eine ältere	*itzt noch 1 gute und 2 alte vorhanden.*
4. Ein Regal	*dieses ist den 14. Februar 1757 mit Genehmigung des Kirchen-Collegii, weil es nicht Mehr zu gebrauchen yerkauft, und von mir in Rechnungs-Einnahme gebracht*
5. Ein alter unbrauchbarer Violon	*ist noch vorhanden auf der obern Brieche bey der Orgel*
6. Drey Zinken	*hiervon sind 2 st. nur vorhanden und fehlet 1 stück.*
7. Drey Posaunen	*2 st. vorhanden und fehlet 1 stuck*
8. Sechs Violinen	*sind vorhanden, aber an Saiten mangelhaft.*
9. Zwei Violen, darunter eine unbrauchbar	*sind vorhanden – bey einer aber fehlet der Fiedel – Bogen. Diese würden auch Pratzsche genannt.*
10. Zwey Flöten	*1 st. vorhanden u. fehlet 1 st*
11. Ein Schalmeyen – Bass, hierzu kommt noch	*ist vorhanden.*
12. Ein guter Contra-Violon welcher aus der Kirche Aerario auf Hr. Bach Anrath zum Gebrauch den 15. April 1751 gekauft	*ist vorhanden, fehlen aber darauf Sayten, und daher wieder zu beziehen.*

Bey weiterer visitirung des Schrankes hat sich darinnen nichts mehr gefunden, und sind darauf alle vorhandene Instrumente durch Montagen wieder in Schrank verwahrlich gebracht und verschlossen, die Pauken No. 1. und No. 5. ein alter unbrauchbarer Violon aber an ihrem Orthe gelassen und der französische Schlüssel nachdem vorher 5 andere Schlüssel an 1 Bunde, als
1 Schlüssel zum Chore.
1 st. zur Thüre und Behältnisse, worin der Schrank mit den Instrumenten befindlich.
1 st. zum Schranke der Instrumente.
1 st. zur Thüre auf die Brieche hinter der Kanzel nach der kleinen Orgel.
1 st. welcher zur Thüre auf die kleine Brieche bey der Orgel gehöre,
in das Schränkchen? in der Orgel geleget, zu mir genommen worden. Actum ut supra. J. Brömme«[472]

Friedemanns Demission sieht eher einer Flucht als einer ordentlichen Kündigung ähnlich.[473] Welche Vorgänge gingen diesem Abgang voraus? Seit der letzten schriftlichen Rüge sind immerhin drei Jahre vergangen. Was sich allerdings im täglichen Umgang abspielte, wissen wir nicht. Beim Rat angesehen war Friedemann jedenfalls nicht mehr, am Amt schien ihm auch nicht viel gelegen zu haben, denn schließlich verschwand er immer wieder einmal, ohne für Ersatz zu sorgen. Die Streichinstrumente wurden nicht gut gewartet. So scheint es, daß er das Amt tatsächlich nicht sehr ernst genommen hat. Seine mehrmonatige Abwesenheit im Jahre 1750 war ja durch den Tod des Vaters entschuldigt. Warum er allerdings vor 1761 dann dem Amt immer wieder einmal fernblieb, ist nach der Quellenlage nicht ersichtlich. Wahrscheinlich hatte er die Stelle, den Rat und die Stadt Halle einfach satt, denn er bewarb sich ja bereits 1753 nach nur sieben Jahren auf eine neue Stelle. Man muß allerdings auch bedenken, daß Halle vom Pietismus in seiner strengsten Ausprägung dominiert war, der eigentlich die Musik an sich ablehnt. Bitter schreibt, daß sogar eine Schauspieler-Gesellschaft, die in Halle Vorstellungen gegeben hatte, von dort verwiesen wurde[474], und Kahmann berichtet, daß Friedrich II. diese Anweisung rückgängig gemacht und den Konsistorialrat gar gezwungen habe, der Veranstaltung der Truppe beizuwohnen.[475] Mit den Pietisten hatte ja auch schon der Vater[476] seine Schwierigkeiten und jene Stelle in Halle nicht angetreten. Martin Geck meint, es könnte das »unglückliche Zusammentreffen einer besonders kleinlichen Behörde mit einem vielleicht überdurchschnittlich dünnhäutigen Künstler«[477] gewesen sein, »das zu diesem für die Zeit zwar spektakulären, jedoch sicher auch nicht einmaligen Abbruch des Dienstverhältnisses geführt«[478] habe. »Aus heutiger Sicht«[479] habe Wilhelm Friedemann Bach, »wenn er seine Verpflichtungen einigermaßen ernst genommen«[480] habe, »unter«[481] einer beachtlichen »Arbeitsbelastung«[482] gelitten.[483] »Davon«[484] habe »er sich nun befreit«[485], doch »von den ansonsten nachteiligen Folgen seines aus Wut, Resignation oder Überdruß gespeisten Schrittes«[486] werde er sich allerdings nicht mehr erholen. [487] Kahmann beschreibt sehr interessant den Dualismus zwischen der pietistischen Strömung einerseits und der aufgeklärten universitären andererseits.[488] Was das musikalisch für das Kantatenschaffen Friedemanns bedeutete, schildert Kahmann eindrücklich:

> »Auf den Musiker Friedemann Bach konnte diese Lage der Dinge nicht ohne Einfluss bleiben. Dies zeigte sich auch in der Auswahl der Kantatenlibretti, die er zu hohen kirchlichen Festtagen zu komponieren hatte. Er suchte, im Hinblick auf die in Halle gestrenge und ihm vertraglich zugesicherte Zensur, seine Zuflucht gewitzigt in älteren Texten, die gleichsam gut abgehangen waren und so das Risiko minderten, mit allzu ›modernen‹ und theologisch gewagten Libretti bei der Kirchenleitung Anstoß zu erregen«[489]

Friedemann konnte die Folgen seiner Demission nicht erahnen. Allerdings beginnt nun allmählich sein sozialer Abstieg, und mit diesem beginnt die Legendenbildung gemeiner Art. Kahmann faßt den Weggang Friedemanns folgendermaßen zusammen:

> »So machte sich Wilhelm Friedemann 1764 auf den Weg. Doch führte dieser Schritt ins notwendig Ungewisse, auf diffiziles und ungebahntes Terrain. Zwar war der Krieg zu Ende, doch mit dem Frieden war der Wohlstand nicht zurückgekehrt,

wenn es ihn denn zuvor gegeben hatte. Die staatlichen Kassen waren überschuldet, die Städte finanziell zerrüttet, die Kirchengemeinden verarmt. Zu alledem kam eine persönliche Erschwernis: Friedemann Bach war weder jung noch ungebunden. Gleichwohl schien er zu hoffen, mit seinen Kompetenzen und seinen Kontakten in absehbarer Zeit ein neues achtbares Auskommen zu finden.«[490]

Noch sieht alles ganz vielversprechend aus. Am 10. Juli 1766 tritt Friedemann als Orgelvirtuose in Berlin auf, und am 29. Juli 1767 wird der Kurfürstin von Sachsen Maria Antonia Walpurga von Bayern (1724-1780) handschriftlich das Cembalokonzert in e-Moll mit Widmung überreicht.[491] Dies ist nach der persönlichen Ansicht des Autors dieser Studie eines der schönsten und besten Werke Friedemanns (mit drei jeweils sehr ausdrucksstarken Sätzen). In weiteren Studien will er auch die Klavierkonzerte behandeln. Nun zur Widmung:

»Allerdurchlauchtigste Churfürstin

Gnädige Frau

Ew. Königl. Hoheit lege ich hiermit ein Concert von meiner eigenen Ausarbeitung zu dero Füßen in tiefster Unterthänigkeit nieder. Ich habe mich wegen dieser Dreistigkeit bey mir selbst vorgefordert, und außer der Schuldigkeit meinem Vaterlande und dessen hohen Beherrschern von der Anwendung meines Talents vorzüglich Rechenschaft zu geben, noch andere Beweggründe gefunden, die mich angetrieben haben, diese kühne Anerbietung an Ew. Königl. Hoheit zu wagen. Dahingehört für allen andern die Ueberzeugung, die ich von Ew. Königl. Hoheit erhabenen Einsichten der Tonkunst ehemahls in Dresden zu erhalten das schätzbare Glück genoß, als ein gewisser, damahls bey dem Churfürstl. Sächsch. Hofe stehenden Russischen Gesandten Herrn Grafen von Kayserling befindlicher junger Mensch, Nahmens Goldberg, die hohe Gnade hatte, eine Probe von seiner in der Music unter meiner Anführung erlangten Fertigkeit abzulegen. Ich führe die besonderen Umstände dieses für mich so glücklichen Vorfalls sonderlich deswegen an, weil sie mir zugleich die seltene Gelegenheit verschaften, die practischen Fähigkeiten Ew. Königl. Hoheit in der Singkunst aus einem nähern Gesichtspunkte zu bewundern und weil sie mich gegenwärtig noch in der süßen Hoffnung stärken, daß Höchst dieselben mit einem gnädigen Blick auf diesen kleinen Versuch herabsehen werden, den ich einer so Großen Gönnerin der Tonkunst als ein Verehrer der Music, und als ein Zeichen meiner schuldigsten Ehrfurcht darbringe.
In Erwartung dieser unverdienten hohen Gnade, und inbsrünstiger Anwünschung aller göttlichen Segnungen über dero theureste hohe Person und übrige Königl. Familie werde ich lebenslang in tiefster Unterthänigkeit verharren
Ew. Königl. Hoheit
Halle in Sachsen den 29. Juli 1767. *ganz unterthänigster Diener*
Wilhelm Friedemann Bach.

(eigenhändig)
Ew. Churfürst. Durchl.: Dero Herr Sohn werden nach der großen Fähigkeit in der Music das sehr practicable Concert sehr gut vortragen können.

(eigenhändig)
von Ew. Hochfürstl. Durchl: dem Landgrafen zu Hessen-Darmstadt ohnlängst berufener Capell Meister.«[492]

Friedemann bezeichnet[493] sich als »dem Landgrafen zu Hessen-Darmstadt ohnlängst berufener Capell Meister«, juristisch ganz korrekt, obwohl er der Ernennung keinen Umzug hat folgen lassen. Es ist auch interessant, warum er gerade jetzt – nach dreißig Jahren Dresdner Abstinenz – das Konzert der Kurfürstin widmet. Friedemann kündigt noch die Drucklegung des Konzertes an, das dann aber doch nicht gedruckt erscheint:

»Halle.
Herr Wilhelm Friedemann Bach läßt hieselbst ein Clavierconcert mit dazugehörigen Stimmen stechen, worauf er einen Gulden Vorschuß annimmt. Dieß Geschenk wird den Kennern der gelehrten Werke des Herrn Bachs sehr angenehm seyn, da noch so wenig von der Arbeit dieses würdigen Sohnes des sel. J.S. Bachs im Drucke heraus ist; denn ausser drey Claviersonaten, die in Halle ehmahls gestochen worden, ist uns nichts bekannt. Das Concert, wovon wir reden, ist in einer leichtern, verständlichern Schreibart abgefaßt, als man sonst bey dem Herrn Verf. gewohnt ist.« [494]

Auch hier wieder der Verweis darauf, daß Friedemann vorher eigentlich nur für Kenner geschrieben hat. Um aber nun einen höheren Verkaufserfolg zu erzielen, soll das Stück auch für Liebhaber spielbar sein. In jener Hinsicht ist sein Bruder Carl Philipp Emanuel schon immer viel geschäftstüchtiger gewesen! Was tat Friedemann nun in der Freiheit? Wollny schreibt:

»Konzertreisen führten ihn zunächst nach Leipzig, wo er im ›Großen Konzert‹ auftrat, dann nach Braunschweig, Wolfenbüttel und Göttingen, nach Dresden und Wien, vermutlich sogar nach Sankt Petersburg und London, bevor er sich schließlich im Frühjahr 1774 in Berlin niederließ.«[495]

Am 17. Dezember 1770 wird Ludwig van Beethoven in Bonn geboren. Er wird einmal von seinem Lehrer Christian Gottlob Neefe (1748-1798) nach Carl Philipp Emanuels Buch »Über die wahre Art das Clavier zu spielen« unterrichtet werden. In der Zwischenzeit wird der finanzielle Druck auf Friedemann anscheinend so groß, daß er sich gezwungen sieht, sich auf sein altes Organistenamt zu bewerben. Die Stelle war nach dem Tode Johann Christoph Rühlmanns wieder vakant geworden. Friedemann ist nun seit sechs Jahren selbständig, frei oder arbeitslos. Kahmann vermutet, daß sein nächstes Umfeld, vielleicht seine Ehefrau, von deren Vermögen er lebte, ihn zu diesem Schritt gedrängt hat.[496]

»Dass ich mich erkühne Ew. Hochwohl Wohl- und HochEdelgeb. gegenwärtige Bittschrift mit schuldigster Ehrfurcht zu überreichen, dazu veranlasset mich die Organisten-Stelle an der Haupt-Kirche zu unserer lieben Frauen alhier, welche durch den neulich erfolgten Todesfall des sell. Herrn Rülemanes erlediget worden ist. Ich

wünsche an des Verstorbenen Stelle gedachter Kirche meine geringen Dienste zu leisten, und habe daher nicht ermanglen wollen, meinen durch diesen Vorfall erzeugten Wunsch, und auf die Erledigung dieses Posten gerichtete Absicht Ew. Hochwohl-Wohl- und HochEdelgb. mit dem gehorsamsten Ersuch dahin an den Tag zu legen, dass Dieselben auf diese meine Bitte vornemlich reflectiren, und mir obenberührte Organisten-Stelle bey gedachter Haupt-Kirche zu ertheilen, die Hohe Gewogenheit haben mögen. Sollte ich durch Hoch Edelgeb. Vorzügliche Begünstigung meines geziemend angezeigten Gesuchs theilhaftig werden; so werde ich nicht unterlassen, meine hierdurch entstehende Obliegenheit nicht nur aufs pünktlichste zu erfüllen, sondern auch bey ieder Gelegenheit die Pflichten meiner Dankbarkeit mit den aufrichtigsten Gesinnungen an den Tag zu legen, und lebenslang in tiefster Ehrfurcht zu verharren

Ew. Hochwohl – Wohl – und Hochedelgeb.

Halle *gehorsamster Diener*

d. 22. Febr. 1768 *Wilhelm Friedemann Bach*«[497]

Die Bewerbung bleibt natürlich erfolglos. Sowohl die Bewerbung als auch die erfolgte Absage müssen für Friedemann eine tiefe Demütigung gewesen sein.[498] Es sind nur wenige Werke aus dieser Zeit überliefert, so daß sich die Frage stellt, ob das Werk, das Friedemann repräsentieren sollte, verschollen ist, oder ob gar Existenzängste eine freie kompositorische Entfaltung unmöglich machten[499]. Kahmann beschreibt die Situation folgendermaßen:

»Er wirkt wie gelähmt durch seine prekäre Existenz verunsichert und verbittert durch die anhaltenden Misserfolge. Seit ca. 30 Jahren, seit der Dresdner Zeit mithin, hatte er immer neue Enttäuschungen hinnehmen müssen. Schon damals hatte er offensichtlich resiginiert, hatte das Sonatenprojekt aufgegeben und auf Bewerbungen weitgehend verzichtet. Auch nach seiner Kündigung hat er, obwohl zur materiellen Bedrängnis der soziale Druck einer genauen Beobachtung durch die Hallenser hinzukam, nichts Erkennbares unternommen, um eine feste Anstellung zu erlangen.«[500]

Carl Philipp tritt nur wenige Wochen nach Friedemanns Brief die Nachfolge von Georg Philipp Telemann als musikalischer Leiter der fünf Hamburger Hauptkirchen an.[501] Er ist in jeder Hinsicht erfolgreicher als sein älterer Bruder. Der finanzielle Druck wird die nächsten zwei Jahre so groß, daß Friedemann ein Grundstück seiner Frau verkaufen muß und nach Braunschweig übersiedelt.

»Nicht allzulange blieb Friedemann noch in Halle. Schon im August 1770 scheint an eine Übersiedlung nach Braunschweig gedacht worden zu sein; denn am 13. August wird das Frau Dorothea Elisabeth Bachin gehörige Grundstück, auf 630 Rthlr. geschätzt, zur Versteigerung angekündigt. Bis zuletzt muß dem Künstler Gebauer beigestanden haben. Die mit ›fatto Octobr. 1770‹ datierte E-moll-Fantasie scheint ein Abschiedsgeschenk Bachs gewesen zu sein: sie befand sich mit denen aus A-moll, C-dur und E-moll 2) gleichfalls in Gebauers Sammlung.«[502]

So ziehen die Bachs, bis auf seine ältere Schwester Catharina Dorothea, die nach Leipzig zurückkehrte, nach Braunschweig und nehmen Quartie beim Domorganistenstellvertreter und Vikar Müller.[503] In Braunschweig wird er von Johann Joachim

Eschenburg und Justus Friedrich Zachariae gefördert, die Musikliebhaber und Musikkenner waren.[504] Zur selben Zeit läßt sich auch Lessing in Braunschweig nieder, es ist aber nicht geklärt, ob sich Friedemann und Lessing jemals begegnet sind. Der berühmte Charles Burney wurde durch Eschenburg und Zachariae auf Friedemann aufmerksam, wenngleich er seinen Namen und sein Amt mit jenen von Friedemanns jüngerem Bruder Johann Christoph Friedrich, dem »Bückeburger-Bach«, vertauschte. Auch berichtet Burney über die hervorragenden Konzerte, die Eschenburg und Zachariae veranstalteten:

> »Diese Stadt besitzt auch allgegenwärtig Herrn J.C. Bach, ältesten Sohn des berühmten Sebastian Bach, und Kapellmeister des regierenden Herrn Grafen von Bückeburg. [Was Burneys deutscher Verleger Johann Christoph Bode in einer Fußnote korrigiert habe]«[505]

Friedemann bewirbt sich 1771 um eine Organistenstelle in Wolfenbüttel[506] an der Hauptkirche Beatae Mariae Virginis, jedoch war diese Stelle nur mit 140 Talern jährlich dotiert, was viel weniger als das war, was er in Halle verdient hatte.[507] So bewirbt er sich am 17. Mai 1771 um eine Organistenstelle an der St. Katharinen-Kirche in Braunschweig[508], da diese einträglicher ist:

> *»Durchlauchtigster Herzog Gnädigster Herzog und Herr*
> *Es ist durch den Tod des Organisten Breier an der St. Catharinen Kirche, auch hier in Braunschweig eine Stelle vacant geworden. Ew. Durchl: habe ich nun zwar unterthänigst gebeten die Wolfenbüttelsche vacance in höchsten Gnaden mir zu ertheylen, da aber solche nicht so einträglich als die Braunschweigische seyn möchte, so bitte Ew. Durchl: ich unterthänigst Höchstdieselben wollen die Stelle des Organisten Breier in höchsten Gnaden mir wieder zu ertheilen geruhen, der ich in tiefster Submission beharre.*
>
> *Ew.Durchl*
> *Braunschweig — unterthänigster Knecht*
> *d.17. May 1771 — Wilhelm Friedemann Bach.*
> *Dem Durchlauchtigsten Fürsten und Herrn / Herrn CARL, / Regierendem Herzoge zu Braunschweig und Lüneburg / Meinem gnädigsten Fürsten und Herrn / unterthänigst«*[509]

Nach Otterbach ist in diesem Schreiben nur die Unterschrift autograph.
Hier ein knapper Auszug aus dem Examen eines Stadt Organici:

> *»1. Lection: Der Choral muß [...] ohne große Verzierung [...] gespielet werden, [...] aber auch [...] ex tempore transponiret werden können.*
> *2. Lection: Der Choral wird praeludiret, [...] so [...] daß ein jeder die Melodie [...] verstehen kann, ein peritus in arte wird solches fugenmäßig verrichten, wiewohl auch andere Arten statt finden, [...] nur muß auf Deutlichkeit gesehen werden.*
> *3. Lection: Nicht nur andrer Leute Noten und Gedanken soll man hören lassen, sondern auch seine eigenen, jedoch dem Kirchenstil gemäß.*
> *4.Lection: Die aufzuführende Musik wird mit der Orgel accompagniret, und zwar so,*

[...] daß das eine das andere nicht übertönet. Der General Baß muß aber vorher [...] vor die Orgel [...] transponiret seyn, weil es wenigen möglich ist, ex tempore zu transponieren.[...] Warum soll der Organic: allein thun, was man keinem andern Musikus zumutet?[...]
5.Lection: Ein Thema oder eine Fuge [...] muß dem Examinando billig vorher communiciret werden, wenn es gehörig behandelt werden soll. Zu genauerer Prüfung muß der Examinandus den Comitern dem Duci selbst beyfügen[...]
Lection 6 enthält die Prüfung der Kenntnis der Orgelteile und ihrer Instandhaltung.«[510]

Es kommt dann am 14. Juni 1771 zum Probespiel in der Katharinenkirche in Braunschweig, laut Falck zu den Bedingungen des Examens eines »Stadt Organici«.[511] Der Kapellmeister Schwanberger, der diesem Probespiel beiwohnt, urteilt in einem Schreiben am 18. Juni 1771[512]:

> *»Zwar hat keiner außer H. Bach, den aufgegebenen Choral transponiert, wie die Vorschrift erforderte; übrigens aber könnte man mit ihren andern Fähigkeiten ganz wohl zufrieden seyn:*
> *Von dem H. Bach mein Urtheil zu fällen, würde ich fast für überflüssig halten, da der Ruhm und die Talente dieses Mannes in ganz Deutschland allen Kennern der Musik bekannt sind. Er hat auch gänzl gezeigt, wie vollkommen mächtig er der Orgel sey. Er hat den Choral gehörig transponirt, die Fuge gedoppelt, und mit der größten Fertigkeit und Gründlichkeit ausgeführt, und in allen Stücken sich seines erworbenen Ruhms würdig erwiesen. Vornehmlich hat er bey dem Vortrage des Chorals gezeigt, daß er nach Ort und Gelegenheit sich nach der Gemeine bequemen könne. Daß also H. Bach nach meinem geringen Urtheile unter die wenigen Männer gehört, die durch ihre Talente in ihrer Kunst nicht nur ihrem Amte, sondern auch dem Orte ihres Aufenthalts Ehre machen können. Die Geschicklichkeit H. Müllers aus Nordheim verdient viel Lob, und muß ich ihm das Zeugniß beylegen, daß er mit Ruhm jeden Organistendienst bekleiden würde.«*[513]

Allerdings bekam nicht Friedemann die Stelle, sondern ein gewisser Carl Friedrich Wilhelm Lemme.[514] Kahmann beruft sich hier auf eine Quelle »Pro Memoria« vom 4. Oktober 1771 des Archdiakon Dr. Knittel, die die Bewerbung auf die Wolffenbütteler Stelle behandelt und in der es heißt:

> *»Der letzte [W.F.] stellet zwar einen Virtuosen vor; ist aber wie man verlässig vernommen, dabey ein ziemlich eigensinniger Mann.«*[515]

Einen 60jährigen, eigensinnigen Organisten kann man natürlich nicht mehr formen, deswegen wird man den jüngeren Mitbewerber Friedemann vorgezogen haben. Jenen Eigensinn hatte man ihm schon in Halle vorgeworfen. Auch wird Eigensinn das Motiv sein, das sich durch zahlreiche Legenden ziehen wird. Die Kandidatur in Wolffenbüttel zog Friedemann nicht zurück, doch auch hier wurde die Stelle mit einem anderen besetzt. Man hatte scheinbar Erkundigungen aus Halle und Dresden eingeholt, und die Hallenser scheinen sich noch einmal an Friedemann gerächt zu haben. Es heißt in den Quellen:

> *»Bach seine ruchbare Aufführung in ~~Dresden~~Halle [sic] macht daß er bey seiner unstreitig großen Kunst nach Brodt gehen muß.«*[516]

Das Wort Dresden wurde im Originaltext durchgestrichen, was darauf schließen läßt, daß man sich auch dort erkundigte. Dies macht freilich neugierig, da nichts Negatives aus Dresden über Friedemann bekannt ist.[517] Man wußte auch, daß Friedemann trotz seiner Kunst eine Stelle zum Broterwerb benötigte, doch man besetzte die schlecht bezahlte Stelle mit Johann Friedrich Holbein. War es so, wie Kahmann vermutet, daß man Friedemann wegen der Erkundigungen aus Halle nicht wollte? Oder war es vielleicht so, daß der Rat in Wolffenbüttel wußte, daß Friedemann mit jenem schmalen Gehalt seine Familie nicht wird ernähren können? War es vielleicht gar nicht Böswilligkeit?

Mit Friedemann scheint es wieder bergauf zu gehen, denn seine Konzerttätigkeit nimmt zu, und er genießt zunehmend im Zuge dieser Tätigkeit einen einzigartigen Ruf als Organist. Im Sommer 1773 besucht er Johann Nicolaus Forkel in Göttingen, den Friedemann bei der Abhandlung einer Biographie über Johann Sebastian Bach berät. Er übergibt Forkel ein handschriftliches Exemplar der Chromatischen Phantasie.[518] Falck berichtet, daß Forkel alles für seinen Lehrmeister getan und auch für Kleidung des Verarmten gesorgt haben soll.[519] Friedemann tritt anschließend in Göttingen auf, gibt ein Orgelkonzert und skizziert eine B-A-C-H-Fuge in ein Album des Musikverlegers- und -ästhetikers Carl Friedrich Cramer. Anschließend tritt Friedemann am 22. August als Orgelvirtuose in Braunschweig auf. Es heißt in den Braunschweigischen Anzeigen:

> *»Auf Verlangen einiger Liebhaber der Musik wird sich Herr Bach am morgenden Sonntage Nachmittags um 5 Uhr, abermahls auf der Orgel der hiesigen Burgkirche hören lassen.«*[520]

Friedemann grollte den Braunschweigern nicht und kehrte gerne als Virtuose dorthin zurück. Das Konzert war so erfolgreich, daß noch in den Braunschweigischen Anzeigen vom 29. September 1773 ein zweites angekündigt wurde, und am 3. Oktober 1773 konzertierte er an der Wolfenbütteler Stadtkirche.[521] In jener Zeit komponiert er wahrscheinlich nicht. Wir können kein Werk nachweisen. Kahmann fügt hinzu, daß seine Situation besser gewesen wäre, wenn er die – wie er es Prinzessin Anna Amalia von Preußen schilderte – Leibrente vom Herzog von Braunschweig tatsächlich bezogen hätte. Greininger berichtete auch davon, allerdings habe der Fürst diese Johann Christian aus Begeisterung für dessen Oper »Catone in Utico« zugesprochen, die in Braunschweig aufgeführt worden war.[522] Peter Wollny dagegen versichere in einem Booklet-Text zu Ewald Demeyers Einspielung einiger Fugen und Sonaten Friedemanns, daß ein solches Versprechen vom Fürsten, »berauscht von seinem Spiel«,[523] Friedemann gegeben und dann nicht eingehalten worden sei.[524] »Derartige Versprechungen bei Hofe galten nicht viel«.[525] Das hätte aber Friedemann aus seiner Dresdner Zeit noch wissen müssen. Nun beginnen sich die Vorzeichen allerdings zu verdüstern.

Friedemanns Schwester Catharina Dorothea Bach stirbt am 14. Januar 1774 und wird am 17. Januar 1774 begraben.[526] Ihr Tod muß ihn sehr bewegt haben. Wirtschaftlich geht es ihm auch schlechter, so daß er das Autograph des

»Wohltemperierten Claviers« seinem Vermieter Müller verkaufte, der es Friedrich Konrad Griepenkerl überließ. Über Gripenkerl werden wir noch mehr im nächsten Kapitel erfahren. Dieser berichtet in einem Brief vom 19. April 1835:

> *»Diese sechs Blätter Ergänzung des alten Autographums sind von der Hand des Domorganisten und Vicarius Müller in Braunschweig, der am 15. April 1835 in seinem zweiundachtzigsten Jahre gestorben ist und mir dieses Buch vermacht hat.*
>
> *An der Aechtheit des Autographums ist kein Zweifel, denn Müller erhielt dasselbe von W.F. Bach, der mit ihm in demselben Hause wohnt, als er, in Halle abgesetzt, sich hier aufhielt und oft in Geldverlegenheit war, so daß man leicht alles von ihm für Geld erhalten konnte.«*[527]

Im April 1774 zieht Wilhelm Friedemann ziemlich überstürzt nach Berlin.[528] Warum dieser plötzliche Umzug erfolgt, ist nicht bekannt. Aber am 4. Mai tritt Friedemann als Orgelvirtuose in der Berliner Garnisonskirche auf, zudem am 15. Mai in St. Nicolai und St. Marien in Berlin![529] Friedemann verlangt an Eintrittsgeld das, was man für andere Virtuosen zu zahlen bereit ist, und bekommt es auch.[530] Das Konzert war so erfolgreich, daß die Spenersche Zeitung am 17. Mai 1774 auf der Titelseite Bachs Orgelkünste rühmt, obwohl die Seite eigentlich den politischen Nachrichten aus Preußen[531] vorbehalten war:

> *»Vergangenen Sonntag hat sich Herr Wilhelm Friedemann Bach, einer der größten Orgelspieler Deutschlands, Vormittags in der St. Nicolai, und Nachmittags in der St. Marienkirche, öffentlich und mit auszeichnendem Beyfall der Kenner und des Publikums hören lassen. Alles was die Empfindung berauscht, Neuheit der Gedanken, frappante Ausweichungen, dissonirende Sätze, die endlich in einer Graunischen Harmonie starben – Force, Delicatesse, kurz dieses alles vereinigte sich unter den Fingern dieses Meisters: Freuden und Schmerzen in die Seelen seiner feinern Versammlung überzutragen. – Wär es möglich gewesen, den würdigen Sohn Sebastians zu verkennen?«*[532]

Strodthoff meint allerdings, daß die Rezension zwiespältig anmute, denn die »Graunischen Harmonien« und »was die Empfindung berauscht« stünden eher in Spannung zum »würdigen Sohn des Sebastian.« [533]Am 10. Juni tritt er als Orgelvirtuose in der Berliner Marienkirche auf. Das anonyme Gedicht »Die Orgel« wird am 14. Juni in der Spenerschen Zeitung veröffentlicht[534]:

»Die Orgel

An Herrn Wilhelm Friedemann Bach. In den Berlinischen Nachrichten

Wer eingeweyht, Gefühl und Ohr zu werden,
O Bach, in Deinen Tönen schwimmt:
Sieht unter sich den Tand der Erden,
Den Ruhm, der sich im Staube krümmt.

Vom Fluge Deiner Tonkunst fortgetragen,

Rauscht unter ihm der Ocean,
Ein Tropfen ? und den Sonnenwagen
Sieht er für einen Funken an.

Du spieltest Wer vermag dein Lob zu wahren?
Stand nicht verklart Dein Vater da?-
Der sich (im Auge Salem´s Zähren)
Ihm ähnlich - vor der Orgel sah?

O wer erzählt der Tone Myriaden,
Die Deine Schöpfung kommen hiess:
Und dann mit Lorbeer überladen
Zur Ewigkeit ersterben liess—

Doch schweig? Calliope - der mein Jahrhundert
Staunt den Verdiensten in Berlin
Und Bach wird vom Olymp bewundert:
Amelia bewundert ihn!«[535]

Warum ging Friedemann Bach nach Berlin? Kahmann schreibt, daß Berlin nach dem Siebenjährigen Krieg Dresden als Metropole abgelöst hatte und sich Friedemanns Hoffnungen in Braunschweig nicht erfüllten.[536] Vielleicht erinnerte er sich auch an den Erfolg des einstigen Orgelkonzertes aus dem Jahre 1766. In Berlin weilten aber auch sein ehemaliger Lehrer Graun und die Schüler seines Vaters: Johann Friedrich Agricola und Johann Philipp Kirnberger.[537] Sie bildeten mit Benda und Johann Joachim Quantz, Johann Friedrich Reichardt und Carl Friedrich Zelter die »Berliner Schule«. Auch Wilhelm Marpurg muß hinzugezählt werden. Bei ihm kam Friedemann zunächst unter. Diese »Berliner Schule« war allerdings keine stilprägende Schule (wie z.B. die »Wiener Schule« Arnold Schönbergs) und sollte auch musikhistorisch im Vergleich zur »Schule« der Wiener Klassik keine größere Bedeutung haben. Auch ein Mendelssohn-Bartholdy, auf den man sich immer so gerne beruft, auch ein Schumann und ein Brahms, die später die sogenannte Linie der norddeutschen Sinfonie in Abgrenzung zur österreichischen Sinfonie Schuberts und Bruckners fortführten, haben ihre kompositorischen Fertigkeiten vor allem aus dem Studium der Werke der Wiener Klassik und Johann Sebastian Bachs erhalten, nicht aber aus Werken der »Berliner Schule«! Als Organist ist Friedemann zunächst erfolgreich, doch reichten die Einnahmen aus den wenigen Konzerten bestimmt nicht aus, den Lebensunterhalt zu bestreiten. Andererseits waren diese Konzerte nach zehn deprimierenden Jahren ein Triumph, der Friedemann neben Bestätigung und Aufmerksamkeit auch den Zugang zu den höchsten Kreisen gewährte.[538] Kahmann schreibt:

> » Friedrich II. ließ sich gleichfalls beeindrucken. Gottfried van Swieten, weltgewandter Diplomat, Musikkenner und Förder von Haydn, Mozart und Beethoven, berichtete am 26. Juli 1774, bewegt von eigener Bewunderung, von einer Konversation mit dem preußischen König:
>
> [das französische Original wird vom Verfasser dieser Studie ausgelassen, siehe Dok III, Nr.790, es folgt die Übersetzung Ulrich Kahmanns]

Unter anderem sprach er über Musik und von einem großen Organisten namens Bach, der sich eben in Berlin aufhielt. Dieser Künstler ist mit einem Talent begabt, das alles übertrifft, was ich bisher gehört habe oder mir an Tiefe der Kenntnisse und Kraft der Darstellung habe vorstellen können; wer aber seinen Vater gekannt hat, findet, daß selbst er diesem nicht gleichkam...

Der Preußenkönig aber, so fährt von Swieten fort, stimmte das Fugenthema an, das er 1749 dem alten Bach zur Ausführung aufgegeben hatte.

Friedemann war bei Hofe offenbar bald nach seiner Ankunft in Berlin eingeführt worden. Dabei hatte er auch die Prinzessin Anna Amalia wiedergesehen, 25 Jahre nach der ersten Begegnung anlässlich von Johann Sebastians Besuch beim Preußenkönig und diesmal unzweifelhaft zu ihrem Entzücken. Am 24. März, noch bevor Wilhelm Friedemann sich mit seinen Orgelkonzerten öffentlich vorgestellt hatte, schrieb sie, die regelmäßig mit ihrem Bruder korrespondierte, diesen Brief:

[das französische Original wird vom Verfasser dieser Studie ausgelassen. Kahmann verweist auf: GStA DZA Merseburg, H.A. Rep 46, W 112, fol. 86; Vgl. Eva Renate Wutta, Quellen der Bach-Tradition in der Berliner Amalien-Bibiothek. Mit zahlreichen Abbildungen von Handschriften nest Briefen der Anna Amalia von Preußen (1723-1787), Tutzing 1989, S.52ff.]

[...]

Mein geliebter Bruder,

Ich bin entzückt, lieber Bruder, daß Sie das schöne Wetter nutzen, die Luft ist gut und kann Ihnen nur wohltun. Ich habe Bekanntschaft gemacht, die mir große Freude bereitet hat: Es handelt sich um den ältesten Sohn jenes berühmten Leipziger Bach und Bruder dessen, der die Ehre hatte, in Ihrem Dienst gewesen zu sein. Dieser Mann vereinigt das ganze Können des Vaters mit dem Stil des verstorbenen Graun, Er ist der einzige lebende Komponist, der allen Zeitalternals Modell dienen kann, er komponiert in allen Gattungen. Das Lateinische und Italienische sind ihm so vertraut wie seine Muttersprache; dieser Mann mit all seinen Gaben und seinem seltenen Verdienst lebt lediglich von 200 Ècu des Herzogs von Braunschweig, ohne eine feste Anstellung zuhaben. Der Wiener Hof will ihn engagieren, er wird sich dahin begeben doch hat er mir versichert, daß er keinerlei Bedingungen akzeptieren werde, sondern daß seine Absicht sei, sich anderswo oder in England niederzulassen. Ich rechne damit, ihn am ersten Tag spielen zu hören, er wird noch einige Wochen hier bleiben. Ich teile Ihnen, mein lieber Bruder, meine Begeisterung mit, und ich übertreibe nicht, denn er ist brilliant und läßt wieder jene große Kunst aufleben, die in Verfall gerät. Verzeihen Sie gütigst diesen Taumel, diese Leidenschaft fürs Metier, und seien Sie, mein lieber Bruder, meiner zärtlichen und ehrfürchtigen Zuneigung versichert, mit welcher ich habe die Ehre zu sein,

geliebter

Die untertänigste und ergebenste
Schwester und Dienerin
Amalia«[539]

Es scheint sehr unglaubwürdig, daß der Wiener Hof Friedemann engagieren und er sogar nach England auswandern wollte. Friedemann wird wahrscheinlich im Gespräch mit Amalia »dick aufgetragen« haben, was menschlich ja verständlich ist. Sie war jedenfalls betört, und Friedemann wurde als Hüter des Johann Sebastianischen Erbes rezipiert, respektiert und bewundert.[540] Da er Amalia allerdings erzählt hatte, er bekäme die Pension vom Herzog von Braunschweig, beschenkte sie ihn mit allerlei hübschen Dingen[541] (s.u. die Ausführungen Kirnbergers), obwohl ihm eine Grundversorgung besser getan hätte. Sie glaubte aber, er sei »grundversorgt«.[542] Bitter berichtet:

Am 5. Februar 1775 schreibt Friedemann einen Brief an Forkel, mit Bitte um Zurücksendung eigener Werke und Werke seines Vaters[543]:

> *»Da Hr. Schoenfeld mit seinen Eleven vergangenen Sommer nach Strassburg gereist ist; So muss nunmehr selbst die Feder ergreifen, und 2 Kirchen - Stücke, 2 Pedal - Stücke von meinem Vater, ein Concert von mir, hieher an mich zu schicken, hierdurch ergebenst bitten. Sollten ohne mein Wissen Hr. Schönfeld an Ew. Hochedelgeb. noch in meinem Nahmen Music [...; abgerissen] übergesandt haben, so bitte mir selbige glei[...]*
>
> *aus, indem überflüssige Zeit zu decopieren g [...]*
>
> *sen ist. Was machen die Methwürste? Machen [...]*
> *an Hr. Frid. Mein Compliment und erinnern Selbigen ohnmassgebl. Auch an den gütigst verprochenen Wurst-Artikel. Genug ich verspreche mir nächstens was von Göttinger Würsten.*
> *In Erwartung einer baldigsten Antwort bin*
> *nebst gehorsamer Empfehlung an das heimische Haus*
> *Ew. Hochedelgeb.*
> *ergebenster Diener*
> *Bach.*
>
> *An Herrn D. Weichen mein gross Compliment.*
>
> *Berlin, den V. Febr. 75.*
> *Ich logire auf der Neu-Stadt in*
> *der letzten Strasse in Fr. Wagnerin*
> *Hause.*
> *A Monsieur*
> *Monsieur Forckel,*
> *Musicien fort habile*
> *à*
> *Göttingen.«*[544]

Die alten Herren scheinen eine Vorliebe für Göttinger Mettwürste gepflegt zu haben. Am 16. März 1776 schreibt er erneut an Forkel und bedankt sich u.a. für die übersendeten Würste. Er ist dieses mal auch innerhalb Berlins umgezogen[545]:

> *»Ew. HochEdelgeb. danke ergebenst vor die durch Herrn Pfeiffer richtig erhaltenen Würste. Ist denn die Frau Hofräthin Heine todt, wie man mich berichtigt hat?*
> *Ich nehme mir die Freyheit beykommendes Avertissement zu überschicken, nebst gehorsamster Bitte, solches durch die Zeitung oder andre Art bestmöglichst bekannt*

zu machen.
Ew. HochEdlegeb. Werden mich übrigens sehr verbindlich machen, wenn Dieselben auf Derer Music – Liebhaber Anfrage zu attendiren die Gewohnheit vor mir haben wollten, der ich mich zu allen Gegendiensten erbiete, und mit aller ersinnlichen Hochachtung bin.

Ew.Hochedelgeb.
ergebenster Diener
Bach.

Berlin, den 16.März 1776

Ich wohne bey der Laufbrücke bey
H. Comissaire Dunckel 2 Treppen hoch.«[546]

Als Orgelvirtuose tritt Friedemann am 10. Oktober 1776 in der Berliner Dreifaltigkeitskirche auf und am gleichen Ort noch einmal am 3. Dezember.[547] So berichtet am 12. Oktober die Spenersche Zeitung über die Begeisterung, die sein Spiel ausgelöst hat, allerdings sei das Publikum nicht sehr zahlreich erschienen.

> »*Seine unnachahmliche Manier, und das Pathetische, welche seine Spielart besellt, rissen die Kenner und das Publicum hin, welches dem würdigen Sohne Sebastians, diesen glücklichen Nachahmer Seines großen Vaters im Orgelgeschmack, den tieffsten stillschweigenden Beyfall ertheilte. –Möchte sich doch Herr Bach recht oft, und zu solchen Zeiten hören lassen, wo ein zahlreicheres Publicum sich bey seinen meisterhaften Vorträgen einfinden könnte.*«[548]

Nach Marc Vignal ist »selbst in Norddeutschland«[549] »im letzten Viertel des 18. Jahrhunderts«[550] »ein Ruhm als Organist kein Garant mehr dafür, als Musiker Erfolg zu haben und die Massen anzuziehen«.[551] Das bürgerliche Zeitalter hat begonnen, die Menschen gehen in Konzerte, die sogenannten Akademien, Orgelkonzerte interessieren da nicht mehr. Es scheint, als habe Friedemann den Anschluß ans aktuelle Musikleben verloren. Wenn man das bedenkt, so erscheint sein »Abstieg« viel weniger an den eigenen Unzulänglichkeiten als vielmehr am gesellschaftlichen Wandel und einer Fehleinschätzung der aktuellen musikalischen Situation zu liegen.[552] Peter Wollny rekonstruiert in seiner 1993 geschriebenen Dissertation die Konzerte Friedemanns von 1773-1776:

(1) Göttingen, Universitätskirche: Sommer (Juni?) 1773;
(2) Braunschweig, Burgkirche (?): Anfang bis 22. August 1773;
(3) Braunschweig, Burgkirche: 22. August 1773;
(4) Wolfenbüttel, Stadtkirche: 3. Oktober 1773;
(5) Berlin, Garnisonskirche: 4. Mai 1774
(6) Berlin, Nicolaikirche: 15. Mai, 1774 (morgends);
(7) Berlin, Marienkirche, 15. Mai (nachmittags);
(8) Berlin, Marienkirche: 10. Juni 1774;
(9) Berlin, Dreifaltigkeitskirche: 10. Oktober 1776

(10) Berlin, Dreifaltigkeitskirche: 3. Dezember 1776

Daneben habe Friedemann regelmäßig in privaten Circeln gespielt.[553]

Man sieht schnell, daß er von den Einnahmen kaum hat leben können. Kahmann recherchierte bei Christoph Henzels Büchern zu Friedemann Bachs Berliner Jahren[554], daß man ihm ab 1775 pro Billet nicht mehr 1 Taler, sondern nur 16[555] Groschen, zwei Dritel eines Talers und ab 1776 nur noch acht Groschen[556] bewilligte. Der Preis war also um 50% gefallen. Interessant ist, daß Friedemann im Alter, gleich seinem Vater, zur Fugenkomposition zurückfindet. Allerdings machen sich noch heute Kommentatoren in zeitgenössischen Radioportraits über Friedemanns Fugenkompositionen lustig. Diese Studie will zeigen, daß Friedemann keineswegs berechnend zur Fugenkomposition zurückkehrte, wie Marc Vignal beschreibt, daß Friedemann einfach sein eigenes Image als »solider Repräsentant«[557] einer im Abreißen begriffenen Tradition habe pflegen wollen.[558] Die 8 Fugen für Prinzessin Amalia von Preußen haben in der Tat nur noch eine leise Ahnung vom Fugenwerk des Vaters, sie sind vielmehr in ihrer Kargheit dem Spätwerk Franz Liszts verwandt. Friedemann hat sich kompositorisch wie sein Vater mit einem Höhepunkt in der Fugenkomposition verabschiedet! Er wird noch an einer Oper »Lausus und Lydie« arbeiten, von der allerdings keine Partitur oder Skizzen existieren.[559] Diese Fugen bot er auch dem Hallenser Verleger Johann Jakob Gebauer an. Allerdings kam es zu keiner Drucklegung.[560] Friedemann erklärt:

> »1.)für Communication des Originals 10 Louis d´or
>
> 2.) da ich genöthiget bin theils meine Prænumeranten, teils andern Frembden und guten Freunden Exemplaria zu geben, so würde 100. Exemplare gratis noch nötig haben.«[561]

Kahmann schreibt, die 10 Louis d´or, ca 3600€ seien pro Werk für die Kunden eine zu hohe Summe. Dem Autor dieser Studie will es aber scheinen, (ohne daß er Einsicht in das Original nehmen kann und ohne, daß ihm das Buch Kertschers vorliegt), so zu sein, daß »Communication des Originals« die Überlassung des Manuskripts zur Drucklegung bedeutet. Dann wäre die Summe nicht mehr ganz so hochgegriffen. Die 100 Freiexemplare scheinen da zu hoch. Wahrscheinlich eigneten sich Fugen zum Verkauf überhaupt nicht, so daß Gebauer dies als kein lohnenswertes Geschäft erachtete. Fugen entsprachen, wenn jemals überhaupt, nicht mehr dem Geschmack des Publikums. Gelegentlich gab es aber auch fanatische Fugenbegeisterte: Mozart wurde von seiner Frau Constanze, nachdem sie in der Wohnung van Swietens Bach-Fugen gehört hatte, mit Fugenschreiben regelrecht terrorisiert. Er sollte ihr nichts anderes mehr als Fugen schreiben, und so brechen die meisten dieser Versuche nach einigen Takten aus Lustlosigkeit ab. [562] Zurück zu Friedemann. Man attestiert diesen Fugen gemeinhin Konservativismus und macht die Wünsche der Auftraggeber dafür verantwortlich. Daß diese Fugen weit weniger konservativ sind, wird im Analyseteil nachgewiesen. Hier die Widmung[563] der 8 Fugen an Prinzessin Amalie von Preußen, einer Schülerin Kirnbergers und Gönnerin C.P.E. Bachs:

»Durchlauchtigste Prinzessin,
Gnädigste Aebtissin und Frau!
Die Gnade Ew. Königl. Hoheit gegen mich hat meine Seele so sehr durchdrungen, dass ich dieses unbedeutende Opfer mit dem feurigsten Gefühl der Dankbarkeit zu Höchstdero Füssen lege, und in tiefer Ehrfurcht ersterbe.
Ew. Königl. Hoheit
Berlin, den 24. Februar 1778 *unterthänigster Diener*
Wilhelm Friedemann Bach«[564]

Die Prinzessin fühlte sich bestimmt geschmeichelt. Kahmann meint, daß diese Fugen »vielleicht auch ein Versuch«[565] waren, » ›der Prinzessin seine eigene pädagogische Musikerfahrung zeitgemäß zu vermitteln‹ «[566] , was ihn aber »unvermeidlich« und »unwissentlich« in »Konkurrenz zu« »Kirnberger« bringen mußte. Jener war seit langem Amalias vertrauter Musiklehrer, »dessen ›uneinheitliche, etwas willkürlich anmutende Sammlung [...] dadurch an Wert verlieren‹[567] mußte.[568] Angeblich sei es zu einer Intrige gegen Kirnberger gekommen. Ob Friedemann tatsächlich auf so plumpe Art intrigiert hat oder ob er einfach in etwas hineingeraten ist, läßt sich nicht mehr eruieren, jedenfalls verliert er die so überaus wichtige Protektion der Prinzessin Amalie.

»Sie verlangen von mir zu wissen, wie es dem Herrn Friedemann Bach gehet, bey seiner Ankunft nach Berlin nahm ich mich aus Dankbarkeit seines Vaters an mir bewiesener Liebe auf´s beste an, durch mich bewog ich meine Gnädige Prinzessin, dass Höchst Dieselbe eigene Mahl ihm reichlich beschenkte, zum ersten Mahl mit einem silbernen Kaffee- und Milch-Kännchen, wobey auch eine silberne Zucker-Dose war, nach einiger Zeit etliches an Gelde jedesmahl 30 Rthlr., ferner bewarb ich mich, gutherzige Leute dahin zu bewegen, dass dieselben monatlich ihm etwas Gewisses schickten, wozu ich aus meiner eignen Tasche, die doch selbst kläglich beschaffen ist, monatlich 2 Rthlr. Legte. Herr Bach, der meine gute Gesinnung nicht erkannte, liess sich´s einreden, zur Prinzessin zu gehen, und mich auf die höchst unbilligste Weise zu verläumden, und dadurch glaubte er, würde er mich ausser Brodt und Dienst bringen, und er würde meinen Platz bekommen. Nachdem er seine Galle ausgeschüttet hatte, so sagte ihm die K.Hoh., seine Offenherzigkeit gefiele ihr, er nahm es für baar Geld auf, hatte sich aber sehr geirrt, dass seine Prinzessin solche Züge gegen seinen gewesenen Wohltäter ausschüttete, er wurde nachdem allemal abgewiesen und ihm mit Verweiss gesagt, dass er als der schlechteste Mensch gegen mich gehandelt hätte, und alles was Ihre K.Hoh. ihm gutes gethan hätten, durch meine Veranlassung und mir zu Gefallen geschehen wäre. Hierauf gab ich ihm auch nichts mehr aus meiner Tasche, und die übrigen, dies es auch nur mir zu Gefallen gethan hatten, gaben auch nichts mehr. Folglich geht es ihm jetzt ganz erbärmlich,

componiren wie auch Lection geben mag er nicht, und sein Her Bruder in Hamburg will auch von ihm nichts wissen, weil nichts bey ihm angewendet ist, wenn er ihm auch noch so viel schicken wollte, welches er schon öfters gethan hat, ohne dafür Dank zu haben. Bachens [C.P.E. Bach] Heilig wurde hier aufgeführt und die Fuge grade durch dauerte 11 Minuten, ich missbilligte es, eil es ganz dadurch verdorben wurde. Hr. Bach in Hamburg, dem ich es meldete, es gehörte nicht mehr als 5 Minuten Zeit dazu, überschickte mir bey folgendem Brief und setzte die Zeit auf 3 Minuten, mir scheint es aber, dass 4 Minuten die beste Art sey, aber 11 Minuten ist gar nicht vor Ekel anzuhören. Kirnberger.
Von Mannheim habe ich von Jemand ein Schreiben erhalten, dass Vogler daselbst ebenso wenig als aller Orten gilt. So geht es den Windbeuteln.«[569]

Es ist nicht auszuschließen, daß sich Kirnberger von Friedemann bedroht fühlte und der wahre Intrigant war. Immerhin vermittelte er Anna Amalia Bachsches Erbe und war jahrelang ihr musikalischer Vertrauter, nun kam aber ein wahrer Bach daher. Kirnberger war selbst schon in fortgeschrittenem Alter, hatte Angst um seine Stellung und war allgemeinhin respektiert.[570] Der in Berlin hochgeschätzte Friedemann konnte Kirnberger in jeder Hinsicht aufgrund seiner Herkunft und musikalischen Überlegenheit den Rang streitig machen.[571] In Berlin nimmt Friedemann nur eine einzige Schülerin an: Sarah Itzig (1761-1854), sie ist die zweite der drei Töchter Daniel Itzigs (1722-1799) »Münz Entrepreneur« [Bankier] und „Hofjude" Friedrichs II. Sie ist die Großtante von Felix Mendelssohn-Bartholdy, jüngere Schwester der Großmutter mütterlicherseits und heiratet am 2. Juli 1783 den Bankier Samuel Salomon Levi. Der Hochzeitsgesang e-Moll ist dem Andante des Konzerts für Cembalo solo in G-Dur Fk 40 entlehnt und vielleicht für diese Hochzeit geschrieben worden, so Marc Vignal.[572] Für ein Vierteljahrhundert gehört ihr Salon zu den bedeutendsten Orten des Berliner Musiklebens. Als Cembalistin nimmt sie an den Aktivitäten der Berliner Singakademie teil und sammelt Werke der Bachfamilie. Ein großer Teil dieser Sammlung wird später der Singakademie übergeben, dazu später mehr im Quellenkapitel. Hat Felix Mendelssohn vielleicht gar die Werke Friedemanns studiert? Kannte Brahms Friedemanns Werke vielleicht über die Verbindung Mendlessohn-Schumann?
Der materielle Druck ist mittlerweile so groß, daß Friedemann wieder Handschriften verkaufen muß. Dabei geht er keineswegs so unmoralisch vor, wie es ihm immer vorgeworfen wird. Forkel beispielsweise durfte sich die Werke nur gegen Gebühr kopieren und musste sie danach zurückgeben. Hier ein Brief Forkels:

»Göttingen, 4. Apr. 1803
[...]Die Sebast. Kirchenstücke betreffend[:] Ich habe den ganzen Jahrgang von Wilh. Friedem. B. im Hause gehabt, und zwar gerade denjenigen, der so vortrefflich über Choralmel[odien] gearbeitet ist. Friedem. Bach war damals in großer Noth und

forderte von mir für den eigenthümlichen Besitz des Jahrga[n]gs 20 Louisd'or, für die bloße Durchsicht aber 2 Louisd'or. Ich war damals nicht reich genug, um auf einmal 20 Louisd'or anzulegen, die 2 St. Ld'or aber konnte ich tragen. [...] Der ganze Jahrgang, für w[elchen] ich 20 Ldor bezahlen sollte, wurde hernach aus Noth für 12 Thaler verkauft. Ich weiß aber jetzt n[icht], wohin er gekommen ist.«[573]

Forkel erhält ebenfalls Werke von W.F. durch Vermittlung von C.P.E. Bach, der Friedemanns Verkaufstätigkeit autographer Werke des Vaters kritisiert:

»Außerdem erhalten Sie noch 6 Stücke von J.S. u. eben so viele von W.F. Unter den ersten sind 6 angenehme Vorspiele für Anfänger sehr nutzbar, und unter den letzteren ist das verlangte Stück mit 2 Clavieren [F 10 in F-Dur]. Beynahe ein Dutzend Trii von J.S. und einige Pedalstücke von ihm stehen zu Diensten. Dies ist alles, was ich habe. Es ist ärgerl., daß die Sachen vom seel. Vater so herumflattern, ich bin zu alt u. zu sehr beschäftigt um sie zusammen zu treiben.«[574]

Materielle Sorgen zwingen Friedemann dazu, sich um seine in Braunschweig nach einer Versteigerung zurückgelassenen Manuskripte zu kümmern,[575] deswegen schreibt er am 4. Juli 1778 an Jochen Joachim Eschenburg:[576]

»Hochedelgeborener Hochzuehrender Herr Professor!
Zu dero getroffene Mariage, wie ich vernehme, gratulire von Hertzen und wünsche Beyderseits alle Wohl.
Ich bin meistentheils abwesend gewesen, und habe verschiedene Veränderungen auf Reisen gehabt, sonst hätte mein vor fast 4 Jahren abgelassenes Schreiben continuiret, und wuste also, wie ich gehört von Dero vorhabenden Reisen, keinen sicheren Auffenthalt von Ew. HochEdelgeb., wenn nicht Überbringer dieses Hr. von Münchhausen mir sichere Nachricht von Ew. Hoch Edelgeb. Überbracht hätte. A propòs Haben Ew. Hoch Edelgeb. Dero Musicalia verauctionirt? Meine Abreise aus Braunschweig war so eilfertig, daß ich keinen Catalogue von meinen hinterlassenen Musikalien und Büchern machen konte, auf die Kunst der Fuge von meinem Vater und Qvanzens Anweisung auf der Flöte kan ich mich noch besinnen, die andern Kirchen Musiquen und Jahrgänge wie auch Bücher haben Ew. Hoch Edelgeb. En honethomme aufgehoben und mir versprochen mit Zuziehung eines verständigen Musici sie lege auctionis in Geld zu versetzen. Ich bin nebst meiner gehorsamsten Empfehlung an Dero werthe Angehörige, Madame und Mademoisele Braun, an das Matthieusesche Hauß und andre hinterlassene gute Freunde mit aller Hochachtung.
Berlin, den 4. Juli 1778 *Ew Hochedelgeb.ergebenster Diener*
W.F. Bach
Ich wohne bis Michaelis bey der Laufbrücke in Commissair Dunckels Hause.«[577]

Außerdem bringt er – in wohl bitterster Not – die Transkription für Orgel seines Vaters des Concerto in d-Moll von Vivaldi (BWV 596) als eigenes Werk heraus

und deklariert umgekehrt seine eigene Kantate aus dem Jahre 1755 »Dienet dem Herrn mit Freuden« Fk84, sowie das in der Authentizität letztlich nicht eindeutig geklärte Kyrie Fk 100 als Werke Johann Sebastians.[578] Das Autograph von BWV 596 übertitelt er mit: »di W.F. Bach manu mei Patris descriptum.«[579] Seine Frau wird ihr Leben lang ein Grundstück in Halle als Erbteil für die Tochter einbehalten und nicht verkaufen. Friederica Sophia wird es schließlich 1796 verkaufen.[580] Die beiden Enkelkinder werden Friedemann und seine Frau nie kennenlernen.[581]
Was hätte Friedemanns Situation verbessern können? Ein Opernauftrag zum Beispiel. Über Friedemanns oben genannten Opernplan berichtet Falck:

> *»Für den durch sein großes musikalisches Genie berühmten Herrn (Wilhelm Friedemann) Bach unternahm er (Plümicke) ... in den Jahren 1778 und 1779 die Verfertigung einer ernsthaften Oper (nach Marmontel): Lausus und Lydie, worin er besonders die Chöre der Alten (insofern solches möglich ist) wieder auf zu Bühne zu bringen versuchte – doch ist selbige, weil die Komposition kränklicher Umstände des Komponisten wegen unbeendigt verblieben, bis jetzt noch ungedruckt.«*[582]

Jene Oper hätte für Friedemann die Wende und eine deutliche Abgrenzung vom jüngeren Carl Philipp bedeuten können.[583] Aber wegen seiner sich zunehmend verschlechternden Gesundheit – Friedemann mußte in Berlin ständig in eine noch günstigere Wohnung umziehen – wird diese Oper nicht beendet, wenn sie überhaupt jemals ernsthaft begonnen wurde. Jedenfalls ist das Notenmaterial verschollen. Kahlmann berichtet, daß Sophie Eleonore von Kortzfleisch jene Geschichte für die deutsche Bühne dramatisiert hatte, wonach Carl Martin Plümicke, der Direktor der Döbbelinschen Truppe, das Libretto erstellt hatte.[584] Es sei möglich, daß Döbberlin und Friedemann sich in Braunschweig kennengelernt hatten, als Lessings »Emilia Galotti« dort am Hoftheater im Jahre 1772 uraufgeführt wurde.[585] Gerade die Oper als dramatische Kunstform hätte Friedemann vor neue Herausforderungen gestellt. Aber seien wir ehrlich: hätte jene Oper gegen die entstehenden Mozart-Opern ihren Platz außerhalb einer Auflistung in Lexika bekommen? Die Frage ist insofern berechtigt, als Friedemann sich, von den Kantaten abgesehen, nicht mit dem musikalischen Drama beschäftigt hatte. In seiner Dresdner Zeit wäre ihm das durchaus zuzutrauen gewesen, aber nun als 68jährigen, der nur wenig komponierte? Wäre es da nicht zuviel verlangt, eine abendfüllende Oper, die auch kompositorisch befriedigend ist, zu erwarten? Hat er vielleicht aus guten Gründen Entwürfe vernichtet oder aber erst gar nicht begonnen zu komponieren? Wir wissen es nicht und werden es nie wissen. Hätte er diese Aufgabe glänzend gelöst, wäre dies ein Sprungbrett für eine späte Karriere gewesen. Für Friedemann ergibt sich in der Zwischenzeit unerwartet eine neue Chance auf eine Anstellung:
Der Organist der Marienkirche in Berlin Johann Ringk stirbt am 24. August 1778.[586] So bewirbt sich Friedemann am 9. Januar 1779, da er ohne festes Ein-

kommen ist. Friedemann, nunmehr 68 Jahre alt und seiner Orgelerfolge in Berlin gewiß, schreibt:[587]

»Hochwohlgebohrne, Wohlgebohrne, Hochzuehrende zum Hochlöblichen Magistrat der hiesigen Residenzien Wohlverornete Herren Praesident,
Director und Räthe
Einen hochlöblichen Magistrat nehme ich mir die Freyheit bey der jetzt erledigten Organisten Stelle an der hiesigen Marien Kirche um die Erinnerung meiner ganz gehorsamst zu bitten. Ich darf hoffen unter den Competenten dazu nicht der unwürdigste zu seyn. Mein gantzes Bestreben wird auch künftig bloß dahin gerichtet seyn, durch eifrige und fleißige Erfüllung meiner Pflicht der wohlwollenden Gewogenheit meiner hohen Patronen mich würdig zu machen und Beweise der ehrfurchtsvollen Achtung zu geben mit welcher ich stets verharre
Ew. Hochwohlgebohren und Wohlgebohren
ganz gehorsamster Diener
Berlin den 9ten Januar 1770 *Wilhelm Friedemann Bach.«*[588]

Kahmann berichtet, daß eine Woche vor Bachs Bewerbung »und vermutlich in Abstimmung damit«[589] der Kronprinz Wilhelm von Preußen, Bruder Friedrich II., seinen Besetzungswunsch mitgeteilt hatte:

»Demnach Ich erfahren, daß die Organisten Stelle bey der dortigen Marien Kirche vacant geworden, und Mir sehr viel daran gelegen, daß selbige sogleich und bey Ansicht dieses, dem dortigen geschickten Musicus, Wilhelm Friedemann Bach, conferiret werde, so wird Magistratus Berliner Residenzien, dieserhalb sofot nöthiges verfügen, und ich verlasse Mich gewiß hierauf, daß nun allein diese Stelle dem Musicus Bach, wird conferiret werden.

Breslau den 2. Jan 1779
An den Magistrat zu Berlin
Wilhelm«[590]

Leider widersetzte sich der Magistrat zu Berlin dem Wunsche des Kronprinzen. Der Geheime Kriegsrat und Justizbürgermeister Christoph Benjamin Wackenroder[591], Vater des romantischen Schriftstellers Wilhelm Heinrich Wackenroder, schreibt:

»Durchlauchtigster Printz,
Gnädigster Printz und Herr,
Nach Ew: Königl. Hoheit, uns zu erkennen gegebenen höchsten Willens-Meynung, sollen wir die vacante Organisten-Stelle, an der Marien-Kirche, dem Musicus Wilhelm Friedemann Bach übertragen.
Ew: Königl: Hoheit, wird dieser Mann nur von Seiten seiner gantz vorzüglichen musikalischen Talente bekandt seyn; und dieser Talente wegen, haben auch wir gleich nach der Vacantz, auf ihn, als einen vorzüglichen Orgel-Spieler, ohne sein Ansuchen, reflexion gemacht.
Sein uns nachher aber bekandt gewordenes sonderbares Betragen, unanständiger Wandel, und sein, in Amts-Verrichtungen sonst bewiesener Eigensinn, weshalb er

auch, die gehabte Organisten-Stellen, in Dresden und Halle, nicht behalten können, haben uns genötiget, von den ersten Gedanken, ihn hier zu versorgen, um so mehr, wieder abzusehen, da das Kirchen-Wesen, seine besondere Ordnung erheischet.

Wir würden außer den obgedachten Umständen, nicht verfehlen, der uns eröffneten, höchsten Gesinnung Ew: Königl: Hoheit, sonder Anstand zu genügen; Da aber unsere, Sr: Königl: Majestät, unserm allergnädigstem Herrn, geleistete Amts-Pflicht und unterthänigste Devotion, gegen Ew: Königl Hoheit, diese vorläufige schuldigste Anzeige, erfordert, damit die, diesem Bach, zugedachte höchste Gnade, nicht gemißbrauchet werden; So hoffen wir, daß höchstdieselben, unseren Vortrag, gnädigst zu genehmigen, geruhen werden.

Wir verharren in tiefster Erniedrigung

Ew: Königl: Hoheit,

Berlin *unterthänigste*
Den 16. January *Magistratus hieselbst.*
1779.

Philippi Diterich Ransleben Wackenroder«[592]

Kahmann schreibt:

»Da ist es wieder, das Wort vom ›Eigensinn‹, das Friedemann Bach schon in Halle zum Verhängnis geworden war. Auch die preußische Magistratur zog der fachlichen Geschicklichkeit die soziale Geschmeidigkeit vor.«[593]

Daß Friedemann Bach seine Stellung in Dresden »nicht habe behalten«[594] können, ist schlichtweg gelogen und entspricht nicht den Tatsachen. Wahrscheinlich wurde dem Berliner Magistrat jene Information von den Hallensern mitgeteilt. Kahmann berichtet weiter, daß das Schreiben an den Kronprinzen nicht alles preisgebe, wie aus einem internem Schreiben deutlicher würde[595]:

»Der Friedem. Bach, welchen S.K. Hoheit die Organistenstelle an Marien zugewandt wissen wollen ist unter allen Competetenten wol der würdigste in Betracht der musikalischen Talente. Deswegen auch schon im Collegio an ihn gedacht worden. Allein sein hohes Alter, sein bizarres und capricieuses Betragen, welches er vormals schon in Dresden und Halle, wo er Organist successive gewesen, sowol beym Gottesdienst als auch sonst geäußert, sind Bewegungs Gründe gewesen, warum man auf seine Person nicht weiter hat reflectieren können: und es ist immer zu besorgen, daß man mit ihm nicht fertig werden können, S.M. würde dieß S.K. Hoheit in Antwort zu berichten seyn, als welche ihn gewiß nach diesen letzteren Qualitäten nicht kennen sondern nur durch flehentl. Anliegen anderer zu diesem Schreiben vom 2. hujus veranlasset worden sind.

d.11. Jan.1779«[596]

So bewirbt sich Friedemann am 9. Januar, und am 11. Januar war man bereits gründlich informiert. Kahmann meint, die Absage der Bewerbung sei von langer Hand vorbereitet worden.[597] Kahmann führt aus, daß es bei Friedemann im Gegensatz zu seinem Vater nie eine stichhaltige Begründung zur Absage gäbe, immer bleibe es bei vagen Äußerungen.[598] So hatte ja eine »Halßstarrige Bezeügung«[599] den Vater Johann Sebastian ins Weimarer Gefängnis gebracht.[600] Da es aber anders als in Braunschweig schwierig werden würde, Friedemann Bach bei seiner Kompetenz und seinen Erfolgen in Berlin abzulehnen und vorbei an dem Begehren des Kronprinzen, mußten schwerere Geschütze aufgefahren werden. »Da bedurfte es einer Munition, die besser traf, als Einwände gegen das Alter und das Betragen des Aspiranten.«[601] In einem internen Magistratsrundschreiben vom folgenden Tag, dem 12. Januar 1779, enthielt ein PS[602] folgenden Inhalt:

> *»Es könnte auch seine Trunkenheit mit angeführet werden, worüber Zeugnisse bey dem Wirth und anderen Leuten, die ihn kennen, zuverlässig einzuholen hätten«*[603]

Damit war seine letzte Chance auf eine Anstellung dahin. Jenes PS wurde dem Kronprinzen gegenüber zwar nicht angeführt, aber das mildere Schreiben tat bereits die vom Magistrat erwünschte Wirkung. Jener Vorwurf der »Trunkenheit« durchzieht die fiktionale Literatur. Ob Friedemanns angeblicher Alkoholismus belegt werden kann, steht auf einem anderen Blatt, denn bislang ist kein stichhaltiger Beleg vorgebracht worden. Möglich ist, aber nicht nachweisbar, daß Kirnberger eine erfolgreiche Bewerbung Friedemanns hintertrieben hat.[604] Kahmann beschreibt:

> *»So wie bei Philipp Emanuel der Erfolg den Erfolg generierte, so gebaren bei Wilhelm Friedemann Fiaskos stets neue Fiaskos.«*[605]

Friedemanns Gesundheitszustand verschlimmert sich Anfang der achtziger Jahre, so berichtet ein Brief am 26. Juli 1783, dem Todestag Kirnbergers, im Leipziger Musikalischen Almanach erschienen, daß der älteste Sohn Johann Sebastian Bachs sich nicht mehr öffentlich zeige und nahezu von allen vergessen sei.[606]

> *»Von der Situation unseres vortrefflichen und in seiner Kunst so unvergleichlichen W. Friedemann Bach kann ich nur wenig sagen. Er kommt fast gar nicht mehr in´s Publikum, und scheint, einige Wenige ausgenommen, die aus wahrer Achtung für die Kunst sich seiner noch annehmen, von den meisten Uebrigen ganz und gar vergessen zu sein. Kirnberger hat sonst immer noch am meisten für ihn gethan. Ich weiss nicht, wie es kommen mag, dass er jetzt schon seit langer Zeit gar nichts mehr mit ihm zu thun hat. – Die Schicksale dieses grosses Mannes haben mir in der That schon manche traurige Stunde gemacht, und es ist mir oft unbegreiflich gewesen, dass ein solcher Mann nicht im Stande gewesen ist, irgend eine angenehme Frucht seiner ausserordentlichen Geschicklichkeit zu geniessen, dass es , so wie in seiner Jugen, so in seinem Alter nicht mit ihm fort will. Dass diese sonderbaren und unbegreiflichen Umstände nicht durch ihn allein, sondern auch von der ganz eigenen Art seiner Kunst bewirkt werden, davon bin ich überzeugt.«*[607]

Kahmann berichtet, daß an dem Tag, an dem dieser Text erschien, Kirnberger nach »langen schmerzhaften Leiden« [608]verstarb. Am 1. Juli 1784 stirbt Wilhelm

Friedemann Bach nach einer Lungenkrankheit in Berlin. Ob es wirklich Tuberkulose, wie Kahmann vermutet[609], oder ob es bloß eine Pneumonie war, die den 74jährigen dahinraffte, in Zeiten ohne Antibiotika, sei dahingestellt. Herausfinden kann man es nicht mehr.
Er wird am 4. Juli 1784 auf dem Friedhof der Luisenstädtischen Kirche beigesetzt. Schubart berichtet in der Cramerscherschen Musikzeitung:

> *»Am ersten dieses Monats ist allhier Herr Wilhelm Friedemann Bach, ein Sohn des unsterblichen Sebastians im 74. Jahre seines Alters an einer völligen Entkräftung gestorben. Deutschland hat an ihn seinen ersten Orgelspieler, und die musikalische Welt überhaupt einen Mann verloren, dessen Verlust unersetzlich ist. Jeder Verehrer wahrer Harmonie und der echten Größe der Tonkust wird seinen Verlust tief empfinden.«*[610]

Die Spenersche Zeitung berichtet am 8. Juli fast wortgleich:

> *»Vorigen Donnerstag den 1. dieses, ist allhier Herr Wilhelm Friedemann Bach, ein Sohn des unsterblichen Sebastians, im 74. Jahre Seines ruhmvollen Alters an einer völligen Entkräftung verstorben. Deutschland hat an Ihm seinen ersten Orgelspieler, und die musikalische Welt überhaupt einen Mann verlohren. Dessen Verlust unersetzlich ist. Jeder Verehrer wahrer Harmonie und Größe der Tonkunst, wird Seinen Verlust tief empfinden.«*[611]

Im Totenbuch der Luisenstädtischen Kirche findet sich folgender Eintrag (der Geburtsort ist falsch angegeben):

> *»Am 1. Juli 1784 ist der 73 Jahre alte, in Leipzig gebürtige Musikus Wilhelm Friedemann Bach an der Brustkrankheit gestorben und hinterließ eine Witwe Dorothea Elisabeth Georgin und eine 26 Jahre alte Tochter Friederica Sophia.«*[612]

Der Friedhof wurde 1870 eingeebnet. Das Grab Friedemanns ist also nicht erhalten.

Anmerkungen

[154]Yvonne Pickmann, Wilhelm Friedemann Bach – Eine Chronik nach Dokumenten, in wilhelm friedemann bach der streitbare sohn, a.a.O, S.6 - 33.

[155]Christoph Wolff, Johann Sebastian Bach, Frankfurt am Main 2005

[156]Vgl. Pickmann, S.6

[157]Vgl. Pickmann, ebda.

[158]Taufbuch der Stadtkirche Weimar des Jahres 1710; Dok II, S.43, Nr.5; zitiert nach Pickmann, S.6

[159]Vgl. Kahmann, S.19

[160]Anm.d.Verf.

[161]Anm.d.Verf.

[162]Anm.d.Verf.

[163]Anm.d.Verf.

[164]Brief C. P. E. Bachs an Forkel vom 13. Januar 1775, Dok III, S.288

[165]Forkel, S.42f.

[166]Vgl. Vignal, S.24

[167]C.P.E. Bachs Brief an Forkel, ebda.

[168]C.P.E. Bachs Brief an Forkel, ebda.

[169]Vgl. Vignal, S.24

[170]Vgl. ebda.

[171]Ebda.

[172]Ebda.

[173]Ebda.

[174]Vgl. Vignal, ebda.

[175]Carl Philipp Emanuel Bach, Über die wahre Art das Clavier zu spielen, Faks. – Reprint der Ausg. Von Teil von Teil 1, Berlin 1753 (mit den Erg. Der Ausg. Leipzig 1787), und Teil, Berlin 1762 (mit den Erg. Der Ausg. Leipzig 1797), Kassel, 1994, S.14

[176]Dok. II, Nr.84

[177]Kahmann, S.27

[178]Vgl. Pickmann, S.7

[179]Vgl. Pickmann, S.7

[180]Dok I, S. 215, Nr. 149, Vgl. Batta S.32; fortgeführt bis 1725/26, Inhalt: Auf 72 Seiten eigene Kompositionen: 2 Allamandes, 2 Minuets, 3 Präludien [um 1720 und 1725/26], 62 Klavierstücke von J. S. Bach, G. Ph. Telemann, G.H. Stölzel, J. C. Richter u.a., größtenteils von der Hand W.F. Bachs); Vgl. Pickmann, S.7

[181]Vgl. Wolfgang Lessing, Eine Klavierschule? Überlegungen zum didaktischen Selbstverständnis des Clavierbüchleins, in wilhelm friedemann bach der streitbare sohn, ebda., S.75

[182]Wolfgang Lessing, Eine Klavierschule?, ebda., S.76

[183]Vgl. ebda.

[184]Ebda.

[185]Ebda.

[186]Ebda.

[187]Ebda.

[188]Ebda.

[189]Ebda.

[190]Ebda.

[191]Ebda.

[192]Ebda.

[193]Ebda.

[194]Ebda.

[195]Ebda.

[196]Ebda.

[197]Ebda.

[198]Ebda.

[199]Ebda.

[200]Ebda.

[201]Ebda.

[202]Ebda.

[203]Ebda.

[204]Vgl. Lessing, S.76

[205]Forkel, S.12ff.

[206]Georg Roth, Methodik des virtuosen Klavierspiels. Alfred Hoehns Methode; Breitkopf und Härtel, Leipzig, 1949, 2. Auflage 1953

[207]Forkel, S.38

[208]Johann Sebastian Bach, Vorrede Orgelbüchlein, Orgelwerke Band V, Edition Peters 8660

[209]Forkel, S.18

[210]Forkel, S.40ff.

[211]Vgl. Stefan Gies, Fehleinschätzung Zu Wilhelm Friedemann Bachs Biographie, in wilhelm friedemann bach der streitbare sohn, a.a.O., S.35ff.

[212]Vgl. Kahmann S.41

[213]Vgl. Pickmann, S.7

[214]Vgl. Ebda.

[215]Vgl. Pickmann, S.7

[216]Vgl. Gies, S.36

[217]Vgl. Kahmann, S.44

[218]Vgl. Pickmann, S.7

[219]Immatrikulation an der Universität Leipzig in der Abteilung: Depositi nondum inscripti unter dem 22. Dezember 1723, Falck, S.4; Vgl. Pickmann, S.7 ff.

[220]Vgl. Pickmann, S.8

[221]Vermerk von Johann Heinrich Ernesti, Rektor der Thomasschule Leipzig, im Catalogus discipulorum externorum scholae, Thomanae, in Dok II, S.112, Nr. 149; zitiert nach Pickmann, S.8

[222]Betitelung von Wilhelm Friedemann Bach: 4 Hefte erhalten, Datierung des 4. [letzten] Heftes vom 20. April 1727 bis 26. Mai 1727, die letzten Arbeiten seien laut Yvonne Pickmann nicht datiert; Inhalt der gesamten Texte: lateinische Sprichwörter mit Übersetzung, deutsche Texte, Übersetzungen ins Lateinische, griechische Arbeiten, Verse; Falck S.4-6; Vgl. Batta, 1. und 2. Abb., S.37; Vgl. Pickmann, S.8

[223]Geck, S.16-17

[224]W.F, Bach, in: Kahmann, S.50

[225]Vgl. Pickmann, S.8

[226]Notiz von unbekannter Hand in einem Schulheft Wilhelm Friedemann Bachs, Dok II, S. 158, Nr. 207, Bemerkung II, Vgl., Batta, 3. Abb. S.37; zitiert nach Pickmann, S.8

[227]Otterbach, S.25

[228]Dok.III, Nr.803; Geck, S.185; Kahmann S.58f.

[229]Vgl. Pickmann, S.8

[230]Vgl. ebda.

[231]Marpurg, S.430; Marpurg schreibt »im funfzehnten Jahre«, aber Graun wurde erst 1726 Kapellmeister, in Friedemanns Schulheften finden sich Datierungen bis Mai 1727, somit können Marpurgs Angaben bezweifelt werden; Vgl. Falck, S.8

[232]Vgl. Kahmann, S.55

[233]Bitter, II, S.255

[234]Falck, S.9; Pickmann, S.9

[235]Marpurg, S.430f.; zitiert nach Pickmann, S.9

[236]Gies, S.36

[237]Falck, S.9

[238]Vgl. Kahmann, S.64

[239]Kahmann, S.64

[240]Pickmann, S.9
[241]Ebda.
[242]Vgl. Kahmann, S.57
[243]Vgl Falck, S.10
[244]Falck, S.10; Kahmann, S.58
[245]Forkel, S.47
[246]Vgl. Pickmann, S.9
[247]Marpurg, S.433
[248]Vgl. Pickmann, S.9
[249]Vgl. Pickmann, S.10
[250]Der Autor ist sich sicher, daß J.S. einen Opernauftrag z.B. für die »Oper am Gänsemarkt« in Hamburg nicht verschmäht hätte. Kirchenmusik zu komponieren war bestimmt weniger Ausdruck einer tieferen religiösen Überzeugung als vielmehr eine reine Selbstverständlichkeit. Auch der Dramatiker Händel schrieb Kirchenmusik. Anm.d.Verf.
[251]Falck, S.10 [nach Forkel]; Pickmann, S.10
[252]Vgl. Pickmann, S.10
[253]Falck, S.10
[254]Pickmann, S.10
[255]Eintrag im Kirchenbuch Bd. IV. [1684-1749] des Ev. Pfarramts Udestedt, Dok, II, S.230, Nr.322; zitiert nach Pickmann, S.10
[256]Vgl. Kahmann, S.72
[257]Vgl. Pickmann, S.10
[258]Vgl. Pickmann, S.10
[259]Dok I, S.71, Nr.25
[260]siehe Dok I, S.72, Nr.26
[261]Bitter, S.350ff.
[262]Vgl. Pickmann, S.11
[263]Falck, S.14
[264]Benjamin Gottfried Weinart, Topographische Geschichte der Stadt Dresden und der um dieselbe herum liegenden Gegenden, Dresden in der Hillerschen Buchhandlung 1777
[265]Vgl. Pickmann, S.11 und Vgl. Bitter, S.351f.
[266]Vgl. Pickmann, S.11
[267]Vgl. Bitter, S.351f.; zitiert nach Pickmann, S.11
[268]Vgl. Bitter, S.353
[269]Vgl. Pickmann, S.12
[270]Bitter, S.353f., Acta des Stadtraths zu Dresden
[271]Vgl. Pickmann, S.12
[272]Bitter, S.160; zitiert nach Pickmann, S.12f.
[273]Vgl. Pickmann, S.13
[274]Bitter, S.354
[275]Falck, S.15, Fußnote 2, Vgl. Pickmann, S.13
[276]Vgl. Pickmann, S.13
[277]Bitter, S.355
[278]Falck, S.16
[279]Vgl. Kahmann, S.83
[280]Falck, S.17
[281]Vgl. Pickmann, S.14

[282]Vgl. Pickmann, S.14

[283]Otterbach, S.85f.

[284]Vgl. Otterbach, S.85f.

[285]Vgl. Pickmann, S.15

[286]Vgl. Pickmann, S.15, Vgl. Geck, S.18

[287]Friedrich Adolf Ebert, Geschichte und Beschreibung der Königlichen Öffentlichen Bibliothek zu Dresden, Leipzig 1822

[288]Vgl. Peter Wollny, Ein Quellenfund in Kiew. Unbekannte Kontrapunktstudien von Johann Sebastian Bach und Wilhelm Friedemann Bach. In: Ulrich Leisinger (Hg.): Bach in Leipzig-Bach und Leipzig, Konferenzbericht, Leipzig 2000. Hildesheim 2002, S.275; Vgl. Pickmann S.15

[289]Falck, S.18ff.

[290]Vgl. Pickmann, S.15

[291]Vgl. Pickmann, S.16

[292]*Alte und Neue Curiosa Saxonica, Febrvar. 1737. Andere Helffte, No. XII, S.54;* Vgl. Bitter, S.162

[293]Vgl. Pickmann, S.16

[294]Kahmann, S.105

[295]Falck, S.18

[296]*Leipziger Zeitungen, III. Stück, II. Woche, den 6. Jan. 1745, S.12;* Vgl. Dok II, S.414, Nr.527; zitiert nach Pickmann, S.16

[297]Egon Wellesz, The Age of Enlightenment 1745-1790, (Ed.) Frederick Sternfeld, London 1974

[298]Wollny, S.147

[299]Falck, S.20

[300]Kahmann, S.109

[301]Vgl. Vignal, S.45

[302]Vgl. Pickmann, S.16

[303]Leipziger Zeitungen, III. Stück, II. Woche, den 6. Jan. 1745, S.12; Vgl. Dok II, S.414, Nr.527; zitiert nach Pickmann, S.16

[304]Vgl. Pickmann, S.16

[305]Wilhelm Friedemann Bach, Sonate per il Cembalo, Dresda: Selbstverlag 1745, Fotokopie nach dem Exemplar der Kreisbibliothek Bitterfeld in der Sächsischen Landesbibliothek–Staats- und Universitätsbibliothek Dresden, Mus 2990-T-500; Vgl. Dok II, S. 414, Nr.528; zitiert nach Pickmann, S.17

[306]Wilhelm Friedemann Bach, Sonate per il Cembalo, Dresda : Selbstverlag 1745, Fotokopie nach dem Exemplar der Kreisbibliothek Bitterfeld in der Sächsischen Landesbibliothek – Staats- und Universitätsbibliothek Dresden, Mus 2990-T-500; Vgl. Bitter, a.a.O., S.163, dort 1744; Vgl. Pickmann, S.17

[307]Vgl. Pickmann, S.17

[308]Leipziger Zeitungen, IV. Stück, XIII. Woche, den 25. Mart. 1745, S.192; Vgl. Dok II, S.415, Nr.529; zitiert nach Pickmann, S.17

[309]Vgl. Geck, S.19

[310]Vgl. Pickmann, S.18

[311]Vgl. Pickmann, S.18

[312]Vgl. Geck, S.19; Kahmann S.25-26

[313]Otterbach, S.86f.

[314]Kahmann, S.99ff.
[315]Vgl. Kahmann, S.102-104
[316]Vgl. Kahmann, S.101ff.
[317]Vgl. ebda.
[318]Vgl. ebda.
[319]Dok.I, Nr.42, zitiert nach Kahmann, S.104
[320]Kahmann, S.104
[321]Vgl. Kahmann, S101ff.
[322]Vgl. Pickmann, S.18
[323]Vgl. Geck, S.19
[324]Vgl. Kahmann, S.126ff.
[325]Kahmann, S.126
[326]Vgl. Dok II, S.20; Vgl. Geck, S.19
[327]Vgl. Dok II, S.20; Vgl. Geck, S.19
[328]Falck, S.22f.; Pickmann, S.19f.
[329]Pickmann, S.20
[330]Vgl. Falck, S.27
[331]Vgl. Falck, S.27
[332]Peter Wollny, Überlegungen zu Friedemann Bachs geistlichem Vokalschaffen. In: Händel-Jahrbuch. Vol 47 (2001), S.225-238; zitiert nach Kahmann, S.141
[333]Vgl. Kahmann, S.141
[334]Vgl. Kahmann, S.144ff.
[335]Vgl. ebda.
[336]Vgl. Pickmann, S.20
[337]Bitter, S.362
[338]Vgl. Kahmann, S.124
[339]Serauky II\2, S.15; zitiert nach Kahmann, S.124
[340]Ebda, S.14; Kahmann, S.125
[341]Vgl. Kahmann, S.125
[342]Vgl. Kahmann, S.125
[343]Vgl. Falck, S.28
[344]Vgl. ebda.
[345]Ebda.
[346]Vgl. ebda.
[347]Ebda.
[348]Ebda.
[349]Ebda.
[350]Vgl. ebda.
[351]Ebda., S.28
[352]Ebda., S.29
[353]Ebda., S.29
[354]Ebda.
[355]Ebda.
[356]Vgl. Pickmann, S.21
[357]Forkel, S.9ff.
[358]Vgl. Falck, S.39
[359]Vgl. Pickmann, S.21; Vgl. Geck, S.18

[360]Titelseite der Cembalosonate Es-Dur, Datierung nach der Vorrede; Dok II, S.446f., Nr.567; zitiert nach Pickmann, S.21

[361]Falck, S.68; Bitter, S.211 hier wird 1745 als Jahr des Druckes genannt; zitiert nach Pickmann S.21

[362]Leipziger Zeitungen, IV. Stück, XVIII. Woche, den 2. May 1748, S.288; zitiert nach Pickmann, S.22

[363]Vgl. Pickmann, S.22

[364]LHASA, MD, Rep. A12aI, Nr.981, fol. 6r; zitiert nach Kahmann, S.134

[365]Kahmann, S.134

[366]Geck, S.136

[367]Kahmann, S.134

[368]Vgl. Kahmann S.135

[369]LHASA, MD, Rep.A12aI, Nr.981, fol. 1r; zitiert nach Kahmann S.135

[370]Serauky II\2, S.21; zitiert nach Kahmann, S.136

[371]Vgl. Kahmann, S.135ff.

[372]LHASA, MD, Rep.A12aI, Nr.981, fol.91r; zitiert nach Kahmann S.136

[373]Vgl. Pickmann, S.22 ; Vgl. Geck, S.20

[374]Bitter, S.371; Vgl. Pickmann, S.22

[375]Bitter, S.371; Vgl. Pickmann, S.22

[376]Ausschnitt eines nur in Abschrift erhaltenen Briefs Friedemann Bachs. Dok II, S.460, Nr.589, Vgl. Otterbach, S.88; es heißt hier: »[...]Der seit 1736/37 in Halle und Umgebung tätige Orgelbauer Heinrich Andreas Contius (Cuntius) war ein Sohn des Hallenser Orgelbauers Christoph Contius (Cuncius). Die im Brief genannte Orgel sollte in der Unterkirche in Frankfurt an der Oder gebaut werden. Der Neubau wurde jedoch 1754 von dem Orgelbauer Damm (Thamm) erstellt.«; Vgl. Pickmann, S.22

[377]Vgl. Pickmann, S.23

[378]Bitter, S.370

[379]Vgl. Falck, S.29; Vgl. Pickmann, S.23

[380]Vgl. Pickmann, S.23

[381]Dok III, Nr.666; zitiert nach Kahmann, S.145

[382]Vgl. Pickmann, S.23

[383]zitiert nach Kahmann, S.146

[384]Kahmann, S.147.

[385]Kahmann, S.147.

[386]Kahmann, S.147

[387]Vgl. Batta, S.139

[388]Vgl. Batta, S.139

[389]zu den Quellen, siehe Kahmann, S.150

[390]StAMs, Minden-Ravensberg Konsistorium IV, 43, fol 27.; zitiert nach Kahmann, S.150

[391]Vgl. Kahmann, S.147

[392]Kahmann, S.147

[393]Dok II, S.513f., Nr.630; zitiert nach Pickmann, S.23

[394]Vgl. Pickmann, S.23

[395]Kahmann, S.151

[396]Kirchenbuch der Kirche »Unser Lieben Frauen« Halle, 1735-1753, S.556; zitiert nach Kahmann, S.152

[397]Vgl. Pickmann, S.23

[398]Vgl. Pickmann, S.23
[399]Geck, S.22
[400]Ebda.
[401]Ebda.
[402]Vgl. Falck, S.33f.
[403]Vgl. Pickmann, S.24; Vgl. Geck, S.22
[404]Vgl. Falck, S.34
[405]Vgl. Pickmann, S.24
[406]Kahmann, S.160
[407]Kahmann, S.160
[408]Ebda.
[409]Vgl. ebda.
[410]Leipziger Zeitungen, 25.01.1758, S.60; zitiert nach Falck, S.42
[411]Peter Schleuning, Der Bürger erhebt sich, Geschichte der deutschen Musik im 18. Jahrhundert, Reinbeck 1989, 484; in: Kahmann, S.158
[412]Falck, S.42
[413]Friedrich Wilhelm Marpurg, Beiträge 1, S.450 ff. u. S. 70/71; in Falck, S.42
[414]J.S. Bach, Notenbüchlein für Anna Magdalena Bach , 1725, Hrsg. von Georg von Dadelsen, 5. Auflage, Bärenreiter Kassel 2008, S.41
[415]Carl Philipp Emanuel Bach, Versuch über die wahre Art das Clavier zu spielen, Zweyter Theil, Berlin 1762, Reprint Kassel 1994, Zweytes Capitel, Vom harmonischen Dreyklang, S.32
[416]Vgl. Serauky II\2, S.3; in: Kahmann, S.161
[417]Vgl. Kahmann, S.162
[418]Vgl. Kahmann, S.163
[419]Vgl. ebda.
[420]Peter Epstein, Wilhelm Friedemann Bachs Bewerbung in Frankfurt, BJ22, 1925, S.138f.; zitiert nach Kahmann, S.163
[421]Vgl. Pickmann, S.24
[422]Vgl. Falck, S.35
[423]Vgl. Kahmann, S.164
[424]PfA ULF, Akte O7, fol 13r.; in Kahmann, S.164
[425]Kahmann, S.172
[426]Otterbach, S.89; Vgl. PfA ULF, Akte O7, fol.14-15 in Kahmann S.171; Vgl. Pickmann, S.25
[427]Vgl. Pickmann, S.25
[428]Kahmann, S.174
[429]PfA ULF, Akte O7, fol. 17f; zizitert nach Kahmann, S.173; siehe Falck S.36ff.
[430]Falck, S.37
[431]Ebda.
[432]Vgl. ebda.
[433]Vgl. ebda.
[434]Vgl. ebda.
[435]Vgl. Pickmann, S.26; Vgl. Geck, S.22
[436]Vgl. Pickmann, S.26
[437]Bitter, S.212f.
[438]Falck, S.163f.
[439]Vgl. Pickmann, S.26

[440]Kahmann, S.196
[441]Vgl. Kahmann, S.195
[442]Vgl. Kahmann, S.195
[443]Kahmann, S.195
[444]PfA ULF, Akte O7, fol 25r; Falck, S.41; zitiert nach Kahmann, S.195
[445]Kahmann, S.196
[446]PfA ULF, Akte O7, fol 25r; zitiert nach Kahmann, S.196
[447]Kahmann, S.196
[448]Ebda.
[449]Falck, S.40
[450]Vgl. Kahmann, S.189-193
[451]Vgl. Kahmann, S.189
[452]Vgl. Kahmann, S.190 mit Verweis auf Elisabeth Noack, Musikgeschchte Darmstadts vom Mittelalter bis zur Goethezeit (=Beiträge zur rheinischen Musikgeschichte, Bd.8), Mainz 1967, S.253
[453]Willibald Nagel, W.F. Bach´ s Berufung nach Darmstadt, in :SIMG, Bd.1, 1899/1900, S.291; zitiert nach Kahmann S.189
[454]Vgl. Kahmann, S.191
[455]Vgl. Kahmann, S.191
[456]Kahmann, S.190
[457]Nagel, 1899/1900, S.293; zitiert nach Kahmann, S.190
[458]Vgl. Kahmann, S.190
[459]Ebda.
[460]Vgl. Kahmann, S.193
[461]Kahmann, S.193
[462]Vgl. Gies, S.36
[463]Vgl. Pickmann, S.26
[464]Otterbach, S.91
[465]Vgl. Pickmann, S.27
[466]Vgl. Pickmann, S.27; Vgl. Kahmann, S.197
[467]Kahmann, S.197f.
[468]Geck, S.22
[469]Ebda.
[470]Ebda.
[471]Ebda. und Vgl. Falck, S.41
[472]Bitter, S.366-369. Protokoll vom 5. Juli 1764 BB Ms.th.fol.63 der Berliner Königlichen Bibliothek [nach Falck, S.4]
[473]Vgl. Falck, S.41; Vgl. Geck, S.22; Vgl. Vignal, S.40; Vgl. Kahmann, S.194ff.
[474]Vgl. Bitter, S.222
[475]Vgl. Kahmann, S.138
[476]Vgl. Luc-Andre Marcek, Johann Sebastian Bach in Selbstzeugnissen und Bilddokumenten, Hamburg 1963, S.35
[477]Geck, S.22
[478]Geck, S.22
[479]Ebda.
[480]Ebda.
[481]Ebda.

[482]Ebda.
[483]Vgl. ebda.
[484]Ebda.
[485]Ebda.
[486]Ebda.
[487]Vgl. ebda.
[488]Vgl. Kahmann, S.138f.
[489]Kahmann, S.139
[490]Kahmann, S.195
[491]Vgl. Pickmann, S.27
[492]Falck, S.43f.
[493]Pickmann, S.28
[494]Unterhaltungen, Oktober 1767, Hamburg, gedruckt und verlegt von Michael Christian Bock, S.892, unter Vermischte Nachrichten, die schönen Künste betreffend. Musik; Vgl. Dok III, S.190, Nr.737; Vgl. Pickmann, S.29
[495]Peter Wollny, Wilhelm Friedemann Bach, Fugen und Sonaten. Booklet-Text zur gleichnamigen CD, (Einspielung durch Ewald Demereye: Accent ACC 23157, S.10f.; zitiert nach Kahmann, S.204
[496]Vgl. Kahmann, S.211
[497]Otterbach, S.91f.; es heißt dort: »Nicht autographe Neubewerbung um die Organistenstelle an der Marienkirche in Halle nach dem Tod des dortigen Organisten Johann Christoph Rühlmann im Februar 1768. Friedemann wurde nicht einmal zum Probespiel zugelassen. Die Stelle erhielt der bisherige Organist an der Moritzkirche in Halle, Leberecht Friedrich Berger. Auch die folgende Bewerbung beim Herzog zu Braunschweig, in der nur die Unterschrift autograph ist, blieb ohne Erfolg.«
[498]Vgl. Kahmann, S.211
[499]Vgl. Kahmann, S.209
[500]Kahmann, S.209
[501]Vgl. Kahmann, S.211
[502]Falck, S.44
[503]Vgl. Guericke 1929 in Kahmann, S.213
[504]Vgl. Kahmann, S.214
[505]Charles Burney, in: Kahmann, S.215
[506]Vgl. Pickmann, S.29
[507]Vgl. Kahmann, S.220
[508]Vgl. Pickmann, S.29
[509]Otterbach, S.92
[510]Falck, S.46
[511]Falck, S.46 ; Vgl. Pickmann, S.30
[512]Vgl. Pickmann, S.30
[513]Falck, S.46f.
[514]Vgl. Pickmann, S.30
[515]Guericke 1929, S.7; zitiert nach Kahmann, S.222f.
[516]Guericke 1929, S.11; zitiert nach Kahmann, S.224
[517]Vgl. Kahmann, S.225
[518]Vgl. Pickmann, S.30
[519]Vgl. Falck, S.49

[520]Braunschweigische Anzeigen 1773, S.872 u. 76. Stück (29. IX. 1773); zitiert nach Falck, S.49

[521]Vgl. Kahmann, S.226

[522]Vgl. Kahmann, S.226

[523]Peter Wollny,Wilhelm Friedemann Bach: Fugen und Sonaten. Booklet-Text zur gleichnamigen CD (Einspielung Ewald Demereye: Accent ACC 23157), 2003, S.11; zitiert nach Kahmann, S.226

[524]Kahmann, S.226

[525]Ebda.

[526]Vgl. Pickmann, S.31

[527]Guericke 1929, S.6f; zitiert nach Kahmann, S.227

[528]Vgl. Falck, S.49; Pickmann, S.31

[529]Vgl. Pickmann, S.31

[530]Vgl. Kahmann, S.232

[531]Vgl. Kahmann, S.232

[532]Dok III, S.264, Nr.786; zitiert nach Pickmann, S.31

[533]Vgl. Jörg Strodthoff, Diesseits des Urtexts. Wilhelm Friedemann Bach und die Orgel, in HS, S.39

[534]Vgl. Pickmann, S.31

[535]Bitter, S.227

[536]Vgl. Kahmann, S.230

[537]Vgl. Kahmann, S.231

[538]Vgl. Kahmann, S.233

[539]Kahmann, S.233ff.

[540]Vgl. Kahmann, S.236

[541]Vgl. Kahmann, S.236-237

[542]Kahmann, S.237

[543]Vgl. Pickmann, S.31

[544]Bitter, S.374

[545]Vgl. Pickmann, S.32

[546]Bitter, S.375

[547]Vgl. Pickmann, S.32

[548]Kahmann, S.240

[549]Vignal, S.264

[550]Ebda.

[551]Ebda.

[552]Vgl. Gies, S.37

[553]Vgl. Wollny, S.68

[554]Kahmann, S.240f.

[555]Christoph Henzel, Nachtrag zu Wilhelm Friedemann Bachs Berliner Jahren, in BJ90, 2004, S.229

[556]Christoph Henzel, Zu Wilhelm Friedemann Bachs Berliner Jahren, in BJ78, 1992, S.111f.

[557]Vignal, S.265

[558]Vgl. Vignal, S.265

[559]Vgl. Bitter, S.228f.

[560]Vgl. Kahmann, S.239

[561]Hans-Joachim Kertscher, Ein Brief-Fund in einem Halleschen Verlagsnachlaß: Wilhelm Friedemann Bach an Johann Jakob Gebauer, in: BJ 86, 2000, Nachbemerkung von Peter Wollny, S.351-356; zitiert nach Kahmann, S.239

[562]Vgl. Wolfgang Hildesheimer, Mozart, Frankfurt 1980, S.256

[563]Vgl. Pickmann, S.32

[564]Bitter, S.252 f.

[565]Kahmann, S.239

[566]Werner Braun, Wilhelm Friedemann Bach und Johann Philipp Kirnberger: Zur Berliner Bach-Tradition, in: Prgramm-Buch der Bach-Tage Berlin 7.-12. Juli 1987; Kahmann, S.239

[567]Braun 1987; Kahmann, S.239

[568]Kahmann, S.239

[569]Bitter, S.322 f.

[570]Vgl. Kahmann, S.268

[571]Vgl. Kahmann, S.268

[572]Vignal, S.271

[573]Falck, S.55; Vignal, S.270

[574]Bitter 1, S.337

[575]Vgl. Vignal, S.270; Vgl. Pickmann, S.37; Vgl. Falck, S.54

[576]Vgl. Pickmann, S.32

[577]Otterbach, S.93

[578]Vgl. Geck, S.26; Vgl. Vignal, S.271

[579]Vgl. Vignal, S.271; Vgl. Falck, S.53

[580]Vgl. Kahmann, S.286

[581]Vgl. ebda.

[582]C.M. Plümicke, Entwurf einer Theatergeschichte v. Berlin. Berlin und Stettin 1781, S.388 in Falck, S.55 ff.

[583]Vgl. Kahmann, S.264\265

[584]Vgl. Kahmann, S.265

[585]Vgl. Kahmann, S.265

[586]Pickmann, S.33

[587]Vgl. Kahmann, S.258

[588]Friedrich-Wilhelm Donat, Christian Heinrich Rinck und die Orgelmusik seiner Zeit, Bad Oeynhausen, 1933, III.; zitiert nach Kahmann, S.258f.

[589]Kahmann, S.259

[590]Ebda; zitiert nach Kahmann, S.259

[591]Kahmann, S.260

[592]Henzel 1992; zitiert nach Kahmann, S.260

[593]Kahmann, S.260

[594]Ebda. S.261

[595]Vgl. ebda.

[596]Donat IIIf.; zitiert nach Kahmann, S.261

[597]Vgl. ebda.

[598]Vgl. ebda.

[599]Ebda.

[600]Vgl. ebda.

[601]Kahmann, S.263

[602]Vgl. Kahmann, S.263

[603]Donat 1933, IIIf.; Kahmann, S263
[604]Vgl. Kahmann, S.268
[605]Kahmann, S.239
[606]J. N. Forkel, Musikalischer Almanach, Leipzig, 1784, S.201 ff.; Falck, S.57; Vignal, S.272
[607]Bitter I, S.266; zitiert nach Kahmann, S.286
[608]Kahmann, S.283
[609]Vgl. Kahmann, S.285
[610]Cramers Magazin der Musik, 2. Jahrgang 1784 in Falck, S.57
[611]Henzel 2004, S.229; zitiert nach Kahmann, S.285
[612]Falck, S.57

Abbildungen

©Eigentum Sammlung Bachhaus Eisenach/Neue Bachgesellschaft e.V. mit freundlicher Genehmigung

Schulheft 4, S.6 Wilhelm Friedemann Bachs

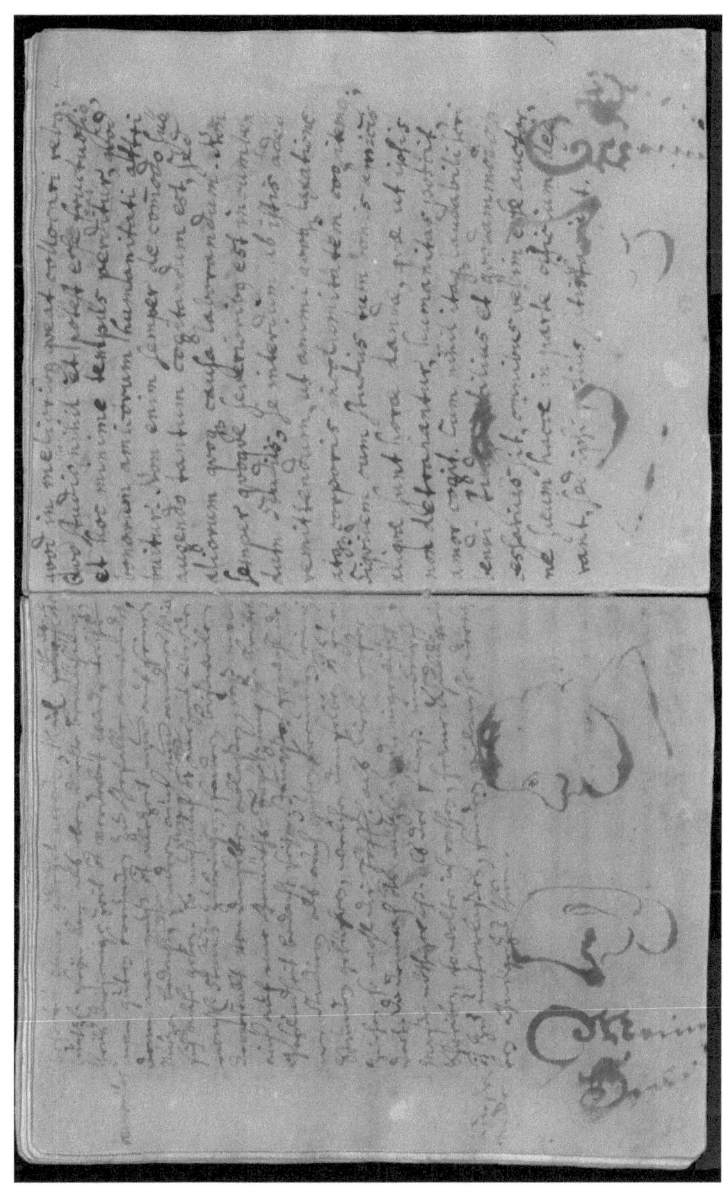

Schulheft 4 Wilhelm Friedemann Bachs

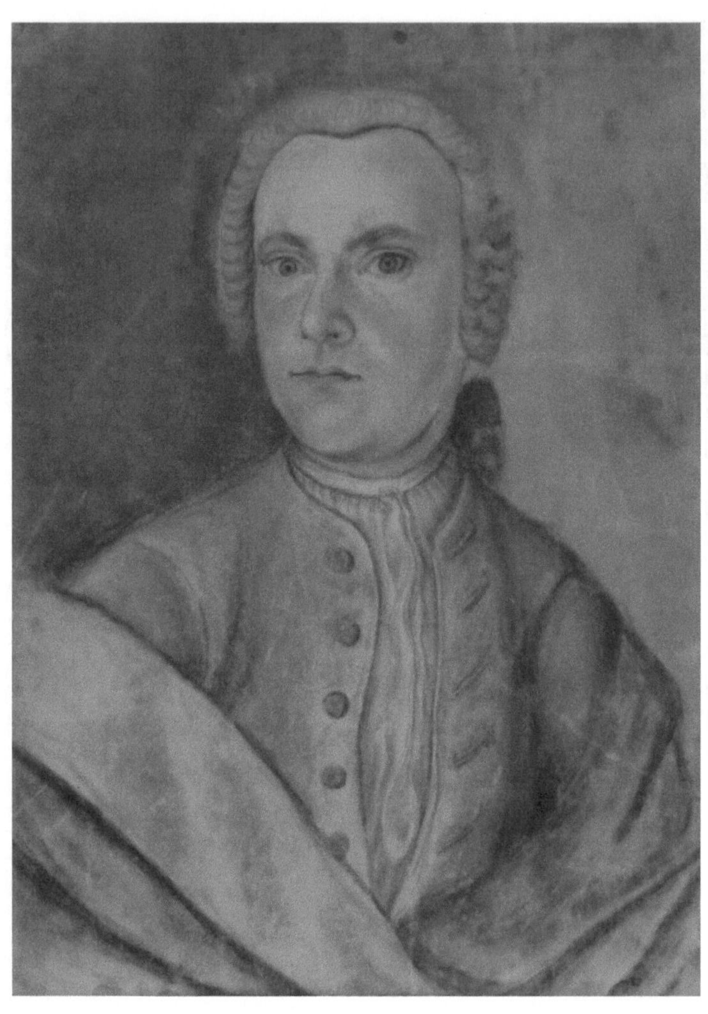

Wilhelm Friedemann Bach: anonymes Pastellbild.

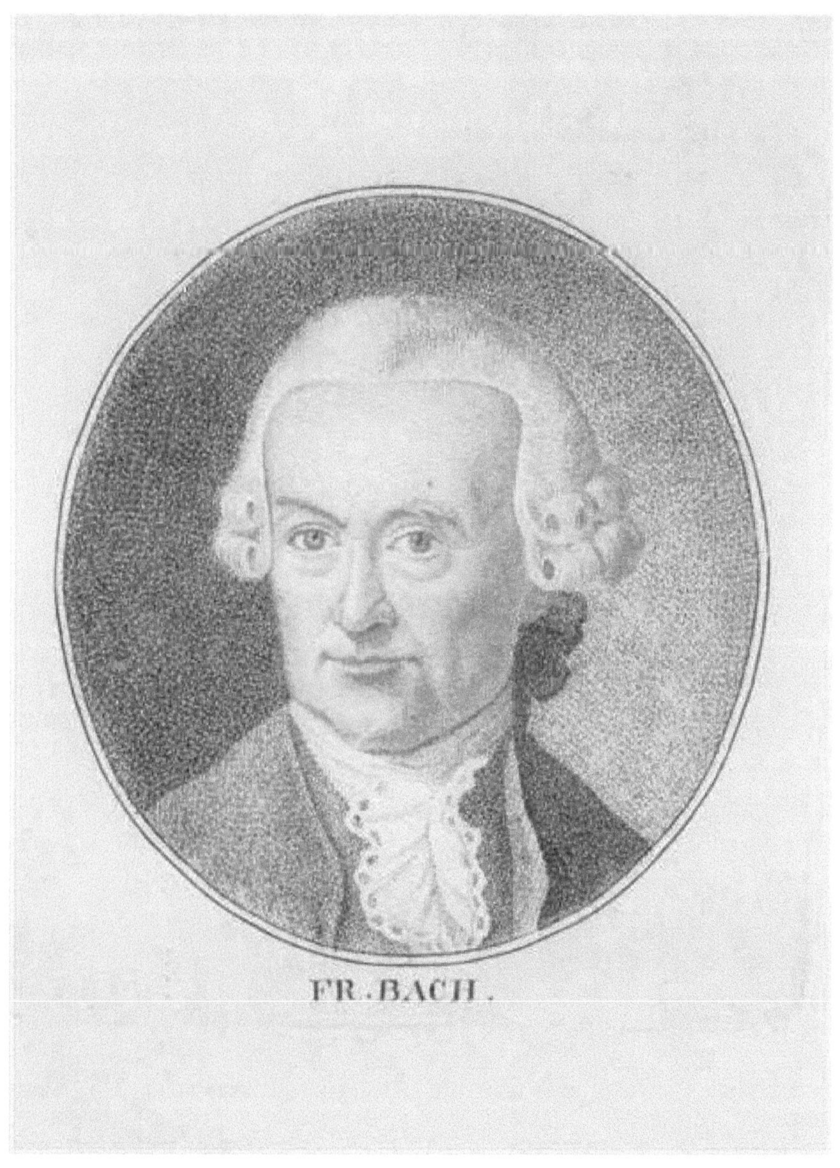

Wilhelm Friedemann Bach: Stich von Heinrich Schwenterley (1790)

Teil II.

Werke und deren Analyse

3. Die Quellenlage

3.1. Die a-Moll Sonate nv8 – eine Anekdote

Eine kleine Anekdote: Der Verfasser der vorliegenden Studie schenkte seiner Frau zum 30. Geburtstag eine CD mit einer Sonate in a-Moll von Friedemann, die uns beiden sehr gut gefiel. Wie zukunftsweisend, einfach, klar und spannungsreich erschien das Werk. Es war die Einspielung der a-Moll Sonate unter Christophe Rousset. Die Aufnahme war nur antiquarisch zu bekommen, immerhin ist die CD aus dem Jahre 1990. Im Begleitheft steht folgendes:

> »Die Sonate in a-Moll FKnv8 und die Fantasie nv2 sind uns in einer einzigen Handschrift überliefert (Berlin Staatsbibliothek, Preußischer Kulturbesitz, MS Bach P 883) : I Fantasia/ VI Sonaten/&/ I Arietta con Variazioni per il cembalo von Wilh. Friedemann Bach. Diese Handschrift, die Martin Falck 1913 noch unbekannt war, erregte 1958 die Aufmerksamkeit Kasts (Die Bachhandschriften der Berliner Staatsbibliothek) und wurde von Paul Horn 1982 (Hänsler Verlag) veröffentlicht. Der Herausgeber rekonstituierte dabei nur den ersten Satz der Sonate in a-Moll und berief sich dabei auf das Fehlen zweier Seiten, die jedoch in der Berliner Handschrift enthalten sind. In dieser Sonate tritt Friedemann als großer Neuerer auf, indem er im ersten Satz die Form des französischen Rondeaus verwendet.«[613]

Da der Verfasser dieser Studie auch als Pianist tätig ist, wollte er diese Sonate ins Repertoire nehmen, und begab sich auf die Suche nach den Noten. Nirgends war diese Sonate zu finden. Er recherchierte in Katalogen, in Archiven, in Antiquariaten, begab sich in Internetforen auf die Suche. Man glaubt nicht, wie viel gleichgesinnte Pianisten man traf. Die Noten der Sonate ließen sich nicht ausfindig machen und der Häns(s)ler-Verlag auch nicht (er wird nämlich mit zwei »s« geschrieben und gehört zum Carus Verlag). Also dachte sich der Autor, er müsse einmal schauen, ob es nicht eine Friedemann-Gesamtausgabe gebe. Ja, die gab es sogar, allerdings nur in Vorbereitung, Herausgeber ein Peter Wollny, dem Autor bis dahin vollkommen unbekannt. Immer noch nicht ermüdet von der Suche, recherchierte der Autor im Bach-Archiv dessen E-Mail Adresse und frug ihn, wann die Sonate in a-Moll denn erhältlich sein würde. Dann kam der Schock:
Die Sonate war gar nicht von Friedemann. Peter Wollny schrieb dem Autor, sie sei vom Erfurter Orgel- und Cembalovirtuosen Johann Wilhelm Häßler. (Insgeheim kam dem Autor die Sonate ja schon komisch vor, weil sie entgegen der Gewohnheiten Friedemanns sehr homophon ist und nicht, wie bei seinen Sonaten typisch aus der kontrapunktischen Dreistimmigkeit heraus entwickelt ist; der Autor hielt das aber für ein kühnes Experiment). Nun ja, enttäuscht und nicht den Mut findend, wie er das seiner Ehefrau beibringen sollte, es war ja schließlich ein Geburtstagsgeschenk und auch noch zum Dreißigsten, schaute der Autor

sich die Biographie Johann Wilhelm Häßlers an. Die Schreibweise divergiert in den Darstellungen ständig zwischen »ss« und »ß«. Da sah der Autor, daß Häßler 1747 geboren wurde und 1822 starb. Häßler war also ein Zeitgenosse Haydns, Mozarts, Beethovens und sogar noch Schuberts. Er konzertierte sogar gemeinsam mit Haydn 1790 in London. Die zukunftsweisende Sonate war also gar nicht mehr so zukunftsweisend, sondern im historischen Kontext schlichtweg altmodisch. Der Autor bestellte sich sodann die Häßler-Sonaten, denn spielen wollte er sie immer noch. Als der Band bei ihm zu Hause ankam, wuchs sein Jubel wieder: W.F. Bach-Sonaten Band II, Hänssler-Verlag. Hatte sich Peter Wollny doch geirrt? Der Autor jubelte und begann zu spielen; ein kleines Zettelchen fiel aus dem Notenband heraus: »Der Komponist dieser drei Klaviersonaten ist nicht der auf dem Deckblatt festgehaltene Verfasser, sondern Johann Wilhelm Hässler.« Wütend legte der Autor der vorliegenden Studie den Band beiseite.
Wie kann so etwas passieren?
Die Fantasie c-Moll FKnv2 und die Sonate a-Moll FKnv8 wurden von Paul Kast gemäß der Angabe auf dem Umschlag der Handschrift W.F. Bach zugeordnet. Allerdings sind die Stücke 1776 in Leipzig von Häßler herausgegeben worden. Nun stellten sich einige Fragen: War damit auch zweifelsfrei die Urheberschaft geklärt, da Friedemann ja in finanziellen Nöten oft seine Handschriften verkaufte? Dies würde ja schon in die Zeit des sozialen Abstiegs Friedemanns fallen. Auch war zu fragen, ob Häßler nicht Werke Friedemanns, die ohnehin nur in Abschriften erhältlich waren, kopierte? Fragen über Fragen. Eingehende Analysen der Werke Häßlers deuteten stilistisch jedenfalls nicht auf dessen Urheberschaft im Falle der a-Moll Sonate hin. Man hätte bei der Autorenschaft Häßlers auch konstatieren müssen, daß Häßler ein Komponist war, der Strömungen seiner Zeit überhaupt nicht aufgeschlossen zu sein schien und sehr, sehr altmodisch und wenig geistreich – in seinen Sonaten jedenfalls – komponierte. Stilistisch deuteten sie allerdings, wenn man die anderen Sonaten und Fantasien Friedemanns studiert hatte, auch nicht auf eine Urheberschaft Friedemanns hin. Jedoch wäre im Falle einer Autorschaft Friedemanns die a-Moll Sonate außerordentlich modern erschienen, im Falle der Autorschaft Häßlers einfach nur altmodisch, wenn man das Werk Haydns und Mozarts im Jahre 1776 zum Vergleich heranzog. In der c-Moll Fantasie FKnv2 fanden sich Elemente, die man so auch in den Fantasien Friedemanns finden könnte. Aber: Die Fantasien gehören nicht unbedingt zu Friedemanns besten Werken (konträr zu Falck[614] aber d´accord zu Kühn). Die Polonaisen stehen ungleich höher (doch genaueres später). Was nun? Jedenfalls warf sich die Frage auf – Wollnys Dissertation war dem Autor noch unbekannt –, ob man eine Autorschaft rein über die Handschriften bestimmen sollte, die ja nur in Kopien vorliegen und\ oder über eine Publikation. Es mußte auch zu klären sein, ob Friedemann und Häßler sich persönlich und nicht nur über die Werke kannten, da auch andere Werke Friedemanns Häßler zugeschrieben wurden. Oder sollte man lieber von der Komposition und deren formaler und stilistischer Bewältigung ausgehen? Dann hätte einiges für die Autorschaft Friedemanns der Fantasie c-Moll FKnv2 und einiges gegen die Autorschaft Friedemanns und Häßlers der Sonate a-Moll gesprochen. Sie würden sich sicher persönlich gekannt haben, dachte sich der Verfasser der vorliegenden Studie, denn Häßler war Neffe und Schüler Johann Christian Kittels (1732-1809), der selbst ein Schüler von J.S. Bach war und Organist an der

Erfurter Barfüßerkirche. W.F. hat ihn als Organistenkollegen sicher beeindruckt. So erschien es auch nicht abwegig, daß Häßler sich dessen Kompositionsstil angenähert haben könnte. Aber die a-Moll Sonate war ja untypisch für Friedemann. Man konnte sich also auch nicht von der Seite her dieser Situation nähern. Der Autor dachte sich, daß nicht weniger abwegig gewesen wäre, wenn Häßler – der auch in Erfurt einen professionellen Musikalienhandel betrieb und Werke Friedemanns verbreitete – bei dieser Gelegenheit Werke Friedemanns unter seinem eigenen Namen veröffentlichte, zu deren Veröffentlichung Friedemann in seinen späteren Jahren vielleicht der Mut fehlte. Vielleicht wären das Werke gewesen, die er nicht veröffentlicht wissen wollte, oder die ihm ganz gleichgültig waren. Oder veröffentlichte man versehentlich ein Werk Friedemanns unter Häßlers Namen, weil Häßler sich dieses kopierte? Man konnte nun viel spekulieren, deshalb wurde die Frage nach der Quellenlage immer dringender. Die anderen beiden vom Herausgeber Paul Horn hinzugefügten Sätze fielen stilistisch wiederum sehr aus dem Rahmen und waren eher Bachisch denn Häßlerisch, wie aber auch der I. Satz absolut untypisch für Häßler ist: Denn seine Musik fällt insgesamt nicht gerade durch Gedankenreichtum und Originalität auf, auch darin konträr zu Falck.[615] Wo nun die Quellenlage recherchieren? Es fiel dem Autor der vorliegenden Studie nach dem Studium Häßlers Sonaten schwer, zu glauben, daß Häßler den I. Satz der a-Moll Sonate und die c-Moll Fantasie sozusagen als »Geniestreich« oder einmaligen »Wurf« geschrieben haben sollte. Wenn man sich von der Komposition her den beiden Werken näherte, dann kamen große Zweifel auf. Satz II und III wären schon mit Friedemanns Schaffen irgendwie in Einklang zu bringen gewesen. Ob die Veröffentlichung durch Häßler der tatsächliche Beweis seiner Autorschaft war, blieb fraglich. Man muß hier hinzufügen, daß Häßler ein professioneller Notenhändler war und viel zur Verbreitung der Werke Friedemanns beigetragen hat. Wir haben es mit Friedemann also nicht gerade leicht, was die Quellenlage betrifft. Also recherchierte der Autor und traf auf die Dissertation Peter Wollnys. Dieser hat die Quellenlage genau erforscht, so daß hier auf seine Dissertation aus dem Jahre 1993 zurückgegriffen wird. Vielleicht werden im neuen Bach-Repetitorium auch neue Erkenntnisse veröffentlicht. Es liegt aber bislang noch nicht gedruckt vor, so daß der Autor der vorliegenden Studie sich auf die ältere Arbeit stützt. Selbst wenn sich einige Zusammenhänge im Laufe der Zeit als überholt herausstellen sollten, ist dies nicht von Belang, da dem Leser ja die verworrene Situation deutlich gemacht werden soll. Auch die Beziehung Häßler-W.F. Bach wird hierbei genauer beleuchtet werden. Aber weder Häßler noch Friedemann war der »Bösewicht«:

Viele Werke Friedemanns sind nur in Abschriften überliefert. Deren Herkunft, Zuverlässigkeit und Zuschreibung ist nicht immer zweifelsfrei geklärt. Die folgende Abhandlung über die Autographe, Abschriften und deren Herkunft stützt sich wie erwähnt auf die Dissertation Peter Wollnys, weil diese in den bisher vom Autor studierten Schriften das Problem der Quellen am genauesten beleuchtet. Sie wird vor allem deswegen ausführlich bearbeitet, um einige Erkenntnisse Wollnys einem breiteren Publikum zugänglich zu machen; denn sie ist nur auf Englisch erhältlich, nur in wenigen Exemplaren und in wenigen Bibliotheken im deutschsprachigen Raum verfügbar! Dadurch, daß jene Passagen der Dissertation aus dem Englischen übersetzt werden müssen, ergibt sich schon eine Interpretation,

eine Gewichtung der Themen und dadurch eine Bearbeitung. Die Strukturierung der Dissertation wird vollkommen eingehalten, auch die komplette Themenreihen- und Satzfolge. Die Dissertation wird interpretierend übersetzt.
Die Ausführungen Wollnys sind spannend und lesen sich fast wie ein Kriminalroman. Auch der kritische Bericht zu den Fantasien von Peter Schleunig 1971, sowie der kritische Bericht von Andreas Böhnert zu den Zwölf Polonaisen der Henleschen Ausgabe von 1993 wird bedacht, hauptsächlich aber Wollnys Dissertation bearbeitet.
Viele Interpreten (Rousset kann hier entschuldigt werden, da die CD schon einige Jahre alt ist, die anderen jedoch nicht), wie z.B. Anthony Spiri, auf den sich gar noch Kahmann bezieht, kümmern sich leider nicht darum, ob das jeweilige Stück, das sie unter dem Namen Friedemanns aufnehmen, überhaupt von Friedemann ist! So nahm Spiri noch die oben besagte Fantasie auf, und das in jüngster Zeit! Deswegen richtet sich das folgende Kapitel insbesondere an künftige Interpreten.
Das berühmte Friedemann-Bach-Portrait von Georg Friedrich Weitsch hat sich als ein Portrait eines Johann Christian Bach aus dem Jahre 1800 entpuppt. Dies teilte dem Autor das »Städtische Museum« in Braunschweig mit. Nun hat die Welt auch noch ein falsches Gesicht, das sie falscher Musik zuordnet, da dieses Bild auf den meisten Friedemann Bach CD´s zu finden ist!

3.2. Die Quellenlage nach Dr. Peter Wollnys Dissertation, fast ein Kriminalroman

Wie[616] oben erwähnt bildet die Dissertation Peter Wollnys den Gegenstand der Betrachtung. Es geht hier vor allem um die Seiten 17-63.
Wollny unterscheidet zwischen primären und sekundären Quellen. Gehen wir zuerst auf die primären Quellen ein, die Seiten 17-31 der Wollnyschen Dissertation. Es wird hierbei der Strukturierung Wollnys gefolgt:

3.2.1. (a) Primäre Quellen:

Die autographen Handschriften und ihre Herkunft Peter Wollny ist wahrscheinlich der erste Musikwissenschaftler gewesen, der die Monographie Friedemanns mit der Diskussion um die Quellen begann:

> »To begin a composer´s monograph with a discussion of the transmission and distribution of his works has not been customary for a very long time. Older publications – and Martin Falck´s in many respects outstanding study of 1911 is no exception here – are usually content with describing the status quo of the availlable sources and hardly touch on questions of their provenance[...]«[617]

Es wurde also selbst in Falcks Dissertation nur der status quo der erhältlichen Quellen beschrieben und kaum nach Herkunft und Zuverlässigkeit gefragt. Wollny geht sogar soweit zu sagen, daß man vom Studium des lokalen Bekanntheitsgrades der Werke zu einer bestimmten Zeit über die Reputation eines Komponisten und die Rezeption seiner Werke lernen und darüberhinaus sogar gelegentlich Probleme der Authentizität lösen könne.[618] Das sei aber nur möglich, wenn der Zuwachs an

Werken mehr gelte als quellenkritische Details.[619]
Die Überlieferung der Manuskripte, die einst Wilhelm Friedemann gehörten, besonders die aus dem Nachlaß des Vaters, würfen eines der schwierigsten Probleme der modernen Bach-Wissenschaft auf, so Peter Wollny in seiner Dissertation.[620] Da Wilhelm Friedemann in seinem letzten Lebensjahrzehnt immer wieder gezwungen gewesen sei, Handschriften zu verkaufen, um finanzielle Härten abzumildern, sei der Zustand der Musikbibliothek Friedemanns nicht in dem Zustand gewesen, wie der bei Carl Philipp Emanuel. Allerdings hätten scheinbar nur wenige Werke die Bibliothek Friedemanns vor dem Ableben des Vaters verlassen oder seien entschwunden. So erwähne der Bestandskatalog Carl Philipp Emanuels jedenfalls sechs Stücke des Bruders, wie eine diesem falsch zugeschriebene Allemande für zwei Claviere von Couperin.[621] Alle aufgelisteten Werke sind noch vor 1750 komponiert und kopiert worden, und seit dem Tod des Vaters 1750 haben beide Brüder, Wilhelm Friedemann und Carl Philipp Emanuel Bach, keinen regulären Kontakt mehr gehabt. Es sei durchaus möglich, daß C.P.E. Bach diese Stücke bereits sehr früh direkt von seinem Bruder oder als seinen Teil des väterlichen Nachlasses bekommen habe.[622] Als Friedemann noch in Halle war, habe er eine signifikante Anzahl von Manuskripten an den Oelsnitzer Kantor Johann Georg Nacke verkauft. Dieser Verkauf, der zwischen 1759 und 1762 stattgefunden haben muß, betrifft scheinbar nur Partituren von J.S. Bachs Choral – Kantaten Zyklus. Sicherlich sei Friedemann durch den Siebenjährigen Krieg dazu genötigt worden, da der Krieg die Stadt Halle besonders hart getroffen hatte und die Stadt wiederum enorme finanzielle Abgaben von ihren Einwohnern verlangte.[623] Daß Friedemann davon schwer betroffen gewesen sei, würde durch den (siehe oben) Brief vom 20. Oktober 1761 an das Konsistorium der Marienkirche demonstriert, in dem er um Befreiung von der Kriegssteuer und eine Gehaltserhöhung bittet.[624] Ob Friedemann bereits einige seiner Manuskripte verkauft hatte – wahrscheinlich in der Zeit zwischen 1764 und 1770, als er weiter in Halle ohne Anstellung lebte – sei schwer zu sagen. Jedenfalls würden zwei Sätze der originalen Stimmen seiner Kantaten darauf hinweisen. Denn beide St 170 (Fk 83) und St 474 (Fk 88) enthielten kleine Umschläge in einer anderen Handschrift als die Friedemanns, und für beide Umschläge habe der unbekannte Schreiber Papier der Cröllwitz Papiermühle benutzt, das ebenso in datierten Dokumenten zwischen 1765 und 1777 auftauche.[625]
Und so könne auch derselbe Schreiber in einigen Teilen einer zeitgenössischen Kopie (St 175/1-5) von Friedemanns Cembalokonzert in e-Moll (Fk 43)[626] aus der Mitte der 1760er Jahre gefunden werden, die auf sehr ähnlichem Papier geschrieben worden seien.[627] Da in allen diesen Manuskripten das besagte Papier benutzt wurde, liege die Vermutung nahe, daß eine Person aus der unmittelbaren Umgebung Friedemanns sie angefertigt habe, aber – wie aus St 175 ersichtlich – scheinbar nicht direkt als dessen Kopist beschäftig gewesen sei. Laut Wollny müsse man eher nach einem unabhängigen Musiker suchen, der seinen eigenen Pool von Kopisten zur Verfügung hatte.[628] Dieser Kopist könne nun mit der Hilfe des Manuskripts B-Bc, 27.143., einer Kopie C.P.E. Bachs Cembalokonzerts Wq33; H 443, identifiziert werden, wo er die Titelseite mit »Poss / L. F. Berger« unterzeichne. Leberecht Friedrich Berger war der jüngste Sohn des Halleschen Marienkantors Johann Christian Berger (1770-1771). Geboren zwischen 1740 und 1745 in Halle,

wurde er Organist an der lokalen Moritzkirche 1766, und am 3. März 1768 wurde er zum Organisten der Marienkirche gewählt, dieselbe Position, die Friedemann vier Jahre früher gekündigt hatte! Berger behielt diesen Posten bis zu seinem Selbstmord im Januar 1787.[629]

Wollny meint, so erlaubten Bergers Titelumschläge für St 170 und St 474 einige mögliche Rückschlüsse. Daß diese aus der Zeit stammten, nachdem Friedemann seine Stellung verlassen hatte und arbeitslos in Halle lebte, könnte bedeuten, daß er die Stimmen für diese Kantaten an Berger verkaufte: Denn er benötigte nach seiner Anstellung als Organist der Marienkirche sicherlich aufführbare Musik.[630] Jener Herr Berger selbst sei nach Ansicht Wollnys scheinbar kein sehr profilierter Komponist gewesen. Für einen Wettbewerb 1768 sei das einzige Stück, das er beizusteuern imstande gewesen sei, ein »Weihnachts-Stück« gewesen, das er im vorangegangenen Jahr komponiert habe. Weiter erwähnt sei ein »Oster-Stück«, an dem er zu dieser Zeit gearbeitet habe. Augenscheinlich kompromittiere dies seine Bemühungen als ein Kantatenkomponist.[631] Wir erinnern uns, daß das Amt mit dem Titel des Director Musices verbunden und man damit eben für Kantatenaufführungen verantwortlich war. Nach Wollny deute ein hinzugefügtes *forte* von Bergers Hand in der Stimme der Violine1 von St 474 (Seite 1, letzte Zeile) darauf hin, daß Fk 88 in der Tat von ihm aufgeführt worden sei.[632] So plausibel diese Hypothese auch scheine, würde sie voraussetzen, daß wenigstens St 170 von 1770-1780 seinen Weg nach Berlin gefunden hätte, wo es von Anonymus 306 (P 321/3) kopiert worden sei.[633] Eine andere Möglichkeit wäre, daß Friedemann nicht seine Stimmensätze verkauft, sondern Berger nur geliehen hätte. In diesem Falle hätte Friedemann diese wohl selbst nach Berlin mitgebracht, wo die Stimmen für Fk 83 dann Anon. 306 zugänglich gemacht wurden. Bevor dieses Problem aber gelöst werden könne, müsse man herausfinden, wo und von woher der spätere Besitzer Georg Poelchau St 170 und 474 erworben habe.[634]

Während seiner Jahre in Braunschweig (1771-1774) habe Friedemann einen anderen beträchtlichen Teil seiner Musikbibliothek verkauft, was durch seinen Brief an Johann Joachim Eschenburg vom 4. Juli 1778 (s.o.) und durch die Überlieferung einer Anzahl an wichtigen Bachquellen belegt sei. Der Brief ist im biographischen Teil abgedruckt, sei aber wegen des Sinnzusammenhangs noch einmal verkürzt dargestellt:

> *»[...] A Propós haben Ew: HochEdelgeb. Dero Musicalia verauctionirt? Meine Abreise aus Braunschweig war so eilfertig, dass ich keinen Catalogue von meinen hinterlassenen Musicalien und Büchern machen konnte, auf die Kunst der Fuge von meinem Vater und Quanzens Anweisung auf der Flöte kann ich mich noch besinnen, die anderen Kirchen Musiquen u. Jahrgänge wie auch Bücher haben Ew: HochEdelgeb. En honethomme aufgehoben, und mir versprochen mit Zuziehung eines Verständigen Musici sie lege auctionis in Geld zu versetzen. [...]«*[635]

Über diese Auktion sei laut Wollny nichts bekannt. Aber generell seien die »Kirchen Musiquen u. Jahrgänge« als die Kantatenzyklen identifiziert worden, die Friedemann vom Vater geerbt hatte, obwohl es auch dafür keine festen Beweise gäbe. Wollny berichtet weiter, tatsächlich seien alle originalen Partituren und Stimmen von J.S. Bachs Kantaten, die einst Friedemann gehörten, zum Zeitpunkt

seines Todes in Berlin gewesen! Und dies könne bedeuten – ausgenommen für den Verkauf an Nacke – daß Friedemann wirklich versuchte, sie alle zu behalten.[636]
Über das Repertoire, das er in Braunschweig veräußert habe, lasse sich nur spekulieren, wahrscheinlich habe er seine Kantatensammlung von Telemann verkauft.[637]
Abgesehen von der Eschenburg-Auktion in seinen Braunschweiger Jahren, habe Friedemann eine große Anzahl von Klavierwerken seines Vaters an den lokalen Organisten Carl Heinrich Ernst Müller verkauft.[638] Interessant ist, daß Johann Nikolaus Forkel, der in engem Kontakt zu Friedemann seit dessen Braunschweiger Jahren stand, offensichtlich niemals irgendwelche Autographe seiner Werke besessen habe![639] (s.o.) Forkel habe allerdings Zugang zu Friedemanns Musikbibliothek gehabt, sie aber nur zur Anfertigung eigener Kopien einiger weniger ausgewählten Werke genutzt. Wollny verweist hier auf Friedemanns Brief vom 1. Februar 1775[640], im biographischen Teil als Brief vom 5. Februar 1775 angeführt, und auf Forkels Brief an Hoffmeister & Kühnel vom 4. April 1803.[641]
Wollny meint, es müsse einen Grund geben für soviel Zurückhaltung eines Bach-Enthusiasten. Der Grund sei tatsächlich in einem Brief Forkels an die Leipziger Musikalienhändler Hoffmeister & Kühnel angedeutet:
Augenscheinlich habe Friedemann seine Manuskripte zu solch hohen Preisen verkauft, daß Forkel sie sich schwer habe leisten können, Friedemann habe auch hohe Gebühren für die bloße Erlaubnis zur Kopie verlangt.[642] Hierzu Forkels bereits erwähnter Brief vom 4. April 1803, Forkels Ausführungen über die Kantatenzyklen, *»[...]der ganze Jahrgang [...] wurde hernach aus Noth für 12 Thaler verkauft«*, könnten implizieren, daß Friedemanns Frau und Tochter wie einst Friedemann selbst gezwungen gewesen sein könnten, diese nach Friedemanns Tod zu verkaufen.[643]
Diese Annahme würde dann auch erklären, wie die meisten der Choral-Kantaten Partituren durch Carl Heinrich Philipp Pistor bei einer Auktion in Berlin kurz nach 1800 erworben werden konnten. Über Pistor und die Berliner Auktion siehe auch NBA I/14, KB 85.[644]
Die Verbreitung der Friedemannschen Autographe in den Jahren unmittelbar nach seinem Tode sei auf Berlin zentriert, dem Ort seines Lebensabends. Wollny unterscheidet hier vier Wege der Überlieferung[645]:

1. Eine der glühendsten Bewunderer der Musik der Bachfamilie und starke Unterstützerin Friedemann Bachs sei Sara Levy gewesen, Tochter des einflussreichen jüdischen Bankiers und »Hofjuden« Daniel Itzig. Sara habe bei Friedemann Klavierunterricht erhalten und eine wichtige Sammlung seiner Kompositionen, inklusive der letzten zwei Autographe, die bis 1945 in der Berliner Singakademie untergebracht waren (Ms. 1703 enthielt Fk 47-49 und Fk 39 und Ms. 1749 mit Fk 60-62) angehäuft.[646] Sie müsse diese Manuskripte entweder direkt von Friedemann oder von seiner Familie nach dessen Tode erworben haben. Im frühen ersten Jahrzehnt des 19. Jahrhunderts habe sie diese dann mit einer großen Anzahl ihrer Handschriftensammlung zusammen der Singakademie gespendet.

2. Wahrscheinlich sei die größte Sammlung Friedemannscher Autographe in der Singakademie, beschränkt auf eine kleine Anzahl von Vokalwerken (Fk 84,

88, 97 und 99) und fast alle seiner Klaviersonaten, zu finden gewesen. Wie genau diese Stücke in den Besitz der Berliner Singakademie kamen, sei aber immer noch unbekannt [Anm.dVerf. Es liegt hier der Kenntnißstand von 1993 vor, da das Bach Repetitorium2 zum Zeitpunkt dieser Arbeit noch nicht veröffentlicht und auch der Bestand der Singakdmie nicht voll ausgewertet worden ist.] Die Tatsache, daß das Autograph des Psalms »Dienet dem Herrn« Fk 84 mit einer Kopie von der Hand des Anon. 300 (Singakademie, Ms. 499) zusammengehalten wurde, könne bedeuten, daß einige der Quellen durch diesen unidentifizierten Berliner Kopisten überliefert worden waren.[647] Ob eines dieser Autographe für die Singakademie von deren Gründer Christian Friedrich Fasch oder ihres späteren Direktors Carl Friedrich Zelters erworben wurde, bleibe ebenfalls unbekannt.[648]

3. Der Anon. 300 sei eng mit dem Berliner Musiker S. Hering in Verbindung gewesen; dies würde durch die große Anzahl gemeinschaftlicher Kopien bestätigt. Wie die Titelseite seiner Generalbaßauszeichnungen anzeige (sein Vorname sei immer noch unbekannt), war Hering augenscheinlich Klavierlehrer von Graf Karl Friedrich von Voß (1755-1823).[649]Voßens enorme Musiksammlung sei wiederum von dessen Sohn Karl Otto Friedrich von Voß (1786-1864) geerbt und 1851 an die ehemalige Preußische Staatsbibliothek gespendet worden.[650] Die Voßsche Sammlung, die leicht mit drei zeitgenössischen Katalogen rekonstruiert werden könne, enthalte zwei Autographe Friedemanns: die originalen Stimmen seiner Kantate „Lasset uns ablegen" Fk 80 (St 172) und die Partitur des Cembalokonzertes in a-Moll Fk 45 (P 329/10). Entsprechend einer Notiz im frühesten Katalog, entstamme St 172 dem Nachlasse S. Herings.[651]Wollny sagt, es bliebe unklar, ob 329/10 früher einen Weg in die Voßsche Sammlung hätte.[652] Jedoch sei eine mögliche Lösung dieses Problems vom Herausgeber der Bach-Gesamtausgabe, Wilhelm Rust angeboten worden.[653] Rust habe von der Geschichte der Sammlung Karl Otto Friedrich Voß´, dem Jüngeren, gehört, mit dem er während seiner Berliner Jahre[654] bekannt gewesen sei und habe von diesem eine beträchtliche Anzahl an Handschriften, wie auch ein Cembalo gekauft, von dem ihm gesagt worden war, es habe Johann Sebastian Bach gehört. Wenn diese Information zutreffe, sei es wahrscheinlich, daß Voß der Ältere[655] das Autograph von Fk 43 direkt von Friedemann erhalten habe.

4. Die überwältigende Mehrheit der Kantaten Autographe sei heute in zwei Bänden versammelt, P 322 und P 323, die aus der Sammlung Georg Poelchaus stammen. Neben diesen enorm wichtigen Quellen besaß Poelchau auch original Stimmensätze der drei Kantaten Fk 93 (St 169), Fk 83 (St 170) und Fk 88 (St 474), wie auch andere Autographe von Instrumentalwerken (Fk 4, 7, 10, 29 und 65, heute zu finden in P 325 und P 329). Wie mit vielen Sachen aus Poelchaus sehr umfangreicher Musiksammlung sei es sehr schwierig, vollständig abschließende Informationen über das Schicksal der Friedemann Bach-Autographe zu erhalten, bevor diese in die Sammlung gelangten. Der einfache Grund dafür sei in der Tatsache zu finden, daß

Poelchau als ein professioneller Autographensammler agierte, der weit verstreute Kontakte zu Händlern und anderen Sammlern pflegte und oft ausgedehnte Reisen unternahm, um seltene und wertvolle Stücke in seinen Besitz zu bringen.[656]Während wir in der Lage seien, zu eruieren, wie große Teile seiner Sammlung bei einer Auktion der Firma von Johann Christoph Westphal & Co. in Hamburg (1799) und bei Auktionen privater Sammlungen wie der von Johann Nikolaus Forkel (Göttingen, 1819), Christian Friedrich Gottlieb Schwencke (Hamburg, 1824) und Caspar Siegfried Gähler (Altons, 1826) erstanden wurden, fehle uns bei vielen Teilen allerdings jeder Hinweis über seine früheren Besitzer.[657] So könne nur für ein einziges Instrumentalwerk der Poelchauschen Autographe die Herkunft mit einiger Sicherheit bestimmt werden. Augenscheinlich sei die Partitur Friedemanns von Fk 10, die ebenfalls die zwei von Fk 29 enthalte, von Carl Philipp Emanuel Bach besessen worden und bei der Auktion seiner Tochter Anna Carolina Philippina (1805), sei der Nachlaß versteigert worden, und Caspar Siegfried Gähler vor Poelchau in deren Besitz gelangt. Das Schicksal aller anderen Instrumentalwerke bleibe undurchsichtig. Das gleiche gelte für die meisten der Vokalwerke. Ein winziger Hinweis würde von einer ausradierten Bleichstiftnotiz auf der ersten Seite des ersten Stücks in P 321 erbracht, einer Partitur der Weihnachtskantate Fk 93, kopiert von Anon. 306; sie besage: *»Bezahlt mit 3 Thaler N. Kötschau / Mit Instr. U. Singst. Von des Componisten Hand.«* Die Notiz verweise auf St. 169, das, was ein vollständiger Vergleich zu erkennen gäbe, als Vorbild für die Partitur gedient habe.[658] Diese Signatur passe zu Johann Nicolaus Julius Kötschau (1788-1845), der zwischen 1813 und 1816 Friedemanns frühere Stellung als Organist und Director Musices an der Hallenseschen Marienkirche innegehabt hatte.[659] Wann und wo Kötschau diese Quellen erhalten habe, sei in einem Brief vom 24. August 1840 angedeutet: *»Die sämtlichen Bachschen Musicalien etc. habe ich im Jahre 1814 als ich in Halle angestellt wurde von dem damaligen sogenannten Clavier Bach [...] als ein heiliges Andenken aus besonderer Gunst bekommen [...]«*[660] Es ist also die Rede vom Hallischen Bach (s.o.). Wollny fährt fort, es könne sein, daß St 169 und P 321/1 nicht die einzigen Kompositionen von Friedemann waren, die Poelchau von Kötschau erhalten habe. In einem Brief notiere Kötschau, dass er niemals irgendeinen Gegenstand seiner Sammlung weggeben würde: *»[...]ich habe mich ehrlich verbindlich gemacht nichts von jenen Sachen bey meinem Leben zu verschenken, noch zu verkaufen; sterbe ich, so muß ich den sämtlichen Nachlaß abermal an einen Musiker, der ein besonderer Verehrer von Bach ist, ablassen, ohne dafür das Geringste zu nehmen.«*[661] Diese Hyphothese sei durch folgende Beobachtung gestützt: ein einzelnes – unidentifiziertes – Schreiben, den Incipiten, beide auf dem Titelblatt von St 169 und auf Bergers Titelblatt von St 170, hinzugefügt, lasse vermuten, daß diese beiden Quellen ein einziger Sammler besaß, sogar bevor Poelchau (und auch Kötschau?) diese erlangt habe.[662]

3.2.2. (b) Sekundäre Quellen:

Dieser Abschnitt behandelt die Seiten 32 bis 63. Weil es mehr Sekundärquellen als Primärquellen der Werke Friedemanns gibt, ist er der längere Abschnitt der

Wollnyschen Dissertation. Das Studium der Herkunft der Friedemannschen Autographe liefere in vielen Fällen interessante Einsichten in die Genese der privaten Handschriftensammlungen im frühen 19. Jahrhundert, und manchmal fördere sie wichtige biographische Hinweise zutage. Sicherlich sei dies nicht die Art, ein komplettes und verläßliches Bild der Verbreitung und Rezeption seines Oeuvres zu erhalten, solche Belange wären besser durch einen Blick auf die Überlieferung sekundärer Quellen zu erreichen.[663] In der folgenden Diskussion differenziere er [Wollny] zwischen professionellen Musikalienhändlern auf der einen und privaten Sammlern und Bewunderern Friedemannscher Musik auf der anderen Seite. Auch böte er einige generelle methodologische Informationen, individuelle Herkünfte der Autographe aufzuspüren.[664]

3.2.2.1. (a) Professionelle Musikalienhändler

Zunächst beschreibt Wollny die Herkunft, den Vertrieb und den Verbleib von Sekundärquellen durch professionelle Musikalienhändler. Im 18. Jahrhundert sei die meistbekannte Musikalienhandlung Deutschlands die des Johann Gottlob Immanuel Breitkopf in Leipzig gewesen. Es sei generell bekannt, daß Breitkopf nicht nur Verleger einer großen Anzahl von Kompositionen und theoretischer Schriften über Musik war, sondern auch eine enorme Sammlung an unveröffentlichten Werken auf Lager hatte.[665] Aus den häufig veröffentlichten Verlagskatalogen[666] auswählend, haben Breitkopfs ihre eigenen Handschriftenkopien dieser Stücke in Auftrag geben können (verkäufliche Kopien), die von den firmeneigenen professionellen Notenschreibern hergestellt wurden. Die Stammhandschriften dieser unveröffentlichten Werke seien natürlich nicht verkauft worden, sondern in den Breitkopfschen Archiven verblieben.[667]
Breitkopfs Sammlung der Werke von Friedemann Bach sei allerdings nie sehr groß gewesen. In frühen Katalogen (1760-1764) habe Bereitkopf hauptsächlich Kammermusik angeboten: das Konzert für zwei Cembali Fk 10, sowie die drei verlorenen Flötensonaten Fk 51-53, der Triosonate Fk 50 und der Sinfonie Fk 71. Sehr wahrscheinlich seien alle diese Werke noch durch Friedemann selbst in Breitkopfs Sammlung gekommen.[668] Beweise dafür existierten indessen nur im Falle der Triosonate Fk 50. Hier verweist Wollny auf den Brief Friedemanns an Johann Gottlob Immanuel, vom 27. Mai 1774:

> *»In währenden Kriege [=dem Siebenjährigen Krieg 1756 – 1763] communicirte ich Ew: HochEdelgeb. Ein Trio von zwey violini aus dem B., welches auch damahls mit H. Schneiders un es ietzigen Merseburg. Cantoris Begleitung in dero Zimmer probierte. Die Partitur davon ist mir von Händen gekommen; Ew. Hochedelgeb. ersuche also hierdurch ergebenst mir solches wiedrum in Partitur zu überschicken entweder im Druck oder Manuskript [sic].«*[669]

Dieser Brief sei mittlerweile übrigens Bestandteil der Cary-Sammlung an der Pierpont Morgan Library.[670]
Um die gleiche Zeit habe Breitkopf eine Kopie der Klaviersonate Fk 6 erhalten, die im thematischen Katalog von 1763 fälschlicherweise dem Dresdner Kapellmeister

Johann Adolf Hasse zugewiesen worden sei.[671] Wie mit den meisten Titeln des früheren Breitkopfschen Katalogs hätten für keines dieser Werke die originalen Reinschriften oder Kopiervorlagen überlebt, und nur für Fk 10 und Fk 12 könne man die für den Verkauf hergestellten Kopien zurückverfolgen;[672] es sei auch nicht klar, in welchem Grade die Werke in ihrer Zeit verstreut oder verbreitet waren. 1774 habe Breitkopf seiner Sammlung der Werke Friedemanns die Polonaisen Fk 12 hinzugefügt. Da seine Quellen das Originalset von zwölf Stücken mit zwei gefälschten Werken kombiniere, könne er die Polonaisen nicht direkt vom Komponisten erhalten haben. Wieder sei die originale Kopiervorlage verschwunden und es sei nicht möglich, irgendwelche Aussagen über ihre Herkunft und Geschichte zu machen.

Eine überraschend reiche Sammlung der Werke Friedemanns sei von der Firma Johann Christoph Westphal[673] & Co. in Hamburg angeboten worden. Westphal habe nicht nur gedruckte Werke verkauft, sondern habe seit Gründung seiner Firma eine reiche und vielgestaltige Sammlung unpublizierter Musik erwirtschaftet. Westphal habe genauso wie Breitkopf Manuskriptkopien angeboten. Nach eigener Ansicht sei Westphal ein Dilettant gewesen, doch habe er mannigfaltige Verbindungen zu Musikern in Deutschland gehabt, die ihm ihre Kopien seltener Instrumental- und Vokalmusik verkauften.[674] Dies würde von einer Notiz angezeigt, die in den meisten seiner frühen Kataloge erscheine:

> *»Aller Anfang ist schwer, und noch mehr ein solcher, wie dieser, darin man als Liebhaber nicht völlige Kenntnisse hat. Indessen wird unser Fleis und Sorgfalt, mit Verwendung möglichster Kosten ferner dahin gehen, dass noch Fehlende in diesem Fache, so weit es die Kräfte, Einsichten und andere Handels-geschäfte erlauben, so viel als immer thunlich, von Zeit zu Zeit zu ergänzen und vollständiger zu machen. Den Freunden, die so verschiedentliche Beyträge solcher Manuskripte mitgetheilet, um schöne Werke gemeinnütziger zu machen, statten wir hiemit den verpflichtesten Dank dafür ab.«*[675]

So sei es laut Wollny nicht überraschend, daß der Westphalsche Katalog eine große Anzahl an vollkommen falsch zugewiesenen Werken enthalte.[676] Was die Werke Friedemanns betreffe, so müsse Westphal die Hilfe eines Spezialisten in Anspruch genommen haben: Alle Fehler, die der Katalog von 1776 enthalte, seien in den folgenden Katalogen berichtigt worden.[677]

Westphals Sammlung der Werke Friedemann Bachs enthalte hauptsächlich Musik für Tasteninstrumente – einschließlich mehrerer Sonaten und Fugen, die zwei unbegleiteten Konzerte Fk 10 und Fk 40 und zwei der Konzerte für Cembalo und Streicher (Fk 41 und Fk 43) – aber auch eine Kopie der Adventskantate Fk80. So sei mit Hilfe der detaillierten Beschreibungen in den Katalogen relativ einfach herauszufinden, woher die Manuskripte stammten oder welche die Westphalsche Firma besaß. Jede der Westphalschen Kopiervorlagen zeige in der unteren rechten Ecke ihrer Titelseite den Preis, der für eine Verkaufskopie berechnet worden war. Wie in den Katalogen sei der Preis in Mark Banco[678] und Schilling angegeben, für die eine charakteristische Abkürzung benutzt würde. Mit Hilfe dieser ausgeprägten Zeichen seien wir in der Lage, die folgenden Manuskripte als Kopievorlagen zu identifizieren.[679]

Wollny erstellt folgende Auflistung: »

1. P 930 (Fk 40A)

2. St 173 (Fk 41)

3. St 175/ 1-5 (Fk 43)

4. US-CA, fMS Mus 62.6(2-4) (Fk 6C, Wq 65/12; H 23, Fk 1B)«[680]

Westphals Kopiervorlagen seien manchmal von dessen eigenen Kopisten angefertigt worden; daraus könne man laut Wollny schließen, daß er selbst seine Exemplare nur ausgeliehen hatte.[681] Nur dann, wenn er gerade seine Kopiervorlagen erworben hatte, hätten wir überhaupt eine Chance, deren Ursprung zurückzuverfolgen.[682] Wollny führt an, typische Verkaufskopien des Westphalschen Ladens seien z.B. der Solo-Cembalo Part von Fk 43 (St 175/6). Diese sei früher in Besitz des St. Petersburger Klaviervirtuosen Johann Gottfried Wilhelm Palschau (1741?-1813) gewesen und würde heute zusammen mit der korrespondierenden Kopiervorlage aufbewahrt, genau wie zwei identische Partituren von Fk 80 (A-Wn, S.m. 22885, und D-SW1, Mus. 946 A/1).[683] Westphal habe eine große Anzahl an Manuskripten J.S. Bachs vom Kellner Kreis in Thüringen erhalten.[684] Nach Wollny könne eine vergleichbare Herkunft für seine Kopie des Cembalo Konzerts Fk 41 (St 173) mit seinem Thüringer Wasserzeichen angenommen werden: a) Buchstabe A mit Kleeblatt, b) Monogramm JMS, obwohl der Schreiber unbekannt bleibe. Westphals Kopiervorlage des Cembalo Konzerts Fk 43 war hauptsächlich vom Hallenser Organisten Lebrecht kopiert worden. Dieses Stück erscheine zuerst in Westphals Katalog von 1782, fünf Jahre vor Bergers Tod. Wollny[685] konstatiert, anstatt das Stück von Bergers Nachlaß gekauft, müsse er es von ihm im direkten, persönlichen Kontakt erhalten haben.[686] Ob Berger Westphal auch andere Kompositionen angeboten hatte, sei ebenfalls unbekannt.
Die beiden Verkaufskopien der Friedemannschen Adventskantate Fk 80 überlieferten das Stück in seiner letzten Fassung, wahrscheinlich aus der Zeit nach 1768 datierend. Dieser Katalog enthalte eine signifikante Anzahl an Kompositionen des Wolfenbütteler Organisten Johann Friedrich Hobein.[687] Seitdem am 3. Oktober 1773 Friedemann an Hobeins Kirche ein Orgelrecital gespielt habe, könnten wir sicher sein, daß die beiden sich kannten. Man dürfe auch darüber spekulieren, ob zwischen 1771 und 1773 eine Aufführung von Fk 80 in der Wolffenbütteler Stadtkirche stattgefunden habe.
Nach Westphals Tod 1799 sei seine Firma aufgelöst und die Manuskripte in einer Auktion verkauft worden. Bei dieser Gelegenheit seien viele Artikel in den Besitz von Johann Nikolaus Forkel und Georg Poelschau gekommen.[688]Andere Teile der Lagerbestände seien in den Besitz von Westphals Sohn Johann Christian gelangt. Der spätere Bestand sei 1830 versteigert und unter anderem von Karl Otto Friedrich von Voß ersteigert worden.[689]
Nun kommt Wollny auf die Beziehung von Friedemann und Johann Wilhelm Häßler zu sprechen:
Andere Musikalienhändler im späten 18. Jahrhundert wie Johann Wilhelm Häßler in Erfurt, Johann Carl Friedrich Rellstab in Berlin und Johann Träg in Wien boten – was man als solches habe betrachten können – ein »Standardrepertoire«

von Werken Friedemanns an, das die gedruckte Sonate Fk 3, das Konzert für zwei Cembali Fk 10, die Zwölf Polonaisen Fk 12 und die acht Fugen Fk 31 beinhaltet habe.[690] Das aber erkläre die enorme Verbreitung dieser wenigen Werke in den Quellen aus dem späten 18. und frühen 19. Jahrhundert.[691]

Die Tatsache, daß Friedemanns Werke in Wien erhältlich waren, verleitet den Autor der vorliegenden Studie zu der These, daß auch Beethoven diese Werke kennengelernt haben könnte. Wollny äußert sich hierzu jedoch nicht. Eine Verbindung zwischen all den existierenden Quellen von Fk 3, Fk 10, Fk 12 und Fk 31 mit Ankündigungen oder Veröffentlichungen in den Katalogen herzustellen, bleibe eine künftige Arbeit quellenkritischer Forschung. Es könne hier nur hervorgehoben werden, daß die generelle Wertschätzung Friedemannscher Musik um 1800 hauptsächlich durch die oben genannten Stücke bestimmt gewesen sei.[692]

3.2.2.2. (b) Private Sammler um 1750

Nun kommt Wollny auf die privaten Sammler zu sprechen:[693]

Wie bei Emanuel, so seien auch bei Friedemann zeitgenössische Dokumente, die die Rezeption Friedemannscher Musik während der frühen Jahre seiner Karriere zum Gegenstand haben, außerordentlich gering; daher sei die Frage, wie seine kompositorischen Erfolge bewertet worden waren, fast unmöglich zu beantworten. Betrachte man die Stellungnahme Johann Georg Pisendels aus dem Jahre 1750 – *»Wer der alte Bach geweßen weiß ich wohl, aber auch daß seine Söhne außer dem in Berlin, der auch sehr gut, ihm nicht das Wasser reichen «* – so erscheine es einem, daß die Friedemannsche Musik nicht gut angenommen wurde.[694]

Man würde allerdings zu einer ausgewogeneren Beurteilung kommen, wenn man die Verbreitung seiner Handschriften um 1750 bedenke. Bemerkenswert sei jedoch, daß es meistens Musiker der Generation der Bach-Söhne und -Studenten seien, die sich als erste für Friedemanns Musik interessierten.[695] Und so seien seine frühesten Klavierkompositonen in den 1740er und 1750er Jahren von Studenten J.S. Bachs kopiert worden, wie Gottfried August Homilius, Johann Gottfried Müthel[696], Johann Friedrich Agricola und Johann Christoph Altnickol, wie auch von einem weiteren Musikerkreis von Altnickols Nachfolger, Johann Friedrich Gräber in Naumburg.[697]

Die Brüsseler Konservatoriumsbibliothek besitze eine unbekannte Kopie des Klavierkonzertes in d-Moll Fk 41 (B-Bc, 11600) aus der Sammlung des Marburger Physikers und Handschriftensammlers Guido Richard Wagener.[698] Die Handschrift könne als Handschrift des Bach Studenten Johann Friedrich Agricola identifiziert werden und mit Hilfe der Studie von Alfred Dürr[699], der die Chronologie der Agricola-Kopien untersuchte, sei die Datierung auf die Zeit um 1741 möglich. Die Besitzer in der Zeit zwischen Agricola und Wagener seien weiterhin unbekannt. Ein kleiner Hinweis sei laut Wollny in der Tatsache gegeben, daß die Zuordung zu W.F. Bach auf der Titelseite der Partitur in Berlin von Anon. 306. geschrieben worden sei. Berücksichtige man laut Wollny die Biographie Agricolas, sei es sehr wahrscheinlich, daß er Fk 41 kopierte, noch bevor er nach Berlin im Frühjahr 1741 umzog. Wahrscheinlich habe sich Agricola Fk 41 kopiert, als er im gleichen Jahr zu Ostern Dresden besucht habe.[700] Seine Kopie sei einzigartig, nicht

nur weil sie den Zeitpunkt sicher bestimmen könne, vor dem die Kopie getätigt worden sein muß: Anders als seine partielle Kopie der ersten Teile des »Wohltemperierten Klaviers« (P 202) und seiner Kopie von Fk 26 (in P 226)[701], die für J.S. Bachs Musikbibliothek bestimmt gewesen sei, müsse er Fk 41 für seinen persönlichen Gebrauch angefertigt haben. Dieses Werk gehöre sicherlich zu den ersten Werken Friedemanns, die ihren Weg nach Berlin gefunden hätten und in Agricolas privatem musikalischem Zirkel aufgeführt worden sein müssen.[702] Auch habe Agricolas Interesse an der Musik Friedemanns nicht nachgelassen, nachdem er den Familienkreis verlassen hatte und nach Berlin umgezogen war, eine große Anzahl späterer Kopien aus seiner Hand beweise nämlich, daß er den Kontakt zu Friedemann aufrecht erhalten habe.[703]Tatsächlich muss er Friedemann bei dessem Umzug nach Berlin im Frühjahr 1774 behilflich gewesen sein.
Das hochvirtuose Konzert Fk 41, von dem ebenfalls Kopien von Altnickol und Kittel[704] existieren, muß ein beliebtes Stück der Bach-Schüler gewesen sein.[705] Wollny konstatiert aber, daß die Verbreitung der Werke Friedemann in Berlin um 1740 nicht alleine von Agricola herrühre, denn immerhin war Carl Philipp Emanuel zu jener Zeit Cembalist am Hofe Friedrichs II. Auch könnten vermutlich Werke Friedemanns durch C.P.E. Bachs Schüler Christoph Nichelmann und den enthusiastischen Bewunderer der Bach-Söhne Friedrich Wilhelm Marpug verbreitet worden sein.[706] So seien seit Mitte der vierziger Jahre die Kontakte Friedemanns in und mit der preußischen Hauptstadt bereits gut etabliert gewesen: Im Jahre 1745 habe er sein erstes veröffentlichtes Opus, die Sonate Fk 3, dem königlichen Geheimrat Georg Ernst Stahl[707] und 1748 sein zweites Opus dem preußischen Minister Franz Wilhelm von Happe gewidmet.[708] Außerdem hätten Friedemanns eigene Besuche in Berlin weitere Kompositionen in die Stadt gebracht. Wollny verweist zudem auf eine Sammlung von Klaviermusik aus dem 18. Jahrhundert, die bis dato unbekannt und nicht untersucht worden war, die neben anderer Musik auch ein paar Werke Friedemanns enthalte.[709] GB-Lbl, Add. Ms. 32072 bestehe aus 108 Blättern und sei vom Britischen Museum durch den deutschstämmigen Geiger und früheren Studenten August Eduard Grells, Carli Zöller, zusammen mit anderen wertvollen Stücken erworben worden.[710] Der Band enthalte eine große Anzahl an Klavierarrangements von Ouvertüren populärer Opern von Johann Adolf Hasse und Carl Heinrich Graun, einige Solostellen eines Cembalokonzertes von Graun, eine Anzahl an Sonaten von Hasse und Christoph Schaffrath, sowie eine fragmentarische Kopie von Friedemanns Sonate Fk 5. Am interessantesten sei ein kleiner Faszikel auf vier Blättern (ff. 84-87), der die folgenden vier Werke enthalte[711]: »
1. Reurille del Sigl : Bach [Fk 26]
2. Imitatio de la Chasse del Sigl. Bach [Fk 27]
3. Partita notturna del Sigl: Hasse
Andante, Bouree, Marsch und Menuett.
4. Fantasia di Bach [BWV 906]«[712]
Die Schrift des Faszikels sei die gleiche wie die der gesamten Sammlung und könne als f. 84r mit „CTRichter" identifiziert werden. Das könne nur Carl Theophilius (=Karl Gottlieb) Richter (1782-1809) sein, der der Klavierlehrer Johann Friedrich Reichardts und E.T.A. Hoffmanns gewesen sei. Bedenke man das Alter Richters und die Daten der Opern, die er hier arrangierte, so könnte dieser Band zwischen Mitte der 1740er und Mitte der 1750er Jahre entstanden sein.[713] Wollny

ist der Ansicht, daß der Faszikel, der Fk 26 und 27 beinhalte, zum frühesten Abschnitt gehöre, beurteile man die Entwicklung der Handschrift Richters. Weiterhin berichtet er, daß die Tatsache, daß Johann Sebastian Bachs Fantasie in c-Moll zusammen mit zwei gleich virtuosen Stücken des ältesten Sohnes zusammen erscheine, Rückschlüsse über den historischen Kontext der drei Stücke ziehen lasse, denn J.S. Bachs Fantasie sei wahrscheinlich eines seiner modernsten Werke. Es bleibe weiterhin unbekannt, wie Richter Zugang zu diesen Stücken bekommen habe, allerdings würde unser Bild von der frühen Verbreitung der Werke Friedemanns und Sebastians in Berlin wesentlich bereichert.[714]
Wollny denkt auch, daß die Schüler W.F. Bachs ihren großen Teil zur Verbreitung seiner Werke beigetragen haben. Allerdings sei darüber nur wenig bekannt. So heiße es auf einer Notiz in P 847, die die sieben Choralvorspiele Fk 38 enthalte:

> *»Friedemann Bach [...] schrieb diese Choräle als Muster für einen seiner Schüler.«*[715]

Doch sei nicht zu eruieren, woher die Quellen für Fk 38 herstammten, auch könne dic Identität dieses Studenten nicht geklärt werden. Wollny listet anschließend die Studenten chronologisch auf[716]:

1. Studenten der Leipziger Jahre:
   Christoph Nichelmann (1717-1762)[717]
   Aus den Dresdner Jahren:
   Johann Gottlieb Goldberg (1727-1756)[718]

2. Aus den Hallenser Jahren:
   Johann Karl Angerstein (1744-1815), dieser inscribierte sich an der Hallenser Universität (1762)[719]
   Johann Christian Bach (1743-1798)[720]
   Samuel Friedrich Brede (1736-1798)[721]
   Johann Friedrich Kleinhans?[722]
   Johann Samuel Petri (1738-1808), inscribierte sich an der Hallenser Universität von 1760-1763[723]
   Friedrich Wilhelm Rust (1739-1796), inscribierte sich an der Hallenser Universität von 1758-1762[724]
   Christian Lebrecht Zimmermann (1733-1799)[725]

3. Aus den Berliner Jahren:
   Sara Levy, geb. Itzig (1761-1854)[726]

Zur Zeit der Dissertation Wollnys habe man nur Informationen über die Musiksammlungen zweier Schüler Friedemanns gehabt, nämlich Friedrich Wilhelm Rust und Sara Levy.[727] Vier Manuskripte aus Rusts Sammlung (P 1185=Fk 12, P 1205=Fk 32, St 330=Fk 44 und St 331=Fk 10, diese Manuskripte wurden von der Preußischen Staatsbibliothek 1935 von der Firma Leo Liepmanssohns, die aufgelöst wurde, erworben) bürgen ein interessantes Problem: Während nämlich zwei davon P 1205 und St 331 von Rust in seinen Hallenser Jahren selbst abgeschrieben worden wären, seien die anderen beiden von unidentifizierbaren Kopisten zu einem späteren Zeitpunkt angefertigt worden. Genauso komplex sei die Situation mit der Handschriftensammlung Sara Levys, die eine enorme Anzahl wichtiger Autographe besessen habe, die sie kurz vor oder nach Friedemanns Tode erworben haben müsse.[728] Die anderen Autographe, die sie besessen habe, seien meistenteils vom vorher Anonymus 19 benannten professionellen Kopisten angefertigt worden. Wie dessen Kopien der Fugen Fk 31 vermuten ließen, müßten sie direkt nach den Autographen getätigt worden sein, denn die drei Kopien von Fk 31 (P 687; B-Bc, 12109; und GB-Lrcm, Ms. 2000) seien identisch mit dem Autograph B-Bc, 25905 und manchmal übermittelten sie sogar die Lesarten vor der Korrektur als Varianten.[729] Zusätzlich zu diesen höchst zuverlässigen Quellen müsse Sarah Levy Manuskripte anderer Herkunft erworben haben, wie eine Nummer falsch zugewiesener Werke demonstriere. [730] So sagt Wollny, daß ihre Sammlung auch deswegen ein besonderer Fall sei, weil sie doch einerseits eine Sammlung einer Studentin Friedemanns sei und damit Werke oder deren frühere Versionen enthalte, die nicht weit verbreitet und gewöhnlich nicht in anderen Sammlungen enthalten gewesen wären. Auch habe sie sich noch nach dessem Tode weiterhin für seine Musik interessiert und Werke erworben, die leichter erhältlich gewesen waren. Andererseits gewähre ihre Sammlung uns einen Einblick in die Rezeption der Werke Friedemanns um 1800. [731]

3.2.2.3. (c) Private Sammler um 1800

Wollny kommt in der Auswertung der Kataloge des späten 18. Jahrhunderts zum Schluß[732], daß die Rezeption von Friedemanns Musik um 1800 hauptsächlich von seinen Klavierwerken bestimmt gewesen sei. Seine Kammermusik und Orchesterwerke seien in der Zahl zu wenig und zu rar gewesen, um sich einer weiten Verbreitung zu erfreuen.[733] Das gesamte Vokalwerk sei mit der Zeit in Vergessenheit geraten. Aber das weiter anhaltende Interesse an seinen Klavierwerken sei in einer großen Anzahl an Manuskriptkopien seiner Werke abzulesen, die im Umlauf waren. Der Wiener Pianist Joseph Fischhof (1804-1857) habe zum Beispiel Kopien der Werke der D-Dur Sonate Fk 3, der Poloniasen Fk 12 und der Fugen Fk 31 besessen.[734] Während eine Anzahl seiner Quellen Wiener Herkunft gewesen sei, habe er einige Stücke, darunter das in seiner Echtheit zweifelhafte Trio in B-Dur Fk, p.12, unsicher f), von der Sammlung seines Freundes Franz Hauser kopiert. Ein vergleichbar wichtiges, aber unglücklicherweise verlorenes Manuskript müsse Muzio Clementi besessen haben, denn dessen Interesse an der Musik der Bachfamilie und insbesondere der Musik Friedemanns sei im dritten Band seiner »Practical Harmony« belegt.[735] Dessen Auswahl an Stücken sei nach Wollny in vielerlei Hinsicht bemerkenswert. Denn Clementi habe erreicht, was weder Forkel noch Griepenkerl in Deutschland schafften: nämlich nicht nur eine repräsentative Anzahl an Friedemannscher Klaviermusik zu veröffentlichen, sondern er bekam auch Zugang zu den seltenen autographen Fassungen von Fk 12 und Fk 31. Clementi habe noch die Fantasie Fk 19 beigefügt, die zum damaligen Zeitpunkt nicht verbreitet gewesen sei und heute nur in zwei Manuskriptkopien (P 702 und B-Bc, 12141) zurückverfolgt werden kann.[736] Infolge des Verlusts der Druckvorlagen Clementis sei es unsicher, wo und wann er diese drei Stücke erworben habe. Es würde laut Wollny einiges dafür sprechen, daß er diese durch seine Frau Caroline Lehmann, der Tochter des Berliner Musikers Johann Georg Gottfried Lehmann erhalten habe. Laut einiger Dokumente des späten 18. und frühen 19. Jahrhunderts sei es sehr schwer gewesen, Werke Friedemanns abseits des Standardrepertoires zu erhalten. Dies bestätige auch den Eindruck, den man durch das Studium der zeitgenössischen Sammlungen und Verkaufskataloge erhalte; das würde auch durch die Sammlung Forkels bestätigt.[737] Denn wie im oben zitierten Brief Friedemanns vom 1. Februar 1775 dargelegt, hat Forkel sich die Werke nur kopieren dürfen und keine Originale besessen; hier ging es um eines der Cembalokonzerte, das er Forkel zum Kopieren gegen Gebühr geliehen hat.[738] Forkel habe auch nur sehr wenige Werke von Friedemann persönlich erhalten und sich an C.P.E. Bach gehalten, der ihm Zugang zu Werken wie dem Konzert für zwei Cembali F-Dur Fk 10 verschafft habe. Forkel habe durch ein Angebot Westphals seine Sammlung um drei Sonaten vergrößert, von denen eine falsch zugeordnet sei (Fk 1B, Fk 6B und Wq 65\12; H 23).[739] Während alle diese Quellen den Erfolg der Suche Forkels darstellten, sei es einer zufälligen Begebenheit zu verdanken, daß er die Kopien der zwei Fantasien Fk 15 und Fk 16 von Ulrich Georg Behr erhalten habe. Wollny erklärt, daß diese Fälle die Verbreitung der Werke Friedemanns um 1800 charakterisierten. Es sei signifikant, daß es sehr schnell nach seinem Tode immer schwieriger wurde, authentische Werke Friedemanns zu erhalten. Dies würde dann besonders klar, wenn man die Sammlungen von Sara Levy, Forkel und Griepenkerl vergleiche.[740]

Fassen wir zusammen:
In der frühen Phase seines Schaffens wurden die Stücke durch seine Schüler und durch J.S. Bachs Schüler in Leipzig kopiert und verbreitet. In den Jahren nach der Aufgabe des Amtes verkauft Friedemann erstmals Autographe. Nach seinem Tod verkauft die Familie aus der Not heraus die letzten Handschriften. Urquellen der Autographe Friedemanns sind Friedemann selbst und sein Bruder C.P.E. Bach. Die Autographe werden zunächst durch private Sammler und parallel von professionellen Musikalienhändlern erworben. Durch Auktionen und Auflösungen der Musikalienhandlungen gehen Bestände auch wieder in die Hand von privaten Sammlern über.

Primärquellen

Wilhelm Friedemann Bach und C.P.E. Bach:
W.F. veräußert Handschriften:
1759 - 1762

↓

an Johann Georg Nacke (Partituren des Choral - Kantatenzyklus von J.S. Bach)
1768 - 1770 kopiert sich Leberecht Friedrich Berger Fk 43, Fk 83, Fk 88
Friedemann verkauft

↓ ↓

an Karl Friedrich von Voß Fk 43, Fk 45 und Fk 80

↓

St 170 und 474 werden in Berlin von Anon. 306 (P 321/3) kopiert

↓

Anon. 300 kopiert St. 172, Anon. 300 stand mit S. Hering in Verbindung, der der Klavierlehrer des Grafen Karl Friedrich von Voß war↑
1774: Forkel erhält sechs Stücke Friedemanns von C.P.E. Bach

↓

Auktion in Braunschweig 1778 durch Joachim von Eschenburg: Veräußerung von Klavierwerken des Vaters und Telemannkantaten

↓

Johann Christoph Westphal & Co wird 1799 aufgelöst

↓

Georg Friedrich Poelchau erwirbt vom Hallenser Organisten Kötschau Fk 93 (St. 169), bei der Auflösung der Westphalschen Firma ↓
weitere Werke, später besitzt er Fk 4, 7, 10, 29 und 65, Fk 83 (St 170) und Fk 88 (St 474), Forkel und Johann Christian Westphal erwerben ebenfalls einige Werke bei der Firmenauflösung

↓

1830 wird der spätere Bestand von Karl Otto Friedrich von Voß ersteigert

↓

Friedemanns Kantatenzyklen werden kurz nach 1800
von Carl Heinrich Philipp Pistor in Berlin ersteigert

↓

die Berliner Singakademie erhält Fk 84 in einer Kopie des Anon. 300
Sara Levy erhält Ms. 1703 und Ms. 1749, später geht ihr Nachlaß in die Singakademie über ↑

↓

Friedrich Konrad Griepenkerl kauft Handschriften auf Auktionen aus dem Besitze Forkels, darunter Friedemanns „Betrugsversuch“ BWV 596

Der Autor der vorliegenden Studie hofft, den von Wollny exzessiv recherchierten und besprochenen, überaus komplizierten Sachverhalt einigermaßen durch diese kurze Skizze dargestellt zu haben.

3.2.3. Zur Authentizität

Es ist in der Tat sehr schwer, dem gesamten Verlauf der vielen Fehlzuweisungen von Werken, die Friedemann zugeschrieben werden, zu folgen. Im nächsten Kapitel geht Wollny deswegen auf die Authentizität einzelner Kompositionen ein. Es verhalte sich so, daß die Legendenbildung um Friedemann in dem Maße zunehme, wie die originalen Kompositionen in der ersten Hälfte des 19. Jahrhunderts seltener geworden waren, was dann im Brachvogel-Buch schließlich kulminierte.[741] Parallel zu dieser Entwicklung verlaufe die große Anzahl an Fehlzuschreibungen. Wollny spricht hier auch das bereits oben im biographischen Teil angeführte Problem der Betitelung von Werken seines Vaters mit dem eigenen Namen und umgekehrt an. Das Problem der Authentizität sei erstmals von Friedrich Konrad Griepenkerl, einem Studenten Forkels, in einem Breif an Siegfried Wilhelm Dehn vom 2. Februar 1849 beschrieben [man muß sich einmal den zeitlichen Abstand klarmachen; wir sind hier im Todesjahr Chopins, Wagner komponiert den Lohengrin usw.]:

> *»Die unzweifelhaft ächten und völlig würdigen Compositionen von W.F. Bach, die er sich nicht von den Verlegern in Berlin, wo er zuletzt in Armuth lebte, hat aufgeben lassen – sind schwer zu finden, noch schwerer aus dem Wuste ihm zugeschriebener elender Sachen herauszusuchen.«*[742]

Griepenkerl bezöge sich hier auf Werke Friedemanns, die er vom Beverstedter Dekan Wiedemann bekommen hatte. Dieser habe in seiner Sammlung eine reiche Anzahl zweifellos falscher Werke besessen, und der Verdacht ließe sich nicht ausräumen, daß diese Fehlzuweisungen eher von Betrug als von Inkompetenz herrührten.[743] So könnten fünf fälschlicherweise Friedemann zugewiesene Werke aus dem Besitz Wiedemanns, die aufgrund der wechselnden Initialen mehrere Besitzer gehabt haben müßten, bestimmt werden. So sei P 883, *I Fantasia VI Sonate & Arietta con Variazioni per il Cembalo von Wilh. Friedemann Bach, poss. E.H. Wiedemann*, als eine originale anonyme Kopie von Johann Wilhelm Häßlers Sechs Sonaten mit einer vorausgesetzten Fantasie, Leipzig: Schwickert, 1776, identifiziert worden.[744] Diese enthalte Stücke, die auch in einer Kölner Sammlung »Kleinigkeiten für das Klavizimbel oder Pianoforte von W.F. Bach« vorkämen.[745] Hier haben wir also wieder die Zuordnung Häßler\ Friedemann. Falck geht in seiner Dissertation auf das Problem ebenfalls ein: Auf den S.84-85 schreibt er, daß von 115 Stücken vermutlich nicht ein einziges von Friedemann Bach stamme! So sei beispielsweise in der ersten Folge der schwereren Stücke Hompeschs Ausgabe Nr.1 und 2 aus Häßlers »Klavier- und Singstücken verschiedener Art«, Erfurt 1782, Nr.15. Das *Allegro con Var.* sei der dritte Satz der 5. Sonate aus Häßlers 6 Sonaten fürs Klavier, Leipzig 1776.[746] Man kann Falcks Ausführungen so verstehen, daß dies eine bewußte Täuschung Hompeschs sei, um Häßlers Werke herausgeben zu können. Der Name W.F. Bach diente sozusagen als »Zugpferd« für einen erfolgreichen Verkauf.[747] [Dies läßt einen wieder an die ungeklärte Verwechslungsgeschichte der a-Moll Sonate Häßlers denken. Anm.d.Verf.] Wiedemann habe noch besessen: »D-Hs, M B/2732: *Immortellen von Wilh: Fried: Bach. Sammlung I-III E.H. Wiedemann Poss:*, sowie D-Hs, MB/2733: *Divertimento per il Cembalo da Wilh. Fried. Bach. E. H. Wiedemann*, Lüneburg, Ratsbibliothek, Mus

ant. pract. 57 [7 Klavierstücke] *J. H. L. Wiedemann dono dedit 24. Dez. 1840. H. W. Uellner poss.* und Stade, Predigerbibliothek, Ms 17: *Eintrag eines Klavierstücks in F-Dur Superint. Wiedemann in Beverstedt*«.[748] Die meisten Stücke von D-Hs, MB/2732 und der Lüneburger Ratsbibliothek können auch mit ebenso zweifelhaften Zuschreibungen zu C.P.E. Bach in drei Handschriften Wiener Herkunft gefunden werden.[749]
Leider sei auch Griepenkerl, obwohl er ansonsten sehr vorsichtig mit Fälschungen war, einigen falschen Quellen auf den Leim gegangen.[750] In diesem Zusammenhang nennt Wollny die Geschichte des Cembalokonzertes in c-Moll (Fk, p.11, unecht), die eigentlich eine Komposition von Christoph Schaffrath sei und in Berlin im späten 18. Jahrhundert unter Friedemanns Namen kursierte.[751] Griepenkerls Begeisterung für Friedemanns Musik sei wohl durch seinen Lehrer Forkel angeregt worden. So habe er auch eine Edition seiner gesammelten Werke geplant. Bei einer Auktion, auf der der Nachlaß Forkels versteigert wurde, habe Griepenkerl neben anderen Werken BWV 596 mit Friedemanns Titulierung erstanden. Da Griepenkerl Friedrich Zelter in Berlin von der Qualität der Arbeiten Friedemanns habe überzeugen wollen, schickte dieser Zelter die Partitur von BWV 596 mit der Friedemannschen Überschrift. Zelter habe aber im Gegensatz zu Griepenkerl gewußt, daß es sich hier um eine Fälschung handeln müsse, und antwortete prompt mit einer Kopie eines unidentifizierten Cembalokonzerts, nämlich des c-Moll Konzerts, das ja eigentlich von Schaffrath stammt. Dies habe Zelter vorsätzlich getan, um Griepenkerl eine Falle zu stellen. Er antwortete im beigelegten Brief:

> *»Als Versöhnungspflaster und Gegengeschenk sende ich das beigehende Konzert, welches ich doppelt habe, in Partitur und Stimmen. Sollten Sie es nicht schon besitzen, so ist es immer eine Rarität, und von einem Kenner wie Sie wünschte ich wohl ein Wort darüber zu vernehmen.«*[752]

Daß er eine Falle gestellt habe, ginge aus einem Brief an Goethe vom 6. April 1829 hervor:

> *»Mein Gegengeschenk ist eine Falle für sogenannte Kenner, und wenn er da hineingeht, dann soll er´s etwas dicker haben.«*[753]

Aus der Tatsache, daß Zelter eine Fälschung verschickte, und aufgrund der Handschrift auf P 777 aus dem Griepenkerlschen Bestand könne man schließen, daß Zelter von der Autorschaft Schaffraths im Falle des c-Moll Konzertes voll im Bilde war.[754] Jahre später berichtete Griepenkerl über seine Erfolge, das Werk Friedemanns zu bewerben:

> *»[...] aber mit Zelter wollte es nicht gelingen, denn der zu seiner Zeit so undurchdringlich wie ein Paar rindlederne Stiefel und wollte von nichts wissen, als von Fasch und J.S. Bach.«*[755]

Dann schildert Wollny noch den Fall des g-Moll Konzertes Fk p.11, »unsicher e«. Falck habe das Werk aufgrund einer stilkritischen Analyse in Frage gestellt.[756] Werfe man jedoch einen Blick auf die Überlieferung des einzig bekannten Manuskripts St 173, so spreche einiges für die Zuordnung: die Quelle stamme aus der

Sammlung Forkels und wurde von Friedemanns Schwager Altnickol geschrieben, wodurch das Konzert auf 1744-1750 bestimmt werden könne. Wollny verweist hier auf Dürr.[757] Dieser habe nicht in Betracht gezogen, daß der Cembalopart nicht zur gleichen Zeit wie die Streicherstimmen geschrieben worden war, was augenscheinlich werde, wenn man die unterschiedlichen Papiersorten und Divergenzen in der Notation betrachtete, wie z.B. unterschiedliche Schlüssel, Vorzeichen und Taktartbezeichnungen zu Beginn des ersten Satzes. [758] Es bleibe unklar, wie Forkel an dieses Manuskript gekommen sei. Seine Revision des Cembaloparts zeige, daß er den Part für ein Konzert vorbereitet habe, wahrscheinlich für eines in seinen Konzertserien in Göttingen. Jedoch übermittle Altnickols Stimme das Werk tatsächlich anonym, und die Zuweisung auf dem Titelblatt und der Titelseite des Cembaloparts sei eine spätere Anfügung von Forkel.[759] Dies wiederum werfe die Frage auf, ob Forkel sich dabei auf einen verläßlichen Zeugen oder ein verläßliches Dokument gestützt oder ob er sich dabei auf sein eigenes stilistisches Urteilsvermögen verlassen habe.[760]
Aber gerade das stilistische Urteilsvermögen könne in diesem Falle alleine die Urheberschaft klären: der vorherrschende dreiteilige Aufbau im Cembalopart des g-Moll Konzertes würde in der Tat für Friedemann sprechen. Man sieht, hier herrscht wieder ein ähnliches Problem wie bei der oben genannten a-Moll Sonate und der c-Moll Fantasie. Allerdings erscheine eine große Anzahl an Einzelheiten einmalig in diesem Werk und sei manchmal sogar der Friedemannschen Kompositionspraxis vollkommen fremd.[761] Wollny stellt folgende Beobachtungen an, die gegen die Autorschaft sprechen[762]:
(1) Der 2/4 Takt für die Eröffnung einer Sonate oder eines Konzertes sei von Friedemann nur in seinen frühen Werken benützt worden, mit denen allerdings das g-Moll Konzert keine Gemeinsamkeiten teile.
(2) Der Mittelsatz gehöre zu einem Satztypus (gleiches Zeitmaß, kleine Notenwerte, reiche Verzierung), der in den authentischen Werken niemals auftauche.
(3) Der letzte Satz mit einer Begleitung in repetierenden Achtelnoten sei typisch für die Berliner Schule in den 1740er Jahren, allerdings sei gerade dieser Typus von Friedemann vermieden worden.
(4) In klaviertechnischen Belangen sei dieses Cembalokonzert weit unter dem Niveau der authentischen Konzerte. Wollny verweist hier zum Vergleich auf die Überkreuz-Passagen in Fk 41, 43, 44 und 45.[763]
Die überaus starken Ähnlichkeiten zwischen den Ritornellen des ersten Satzes des g-Moll Konzertes und dem ersten Satz des Konzerts Wq 6; H 409 von Carl Phillipp Emanuel seien nicht zu verkennen. Man könne annehmen, dieses habe Modell gestanden für das frühere Konzert. Und das Ritornell des letzten Satzes ähnelte einem anderen Konzert Emanuels (Wq 23; H 427).[764] Schließlich sei auch dieser Mittelsatztypus in den Konzerten Emanuels aus den 1740er Jahren zu finden. Wollny führt als Beispiele die Konzerte Wq 7; H 410, Wq 9; H 412 und Wq 16; H 419 an.[765] Allerdings beanspruche er dieses Werk – das g-Moll-Konzert – auch nicht für C.P.E Bach, sondern es sei sicherlich von einer Person geschrieben, die ihm nahe gestanden und seinen Stil imitiert habe! Obwohl Friedemanns Stil in den 1740er Jahren vergleichbar mit dem Emanuels sei, vermeide dieser eine solch direkte Imitation des Stils in seinen Werken und drücke den Kompositionen immer seinen eigenen Stempel auf.[766] Hier kommt wieder Altnickol ins Spiel, denn

dieser habe in seiner C-Dur Sonate (D-B, Mus. ms. 30194) sehr direkt den Stil der Preußischen Sonaten Emanuels imitiert; so sei der erste Satz dieses Werkes augenscheinlich nach dem letzten Satz der Preußischen Sonate Nr. 5 (Wq 48/5; H 28) modelliert.[767]
Dieses Beispiel zeige, daß sich durch ein Wechselspiel zwischen quellen- und stilkritischen Analysemethoden solche Authentizitätsprobleme lösen ließen. Das Studium der Überlieferung einer Quelle stelle in diesen Fällen die notwendigen Voraussetzungen für weitergehende Untersuchungen bereit.[768]
Diese Studie hat auch zum Ziel, dem Leser Wollnys musikwissenschaftliche Schlußfolgerungen und Lösungsansätze, die fast kriminologisch erscheinen, zugänglich und verständlich zu machen. Das Originalstudium der Wollnyschen Dissertation kann jedem Friedemann-Forscher nur wärmstens empfohlen werden.
Wie man sieht, ist die Quellenlage Friedemannscher Werke ziemlich verworren, und viele Werke sind in ihrer Authentizität anfechtbar. Was den Stil Friedemannscher Musik ausmacht, wird in den Analysen herauszufinden sein. Es sei darauf hingewiesen, daß hier keine Stilanalyse betrieben wird, sondern die Werke als solche exemplarisch quasi von einem Komponistenkollegen untersucht werden. Wichtiger ist dem Autor das kompositionstechnische Vermögen Friedemann Bachs.

Anmerkungen

613Christophe Rousset, W.F. Bach Ouvre pour le clavecin, harmonia mundi 1990, booklet S.11

614Vgl. Falck, S.85

615Falck, S.85

616Eine wichtige Anmerkung: Das seit 1945 verschollen geglaubte Archiv der Berliner Singakademie wurde 1999 von Christoph Wolff in einem Archiv in Kiew entdeckt. Das Archiv wurde mit einem feierlichen Festakt am 15. Mai 2002 zurückgegeben und befindet sich heute in der Staatsbibliothek in Berlin. Nach der vollständigen Auswertung werden wohl die Werkverzeichnisse der Werke der Bach-Familie ergänzt oder sogar neu geschrieben werden müssen, da sich neben verschollen geglaubten auch bisher unbekannte Werke darunter befinden. (Vgl. Batta, S.53 und http://www.spiegel.de/kultur/musik/0,1518,49249,00.html)

617Wollny, S.17

618Vgl. Wollny, S.17

619Vgl. ebda.

620Vgl. ebda.

621Vgl. Wollny, S.17-18; Wollny verweist hier auf das »Verzeichniß des musikalischen Nachlasses des verstorbenen Capellmeisters Carl Philipp Emanuel Bach«, Hamburg, 1790, Faksimile ediert von Rachel W. Wade (New York: Garland 1981), S.81-82

622Vgl. Wollny, S.18

623Vgl. Wollny, S.18 - 19

Wollny verweist hier auf Yoshitake Kobayashi, Franz Hauser und seine Bachhandschriftensammlung, Diss. Georg-August-Universität Göttingen 1973, S.129-130.

Kobayashis Schlußfolgerung, daß Nacke die Quellen bei einer einzigen Begebenheit vor oder im Jahre 1759 gekauft haben könnte, würde durch die Tatsache widerlegt, daß Nacke sich als der neue Besitzer von drei Manuskripten in folgender Weise auszeichne: 1. St 387 (BWV 133):

„1759“, 2. P 786 (BWV 124): „J G Nacke / 1760“, 3. P 879 (BWV 14): „JGN 1762“. Anm.: auch Schulze Bach- „Überlieferung“, S.21

[624]Vgl. Falck, S.36-37

[625]Hier verweist Dr. Wollny auf ein Wasserzeichen: a) ein gekröntes Wahlszepter zwischen Palmblättern; b) Halle. Hier stehe Dr. Peter Wollny bei Herrn Dr. Wolfgang Schlieder in der Schuld, dem Referatsleiter Bestände und Forschung Papier, Deutsche Bibliothek, Leipzig, der ihm Informationen zum Datum dieser Papiere geliefert habe.

[626]Zur Datierung dieses Konzertes: Falck, S.43-44, 107 und Dok III, nr.737; Wollny, S.20

[627]Vgl. Wollny, S.19-20

[628]Vgl. Wollny, S.21

[629]Vgl. Wollny, S.21, Verweis auf Berger Biografie, siehe Serauky II/2, S.100-105, 108-109.

[630]Vgl. Wollny, S.21

[631]Vgl. ebda.

[632]Vgl. Wollny, S.21

[633]Vgl. Wollny, S. 21

P 321/3 – genauso wie die anderen drei Bestandteile dieses Bandes – wurden von Stimmen kopiert, nicht von der Originalpartitur, wie es Lesarten nur in St 170 anzeige.

[634]Vgl. Wollny, S. 21

[635]Dok III, Nr. 831 und Otterbach, S.93; Wollny, S.22

[636]Vgl. Wollny, S.22, Verweis auf: Ernst Rudorffs Notiz über die Herkunft dieser Bach – Sammlung: »Mein Grossvater, der Geheime Postrat Carl Pistor, erstand auf einer Auktion am Anfang dieses [19.] Jahrhunderts eine in zweiter Hand aus dem Nachlaß Friedemann Bachs stammende Sammlung musikalischer Handschriften und Druck.« Angeführt nach NBA I/14, KB, S.85

[637]Eschenburgs Bestandkatalog enthalte keine Manuskripte der Werke Friedemanns oder seines Vaters. Dort enthalten seien eine große Anzahl von Kantaten und Arien Telemanns; ob irgendwelche von Friedemann stammen könnten, sei unmöglich zu sagen.; Vgl. Wollny, S.23

[638]P 202 (Das Wohltemperierte Clavier, Teil I) und P 219 (zwei und dreistimmige Inventionen). Anm. NBA V/ 6.1., KB, 57-60, und NBA IV/ 5-6, KB, 224-227; Wollny, S.23

[639]Vgl. Wollny, S.23

[640]Dok III, Nr. 805; auch Bitter, S. 304; Wollny S.23

[641]Wollny verweist hier auf: The Forkel-Hoffmeister & Kühnel Correspondence: A Document of the Early 19th-Century Bach Revival, ed. George B. Stauffer (New York: Peters 1990); Wollny, S.23

[642]Vgl. Wollny, S.23f.

[643]Vgl. ebda., S.24, Fußnote 16

[644]Vgl. ebda.

[645]Wollny, S.24-29

[646]Wollny, S.24; Er verweist hier für weitergehende Studien auf seinen Artikel: »Sara Levy, geb. Itzig, und ihr literarisch, musikalischer Salon« Jüdische Aufklärung, ästhetische Bildung und musikalische Praxis im Berlin des späten 18. Jahrhunderts, Wolfenbütteler Studien zur Aufklärung, Band 22, Tübingen: Niemeyer 1994

[647]Wollny, S.25 Verweis auf Anmerkung: Falck, 81-82 und 139. Siehe auch die Diskussion über P 699 (Fk 12) in Kapitel II-5.

[648]Wollny, S.25: Anm.: Die Singakademie Quellen W.F. Bach betreffend seien im so genannten Zelter Katalog aufgelistet; Verweis auf Anhang B. Über Geschichte und Funktion des Zelter Katalogs siehe den oben erwähnten Artikel über Sara Levy.

[649]D-Bds, Mus. ms. Theor. 348: Regeln des General=/ Basses von dem Herrn Musico / Heering/ Otto v. Voß 1771. Der erste Teil dieses Manuskripts enthalte Instruktionen und Übungen von Herings Hand, während der zweite Teil eine große Anzahl ausgeführter Continuo Stimmen für Kammer- und Kirchenmusik augenscheinlich von Voß´ Hand enthalte. Die Werke im zweiten Teil des Manuskripts bestünden aus J. S. Bachs Ouvertüre in h-Moll (BWV 1067), die Triosonate aus dem »Musikalischen Opfer« (BWV 1079/8) und die Johannes Passion (BWV 245); das einzige Werk Friedemanns sei die Fuge der Sinfonie Fk 65.; Wollny, S.26

[650]Für Informationen über die Familie und ihre Sammlung siehe NBA I/ 21, KB, 54-58 und Uta Hertin, »Zur Überlieferung der Autographe und Handschriften J.S. Bachs«, in: Die Handschrift Johann Sebastian Bachs. Musikautographe aus der Musikabteilung der Staatsbibliothek Preußischer Kulturbesitz Berlin, Ausstellung zum 300. Geburtstag von J.S. Bach 22. März bis 13. Juli 1985, Wiesbaden: Reichert, 1985, S. 31-44, Verweis auf weitergehende Studien über Voß im Rahmen von Bettina Faulstichs Dissertation and Universität Göttingen.

[651]Diese Notiz, gefunden vor Stück 511, besagt folgendes: »In dieser Vollständigkeit und Ordnung hinterlas unser wohlseeliger Vater, die durch seine Liebe zur Musik und seine Thätigkeit geschaffenen Musikalien-Sammlung. Noch lag aber außerdem eine große Zahl von Musikalien unverzeichnet, indem er sie erst spielend zu einer Zeit, wo er selbst die Musik weniger übte (seit 1806) gesammelt habe (hauptsächlich aus dem Heeringschen Nachlaße). Diese sind daher hier in dem alphatbetischen Catalog ferner zu verzeichnen.« Seitdem die Stimmen von Fk80 als Nr. 530 erscheinen, sind diese wahrscheinlich Teil des Heringschen Nachlasses gewesen; Wollny, S.26

[652]Vgl. Wollny, S.26-27

[653]Vgl. Wollny, S.26, Verweis auf das Vorwort Rusts zu BG15 (datiert Juli 1867), XV:

»Die Bände 276, 277 und 290 sind ein Geschenk des verstorbenen Grafen von Voss-Buch, dessen Vater ein besonderer Mäcen Bach´scher Kunst und der Person Friedemann Bach´s war. Friedemann Bach, der in Berlin den Rest der ihm übrig gebliebenen Werke seines Vaters verschleuderte, fand in dem gräflichen Hause stets willige, generöse Abnehmer. Was noch zu retten war, wurde hier gerettet, theils in zahlreichen Autographieen, theils in authentischen Abschriften.« Falck, S. 54 bezieht sich laut Wollny offensichtlich auf diesen Auszug, obwohl er keine Quelle angibt.

[654]Verweis auf Rust´s Brief vom 20. Oktober 1890 an Oskar Fleischer. Relevante Passagen dieses Briefes wurden von Dieter Krickeberg und Horst Rase: »Beiträge zur Kenntnis des mittel – und norddeutschen Cembalobaus 1700« Studia Organologica: Festschrift für John Henry van der Meer zu seinem 65. Geburtstag, Hrsg. Friedemann Hellwig (Tutzing, Schneider, 1987), 285-310, esp. 293. Rust schreibt: »Nachdem ich mit ihm [= Karl Otto Friedrich von Voß] durch meinen Vater und durch den Generaladjudanten F[riedrich] W[ilhelm] IV, General Leopold von Gerlach bekannt geworden war, erfuhr ich so manches nach und nach. Ich konnte ihn bereden, seine außerordentlich wertvolle Bibliothek der Königl. Bibliothek zu schenken.« Rusts Rolle Voß zur Spende seiner Sammlung an die Königliche Bibliothek zu überreden sei in der einschlägigen Literatur nicht erwähnt; Wollny, S.27

[655]Verweis: Um diese Behauptung zu bestätigen würde eine nochmalige Überprüfung der originalen Bach Quellen in der Voßschen Sammlung notwendig sein. Obwohl die Aufstellung der Voßschen Sammlung sicherlich komplizierter sei als Rust beschreibe, sollte man dessen Behauptungen nicht vollständig abtun; Wollny, S.28

[656]Vgl. Wollny, S.28. Verweis auf Klaus Engler, Georg Poelchau und seine Musikaliensammlung: Ein Beitrag zur Überlieferung Bachscher Musik in der ersten Hälfte des 19. Jahrhunderts, Diss., Universität Tübingen 1984, S.17

Die enorme Bandbreite der Poelchauschen Sammlung sei dokumentiert in vier Bänden seines Handschriftenkatalog, zusammengestellt 1831\1832 (D-B, Mus. ms. theor. Kat.41)

[657]Vgl. Wollny, S.29

[658]Vgl. Wollny, S. 29-30

[659]Für Details der Kötschauschen Biographie, siehe Serauky II/2, s. 410-412 und 474-476. Kötschau sei Bachs Schülerschaft bekannt gewesen als der Besitzer des Clavier-Büchleins für Wilhelm Friedemann; Anm. NBA V/5, KB, S.22 und speziell NBA IV, S. 5-6, KB, S. 227-228

[660]Verweis auf Susanna Großmann-Vendrey: Felix Mendelssohn Bartholdy und die Vergangenheit, Studien zur Musikgeschichte des 19. Jahrhunderts, Band 17, Regensburg 1969, S.217

[661]Wollny, S.30

[662]Vgl. Wollny, S. 21, Verweis auf Beispiel 1-1. Die enorme Rarität der autographen Quellen Friedemannscher Vokalwerke zugrunde gelegt, scheine es möglich, dass Poelchau die meisten von ihnen in einem Bündel und nicht von einigen verschiedenen Quellen erhalten habe. Es gäbe keinen Grund seine Stellungnahme auf der Titelseite von St. 474 anzuzweifeln: *»Friedemann B[achs] Sing-compositionen sind ausserordentlich rar und in keiner mir bekannten Sammlung vorhanden.«*

[663]Vgl. Wollny, S.32

[664]Vgl. Wollny, S.32, Verweis auf: Schulze: Bach Überlieferung, S.24-26

[665]Vgl. Wollny, S.32, Verweis auf: Yoshitake Kobayashi, Breitkopfs Hand mit Nach Handschriften in Beiträge zur Bachforschung 1 (1982), S.79-84 und Andreas Glöckner, Handschriftliche Musikalien aus den Nachlässen von Carl Gotthelf Gerlach und Gottlob Harrer in den Verlagsangeboten des Hauses Breitkopf 1761-1769, BJ 70 (1984), S. 107-116

[666]Die gesamte Serie der thematischen Breitkopfkataloge ist nachgedruckt in: The Breitkopf Thematic Catalogue: The Six Parts and Sixteen Supplements 1762-1787; Ed. Barry S. Brook (New York: Dover, 1966); ein fast kompletter Satz der Serie der nonthematischen Kataloge (1760-1780) wurde gefunden an der B-Bc, 15467-15468; Wollny, S.33

[667]Vgl. Wollny, S.33

[668]Vgl. ebda.

[669]Schulze: Bach-Überlieferung, S.22; Wollny, S.33

[670]Vgl. ebda.

[671]Vgl. ebda.

[672]Wollny verweist auf B-Bc, 26655 und St 340 für Fk 10, genauso wie D-Dlb, Mus. 2990-T-6 und D-Lem, III. 8. 24 für Fk 12; Wollny, S.34

[673]Ein kompletter Satz der Bestandkataloge (1770-1796) wurde gefunden bei B-Br, FF5205. Für Details der Wetsphalschen Firma siehe NBA IV/5-6, KB, 238-242 und Miriam Terry: C. P. E. Bach and J. J. H. Westphal: A Carification, JAMS 22 (1969), S.106-115. Konträr zu NBA IV/5-6, KB238, denkt Wollny nicht, dass Westphal Manuskripte aus C. P. E. Bachs Archiv erhalten habe; Wollny, S.34

[674]Vgl. Wollny, S.35

[675]Angeführt nach: Verzeichnis von MUSICALIEN welche bey JOHANN CHRISTOPF WESTPHAL und Compagnie in Hamburg in Commission zu haben sind. 1774; Wollny, S.35

[676]Schulze, Bach Überlieferung, S.27; Wollny, S.35

[677]Wollny fügt an, obwohl W.F. Bach im Katalog von 1776 und Johann Sebastian Bach 1777 ein „Clavier solo dabei eine Menuett mit 12 Variazionien D dur" zugeschrieben wurden, erscheine dieses Stück korrekt als Komposition von Johann Gottlieb Goldberg im Katalog von 1777\78; und die „Fuga a 4 Voce per il Organo Es dur," Friedemann zugeschrieben in 1776, erscheine korrekt als ein Werk von C.P.E. Bach (Wq 119/6; H 102) im Jahre 1782.

[678]Die Mark Banco war eine reine Rechenwährung, sämtliche Münzen aus sämtlichen Edelmetallen die die Kaufleute bei der Hamburger Bank einzahlten, wurden in Mark Banco verzeichnet. Im Jahre 1622 beispielsweise hatte die Mark Banco einen Silberanteil von 8,66g. Sie wurde im Großhandel und im Hypothekengeschäft eingesetzt und auch Kaufleute wie Westphal führten ihre Bücher in Mark Banco.

Vgl. Wollny, S. 32-36.

[679]Vgl. ebda.

[680]Wollny, S.36

[681]Siehe, z.B. P 930 und US-CA, fMS Mus 62.6 (2-4); Wollny, S.37

[682]Beispiele seien St 173 und St 175/1-5; Wollny, S.37

[683]Vgl. ebda., S.37

[684]Schulze Bach-Überlieferung, S.26 und S.286-288; Wollny, S.37

[685]Wollny, S.38

[686]Die Hypothese würde dadurch gestützt, dass Westphals Kataloge von 1774 und 1777/78 zwei von Bergers Kompositionen enthalte. Kat.1774, S.70: »Berger, 1 Quartetto G dur, mit Fl. Viol. E Violoncello«, und Kat. 1777/78, S. 116: »Berger, 1 Trio Cembalo, Flauto e Violonc. Obl. F.«

[687]Der Katalog von 1782 enthalte 11 Kantaten (S.152), 4 Cembalo Konzerte (S.191) und genauso viel an Kammermusik von Hobein (S.196).

[688]»Verzeichnis von Musikalien der berühmtesten Meister, die an einem in den Zeitungen näher zu bestimmenden Tage und Orte an den meistbietenden verkauft werden sollen.« Hamburg, 1799. D-Bds, Mus. Ab 1101 (6). Bei dieser Auktion habe Forkel Manuskripte erworben, die heute in der US-CA, fMS Mus 62.6 (2-4) aufbewahrt werden, während Pölchau solche Artikel wie St 173 und St 175, genau wie St 270 und St 276 beschafft habe; Wollny, S.39

[689]Vgl. NBA IV/5-6, KB, 242-243; Vgl. Wollny, S.39

[690]Vgl. Wollny, S.39

[691]Vgl. Wollny, S.39

[692]Vgl. Wollny, S.39

[693]Vgl. Wollny, S.40

[694]Vgl. Dok II, Nr.629. Zusätzlich und als ein Kommentar zu diesem Dokument verweist Wollny hier auf einen Brief Piselndels an Telemann vom 16. April 1749, in dem Friedemann deutlich benannt werde. Vgl. Georg Philipp Telemann Briefwechsel. Sämtliche erreichbaren Briefe von und an Telemann, ed. Hans Grosse und Hans Rudolf Jung, Leipzig: Deutscher Verlag für Musik 1972, S.350; Wollny, S.40

[695]Vgl. Wollny, S.40

[696]Über Homilius und Müthel als Kopisten siehe Wolfgang Horn, Carl Philipp Emanuel Bach: Frühe Klaviersonaten, Hamburg, S.258 - 261, über Gräbner siehe Schulze Bach-Überlieferung, S. 88

[697]Vgl. ebda.

[698]Vgl. Wollny, S.41

[699]Alfred Dürr, Zur Chronologie der Handschrift Johann Christoph Altnickols und Johann Friedrich Agricolas, BJ 56 (1970), S.44-65. B-Bc, 11600, das nicht in Dürrs Liste der Agricola Autographe auftauche, zeige dasselbe Wasserzeichen wie Agricolas Kopie von BWV 1053 (D-B, Am.B. 63), benutze aber verschiedene Formen der C-Schlüssel und der halben Noten. Diese divergierenden Grundzüge der Handschriften würden eine Entwicklung aufweisen, die weniger linear sei als von Dürr auf S.64 vorgeschlagen.

[700]Vgl. Marpurg, S.148-152; Wollny, S.42

[701]Wollny fügt an, Agricola habe eine Kopie von Fk 26 angefangen, habe diese aber auf einem Papier, des J.S. Bach für die Kopie seines Praeludiums, Fuge und Allegro für Laute BWV 990 benutzte, nach nur einem Takt aufgegeben. Obwohl Bach abgebrochen und teilweise Agricolas Anfang ausradiert habe, sei es immer noch klar erkennbar. Diese Zuordnung erlaube uns nach Wollny, das Autograph von BWV 988 mit zutreffender Sicherheit auf die Zeit von 1739-1741 zu bestimmen. Der Impuls für Bach das Stück für Laute zu arrangieren könne vom Besuch der Dresdner Lautenisten Johann Kropffgans und Silvius Leopold Weiß, die beide zusammen mit Wilhelm Friedemman im Juli 1739 nach Leipzig gekommen sein, herrühren. Vgl. Dok II, Nr. 448. Wenn wir laut Wollny diese Hypothese akzeptierten, hätten wir den »terminus ante quem« vom Juli 1739 für Fk 26; Vgl. Wollny, S.42

[702]Vgl. Marpurg, S.387

[703]Wollny verweist hier auf P 679 (Fk 45) und Am.B. (Fk 89/3B, Fk 94 und 96/ 4B. Seitdem Agricola in einer seiner Besprechungen Fk 10 genannt habe, muß er die Kopie dieses Stückes bessen haben, Dok III, Nr.770. Vielleicht stamme diese Kopie aus seinen Leipziger Jahren.

[704]St 586 und St. 588. Kittles Kopien scheinen aus den frühen Jahren zu stammen, wahrscheinlich aus der Zeit um 1750, während Altnickols Kopie nicht datierbar sei. Altnickols Kopie überliefere eine einzigartige spätere Version von Fk 41 und muss binnen eines kruzen Zeitraums vor dessen Tode im Jahre 1759 angefertigt worden sein. Vgl. Wollny, S.43

[705]Vgl. Wollny, S.43

[706]Wollny verweist hier auf die Widmung des zweiten Teil von Marpurgs »Abhandlung von der Fuge« (Berlin: Haude & Spener, 1754): *»an die wehrtesten Brüder Herrn Wilhelm Friedemann Musikdirector und Organisten zu Halle, und Herrn Carl Phlipp Emanuel Bach Königlichen Preußischen Kammermusikus.«;* Wollny, S.43

[707]Wollny verweist für weitergehende Infomationan auf Heinrich Miesner, Beziehungen zwischen den Familien Stahl und Bach, BJ 30 (1933), S.71-76

[708]Miesner, Graf v. Keyserlingk und Minister v. Happer, zwei Gönner der Familie Bach, BJ 31 (1934), S.101-115; Wollny, S.44

[709]Vgl. Wollny, S.44

[710]Vgl. Wollny, S.44

[711]Vgl. Wollny, S.45

[712]Ebda.

[713]Vgl. Wollny, S.44-45

[714]Vgl. S.46

[715]Wollny, S.46

[716]Wollny, S.47

[717]siehe hierzu: Marpurg, S.433

[718]s.o. Widmungsschreiben an Maria Antonia Walpurgis

[719]Wollny verweist auf dessen »Theoretisch-Practische Anweisung, Choralgesänge nicht nur richtig, sondern auch schön spielen zu lernen« in: Stendal: Franzen und Grosse, 1800, S.191: *»Einer der größten Orgelspieler, der außer Sebastian Bach, je gelebt hat, war gewiß sein ältester Sohn, Wilhelm Friedemann Bach, dessen Unterricht ich in Halle, wo er als Organist an der Marktkirche, zur Zeit meines Aufenthalts, stand, zu genießen, das Glück hatte.«* Dok III, Nr. 1047.

[720]Vgl. Serauky II/2, 28 und 130-131. Dieser habe von seinem Lehrer das berühmte Clavier-Büchlein für Wilhelm Friedemann Bach erhalten.

[721]Dieser habe in seiner Bewerbung für die Kantorenstelle an der Marienkirche in Stettin am 1. Dezember 1788 folgendes berichtet: *»[...] so wie ich nicht der unwertheste Schüler des*

seeligen Friedemann Bach bin, bey dem ich während meiner 3 studierenden Jahre in Halle Unterricht genossen.« Vgl. Werner Freytag, Musikgeschichte der Stadt Stettin im 18. Jahrhundert, Greifswald, Bamberg 1936, S.23

[722]Nach einem Bewerbungsschreiben Kleinhans´ für den Organistenposten an der Hallenser Marienkirche habe Friedemann ihn regelmäßig als Vertretung an der Orgel und zur Unterstützung als Continuo-Spieler in seinen Kantaten-Aufführungen engagiert. Somit sei es wahrscheinlich, daß jener bei Friedemann studiert habe. Vgl. Serauky II/2, S.62 und S.100

[723]Petri habe über seine Studien bei Friedemann in seiner »Anleitung zur praktischen Musik«, Leipzig: Breitkopf 1782, S. 101 berichtet: *»Der Hallische Bach, der nachmals nach Braunschweig ging und dessen Freundschaft und Unterweisung ich selbst zu Halle Ao. 1762 und 63 genoß.«*

[724]Rust habe seinen Kontakt zu Friedemann in seiner Autobiographie beschrieben, die zum Zeitpunkt der Dissertation Wollnys noch von Rusts Nachfahren, Herrn Thilo Rust aus Neuss besessen wurde: *»Sein Geschmack an dieser schweren Art von Composition [den Fugen] wurde in den 3 Jahren, die er in Halle zubrachte dadurch genärht, daß er öfters Gelegenheit hatte Herrn Friedemann Bach, einen der größten Fugisten, spielen zu hören und ihm auf die allen Genies erlaubte Art immer etwas von seiner Kunst abzustehlen. Dieser so finstre und sonst mit seiner Kunst so geizige Mann bat ihn öfters auf eine bachische Fuge zu Gaste, und verwunderte sich nicht wenig, ihn das Thema von einer Fuge, welche Herr Bach vorher auf der Orgel gespielt hatte, mit wenigen Abweichungen auf dem Claviere durchführen zu hören. Seine ersten Versuche in der Composition waren Sonaten fürs Clavier, die er Herrn Bachen vorspielete, welcher auch seinen Beyfall dazu lächelte.«* Wollny bedankt sich hier bei Herrn Rust für den Zugang zu diesem verschollen geglaubten Dokument; Wollny, S.48

[725]Vgl. Werner Schwarz, Musikgeschichte Pommerns, Westpreussens, Ostpreussens und der baltischen Lande, Die Musik der Deutschen im Osten Mitteleuropas, Band 3, Laumann: Dühnen 1989, S.146. Zimmermanns Bekanntschaft mit BWV 548, die durch einen Eintrag in das Album Johann Conrad Arnolds (Dok III, Nr. 827) dokumentiert sei, müsse aus der Zeit seiner Bekanntschaft mit Friedemann stammen. Vgl. Wollny, S.48

[726]Vgl. ebda.

[727]Wollny, S.49

[728]Vgl. Wollny, S.49

[729]Vgl. Wollny, S.50

[730]Wollny verweist auf den sicherlich falschen Sonatensatz in P 701(Fk p.3, unecht D-Dur) und das Cembalokonzert in c-Moll, in B-bc, 26527, das von Christoph Schaffrath komponiert wurde; Wollny, S.50

[731]Vgl. Wollny, S.50

[732]Vgl. Wollny, S.50

[733]Man muß auch hier bedenken, dass die meisten Kammer- und Orchesterwerke aus Friedemanns Dresdner Zeit stammen, also zum damaligen Zeitpunkt bereits um die 70 Jahre alt waren. Anm.d.Verf.

[734]Vgl. Wollny, S.51

[735]Practical Harmony, for Organ or Piano Forte; Containing Voluntarie, Fugues, Canons & other Ingenious Pieces. By the most EMINENT COMPOSERS. To which is prefixed an Epitome of Counterpoint by the Editor, London 1803-1815; Kopie: B-Bc, 15127; Wollny, S.51

[736]Vgl. Wollny, S.52

[737]Vgl. Forkel, a.a.O., S.44; Ernst Ludwig Gerber, Historisch-Biographisches Lexicon der Tonkünstler, Leipzig, 1790-1792; repr. Graz: Akademische Druck - und Verlagsanstalt 1966, Abb.93; und Daniel Christian Friedrich Schubart, »Ideen zu einer Ästhetik der Tonkunst«, Hrsg. Jürgen

Mainka, Leipzig 1977, S.96; Wollny, S.52

[738]Wollny führt auf S.53 an, in diesem Kontext seien auch Forkels Kopien von Fk 43 (St 185) und Fk 44 (St 587) zu sehen. Ein anderes Werk, das Forkel direkt von der Handschrift Friedemanns angefertigt haben müsse sei die Kopie von Fk 7, die einer von Forkels Kopisten angefertigt habe (in P 329).

[739]Vgl. Wollny, S53

[740]Vgl. Wollny, S.54

[741]Vgl. Wollny, S.55

[742]D-B, Mus. ep.: Friedrich Konrad Griepenkerl 6; zitiert nach Karl Heller, *Friedrich Konrad Griepenkerl. Aus unveröffentlichten Briefen des Bach-Sammlers und -Editors,* in BJ 64 1978, S. 211-238, Beispiel 220; Vgl. Wollny, S.56

[743]Vgl. Wollny, S.56

[744]Vgl. Wollny, S.57

[745]Vgl. Wollny, S.57

[746]Vgl. Falck, S. 84-85

[747]Vgl. Falck, S.85

[748]Wollny, S.56-57

[749]Vgl. Wollny, S.56-57

[750]Vgl. Wollny, S.58

[751]Vgl. Hans Uldall, Das Klavierkonzert der Berliner Schule, Leipzig, 1928, S.69. Wollny fügt an, Uldalls Quelle sei ein Manuskrpit der Berliner Singakademie gewesen (MS. D. II. 1562 f.). Obwohl nicht weniger als vier Quellen dieses Werk Friedemann zuschrieben, sei aus stilistischen Gründen kein Zweifel, daß es sich um eine Komposition Schaffraths handele und die Zurodnung in der Singakademie korrekt sei, Wollny, S.58

[752]Vgl. Der Briefwechsel zwischen Goethe und Zelter, ed. Max Hecker, Band 3, Leipzig 1913-1918, S.142; Wollny, S.59

[753]Der Briefwechsel zwischen Goethe und Zelter, a.a.O., S.140; Wollny, S.59

[754]Vgl. Wollny, S.59

[755]Wollny, S.59, Fußnote 102; zitiert nach Heller, S.221

[756]Vgl. Falck, S.110-112

[757]Vgl. Wollny, S.60

[758]Vgl. Wollny, S.60; Vgl. Dürr, a.a.O., S.46-48

[759]Vgl. ebda.

[760]Forkel habe ebenso Altnickols Kopie der Cembalostimme von BWV 1054 bessen; Vgl. Schulze Bach-Überlieferung, S.147. Die Überlieferung des Altnickolschen Manuskripts sei immer noch sehr bruchstückhaft. Während einige der Kopien in C.P.E. Bachs Bestand auftauchten (Vgl. die Berliner Quellen P 789 (6), Mus. ms. 8155 und Mus. ms. 17155/16), tauchten andere in den Sammlungen von K.O.F. von Voß (St 586) und Sara Levy (Us-Wc, ML 96. B186) auf. Das Autograph der Klaviersonate in C-Dur von Altnickol (D-B, Mus. ms. 30194) stamme wie die Ziffer »Nr. 51« auf der Titelseite anzeige, aus der Sammlung Johann Christian Kittels; Vgl Kittel 1809: *»51 Altnicol, 1 [Sonate] geschr.«*; Vgl. Wollny, S.60

[761]Vgl. Wollny, S.61

[762]Vgl. Wollny, S.61

[763]Vgl. Wollny, S.61f.

[764]Vgl. Wollny, S.62

[765]Vgl. Wollny, S.62

[766]Vgl. Wollny, S.62

[767]Vgl. Wollny, S.63
[768]Vgl. ebda.

4. Alles eine Frage des Stils

Viele denken jetzt, es würde hier ein Bezug zu Peter Wollnys Dissertation hergestellt. Doch weit gefehlt: Es geht hier nicht darum aufzuzeigen, welcher Stil im Werk Friedemanns vorkommt oder woher er Anregungen erhalten hat, sondern um eine grundsätzliche Klärung der Stilproblematik der »Vorklassik«.

Schauen wir uns zunächst einmal eine jüngere stilistische Klärung für die Unterscheidung von Barock und Klassik an. Der Musikwissenschaftler, Komponist und Pianist Charles Rosen hat in seiner Abhandlung »Der klassische Stil« folgende Merkmale von barockem Stil und klassischem Stil herausgearbeitet (leider kommen bei ihm die Bach-Söhne in der Beurteilung nicht allzu gut weg und leider spielt er den hochbarocken und den klassischen Stil gegen den »protoklassischen Stil«[769], wie er ihn nennt, aus):

1. Ein barockes Werk hat im Vergleich zu einem klassischen Werk einen weitaus schnelleren harmonischen Rhythmus.[770]
2. Ein barockes Werk hat seinen Höhepunkt meistens am Ende eines Stückes, ein klassisches meistens in der Mitte.

> »Der Höhepunkt eines barocken Werkes wird in der gesteigerten Bewegung zur Schlußkadenz hin erreicht; ein typisches Zeichen dafür ist die Engführung. Der Höhepunkt eines klassischen Werkes liegt näher zur Mitte, weshalb das Ausmaß der Sphäre von endgültiger Stabilität so wichtig ist.«[771]

3. Die Quintfallsequenz ist in einem barocken Werk oft der Motor, in einem klassischen Werk wirkt sie stagnierend.[772]

> »War im Barock die harmonische Sequenz die treibende Kraft, so ist es im neuen Stil die Periode. Wenn eine stark gegliederte Periode mit einer Seuqenz verknüpft wird, zumal mit der damals üblich fallenden, so ist das Ergebnis nicht gesteigerte Energie, sondern Energieschwund. Die Gliederung der Periode und die kräftige, neuartige Betonung verlangen nach entsprechender oder paralleler harmonischer Bewegung, d.h. nach betontem, fast modulationsartigem Wechsel. Akzent und Kontur, die ja aus der Deutlichkeit ihre energetische Kraft gewinnen, werden von der Kontinutität der Sequenz geschwächt, besonders, wenn diese im geliebten Quintenzirkel fortschreitet, der wie ein Auf-der-Stelle-Treten wirkt, wenn er in einem klassischen Werk vorkommt. Carl Philipp Emanuel Bach verwendet die Sequenz oft recht unglücklich, um Expositionsabschnitten die Illusion von Bewegung zu verleihen.«[773]

4. Ein barockes Werk ist dramatisch im Affekt, ein klassisches aber dramatisch in der formalen Gestaltung[774], »so ist der Unterschied zwischen der barocken Bewegung zur Dominante und der klassischen Modulation nicht allein ein gradueller,

denn der klassische Stil dramatisiert diese Bewegung dergestalt, daß sie nicht nur ein Bewegungsantrieb ist, sondern ein Ereignis ist«.[775]
5. Eine einmal erreichte Bewegung kann in einem barocken Werk nicht so einfach abgebrochen werden, das klassische Werk lebt davon.[776]
6. Da die Form in einem klassischen Werk in der Gestaltung vorherrschend ist, braucht das klassische Werk tonale Stabilität an Anfang und Ende, sowie, Dramatisierung der Modulation, sowie »Füllmaterial«[777] in Form von Floskeln zur Hervorhebung dramatischer Ereignisse, was dem barocken Werk fremd ist:[778]

> »Stabilität und Klarheit der ersten und letzten Seite einer klassischen Sonate sind wesentliche Formbestandteile, sie machen die erhöhte Spannung der Binnenteile überhaupt erst möglich. [...] Ob eine neue Melodie auftritt oder nicht, ist von geringerer Bedeuung, als wie stark die neue Tonart dramatisiert und auf welche Weise eine die gegliederte Struktur ausgleichende Kontinuität hergestellt wird. Dieser dramatische Augenblick und seine Plazierung bilden einen wesentlichen Gegensatz zum Barockstil. Modulationen gibt es schon in sämtlichen Tanzformen des frühen 18. Jahrhunderts, aber wenn im hochbarocken Stil eine Pause das Erreichen der Dominante markiert, dann liegt sie nicht mitten im ersten Teil, sondern an seinem Ende, d.h. die Musik fließt allmählich der Dominante zu und bringt die Auflösung am Ende des Abschnitts. Aber in einer [klassischen] Sonate muß die neue Tonart schon sehr bald in einem mehr oder weniger dramatischen Augenblick bewußt gemacht werden. Das mag durch eine Pause geschehen, durch eine starke Kadenz, eine Explosion, ein neues Thema oder was immer sonst der Komponist wählt. Dieser dramatische Augenblick zählt mehr als jedes Kompositionsverfahren.
>
> Aus diesem Grund benötigt der klassische Stil eindringlichere Mittel zur Hervorhebung der Tonarten als der Barock, und er benutzte zu diesem Zweck Füllmaterial in bis dahin außer in improvisatorischen Stücken kaum gekanntem Ausmaß. ›Füllmaterial‹ bedeutet hier rein konventionelles, mit dem Inhalt des Stücks äußerlich nicht verbundenes Material, das scheinbar (und in einigen Fällen tatsächlich) als Ganzes von Werk zu Werk verpflanzbar ist. Jeder Stil in der Musik stützt sich auf konventionelles Material, besonders in den Kadenzen, die fast immer in traditionellen Formeln ablaufen. Der klassische Stil vergrößerte und verlängerte aber die Kadenz, um Modulation zu stärken. Der barocke Komponist arbeitet hauptsächlich mit vertikalem Füllmaterial (Generalbaß), der klassische mit horizontalem, d.h. mit langen Abschnitten von konventionellem Figurenwerk.«[779]

7. Durchführung im klassischen Werk bedeutet Vermeidung von Periodizität, Durchführung in einem barocken Werk verliert nie die Kontinuität aus dem Auge:

> »Durchführung bedeutet im klassischen und vorklassischen Stil nichts weiter als Steigerung. Die früheste und nie verabschiedete klassische Methode, ein Thema durchzuführen, bestand darin, es in gesteigert dramatischer Harmoniesierung oder einer entfernteren Tonrat zu spielen. Zuweilen dienten die dramatischen Harmonien allein, auch ganz ohne Melodie, als Durchführung, so daß es in vielen Sonaten ›Durchführungen‹ gibt, die nicht direkt auf die Themen der ›Exposition‹ verweisen. Auch das gängigste barocke Steigerungsmittel, die Ausspinnung eines Themas unter Vermeidung der Kadenz, verschwand nie und wurde in seiner Wirkung durch die Erwartung der periodischen Kadenz in der Klassik noch verstärkt. Ja, man

kann sagen, die Vermeidung der Periodizität (d.h. die Aufhebung der symmetrischen Organisation) ist es, wodurch die Klassik überhaupt auf rhythmischer Ebene ›durchführt‹.«[780]

8. Das barocke Werk kennt den Periodenpuls nicht, das klassische Werk lebt von dieser Strukturierung.

Auch asymmetrische Perioden sind möglich, wenn sie durch Verdopplung symmetrisch werde, z.B. aus einer siebentaktigen Periode wird durch Verdopplung eine vierzehntaktige. Dieser Punkt ist in der Unterscheidung der beiden Stile fast der wichtigste, deswegen wird er hier ausführlich zitiert:

»Das deutlichste Element in der Ausbildung des frühen, klassischen (oder des protoklassischen Stils, wenn wir den Begriff klassisch für Haydn, Mozart und Beethoven aufheben wollen) ist die kurze, gegliederte Phrase, die Periode. Bei ihrem ersten Auftreten sprengt sie den Barockstil, der im allgemeinen von umfassender, weitreichender Kontinuität geprägt ist. Als Paradigma dient zwar die viertaktige Periode, aber historisch gesehen war sie nicht das Muster, sondern, wie sich herausstellte nur die häufigste Art. Zweitaktperioden sind ein Kennzeichen Domenico Scarlattis; sie werden zu zweien gruppiert, zu Viertaktperioden. Haydns Quartett op. 20, Nr.4 beginnt mit sieben völlig unabhängigen Sechstaktperioden, und das ist nur ein Beispiel unter Tausenden. Drei- und Fünftaktperioden treten von Anfang an häufig auf, während ›echte‹ Siebentaktperioden gegen Ende des Jahrhunderts möglich werden (wobei ›echt hier im Gegensatz zu Achttaktperioden gemeint ist, deren achter Takt durch Überlappen mit der nächsten Periode verschwindet. Erst gegen 1820 übte die Viertaktperiode die absolute Macht über die rhythmische Organisation aus. Davor war ihre Vorherrschaft eine praktische Angelegenheit – sie war nicht zu kurz und nicht zu lang und leichter als Drei- und Fünftaktperioden in symmetrische, ausgewogene Hälften zu teilen. Aber die Zahl Vier ist nicht magisch und wichtig ist allein die wiederkehrende Unterbrechung der Kontinuität. Selbstverständlich ermöglicht die Periodizität diese Unterbrechung nur, indem sie ihre eigene Kontinuität schafft. Die Periode steht mit dem Tanz in Verbindung, der regelmäßige Periodengruppen braucht, um mit den Tanzschritten und Abschnitten übereinzustimmen. In der italienischen Instrumentalmusik des 18. Jahrhunderts wird diese Periodengruppierung durch harmonische Sequenzen verstärkt, wobei amüsanterweise das fundamentale Element des hochbarocken Rhythmus die Wirkung gerade desjenigen Elements verstärkt, das dann den Sturz des barocken Systems herbeiführt. [...] Der gegliederte Periodenbau veränderte das Wesen der Musik des 18. Jahrhunderts in zweierlei Hinsicht: einmal schuf er ein gesteigertes ja überwältigendes Gefühl für Symmetrie und zweitens ein äußerst vielfältiges rhythmisches Gewebe, in dem die Rhythmen nicht kontrastieren oder sich überlagern, sondern logisch und mühelos ineinander übergehen. Die Herrschaft der Symmetrie ergab sich aus der Regelmäßigkeit des klassischen Periodenbaus. Die Periode drückt dem Rhythmus einen größeren langsameren Puls auf, und so wie man fast immer erst nach zwei ähnlichen Takten den Rhythmus eines Musikstücks verstehen und den metrischen Schwerpunkt identifizieren kann, so braucht man eine vergleichbare Symmetrie des Periodenbaus, um den größeren Puls zu hören und zu fühlen. Die Vorliebe für deutliche Gliederung steigerte das ästhetische Bedürfnis nach Symmetrie.«[781]

9. »Die barocke Dynamik ist dem barocken Rhythmus völlig analog«[782], der Parameter Dynamik wird in einem klassischen Werk weitaus differenzierter, auch kontrastierend gestaltet, auch als Akzentdynamik, während es im barocken Stil nur eine Terrassendynamik gibt oder zwei unterschiedliche Lautstärkegrade einander gegenüber gestellt werden.[783]

10. Ein Moment des klassischen Stils ist der Themenkontrast:

»Kontrastierende Themen sind allerdings ein unumgänglicher, wenn auch nicht unwandelbarer Bestandteil des klassischen Stils. Aber noch bedeutungsvoller sind vielleicht Themen, die einen rhythmischen oder dynamischen Gegensatz in sich schließen. Vor 1750 ist solch ein Gegensatz fast immer äußerlich, d.h. zwischen Stimmen, verschiedenen Perioden, einzelnen Orchestergruppen, und selten innerlich, d.h. innerhalb einer Melodielinie. In klassischen Melodien ist ein interner Gegensatz nicht allein häufig, er ist für diesen so sehr auf dynamische Nuancierung bedachten Stil wesentlich.«[784]

11. Nicht zuletzt ist das Moment der Komik im klassischen Stil neu, die nun auch musikalisch\ kompositorisch ausgedrückt werden kann:

»Die Scherze eines Haydn, Mozart und Beethoven stellen nur die Übertreibung einer wesentlichen Eigenschaft des klassischen Stils dar. Dieser war nämlich seiner Herkunft nach ein komischer Stil. Das heißt nicht, daß er nicht die tiefsten und tragischsten Gefühlsregungen ausdrücken konnte, aber das Tempo des klassischen Rhythmus ist das Tempo der komischen Oper, seine Periodik ist die der Tanzmusik, und seine Großstrukturen sind Dramatisierungen dieser Perioden. Diese Beziehung zwischen klassischem und komischem Stil hat schon C.Ph.E. Bach bemerkt, der am Ende seines Lebens den Verlust des kontrapunktischen Barockstils beklagte und hinzufügte: ›Ich glaube mit vielen einsichtsvollen Männern, daß das itzt so beliebte Komische daran den größten Atheil habe.‹

Wenn man in der zweiten Hälfte des 18. Jahrhunderts zunehmend Geschmack am musikalisch Komischen fand, so war das zum Teil darauf zurückzuführen, daß die Stilentwicklung endlich wahrhaft autonome musikalische Komik ermöglichte. Wenn das Widersinnige genau richtig scheint, das Weithergeholte plötzlich genau an passender Stelle zu stehen scheint, so hat man wesentliche Bestandteile des Komischen. Insofern der klassische Stil so großen Wert auf Umdeutung legte, enthielt jede Komposition eine Fülle von Doppeldeutigem«[785]

12. Schließlich strebt der klassische Stil nach Auflösung der Gegensätze:

»Ebenso wichtig und typisch wie der dynamische Kontrast selbst ist das Bedürfnis, ihn zu versöhnen. Diese Versöhnung oder Vermittlun erscheint in vielerlei Gestalt.[...]Diese Synthese stellt in nuce die klassische Urform dar. Ich habe nicht vor, aus Haydn, Mozart und Beethoven Hegelianer zu machen, aber die klassische

Form läßt sich am einfachsten als symmetrische Auflösung gegensätzlicher Kräfte zusammenfassen. Wenn das so verallgemeindernd klingt, daß es als Definition jeglicher künstlerischen Form gelten könnte, so liegt das daran, daß der klassische Stil – daher der Name – zum Maßstab geworden ist, an dem wir die übrige Musik messen. Dieser Stil ist offensichtlich Normativ, vom Anspruch wie vom Ergebnis her. Im Hochbarock gibt es zwar Auflösung, doch ist sie selten symmetrisch, und die gegensätzlichen rhythmischen, dynamischen oder tonartlichen Kräfte sind nicht so scharf umrissen.«[786]

Nun charakterisiert das alles die Unterschiede zwischen barockem und klassischem Stil. Aber was ist mit der Musik der Vorklassik? Sie enthält Elemente aus beiden Stilen, weshalb sie manch einem als chaotisch erscheinen mag, einem anderen unverständlich. Kommt man der Musik durch die Heranziehung dieser Kriterien aus beiden Stilen nahe? Rosen äußert sich hierzu nur indirekt. Generell sagt er über den Stilbegriff wieder im Kontext zum klassischen und barocken Stil:

»Ein Stilbegriff entspricht jedoch nicht einer historischen Tatsache, sondern er erfüllt ein Bedürfnis: er verhilft zur Verstehensweise. Daß man ein solches Bedürfnis fast sofort empfand, gehört nicht zur Musikgeschichte, sondern zur Geschichte des Musikgeschmacks und -verständnisses. Ein Stilbegriff läßt sich nur in pragmatischer Absicht definieren; ist er, was zuweilen geschieht, fließend und ungenau, so ist er nutzlos.[...] Der Stil des sogenannten Hochbarock (1700-1750) ist international und besitzt keine Gruppe, die den drei Wiener Klassikern vergleichbar wäre. Doch der Hochbarock stellte eine sinnvolle, systematische musikalische Sprache bereit, die die drei Klassiker verwenden, bzw. an der sie ihre eigene Sprache messen konnten. Mozart war in der Lage, bei Bedarf ein gutes, wenn auch nicht vollkommenes Faksimilie des hochbarocken Stils zu liefern, doch in der Verbindung seiner eigenen Diktion mit der eines hochbarocken Meisters (wie in seiner Uminstrumentierung des >Messias<) prallen nicht so sehr zwei Musikerpersönlichkeiten als zwei isolierbare und beschreibbare Ausdruckssysteme aufeinander. Hochbarocker Stil, das ist anzumerken, bedeuete für Mozrt und Beethoven vor allem Bach und Händel, und sowohl Bach wie Händel schufen jeder auf andere und ganz persönliche Weise eine Synthese aus den drei verschiedenen Nationalstilen ihrer Zeit, dem deutschen, französischen und italienischen. Durch ihren gegensätzlichen Personalstil ergänzen sich Bach und Händel, so daß sie paradoxerweise als Einheit betrachtet werden können.«[787]

Doch was sagt er zur Musik der Vorklassik und der Musik der Bach-Söhne? »Im Verhältnis zum "anonymen" oder landläufigen Stil des 18. Jahrhunderts stellt der klassische Stil nicht nur die Synthese der damaligen künstlerischen Möglichkeiten dar, sondern auch die Ausfilterung sämtlicher nichtsagender Überbleibsel vergangener Traditionen.«[788] Weiter meint Rosen, daß das Gewicht der Gliederung die Ästhetik des Hochbarocks zum Einstürzen brachte.[789] »An ihre Stelle«[790] sei aber »nichts Zusammenhängendes«[791] getreten, weshalb man »die Zeit zwischen 1755 und 1775 mit besonderem Recht als Übergangsperiode«[792] bezeichnen könne.

»Überspitzt gesagt mußte ein Komponist damals zwischen dramatischem Effekt und vollendeter Form, zwischen Ausdruck und Eleganz wählen, nur selten konnte er beides zugleich haben. Erst als Haydn und Mozart unabhängig voneinander und im

Verein einen Stil schufen, in dem der dramatische Effekt sowohl überraschend als auch logisch motiviert erscheint, in dem Expressivität und Formvollendung Hand in Hand gingen, wurde der klassische Stil geboren.

Vor dieser Synthese hatten die Bach-Söhne die wichtigsten Stilrichtungen Europas, den rokoko- oder galanten Stil, die Empfindsamkeit und den Spätbarock unter sich aufgeteilt: Johann Christians Musik war konventionell, sensibel, liebenswürdig, undramatisch und wenig leer; Carl Philipp Emanuels Musik war ungestüm, ausdrucksvoll, glänzend, voller Überraschungen und oft zusammenhanglos; Wilhelm Friedemann setzte die Barocktradition in eigenwilliger, ja exzentrischer Weise fort. Die Mehrzahl ihrer Zeitgenossen war ihnen so oder so verpflichtet.«

Das ist das einzige, was Charles Rosen über Wilhelm Friedemann zu sagen weiß. Das hilft uns nicht weiter. Bis 1755 pauschaliert er sämtliche Musik als Barockmusik. Seine Untersuchungen zum klassischen und barocken Stil sind zutreffend und in ihrer Genauigkeit in der Beschreibung bis heute unübertroffen. Aber die Musik Friedemanns und auch Carl Philipp Emanuels paßt nicht in diese Schubladen Barock und Klassik, jene C.P.E. noch vielmehr in die Schublade Klassik. Sätze wie, »Der Pracht eines C.Ph.E. Bach fehlt der große Atem, so wie seiner Leidenschaft der Witz fehlt.«[793], helfen uns in der Beurteilung nicht weiter. Auch die Aufzählung und Zuordnung der Manieren rokoko- oder galanter Stil, die man gemeinhin auch noch bei Kahmann lesen kann, helfen nicht, diese Musik zu erklären. Ginge man nur nach Rosen vor, so könnte man nur sehen, was die Musik Friedemanns nicht ist und würde jenes »Noch-nicht und Nicht-mehr«, das durch die ganze musikwissenschaftliche Literatur geistert, bestärken. Auch Eggebrecht hilft uns nicht weiter: Seine Untersuchungen der kleinen g-Moll Sinfonie entlarven das Hauptthema des I. Satzes noch als »Gradiatio«-Figur, der stufenweise aufsteigenden Wiederholung als Steigerung und damit als Musik mit barock-rhetorischen Zügen. Und das noch bei Mozart![794] Eggebrachts Ausführungen zu Carl Phlipp Emanuel Bach[795] und der Vorklassik[796] gehen zwar auf die gesellschaftlichen und philosophischen Komponenten jener Epoche ein, die er als »Aera mobilitatis«[797], einer »Epoche der Beweglichkeit«[798] charakterisiert. Auch seine Analysen der Phantasien Carl Philipp Emanuels sind sehr lesenswert, seine Ausführungen beschreiben aber letztlich nur den bekannten status quo. Wir wollen hier ganz andere Wege in der Beurteilung gehen, und das soll vorurteilsfrei und durch die Brille des 18. Jahrhunderts geschehen.

Wie beurteilten die Zeitgenossen Friedemann Bachs Stilistik und auch die von Haydn und Mozart, als man die Begriffe »Barock« und Klassik« noch gar nicht kannte?

Zu Friedemanns Zeiten wurde der Terminus *gebundener Stil* als Synonym für den alten, hochbarocken, kontrapunktisch geprägten Satz und als Gegensatz zum *galanten Stil*, dem moderneren, homophon, im Sinne von Melodie und Begleitung, geprägten Satz verstanden oder benutzt. Auch in diesem Kontrast sollen Vater und Sohn gegeneinander ausgespielt werden. Inwiefern Friedemann galant komponiert, wird herauszufinden sein. Er paßt nicht in diese allzu einfache Katalogisierung, denn er bleibt einem dreistimmigen, kontrapunktisch geprägten Denken, auch in seinen Polonaisen treu, einem Satzgefüge, das immer noch von der Tiosonate zu kommen scheint. Jedenfalls wechselt er in seiner Schreibart zwischen galant und gebunden. Hören wir Heinrich Christoph Koch in seinem Lexikon:

»Gebundene Schreibart. Man verstehet darunter denjenigen Styl, bey welchem man sich vieler Bindungen oder Aufhaltungen der Harmonie bedienet. Siehe Contrapunkt und Styl.«[799]

Ergiebiger wird er dann tatsächlich in seinem Hauptwerk:

»[...] Dieses charakteristische haben die Tonsetzer auf zwey verschiedene Arten classifizirt, nemlich 1) in Rücksicht auf die Verschiedenheit der Behanldung des Materials der Kunst, durch welche Empfindungen ausgedrückt werden; in diesem Falle hat man zwey Hauptarten festgesetzt, die bald einzeln, bald aber auch miteinander vermischt gebraucht werden, und die man den strengen oder gebundenen, und den freyen oder ungebundenen Styl nennt; und 2) in Rücksicht auf die Empfindungen selbst, welche ausgedrückt werden; und hierbey hat man drey Hauptarten festgesetzt, die man mit den Namen Kirchen – Kammer – und Theaterstyl bezeichnet.
Der strenge Styl, den man auch die gebundene oder fugenartige Schreibart nennet, und von dessen Entstehungsart in dem Artikel Contrapunkt gehandelt worden ist, unterscheidet sich von dem freyen Style hauptsächlich
1) durch einen ernsthaften Gang der Melodie und weniger Verzierungen derselben. Die Melodie erhält diesen ernsthaften Charakter theils durch die oft vorkommenden Bindungen, wobei die Hauptnoten des Gesanges weniger Verzierungen und Zergliederungen erlauben als bey den ungebundenen Tonfolgen; theils durch strengere Beibehaltung des Hauptsatzes und der in demselben vorkommenden Notenfiguren. Weil in der strengen Schreibart eigentlich nur der Hauptsatz des Tonstückes durchgeführet und zergliedert wird, so fällt dadurch das Zusammenreihen solcher melodischer Theile weg,die in einer ernsthaftern Bindung aufeinander stehen, und die gemeiniglich aus verschiedenen Arten zusammengesetzt sind usw.
2) durch den Gebrauch der gebunden aufgeführten Dissonanzen, wodurch die einzelnen Theile der Harmonie fester in einander geschlungen werden, aber mit andern Worten, durch eine mehr verwickelte Harmonie, und
3) dadurch, daß der Hauptsatz des Tonstückes gleichsam nicht aus den Augen gelassen, und gemeiniglich immer aus einer Stimme in die andere übergetragen, und dadurch veranlaßt wird, daß jede Stimme den Charakter einer Hauptstimme erhält, und unmittelbar an dem Ausdrucke der Empfindung Antheil nimmt. Daher sagt man, wenn dieses geschieht, das Stück sey polyphonisch gesetzt, das heißt, es enthalte den vereinigten Ausdruck der Empfindungen mehrerer Personen.“[800]
Außerdem schreibt er noch in seiner Anleitung zur Komposition zum Streichquartett:
„Wenn es wirklich aus vier obligaten Stimmen bestehen soll, von denen keine der andern das Vorrecht der Hauptstimme streitig machen kann, so muß es nach Art der Fuge behandelt werden.
Weil aber die modernen Quartetten in der galanten Schreibart gesetzt werden, so muß man sich an vier solchen Hauptstimmen begnügen, die wechselweise herrschend

sind, und von denen bald diese, bald jene den in Tonstücken von galantem Stiele gewöhnlichen Baß macht.

Während aber sich eine dieser Stimmen mit dem Vortrage der Hauptmelodie beschäftiget, müssen die beyden andern, in zusammen hängenden Melodien, welche den Ausdruck begünstigen, fortgehen, ohne die Hauptmelodie zu verdunkeln. Hieraus siehet man, daß das Quartuor eine der allerschweresten Arten der Thonstücke ist, woran sich nur der völlig ausgebildete, und durch viele Ausarbeitungen erfahrne Tonsetzer wagen darf.

Unter den neuern Tonsetzern haben Haydn, Plehl und Hofmeister am mehresten das Publikum mit dieser Gattung der Sonaten bereichert. Auch der sel. Mozard hat in Wien sechs Quartetten für zwey Violinen, Viole und Violoncell unter einer Zuschrift an Haydn stechen lassen, die unter modernen vierstimmigen Sonaten, am mehresten dem Begriffe eines eigentlichen Quatour entsprechen, und die eigentümliche Vermischung des gebundenen und freyen Stils, und wegen ihrer Behandlung der Harmonie einzig in ihrer Zeit sind.«[801]

Der »klassische Stil« wird hier mit dem »galanten Stil« mehr oder weniger gleichgesetzt. Der »galante Stil« – auch der »freie« oder »ungebundene Stil« – steht also für einen Stil, der konzipiert ist im Sinne von Melodie und Begleitung, also einem homophonen Stil. Der »strenge« oder »gebundene Stil« steht für einen polyphonen Stil. Die Musik Friedemann Bachs hat aber wegen ihrer kontrapunktischen Prägung kaum etwas mit dem »galanten Stil« zu tun, obwohl sie immer in einem Atemzug mit der Galanterie genannt wird. Im Sinne von Koch wäre dann auch der »komische Stil« italienischer Prägung, wie Johann Christian Bach ihn vertritt, dem »galanten Stil« zugehörig. Man merkt, es ist schwierig. Eigentlich würde der Terminus »vermischter Geschmack« oder »vermischter Stil« die Musik besser kategorisieren, da Friedemann einerseits dem dreistimmigen kontrapunktisch-linearen Denken treu bleibt, auf der anderen Seite aber auch eine Faßlichkeit und Liedhaftigkeit der Motive in den Sonaten und Polonaisen zumindest anstrebt. Jedoch bedeutet vermischter Geschmack zur Barockzeit die Vermischung von französischem und italienischem (barockem) Stil, aus dem kombiniert mit dem norddeutsch-flämischen Kirchenstil der deutsche Stil (oder Geschmack) hervorgeht. Hält man die Musik der »Vorklassik« und auch der »Klassik« (denn hier hielt sich in der Kirchenmusik ein stilisierter spätbarocker Stil) indes einfach für galant=homophon und gebunden=kontrapunktisch, so tut man der Musik des 18. Jahrhunderts insgesamt wahrscheinlich den größten Gefallen.
Da stilkritische Analysen den Rahmen dieser Abhandlung sprengen würden, wird auf diese verzichtet. Aber es werden zur Analyse Beispiele zwischen galantem und gebundenem Stil herangezogen. Wahrscheinlich ist diese Klassifizierung für die Musik des 18. Jahrhunderts doch die treffendste.

Zur Terminologie:

Es wird die deutsche Absolutbezeichnung mit der Bezeichung der Grundtonfortschreitung nach Bárdos, Gárdonyi[802] und Nordhoff verwendet, wobei bereits Sechter, Schönberg und Schenker zwischen fallenden und steigenden Schritten un-

terscheiden:
AS=fallender Septim- oder steigender Sekundschritt, AT=fallender Terz- oder steigender Sextschritt, AH=fallender Quint– oder steigender Quartschritt, sowie PS=fallender Sekund- oder steigender Septimschritt, PT=steigender Terz- oder fallender Sextschritt und PH=steigender Quint- oder fallender Quartschritt. Dazu erfolgt die Bezeichnung nach der Stufentheorie. Gárdonyi und Nordhoff beschreiben in ihrem Buch, daß jene Bezeichung oder Unterscheidung der Grundtonfortschreitung in authentische und plagale Schritte wertneutraler ist.[803]

Die Problematik ist: wenn überhaupt, so haben die Komponisten des 18. Jahrhunderts, das ja auch das Generalbaßzeitalter ist, in Generalbaßbezeichnungen gedacht. Zsolt Gárdonyi formulierte zur Darstellung der Grundtonfortschreitung eigens für dieses Buch:

> »Die Darstellung der Grundtonfortschreitungen besteht im Gegensatz zu Stufen- oder Funktionstheorie nicht in der Benennung von Einzelakkorden, sondern qualifiziert die Klangwirkung zwischen den Harmonien. Dies kommt dem tatsächlichen Höreindruck im musikalischen Prozeß näher, dabei kann man die Einzelakkorde je nach Geschmack benennen. Allerdings legt das Prinzip "gleiches Recht für jeden Akkord" jeweils den realen Grundtonbezug nahe, ohne hypothetische Grundtöne zur Aufrechterhaltung irgendwelcher Theoreme nach Bedarf herbeizaubern zu müssen. Unser Vorgehen entspricht damit ziemlich genau dem Ansatz von Carl Dahlhaus, der im Schußsatz seines Nachwortes zur zweiten Auflage von Ernst Kurths "Die Voraussetzungen der theoretischen Harmonik und der tonalen Darstellungssysteme" (München 1973) auf die einschlägige Diskussion vor rund hundert Jahren zwischen Hugo Riemann und Ernst Kurth zurückblickend feststellte, dass Kurth diesen Problemen "nicht als Dogmatiker, der um sein System bangt, sondern als Historiker, der zu verstehen sucht, begegnete."«[804]

Sicherlich fragen sich nun viele, warum der Verfasser dieser Arbeit nicht einfach die geläufigere Funktions- oder Stufentheorie verwendet. Sie beinhalten aber einige Schwächen, die hier aufgelistet werden: Die Funktionstheorie versagt bereits bei der simplen Darstellung der Quintfallsequenz, in der sie den jeweiligen verminderten Dreiklang oder halbverminderten Septimakkord (nämlich die VII. Stufe in Dur und die II. Stufe in Moll) nicht korrekt darzustellen vermag. Und gerade diese Elemente kommen in der Musik des 18. Jahrhunderts vor. Sie betrachtet den verminderten Sextakkord gar als einen verkürzten Dominantseptakkord und das auch in der Musik des 17. Jahrhunderts. Lesen wir dazu Gárdonyi:

> »Die Besonderheit des verminderten Dreiklanges liegt in seiner verminderten Quinte über dem Grundton. In allen historischen Stilen, in denen eine verminderte Quinte zum Baßton vermieden wurde, ist daher der Gebrauch des verminderten Dreiklanges fast ausschließlich auf die erste Umkehrung beschränkt. Dabei wird nahezu ausnahmslos die Terz verdoppelt. Der Grund hierfür ist in dem konsonanten Verhältnis des Terztones zu den beiden dissonanten Ecktönen zu sehen. Eine Verdoppelung des Quint- oder Grundtones würde das verminderte Rahmenintervall zusätzlich verstärken und bei dem häufigen Einsatz des Grundtones als Leitton eine unzulässige Verdoppelung erzeugen. Als VII. Stufe in Dur oder vergleichbaren Zusammenhängen wird er in dieser Form typisch als leittöniger Klang eingesetzt[...] Kein verkürzter Septimakkord!«[805]

Gárdonyi erläutert dann an Notenbeispielen, daß die im Akkord enthaltene Quinte aufwärts geführt werden kann und nicht wie eine Septime behandelt wird.

> »[...]Wie man an den demonstrierten Auflösungen des verminderten Sextakkordes sieht, kann die darin enthaltene Quinte aufwärts geführt werden, so wie es vor allem in der Musik bis zum 17. Jahrhundert üblich war. Die Quinte wird also nicht wie eine Septime behandelt [...]. Auch sind gelegentliche Verdoppelungen der Quinte anzutreffen. Den verminderten Sextakkord als verkürzten Dominantseptimakkord anzusehen, ist daher historisch gesehen nicht korrekt, da die oben abgedruckten Auflösungen schon in den Kompositionen auszumachen sind, lange bevor der Dominantseptimakkord sich etabliert hatte. In einer Zeit, in der es noch keinen Dominantseptimakkord gab, kann auch kein verkürzter Dominantseptimakkord existiert haben.«[806]

Das und auch die Auflösungstendenzen des verminderten Sextakkordes gelten auch für die Musik Wilhelm Friedemann Bachs. Hinzu kommt noch eine Schwäche der Funktionstheorie: Sie pauschalisiert den Quintsextakkord auf der II. Stufe als *Sixte ajoutée,* als IV. Stufe mit hinzugefügter Sexte, und beruft sich dabei auf Rameau, der selbst aber diesen Zusammenhang differenzierter sah:

> »Die Erfassung von Klangverbindungen kann in der harmonischen Analyse zu verschiedenen Akkordbestimmungen führen, obwohl in einem Klang dieselben Töne notiert sind. Den bekanntesten Fall stellt die Unterscheidung zwischen dem Subdominant-Quintsextakkord und dem Quintsextakkord der zweiten Stufe dar. Rameau wies wohl als erster auf die doppelte Bedeutung dieser Akkordtöne hin. Die Akkordbestimmung machte er von dem folgenden Akkord, also von der Grundtonfortschreitung abhängig. Stand die Quintsextbildung in einem Quintanstieg, benannte er den Akkord nach seinem Baßton mit hinzugefügter Sexte ("Sixte ajoutée"). Erfolge die Akkordverbindung dagegen im Quintfall, faßte er den Akkord als Septimakkord-Umkehrung der zweiten Stufe auf, also als einen Quintsextakkord. Die Begründung lag in einer genauen Beobachtung der Dissonanzverhältnisse, abhängig von der Führung der Stimmen: In einem Akkord mit der »Sixte ajouteé« ist die Sexte die Dissonanz und wird aufwärts geführt. In einem Quintsextakkord ist die Septimdissonanz als Sekundintervall enthalten, in dem der untere Ton als Septime abwärts aufgelöst wird. Rameau nannte die doppelte Verwendbarkeit identischer Akkordtöne in Abnhängigkeit von ihrer Fortführung "double emploi".«[807]

Die Vorteile dieser Art von Klangbetrachtung beschreiben Gárdonyi und Nordhoff so:

> »1. Harmonische Analyse unter Einbeziehung der Grundtonfortschreitung ist anwendbar auf die tonale Musik des 16. bis 20. Jahrhunderts.
>
> 2. Bei einem fast 200 Jahre gleichbleibenden Akkordrepertiore werden mit der Benennung der Klangverbindung über die Bestimmung des Einzelklanges hinaus Charakter und Höreindruck des Klangwechsels erfaßt.
>
> 3. Die Grundtonfortschreitung erleichter im stilbeschreibenden Bereich der Musikwissenschaft und Musiktheorie präzise Aussagen über den harmonischen Stil.

> 4. Die Beurteilung der Klangverbindungen eröffnet im musikalischen Ausbildungsbereich den direkten Zugriff auf den Prozeßcharakter der Harmonik, dessen Beobachtung in den Fächern Tonsatz und Gehörbildung ein entscheidendes Kriterium bedeutet.«[808]

Allerdings liegen auch die Vorteile der Funktionstheorie durchaus auf der Hand, sobald es darum geht, nicht erfolgte, aber erwartete Auflösungen und melodische Verläufe im harmonischen Kontext darzustellen. Das ist aber der einzige Vorteil, den der Autor sieht. Ein weiterer Vorteil könnte die Möglichkeit sein, daß lineare Verläufe innerhalb einer Akkordfortschreitung darstellbar sind.

Die Stufentheorie hat wiederum Probleme, den Prozeßcharakter von Musik darzustellen, daß sie nur angibt, auf welcher Stufe ein Akkord steht und nicht beschreibt, was sich im Prozeß von Akkord zu Akkord abspielt. Die Stufentheorie ist aber, weil durchaus noch vom Generalbaß herkommend, historisch begründet und berechtigt. Die Stufentheorie versagt aber dann, wenn es darum geht, einen harmonischen Bezug, wie z.B. den einer Zwischendominante oder Dominantbeziehung, darzustellen.

Um den analytischen Gepflogenheiten im deutschsprachigem Raum insgesamt nachzukommen, verfährt der Verfasser hier zusätzlich nach dem Muster Prof. Joseph Trompkes[809], indem sowohl die Stufentheorie als auch die Absolutbezeichnung mit Grundtonfortschreitung und die Funktionstheorie herangezogen wird, um jeweils in der anderen Terminologie Dinge darzustellen, die die andere nicht darstellen kann und um möglichst viele Leser anzusprechen. Trompkes Manuskript, (das bei ihm mit einer Audio-CD zu bestellen ist), bringt noch interessante Erkenntnisse zwischen dem Zusammenhang der verschiedenen Stimmungen und der Akkordfortschreitungen zutage. So gibt es auch später bei Sechter und Bruckner ganz irrige Stimmführungen, die auf eine mathematische Dissonanz zurückgehen, der dissonanten Quinte auf der II. Stufe. Ohne die Kenntnis, daß jene Dissonanz aus der reinen Wiener Stimmung[810] herrührt, kann man diese Stimmführungen nicht verstehen.[811]

Nach der persönlichen Meinung des Verfassers dieser Studie könnte man die Musik des 18. und gar noch des 19. Jahrhunderts am besten über einfache Generalbaßziffern darstellen. Das käme auch der Denkweise der Musik des 18. Jahrhunderts am nächsten! Allerdings zeigt diese Methode nur den jeweiligen Akkord an und die moderne Analyse erwartet einfach, harmonische Zusammenhänge deutlich zu machen. Allerdings gibt uns J.S. Bach in seinen Generalbaßregeln alles, was wir zur Analyse brauchen. Etwas anderes haben die Bach-Schüler auch nicht gelernt:

»44.

Einige höchst nöthige Regeln vom General Basso, di J.S.B

Scalae { Die *Scala* der 3. *maj.* ist, tonus, 2de ein gantzer *Ton*, $\bar{3}$ ein gantzer *Ton*, $\bar{4}$ ein halber, 5 ein gantzer, 6 ein halber<!> *Ton*, $\bar{7}$ ein gantzer ton, $\bar{8}$*va* ein gantzer <!> *Ton;* die *Scala* der 3 *min: ist, tonus, 2de* ein gantzer *Ton,* 3 ein halber, 4 ein gantzer, 5 ein gantzer, 6 ein halber, 7 ein gantzer, 8*va* ein gantzer *Ton;* hieraus fließet folgende Regulln: Die 2te ist ein beyden *Scalis* groß, die 4 allezeit klein <?>

[allezeit klein muß wohl allezeit rein heißen], die 5 und 8*va* völlig, und wie die 3. ist, so sind auch 6. und 7.
Der *Accord* besteht aus 3 Tonen, nehmlich 3, sie sey groß oder klein, 5. und 8. als, c.e.g. zum c.

45.

Einige Reguln vom General Baß

1) Jede Haubt Note hat ihren eigenen Accord, er sey nun eigenthümlich [in Grundstellung], oder entlehnet [umgekehrt oder abgeleitet. Entlehnt kann auch ein Sept- oder ein Nonakkord sein. Alles das, was nicht dem Akkord in Grundstellung als »eigenthümlich« entspricht, ist enlehnt].

2) Der eigenthümliche *Accord* einer *Fundamental Note* bestehet aus der 3. 5. u8. NB. Von diesen dreyen specibus, läset sich Keine weder die 3. ändern, als welche groß und klein werden kan, dahero *major* und *minor* genennet wird.

3) ein entlehnter *Accord* bestehet darinnen, wenn über einer *Fundamental Note* andere *species*, als die *ordinairen* befindlich.

als: $\begin{matrix}6\\4\\2\end{matrix}$, $\begin{matrix}6\\3\\6\end{matrix}$, $\begin{matrix}6\\5\\3\end{matrix}$, $\begin{matrix}5\\4\\8\end{matrix}$, $\begin{matrix}7\\5\\3\end{matrix}$, $\begin{matrix}9\\7\\3\end{matrix}$, etc:

4) Ein # oder ♭. über der Note allein, bedeutet daß durchs #. 3. *major* und durchs ♭. 3 *minor* zu greifen sey, die andern beyden *Species* aber *firm* bleiben.

5) Eine 5. alleine, wie auch die 8. alleine wollen den gantzen Accord haben.

6) Eine 6. alleine, wird begleidet auff dreyerley art: Als 1) mit der 3. u. 8. 2) mit der doppelten 3. 3) mit vertoppelter 6. und 3.

NB! wo 6 *maj*: und 3. *minor* zugleich über der Note vorkommen darff man ja nicht die 6. wegen übellautes *dupliren*; sondern muß an statt deren die 8. u. 3 dar[zu]gegriffen werden.

7) 2 über der Note wird mit verdoppelter *Quint accompagniret*, auch dann und wan mit der 4 u. 5. zugleich; nicht selten zu weillen

8) die *ordinare* 4. zu mahl wenn die 3. darauf folget, wird mit der 5. u. 8. vergesellschafft. ist aber durch die 4+ ein strich, so greifet mann 2. u. 6. darzu.

9) die 7. wird auch auf 3erley arth *accompagn*: 1) mit der 3. u. 5. 2) mit der 3. u. 8. 3) wird die 3. *duplirt.*

10) die 9 scheinet zwar mit der 2. eine Gleicheit zuhaben, u. ist auch an sich selbst die verdoppelte 2. alleine dieses ist der unterschied daß gantz ein ander *accomp*: darzu gehört nemlich die 3, u. 5. dann u. wann auch statt der 5 eine 6. aber selten.

11) Zu $\begin{matrix}4\\2\end{matrix}$ greiffet man die 6. auch zuweilen statt der 6. die 5.

12) Zu $\begin{matrix}5\\4\end{matrix}$ wird die 8. gegriffen, u. die 4. *resolvieret* sich unter sich in die 3. [die Quarte löst sich also in die Terz auf]

13) Zu $\begin{matrix}6\\5\end{matrix}$ greiffet man die 3; sie sey nun *major* oder *minor*

14) Zur $\begin{smallmatrix}7\\5\end{smallmatrix}$ greiffet man die 3.

15) Zur $\begin{smallmatrix}9\\7\end{smallmatrix}$ greiffet man die 3.

Die übrigen Cautelen [Fälle], so man adhibiren muß, werden sich durch mündlichen Unterricht beßer weder schrifftlich zeigen.«[812]

Damit hätten wir eigentlich das gesamte harmonische Rüstzeug erworben. Wie dem auch sei, Gerhard Schedl hat uns immer im Harmonielehreunterricht gelehrt: Alle die harmonischen Theorien wie Funktions- und Stufentheorie und die anderen analytischen Erklärungsmodelle für funktionsharmonische Zusammenhänge greifen ohnehin nur in der Zeit von ~ 1750-1850. Im Grunde genommen müßte eine dritte Theorieschrift her, die alle Dinge mit wenigen Zeichen beschreiben kann. Denn will man melodische Verläufe in der Stufentheorie darstellen, wie Trompke es tut, dann wird die Stufentheorie wieder mit der Funktionstheorie vermengt. Alle Theorien sind nur Krücken, um einen harmonischen Sachverhalt abgekürzt zu beschreiben. Um aber dem Vorwurf zu entgehen, man mache es sich mit einfachen Generalbaßziffern in der Analyse zu leicht, wird der Autor ein letztes Mal die harmonischen Theorien zurate ziehen. Fassen wir zusammen:

Wir haben uns die stilistischen Unterschiede in der Betrachtung des 20. Jahrhunderts zwischen Barock und Klassik und die zeitgenössische Betrachtung des 18. Jahrhunderts zwischen »frey und gebunden« bewußt gemacht. Terminologien und Darstellungssysteme des 19. und 20. Jahrhunderts wurden kritisch hinterfragt. Um uns in die Denkweise des 18. Jahrhunderts zu versetzen, haben wir J.S. Bachs Generalbaßregeln verinnerlicht. Nun ist der Weg frei für eine gründliche Analyse.

Anmerkungen

[769]Vgl. Charles Rosen, Der klassische Stil, Kassel 1983, 2. Auflage 1995, S.60

[770]Vgl. Charles Rosen, Der klassische Stil, S.26, 61

[771]Rosen, ebda., S.81

[772]Vgl. Rosen, S.60ff

[773]Rosen, ebda., S.52

[774]Vgl. Rosen, ebda, S.45, 75f.

[775]Rosen, ebda., S.75

[776]Vgl. ebda, S.62, 65

[777]Ebda., S.76

[778]Vgl. ebda., S.76

[779]Ebda., S.75ff.

[780]Ebda, S.53ff.

[781]Ebda., S.60f.

[782]Ebda, S.65

[783]Vgl. Ebda, S.65

[784]Ebda, S.89

[785]Ebda, S.105ff.

[786]Ebda, S.90

[787]Ebda., S.18

[788]Ebda., S.20f.

[789]Vgl. ebda, S.45ff.

[790]Ebda.

[791]Ebda.

[792]Ebda.

[793]Rosen, ebda.S.126

[794]Vgl. Hans Heinrich Eggebrecht, Musik im Abendland, München 1991, 2. Auflage 1998, S.567

[795]Eggebrecht, Musik im Abendland, S.510ff.

[796]Eggebrecht, Musik im Abendland, S.488

[797]Eggebrecht, ebda., S.488

[798]Ebda.

[799]Heinrich Christoph Koch, Musikalisches Lexikon, Frankfurt am Main 1802, S.631

[800]Koch, a. a. O., S. 1451

[801]Heinrich Christoph Koch, Versuch einer Anleitung zur Komposition, Bd.3, Leipzig 1793, Nachdruck Hildesheim 1969, S.326-327

[802]Vgl. Zsolt Gárdonyi und Hubert Nordhoff, Harmonik Ein Lehrwerk, überarbeitete und verbesserte Neuauflage, Wolfenbüttel 2002, S.21ff.

[803]Vgl. Gárdonyi\Nordhoff, Harmonik, S.22

[804]Zsolt Gárdonyi in einer Email an den Verf.

[805]Gárdonyi\Nordhoff, Harmonik, S.15

[806]Gárdonyi\Nordhoff, Harmonik, ebda.

[807]Gárdonyi\Nordhoff, Harmonik, S.36f.

[808]Gárdonyi\Nordhoff, Harmonik, S.23

[809]Joseph Trompke: Tonsatz Lehrbuch und Übungen in historischen Satztechniken, Manuskript, Würzburg 2001

[810]Vgl. Anton Bruckner, Vorlesungen in Harmonielehre und Konrapunkt, Hrsg. Ernst Schwanzara, Wien, 1950, S.125 und S.228

[811]Das hat jüngst der Komponist und Professor für Musiktheorie Marko Zdralek in einer Vorlesung, die er im Jahr 2009 an der Hochschule für Musik in Würzburg gehalten hat, herausgearbeitet. Anm.d.Verf.

[812]J.S. Bach, Notenbüchlein für Anna Magdalena Bach , 1725, Hrsg. von Georg von Dadelsen, 5. Auflage, Bärenreiter Kassel 2008, S.41

5. Die Sonaten

Hier wird exemplarisch die Sonate in G-Dur Fk 7 analysiert. Der Analyse liegt die alte Nagelsche Ausgabe zugrunde. Sicherlich hätte man eine frühere Sonate wählen können, da aber diese Sonate Friedemanns Reifezeit repräsentiert und auch in etwa zur gleichen Zeit wie der II. Teil der Polonaisen entstanden ist und sogar aus einer Polonaise zitiert, schien es geboten, gerade dieses Stück, das Beethoven vorwegzunehmen scheint, näher zu betrachten. Wollny erklärt, Falcks Datierung könne weder bewiesen noch widerlegt werden, allerdings schließt er aus der Tatsache, daß die Hälse im Autograph von Fk 7 auf der linken Seite stünden und weniger auf der rechten, was typisch für die Hallenser Autographe sei und aus den Schnörkeln am Ende der Sätze, daß dieses Autograph eben aus den 1770er Jahren stammen müßte.[813] Falck schreibt:

> »Wieder zu den *Sei Sonate* gehört die Sonate G-Dur 1), obwohl ihr Autograph (P329, S.17; BB) mit dem Titel *Sonata per il Cembalo di F.W.Bach* die Züge der spät-hallischen, wenn nicht Berliner Zeit trägt (das dicke Papier mit Längstreifen gibt keine Auskunft.) Einige spätere nachgetragene Auslassungen beweisen aber, daß wir eine spätere eigenhändige Abschrift, nicht die Urschrift vor uns haben. Stilistisch gehört die Sonate mit denen aus D-Dur1), F-Dur 1), C-Dur1) zusammen. Freie Behandlung der Form und vornehme Reife des Empfindens rücken sie ins Mannesalter des Schöpfers, in die Dresdner Zeit vor etwa 1744. [...] Wir weisen nicht umsonst auf derlei romantische Züge hin, sondern um zu erklären, wie fremd Friedemann einer Umgebung erscheinen und wie er ohne das Echo aus dem Herzen seiner Zeit allmählich verstummen mußte. Daß aber die moderne Polyphonie, die uns besonders auffallend in Friedemanns Konzerten und Sinfonien begegnet, nicht so sehr eine Folge seiner Erziehung als der Ausfluß einer eigenartig eine späte Zeit vorausahnenden Geistesverfassung war, sollen auch solche Parallelen neben anderem begreiflich machen.«[814]

Schauen wir uns zunächst den formalen Aufbau der Sonate an: die Sonate besteht aus insgesamt drei Sätzen.
Satz I wiederum besteht aus einem Wechsel eines fantasieartigen *Andantino* und einem spielerischen *Allegro di molto.*
Satz II wird aus einem *Lamento* gebildet, das ein Selbstzitat in seinem II. Teil aus dem II. Teil der Polonaise Nr.4 in d-Moll ist.
Satz III besteht aus einem schwungvollen *Presto*, das an Mozart gemahnt.

Satz I

Lieblich, geradezu schumannisch beginnt der I. Satz. Es bietet sich hier das Beispiel Beethovens, nur eben einer Friedemannschen *Sonata quasi una fantasia* oder *Fantasia quasi una Sonata*, an. Interessant ist, daß Friedemann – am Anfang wenigstens – der Dreistimmigkeit treu bleibt. Interessant ist auch die rhythmische Vielgestaltigkeit, mit der Friedemann beginnt, das Doppelschlagmotiv, gefolgt von dem triolisierten Oktavmotiv. Es wird in der Mittelstimme imitiert; in der Oberstimme etabliert sich dagegen ein synkopiertes chromatisches Motiv. Die Sequenz, um eine kleine Terz tiefer, führt uns in einem weiteren Terzgang, der »auschromatisiert« oder »durchchromatisiert« wird, über eine emphatische Geste – dem synkopierten Septimsprung als Nonvorhalt zur Subdominante C-Dur – die im Kontext der Sequenz eigentlich die Subdominantparallele von e-Moll ist und selbst zur Tonika wird. Man schaue sich einmal die expressiven Vorhalte und Auflösungsverzögerungen an. Es ist eine vielgestaltige und höchst expressive Musik.

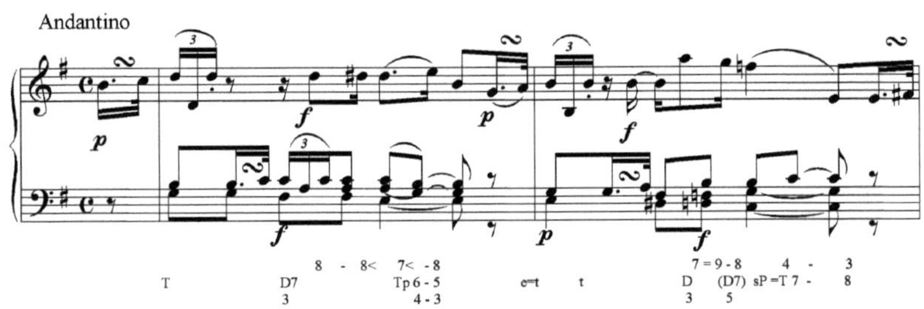

Mit der Doppelschlagfigur wird ein Feuerwerk im *Allegro di molto* entfacht. Interessant ist hierbei auch der Taktwechsel: das Allegro steht nämlich im 3\4 Takt. Stand im Andantino die Linie, so steht im *Allegro di molto* die Dreiklangszerlegung im Vordergrund. Hier die erste Figurengruppe:

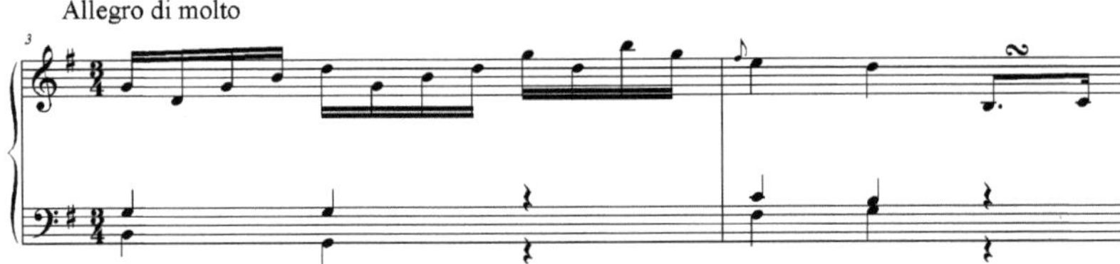

Das Dreiklangsfeuerwerk wird jeweils von einer wunderschönen Vorhaltsfigur beendet. Das Dreiklangsmotiv könnte man als eine Art erstes Thema oder erste Figurengruppe betrachten. Der Doppelschlag wird auch hier das bestimmende Motiv. Das Motiv in T.7 ist durch seinen Quartvorhalt freilich von der Vorhaltsfigur in T.4 abgeleitet, man kann es aber auch als zweites Thema des schnellen Teiles sehen, da es immer wieder vorkommen wird. Hier die zweite Figurengruppe:

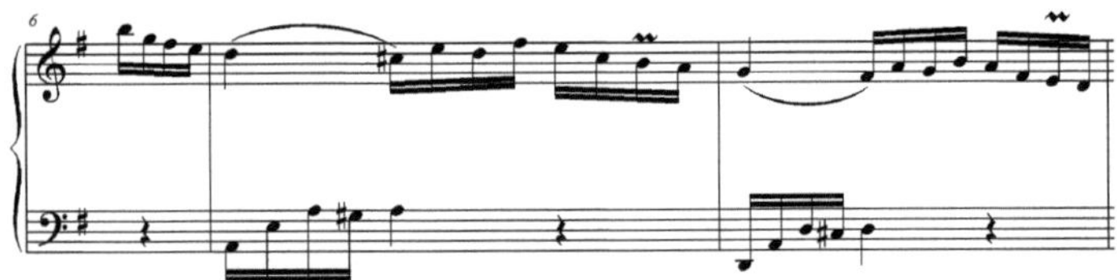

Dieses zweite Thema (oder die zweite Figurengruppe) führt uns über Pralltriller und eine chromatisierte Baßfortschreitung (man könnte auch diese Gruppe wieder zergliedern, da die besagte chromatische Fortschreitung wieder kommen wird, aber das würde vielleicht zu unübersichtlich werden), die noch typisch barock ist, in einen sehr erregenden Teil in Dreiklangszerlegungen, den man als drittes Thema oder dritte Figurengruppe des schnellen Teiles definieren könnte, denn dieser Teil wird uns noch beschäftigen.

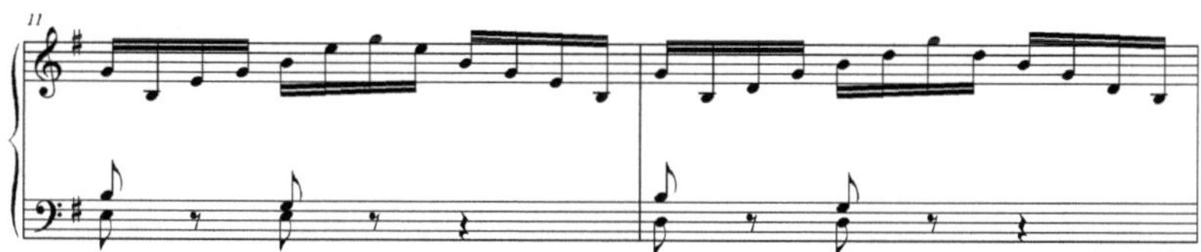

Diese Dreiklangszerlegungen führen dann über die Doppeldominante nach D-Dur. So erfährt in T.15 der Doppelschlag eine neue motivische Umformung, man könnte ihn hier als viertes Thema oder vierte Figurengruppe des Allegros sehen, und findet auf dem cis3 in T.17 seinen Höhepunkt, eine insgesamt technisch sehr schwer zu spielende Stelle, – auch die Pralltriller vorher sind auf die Doppelschlagfigur zu beziehen – und endet auf einer Fermate auf der Doppeldominante. Hier die vierte Figurengruppe:

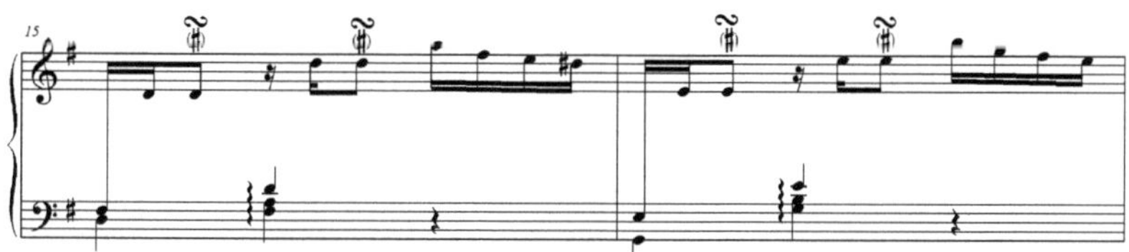

Nach diesem brillianten Teil, der sich über die Tonikaparallele zur Dominante bewegt, kommt das *Andantino* nun wortgetreu auf der Dominante transponiert wieder. Es kommt insgesamt dreimal. Es erfährt hier jedoch einen Registerwechsel. Nach dem Andantino kommt über die Doppelschlagfigur erneut das *Allegro di molto*. Überrascht werden wir allerdings von dem Eintritt der variierten dritten Figurengruppe, die uns durch ihren Wechsel der Dreiklangszerlegungen und Pralltrillerfiguren tonartlich stetig wegführen möchte. Modulatorisch geht es dann kurz nach A-Dur, nur um dann sehr dramatisch nach h-Moll zu gehen (T.32) und dort zu verweilen (übrigens mit einer sehr schönen Trugschlußwendung in T.34). Die dritte Figurengruppe erscheint in Originalgestalt in e-Moll, führt aber wieder gleich nach h-Moll. Und die Doppelschlagfigur (vierte Figurengruppe) aus T.15 tritt nun in h-Moll auf. Die Themen werden eigentlich nur harmonisch variiert und kommen als festgelegte Bausteine wieder. Die Doppelschlagfigur findet einen harmonischen Höhepunkt auf dem übermäßigen Sextakkord in T.42 und führt uns nach D-Dur. Hier erscheint sie analog zu den Takten 15-18, der Höhepunkt auf dem cis3 wird nun durch längere Triller und einer Bewegungszunahme im

Folgetakt intensiviert. Die dritte Figurengruppe erscheint in T.49 in G-Dur und moduliert kurz nach C-Dur, um dann über D-Dur wieder nach G-Dur zu gelangen. In T.57 kommt ein neues Pralltrillermotiv, die Unterstimme könnte als Umkehrung der dritten Figurengruppe gedeutet werden oder auch als Zusammenfassung der Unterstimme der zweiten Figurengruppe, plus Oberstimme der ersten. Auf jeden Fall ist die motivische Verknüpfung auch zum *Andantino* immens. Friedemann erreicht hier eine Energie und einen Schwung, wie es nur den drei großen Klassikern in jener Zeit wieder gelingen sollte. Das Doppelschlagmotiv des *Andantinos* wird im gesamten ersten Satz verarbeitet. Dieser schnelle Teil erfreut sich in Spielwerk und Trillern. Die Musik ist einfach erfrischend. Motivische Verarbeitung im Sinne der Wiener Klassik sollte man hier nicht suchen, man wird sie so nicht finden. Vielmehr geht es Friedemann um die harmonische Variation festgelegter Satzstrukturen, die durch die unterschiedliche Transposition anders beleuchtet werden, aber durch eine motivische Klammer miteinander verwandt sind. Diese variierte vierte Figurengruppe findet ihren Höhepunkt auf fis2 und führt uns analog zu T.18 wieder in das *Andantino*. Nach der Fermate in T.62 schließt sich das *Andantino* wieder an, diesmal als Coda weit ausformuliert und chromatisiert. Sehr kunstvoll geleitet uns diese Coda in den letzten Takt des Stückes. Es scheint, als hätte das Stück eigentlich auf die Coda hingearbeitet. Der erste Satz besteht also aus fünf Teilen Andantino | Allegro di molto | Andantino | Allegro di molto | Andantino. Hier nochmal die großformale Übersicht:
T.1+2: Andantino
T.3-18: Allegro di molto
T.19+20:Andantino
T.21-62: Allegro di molto
T.63-68: Andantino
War dieser Satz voller Lebensfreude, so ist der folgende voller Traurigkeit und Schmerz.

Satz II

Dieser Satz ist mit Lamento überschrieben. Die Grundtonart ist e-Moll, es gilt der Dreivierteltakt. Die Form ist eine A-B-A1 Form. Die Musik ist wieder dreistimmig. Man könnte ihn eine Komposition über die Terz nennen. Melodisch wird das Hauptmotiv durch die kleine Sexte beschrieben. Das könnte man Motiv a nennen. Der Folgetakt als Motiv b ist eine Sechzehntelausfüllung der kleinen Terz, in parallelen Terzen. In T.3, harmonisch wird hier ein I-VII7-I Pendel beschrieben, wird Motiv a synkopiert und dabei vom Ambitus her erweitert. Die folgende Umspielung ist dann in Sexten ausgeführt. Auch hier findet sich einiges an Verarbeitung in nur vier Takten. Der Anfang läßt John Field, Frederick Chopin oder auch Mahler vorausahnen.[815] Das Stück bildet auch eine seltsame Analogie zum Adagio d-Moll für zwei Flöten und Streichorchester Friedemanns.

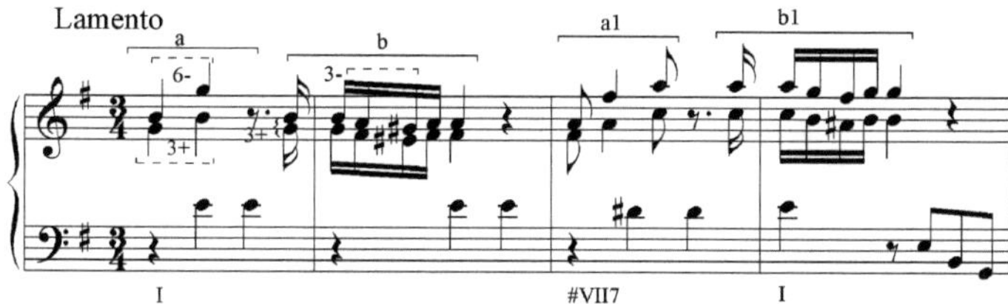

Fraglich ist, ob man nicht auch den Baß motivisch bezeichnen sollte, dann fiele Variable b auf die Baßfigur, alle anderen Variablen würden sich entsprechend ändern. Takt 5 kann als Kombination von a und b gelten und führt uns als Motiv c, versehen mit der Doppelschlagfigur des ersten Satzes, über einen Trugschluß auf der VI. Stufe nach a-Moll. Dort wird das Modell aus T.6 ebenfalls trugschlüssig nach F-Dur aufgelöst und begibt sich über B-Dur, das als Trugschluss aus d-Moll aufgefaßt werden kann, zurück auf einen E-Dur Quintsextakkord (fraglich ist, ob man das f2 nun als Nonvorhalt, oder das ganze als Umkehrung eines Nonakkordes betrachten könnte – jedenfalls ist das Triolenmotiv hier ein ganz neues Motiv, das später noch einmal wiederkommen wird), der uns über a-Moll zurück nach e-Moll führt. Sehr bewegend wirkt auch die Fortführung des Doppelschlagmotivs als Pralltriller im Baß, der jedesmal hinab zum nächsten Ton zieht. T.13 greift wieder T.3 auf, nur diesmal in e-Moll, und führt über den verminderten Sepakkord auf der erhöhten IV. Stufe zur V. Stufe. Der B-Teil nach dem Wiederholungszeichen ist eine Variation des B-Teiles der 4. Polonaise, allerdings klanglich etwas durch die Oktaven im Baß aufgepeppt. Die Musik bekommt hier etwas sehr Dramatisches! Das Modell beschreibt zunächst einen realen Sekundgang. Die Takte 21 und 22 werden variiert wiederholt, ebenso T.23 und 24, allerdings eine Quinte höher. Ob man dieses gesamte Harmonisierungsmodell als eine Anverwandlung der »Teufelsmühle«[816] betrachten kann, ist fraglich, weil Vogler dieses Modell erst 1776 beschrieb. Es wird hier Motiv a in der Oberstimme, mit Motiv a1, dem Synkopenmotiv in der Unterstimme, plus Motiv b kombiniert. Man könnte nun die Motivanalysen sehr weit treiben, da zum Beispiel das rhythmische Modell des T.18 in der linken Hand bereits in T.10 in der linken Hand als Motiv gegen das Triolenmotiv erscheint. Da aber die anderen Analysen noch detaillierter ausfallen werden, muß der Autor sich leider kurz fassen. Die harmonische Fortschreitung und der Vergleich zur Polonaise seien hier dargestellt. Hier Takt 17 des Lamento:

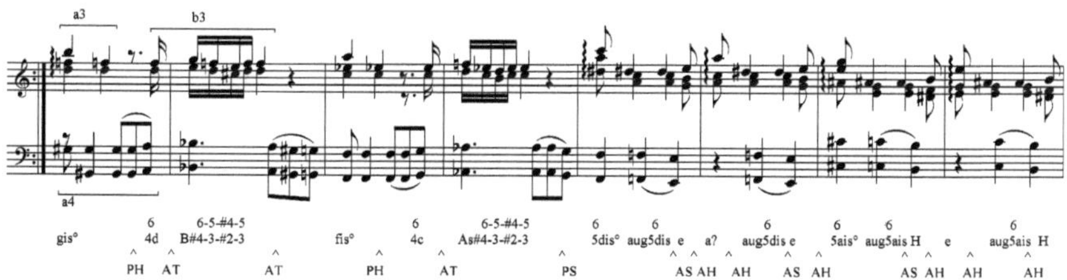

Hier die Parallele zur Polonaise Nr.4:

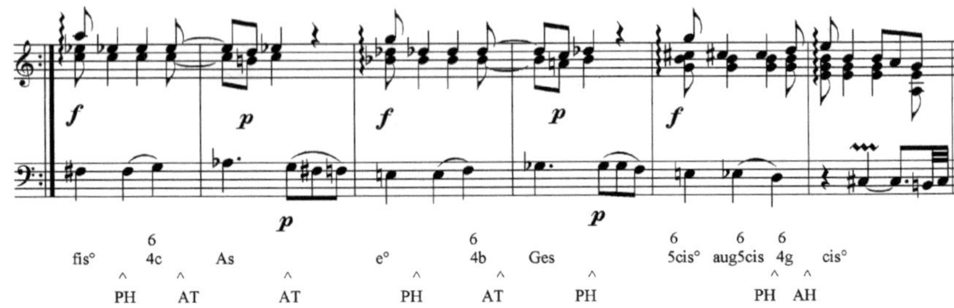

Das Beispiel aus der Sonate erscheint als Ausformulierung des Modells der Polonaise. Es erscheint in der Polonaise weitaus organischer als in der Sonate, allerdings nur dann, wenn man beide Werke im direkten Vergleich hört. Es ist mehr oder weniger in die Sonate »hinüberkomponiert« worden, die Motivik mußte dabei gar nicht so sehr überstülpt werden, da die Verwandschaft sogar bis in die Phrasierung hinein geht. Ganz so, als habe er sich an den Affekt der Polonaise erinnert, wird diese hier zitiert und ausformuliert, dabei dramatisiert Friedmann in einer Art und Weise, die uns an Beethoven erinnert. In T.25 sind wir wieder in e-Moll mit unserem Motiv c. Die Rückführung in Teil A1 geschieht über eine dramatische Pause auf Zählzeit-Drei in T.28 – ein Moment, das man von Haydn kennt. Diese Stelle ist nicht ganz unproblematisch, wenn sie schlecht gespielt wird. Es kommt darauf an, die Pause und Rückführung auch entsprechend dramatisch zu gestalten. Hier ist dem Interpreten zuviel an Macht anvertraut, schlecht gespielt, kann diese Stelle die Stimmung des ganzen Satzes zerstören. Problematisch ist sie auch kompositorisch, denn die versatzstückartige Darstellung bringt auch die gleichen harmonischen Muster untransponiert mit sich. So wirkt dann die Chromatisierung von T.27 in a-Moll, mit dem verminderten Septakkord auf der erhöhten V. Stufe von a-Moll, hin zu Fis-Dur und dem H7 ein wenig jäh. Ritardiert man, wird die Wirkung der Pause abgeschwächt. Spielt man im Tempo, wirkt es sehr unvermittelt. Man muß als Interpret einen Zwischenweg finden: Ein leichtes Ritardando wird sein müssen, aber ebenso ein Abreißen, um die Wirkung der Pause herauszuarbeiten. In T.29 beginnt der A1-Teil, der variiert erscheint, nach den vier Takten des Hauptgedankens erscheint eine andere Fortspinnung, überraschender Weise in C-Dur, die Bezug nimmt auf das Triolenmotiv von T.10, harmonisch aber über die erhöhte II. Stufe wieder zur V. Stufe hinzieht. T.35 bringt uns dann wieder nach e-Moll zurück. Der Dissonanzgrad wird verschärft auf einen Nonakkord hin! T. 37 korrespondiert mit T.13 und führt uns über die gleichen harmonischen Wendungen zum Schluß. Man kann Friedemann schon vorwerfen, ein wenig schablonenhaft zu komponieren, man kann ihm aber auch zugute halten, daß er dann doch – wenn auch nur marginal – nach Abwechslung durch leichte Variationen sucht. Es wäre auch eine lohnende Aufgabe zu untersuchen, inwiefern diese Versatzstücke Reimschemata folgen, inwiefern sie also poetisch motiviert sind! Es wäre allzu billig, Friedemann da mangelnde Potenz vorzuwerfen. Denn das wörtliche Zitieren ganzer Teile, unvariiert, ist auch ein

Movens der Klassik! Es dient dann aber architektonischen Zwecken, um tonartliche und formale Symmetrien zu ermöglichen. Diese Prinzipien wurden durch Friedemann und Carl Philipp ja erst vorbereitet. Diese These wagt der Autor der vorliegenden Studie. Interessant ist auch, daß sich als Hauptmodell des II. Satzes der Sonate A-Dur F8 Modell c wiederfindet. Es ist ein ganz typisches Friedemann-Modell. Hier noch eine großformale Übersicht:
T.1-16 Teil A
T.17-28 Teil B
T.29-40 Teil A1

Satz III

Dieser Satz steht im 6\8 Takt und im Presto. Er vereinigt kanonische Strukturen mit der Triosonatenform und hat letztlich auch einen Rondo- sowie einen Giguecharakter. Die deutliche Gliederung der Formteile wiederum zeigt in Richtung Wiener Klassik. Das bezieht sich vor allem auf das Schlußgruppenmodell T.25-30, sowie auf die ausgeprägte Durchführung und Reprise. Dieses Stück ist sehr vielfältig.

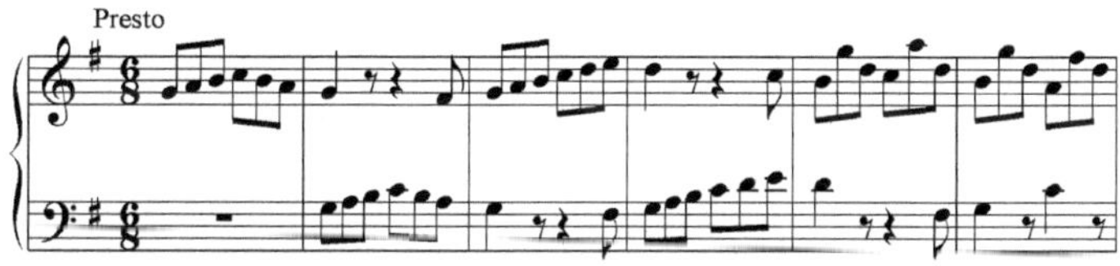

Friedemann zitiert hier die Goldbergvariationen des Vaters, und zwar dessen Nr.11, BWV 988. Der lebendige Schwung, die exzellente ökonomische Verarbeitung des Materials, die Echowirkungen (T.13-16) sowie die Überraschungsfiguren (T.50-53) zeichnen dieses Stück aus, das letztlich auch durch seine spielerische Virtuosität brilliert. Überhaupt ist Friedemann hier sehr spielerisch mit dem Material umgegangen. Friedemann verfährt mit den kanonischen Strukturen ganz frei, denn bereits in T.7 weicht er vom strengen Kanon ab, wobei der Kanon später einen Verkürzungsprozeß durchmacht. Von T.1-12 ist er im Ganztaktabstand, dann wird er halbtaktig und ab T.17 wieder ganztaktig. T.11 wäre als zweites Thema anzusehen. Das ist das Zitat aus den Goldbergvariationen. Es ist schwer, den Themen die Bedeutung zuzumessen, wie in der klassischen Sonate; wie bei den frühen Haydn Sonaten herrscht ein monothematischer Charakter. Es gibt jedenfalls keinen Themendualismus. Die Dreiteiligkeit im Sinne von Exposition, Durchführung und Reprise trifft allerdings den Sachverhalt gut.
Hier eine Formübersicht:
T. 1-30 Exposition
T. 31-74 Durchführung
T. 75-101 Reprise
Die Art und Weise, wie in der Exposition die Dominante erreicht wird, erinnert an die Triosonate, wie jedoch die Tonika in der Reprise erreicht wird, doch wieder an die klassisches Sonate. Es ist klar: Wer Erwin Ratz[817] gelesen hat, der weiß,

daß die Prinzipien bereits in den Inventionen des alten Bach angelegt waren und von der Wiener Klassik zur vollen Blüte gelangten. Jedoch dürfen dabei die Sonaten C.P.E. und letztlich W.F. Bachs nicht übergangen werden! Wie vielfältig der Aufbau der Sonate ist, sei hier nochmal verdeutlicht:

Satz I eine „Sonatenfantasie“
Satz II ein Lamento
Satz III ein „Sonatenrondo“

Friedemann verfährt in seiner Sonate sehr originell und vereinigt alles, was ihm kompositorisch zur Verfügung steht: die freie Fantasie, poetische Musik und Kanon- sowie Tanzstrukturen. Auch geht er sehr originell mit Zitaten aus den Werken des Vaters um, indem er diese für die Komposition obligat macht. Sie werden zu seinen Themen umgeformt und haben eine folgerichtige Logik innerhalb des kompositorischen Prozesses.

Anmerkungen

[813]Vgl. Wollny, S.120-121

[814]Falck, S.75ff.

[815]Mehr zu John Field im nächsten Kapitel.

[816]Zur Teufelsmühle: Georg Joseph Vogler (1749-1814) hat dieses Harmonisierungsmodell 1776 in seiner Schrift »Tonwissenschaft und Tonsetzkunst« beschrieben. Den Namen bekam es von Beethovens Freund Emanuel Alois Förster der den Vogler´schen Tonkreis in ›Teufelsmühle‹ umbenannte, da damit sehr leicht moduliert werden kann. Vgl. Joseph Trompke, Tonsatz, Lehrbuch und Übungen, in historischen Satztechniken, Würzburg 2001, Manuskript, S.135.

Das Prinzip ist einfach: Man beginnt immer mit einem Dominantseptimakkord. Steigt der Baß in der 1. Version chromatisch aufwärts, wird die Akkordterz in einer der Oberstimmen noch über den nächsten Akkord ausgehalten, um im dritten Akkord stufenweise die Akkordquinte zu erreichen, wodurch ein Quartsextakkord entsteht. Beim nächsten chromatischen Schritt des Basses aufwärts wird die Akkordquinte chromatisch abwärts in die nächste Akkordseptime geführt, so daß ein neuer Dominantseptimakkord entsteht, usw. In der zweiten Variante ist es so: Steigt der Baß chromatisch aufwärts, »wird die Akkordterz in einer der drei Oberstimmen chromatisch abwärts geführt bis wieder ein Dominantseptakkord in Grundstellung erreicht ist – von da aus muss die neue Akkordterz abwärts geführt werden. Der zweite Akkord ist ein dreifach verminderter Septimakkord. Wenn der Bass chromatisch fällt, wird die Akkordseptime chromatisch aufwärts geführt, bis der nächste Dominantseptakkord in Grundstellung erreicht ist.« Joseph Trompke, ebda., S.135

[817]Vgl. Erwin Ratz, Einführung in die musikalische Formenlehre, Wien 1973, S.17ff.

6. Die Polonaisen

Lesen wir zunächst Falcks wunderbare Worte über die Polonaisen:

> »Hoch überragen Friedemanns Schöpfungen die ganze Polonaisenliteratur. Es ist ein Wunder, wie er aus der typischen, gebundenen Form dieses Tanzes die allerverschiedenartigsten, höchst persönlichen Gestalten schafft. [...] Keine der Polonaisen wiederholt ein Gefühl der anderen. Welcher Unterschied zwischen der D-moll, Es-moll, F-moll, G-moll-Polonaise, 'diesem reinsten und wahrsten Ausdruck eines edlen, zarten und sehr bewegten Gemütes' (Griepenkerl), die nicht mehr die starre Erhabenheit des Schmerzes einer vergangenen Zeit, sondern den lyrischen Erguß eines modernen Fühlenden darstellen. Daneben die Freudigkeit der Dur-Polonaisen! Mozartsche Töne klingen in der Es-dur-Polonaise, Beethovensche Naturromantik in der aus E-dur voraus: Man muß die 12 nach der Tonart geordneten Sätze im Zusammenhang genießen, sie heben sich gegenseitig und stellen den Reichtum des Empfindens ihres Schöpfers ins hellste Licht und bedeuten eine nicht geringere Idealisierung eines Tanztypus als die ähnlichen Versuche Schumanns und Chopins.«[818]

Wollny führt an, daß die Polonaisen zu einer kleinen Anzahl von Werken gehören, denen eine größere Popularität im letzten Viertel des 18. und dem frühen 19. Jahrhundert beschieden gewesen sei. Das ließe sich aus der großen Anzahl von Manuskriptkopien herleiten, die immer noch zurückverfolgt werden könnten und aufgrund der Tatsache, daß die Polonaisen die ersten Werke gewesen seien, die im 19. Jahrhundert in der berühmten Edition Friedrich Konrad Griepenkerls von 1819 veröffentlicht waren.[819] Allerdings sei über die frühe Entstehungsgeschichte trotz ihrer Popularität nichts bekannt. Bitter meint,[820] sie seien für eine Veröffentlichung in den Dresdner Jahren geschrieben worden. Falck widerspricht ihm und führt an, daß Friedemann diese für eine Veröffentlichung zwischen 1754 und 1765 vorgesehen haben müßte, denn die zweite Hälfte der Polonaisen hat nicht Friedemann selbst abgeschrieben, sondern Anon.300. Falck nennt ihn nur einen wichtigen Kopisten, das Autograph P 699 stammt nur zur Hälfte von Friedemann. Das bestätige, daß die Drucklegung der Polonaisen in Halle geplant worden sei. Marpurg habe jedenfalls vor 1754 nichts von den Polonaisen berichtet.[821] Anon. 300 hat auch einige der Fantasien Friedemanns kopiert. (Nebenbei berichtet Falck, daß Forkel diese Werke rühmte, aber Zelter wieder einmal nichts mit diesen sehr modernen Werken anzufangen wußte.) Bedenke man Zeit und Ort, an denen Anon. 300 die Werke kopiert haben kann, dann könne man laut Wollny sicher sein, daß die zweite Hälfte des Manuskripts 1774 oder später kopiert worden sein müsse. Und der autographe Teil scheine ebenfalls nicht früher geschrieben worden zu sein. Aus dem Charakter der Handschrift und der Tatsache, daß Friedemann einen Kopisten engagiert hatte, schließt Wollny, daß es sich bei P 699 um eine schlichte Reinschrift handele.[822] Friedemann habe die ersten sechs Polonaisen von früheren Manuskripten revidiert, und die letzten sechs seien dann ohne Änderungen aus einer Arbeits-Skizze kopiert worden. Wollny kommt noch auf eine vernachlässigte Handschrift in der Pariser Bibliotheque Nationale zu sprechen (Mus.ms.7). Diese Handschrift sei aus der Feder eines unbekannten Schreibers und weise in der ersten Hälfte des Zyklus einige Unterschiede zur Handschrift P 699 auf, denn sie repräsentiere ein früheres Stadium der Komposition und P 699 ein späteres.[823] Die Unterschiede nach der Revision bezögen sich laut Wollny auf Artikulationszeichen, Ornamente, Unterscheidung zwischen prima und seconda volta, sowie der gelegentlichen Auffüllung von Akkorden.[824] Die größten Unterschiede würden sich in der 1. Polonaise aufzeigen lassen. Am interessantesten sei jedoch die Widmung:

»VI. Polonoises composées

di W.F. Bach

et dediées

à

Son Excellence

Monseigneur le Comte d´Orlow

President de l´Academie

Imperiale à Petersbourg.«[825]

Diese Widmung imitiere jene der zwei Ausgaben von Fk 5, adressiert an den jungen russischen Grafen Vladimir Grigorevic Orlov (1743-1831), der 1766 Direktor der Petersburger Akademie für Wissenschaften wurde und diese Position bis 1774 innehatte.[826] Betrachte man nun den Zeitraum, in dem Fk 12 komponiert worden sein soll – das Jahr 1765 wurde von Gerber und im Manuskript US-CA, fMS Mus 62.1 für die gesamten zwölf Polonaisen angenommen – kollidiere dieses Jahr allerdings mit der Widmung der ersten sechs Polonaisen an den jungen russischen Grafen, die nicht früher als 1766 stattgefunden haben könne.[827] Laut Wollny bedeute dies, daß die Poloniasen in zwei Stadien komponiert wurden und zur Zeit der Anfertigung der Widmungskopie (1766-1774) nur die Polonaisen 1-6 existiert hätten.[828] Wollny meint, Friedemann habe durch die Widmung seine Aussichten auf eine Anstellung verbessern wollen, denn sie falle in die Zeit zwischen seines Weggangs aus Halle und seiner Übersiedlung nach Berlin.[829] Der »terminus ante quem« der Vollendung dieses Zyklus sei durch den Breitkopfschen Katalog von 1774 gegeben, der »XIV Polonoisen da BACH, in Halla« aufliste. Wenn man dem Datum 1771 Glauben schenkte, das auf einer Kopie des Friedemann Schülers Friedrich Wilhelm Rust gefunden werden könne (P 1185), dann hätte man somit das Jahr der Vollendung der Polonaisen.[830] Die Revision der ersten sechs Polonaisen müsse stattgefunden haben, nachdem der Zyklus fertiggestellt worden war.[831] Denn dies sei durch die große Anzahl an Kopien bescheinigt, die, obwohl sie die komplette Sammlung enthielten, Nr.1-6 in Textform a überlieferten. Als Friedemann dann begonnen habe, die Reinschrift P 699 herzustellen, habe er die Änderungen zu Textform b vorgenommen. Dieser Revisionsprozeß sei nach den

ersten sechs Polonaisen dann abgebrochen worden.[832] Wahrscheinlich sei dann mit einiger Verzögerung die Reinschrift von Anon.300 mit weiteren Änderungen fertiggestellt worden. Daß jedenfalls P 699 unvollständig gewesen war, bestätige eine Kopie, die Anon.306 angefertigt habe und nur Fk 12/1-6 enthalte, aber in Textform b (F-Pn, Mus.ms.1572).[833] Laut einer Notiz auf der Titelseite habe Mus.ms.1572 einem gewissen Schoenfeld gehört, der wahrscheinlich mit Johann Philipp Schönfeld (1742-1790) identisch ist. Dieser sei als Dozent in Braunschweig tätig gewesen und habe mit Friedemann in engem Kontakt gestanden, bevor er 1777 einen Posten als Vizekapellmeister in Straßburg angenommen habe.[834] Wie wir dem Brief Friedemanns an Forkel vom 1.Februar 1775 bereits entnehmen konnten, hatte dieser als dessen Sekretär bis zum Sommer 1774 gearbeitet und in dieser Funktion immer wieder einmal Manuskripte an Forkel gesendet.[835] Es gebe jedenfalls gute Gründe, Anon.306 als den Kopisten von Mus.ms.1572 in Berlin anzunehmen. Seit Mitte April 1774 war Friedemann nach Berlin umgezogen.[836] Es sei vorstellbar, daß Schönfeld ebenfalls in Berlin war, bevor er im Sommer desselben Jahres nach Straßburg umzog.[837] Nehme man nun an, daß Schönfeld eine Kopie von Fk 12/1-6 erhalten habe, bevor er nach Straßburg ging, könne der »terminus ante quem« auf den Sommer 1774 für die erste Fassung von P 699 bestimmt werden und folgerichtig für die Textform b.[838] Wollny führt an, er sei nicht in der Lage zu sagen, warum Schönfeld die Handschrift Anon.306 mit der Friedemann verwechselt habe. Die Titelseite, die auch die Signatur des Eigentümers enthalte, sei von der gleichen Hand geschrieben und enthalte die Notiz *»Ce manuscrit est écrit de la main de l´auteur.«*[839] Wollny stellt anschließend den Sachverhalt verkürzt dar:
- nach 1766: Widmung von Fk 12/1-6 an Graf Orlov in Textform a
- vor 1774, vielleicht vor 1771: Vollendung aller zwölf Werke
- vor Sommer 1774 (?): Revision von Fk 12/1-6 (Textform b)
- nach dem Frühjahr 1774: P 699 (Fk 12/7-12) vervollständigt von Anon.300.[840]

Soweit zur Quellenlage. Wollny führt richtigerweise an, daß die Polonaisen weder etwas gemein haben mit den populären Sammlungen an Klavierpolonaisen während der 1750er und 1760er Jahre, noch mit den Polonaisen, die Friedemann für die Spieluhr in Köthen komponiert hatte. Auch geht er davon aus, daß Friedemann dieses Modell gewählt habe, weil es einen freieren Umgang mit Stimmungen, Tempo und rhythmischen Details ermöglichte. [841] Diese Charakteristik habe Mattheson wohl bewogen, zu schreiben:

> *»Wenn ich etwas zu setzen oder solche Worte in Noten zu bringen hätte, darin eine besondere Offenherzigkeit und ein gar freies Wesen herrschte, wollte ich keine andre Melodie=Gattung erkiesen, denn die Polnische: maassen meines Ermessens hierin ihr wahres Abzeichen, ihr Character und Affect beruhet.«*[842]

Der Autor der vorliegenden Studie möchte nun allmählich einige ausgewählte Polonaisen analysieren. Zunächst noch ein paar Gedanken über den Zyklus: Die zwölf Polonaisen haben für den Autor jedenfalls kaum etwas mit der Polonaise als Tanz zu tun. Gibt es bei Chopins Polonaisen immerhin noch wenige tanzbare Momente, so hält der Verfasser das bei den Friedemannschen Werken für nahezu unmöglich. Auch wird Friedemann die Polonaise als solche nur in bereits stilisierten barocken Versionen gekannt haben, kaum aber als echten Volkstanz. Gerade

das ermöglichte ihm aber die freie Handhabung! Der Autor möchte nun auch nicht auf Vergleiche mit den Württembergischen Sonaten Carl Philipps eingehen. Die Friedemannschen Polonaisen sind Charakterstücke ohne nennenswerte Vorbilder und nehmen nach des Autors Auffassung die Polonaisen Chopins um mehr als 70 Jahre vorweg. Wollny führt zwar noch in seiner Dissertation die rhythmischen Muster der Polonaisen an, die er als Variation des Standardrhythmus des Tanzrhythmus deutet[843]. Doch der Verfasser möchte mehr in die Kleinstruktur der Polonaisen eingehen, denn über das Harmonische gibt es hier sehr viel zu erzählen. Es ist höchst interessant zu beobachten, mit welcher kompositorischen Sicherheit Friedemann hier vorgeht, wie er auswählt, wann er homophone Passagen mit imitatorischen-kanonischen Passagen setzen kann. Alles ist durchsetzt von engsten motivischen Verknüpfungen. Im Formalen sind die Polonaisen latent noch dem Triosonatentypus verhaftet. Es ist auch interessant, daß er weitestgehend der Dreistimmigkeit treu bleibt. Welche kühnen harmonischen Fortschreitungen wagt er hier! Wahrscheinlich sind die Polonaisen die avantgardistischsten Werke Friedemanns. Die Henle-Ausgabe, die hier zugrunde liegt, gibt als Hauptquelle P 699 an, in der Bibliotheka Jagiellonska Krakau und als Nebenquelle XII Polonoises composée par G : F : Bach; in: The Houghton Library, Harvard University, Cambridge/ Mass. fMS Mus 62,2.
Die Poloniasen sind nach folgendem Muster geordnet: Nr.1 C-Dur, Nr.2 c-Moll, Nr.3 D-Dur, Nr.4 d-Moll, Nr.5 Es-Dur, Nr.6 es-Moll, Nr.7 E-Dur, Nr.8 e-Moll, Nr.9 F-Dur, Nr.10 f-Moll, Nr.11 G-Dur und Nr.12 g-Moll. Bis auf Es-Dur und es-Moll sehen wir eine fast durchgehend diatonische Anordnung. Alle Stücke stehen im 3\4 Takt, allerdings wird er in jeder Polonaise anders gehandhabt. Laut Kahmann berichtet Karl Geiringer, daß die Polonaisen für den Brahms-Freund Julius Eppstein »[...] zu den schönsten Klavierkompositionen aller Zeiten gehören.«[844] Wenn wir daraus schließen könnten, daß Brahms die Werke kannte, dann wären Friedemanns Polonaisen vielleicht sogar auch der Prototyp einer »poetischen Musik« im Sinne Brahms. Denn das, was Friedemann hier realisiert, birgt, wie oben dargelegt wurde, Analogien zur Dichtkunst im formalen Aufbau und in den kompositorischen Mitteln. Friesenhagen und Batta haben in ihrem wunderbaren Buch »Die Brüder Bach« wohl als erste auf die Bedeutung Wilhelm Friedemanns für die Ausbildung der Gattung »Charakterstück« hingewiesen.

6.1. Analysen

6.1.1. Nr.1 C-Dur

Geradezu »donnernd« beginnt die erste Polonaise. Das sehr prägnante punktierte Mordentmotiv auf c2-g1=Motiv a mit anschließender triolischer Dreiklangszerlegung zu g2 hinauf, diesen Motivteil, den der Autor mit Variable b bennen möchte, bildet den gesamten Komplex A, und zu g1 hinunter=Motiv b1, wird dann von einem chromatischen Motiv auf Zählzeit-Zweiund=Motiv a1 abgelöst, diese Verkettung sei mit Variable B belegt, das über die triolische Fortschreitung g1-gis1-a=Motiv a2 und f-d-h=Motiv b2 die Tonart bestätigt. Diese Verkettung sei mit Variable C belegt:

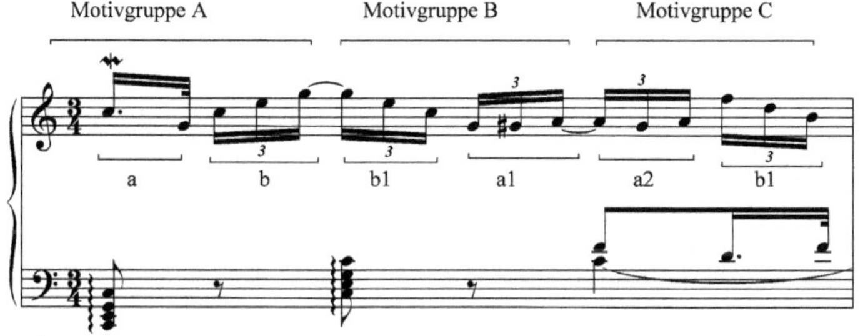

Da Friedemann seine Motive hier in Zweiergruppen anordnet, bietet sich der Terminus Motivgruppe oder Motivkette an. Betrachten wir uns Motivgruppe A einmal ganz genau, so ergibt sich eine Verkettung aus kleiner Sekunde, reiner Quarte, großer und kleiner Terz. Die Aufzählung mutet zwar pedantisch an, wird aber einiges erhellen. Die Motive auf Zählzeit-Drei und -Dreiund sind eigentlich eine Fortspinnung, bzw. Spiegelung von a1 und b1 und seien mit der Variable C belegt. Überhaupt ist der Mordent mit seinem Halbtonschritt schon die Initiale für die chromatischen Fortspinnungen in Motiv b. In der Unterstimme wird das Geschehen zunächst von zwei wuchtigen, arpeggierten und vierstimmigen C-Dur Akkorden erst in der großen, dann in der kleinen Oktave unterstützt. Auf Zählzeit-Drei findet dann über einem Orgelpunkt auf c1 ebenfalls die Tonartbestätigung über die Wendung Achtel-f1 punktiertes Sechzehntel d1 und Zweiunddreißigstel f1 statt. Es ergibt sich ein Pendel I-#V°-I. Diese Phrase wird im nächsten Takt im *piano* wiederholt. Anschließend kommt es zur Fortspinnung von a im Sinne eines kleinen kanonischen Abschnittes im Abstand einer Achtel, Motiv a wird dabei sequenziert, harmonisch ergibt sich eine absteigende Terzsequenz. In T. 4 entlädt sich das Geschehen dann auf der IV. Stufe in einer aufsteigenden Zweiunddreißigstel-Kette, diese ist nämlich nun eine Addition aus kleiner Sekunde, großer Terz, kleiner Sekunde und kleiner Terz, alternierend bis zum a2, worüber sich eine *doppeldominantische* Wendung über den Baßton Fis nach G-Dur anschließt.

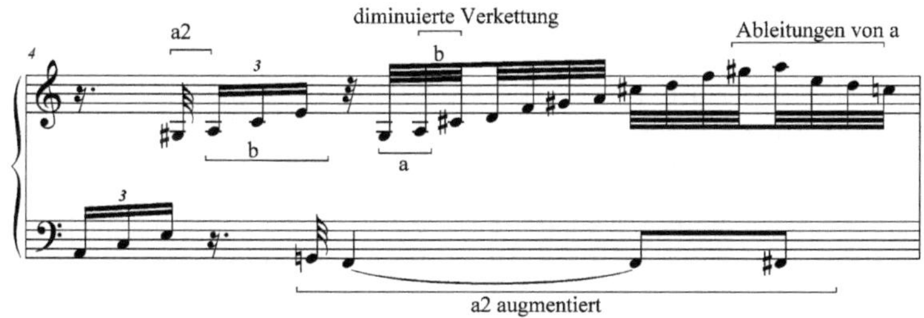

Diese Wendung wird erreicht durch die Addition von Quarte, zwei großen Sekunden und einer kleinen. Die Kette erweist sich als verkürzte, diminuierte Verschränkung von a und b, die Skala auf Zählzeit-Vierund als Ausarbeitung von Motiv a. Man kann nicht genug würdigen, daß das Laufwerk vollkommen thematisch begründet ist und nicht einfach nur als Füllmaterial hingesetzt wird. Alles ist hier motivisch-thematisch gearbeitet. Der Gang von G nach F und Fis im Baß kann als Augmentation von a1 gewertet werden. Jene Einheit von motivischer Ableitung und harmonischer Fortschreitung finden wir nur bei Beethoven, Schubert, Bruckner und Brahms wieder. In T.5 ist das Anfangsmoment auf der V. Stufe zu finden, dabei tonal zurechtgerückt und stark variiert. Es hat eine Modulation nach G-Dur stattgefunden. Dieser Abschnitt verhält sich wie eine Antwort auf das bisherige Geschehen. Es wird sofort weiterkomponiert: In T.6 erleben wir mit dem Mordent und dem Dezimsprung eine weitere Ableitung von a. Nach dem Sprung von h1 auf d3 erreichen wir durch skalenmäßiges und triolisches Absteigen einen Komplex, der sich symmetrisch zur Fortspinnungssequenz der Takte 3 und 4 verhält. Wir erleben also eine Symmetrie der Takte:

1. und 2. = 5. und 6.

3. und 4. = 7. und 8.

Etwas anders verhält es sich dann mit den Takten 9-14.
Denn T.9 und 10 leiten sich aus T.4 her (dazu gleich mehr). In T.7 erleben wir wieder eine absteigende Terzsequenz im harmonischen Bereich. Das ist eine Ableitung der Sequenz aus T.3. Der Quartsprung nach dem Mordent wurde zum Oktavsprung geweitet. Das Mordentmotiv ist nun aussschließlich im Baß, es ist die Kette ababbb. Begleitet wird sie in der Oberstimme durch kraftvolle Akkorde, sicherlich eine Reminiszenz an die Akkorde des Beginns. Doch melodisch gesehen finden wir in der Oberstimme eine Augmentation des Geschehens aus T.5: Wir sehen den Sprung einer kleinen Sexte aufwärts, eine Analogie zum Sprung der großen Sexte abwärts auf Zähleit Eins in T.5; anschließend den Schritt der großen Sekunde aufwärts und den Fall um eine kleine Terz, dann Anstieg um eine kleine Sekunde und Abstieg zurück zum e2 in T.9. Man sieht also, wie ökonomisch Friedemann hier mit seinen Intervallen arbeitet. Die T.9 und 10 sind musikalisch sehr intensiv. Wir sind immer noch in G-Dur und C-Dur erweist sich als IV. Stufe. Die Verkettung im *forte* Achtel e2, dann Skalenfall und Sprung nach e1. Es folgt eine Wiederholung desselben im *piano* mit der Doppelschlagverzierung auf g, das sich als Septe der Doppeldominante A-Dur herausstellt. Der Vorgang ist im Kontext höchst erregend. Friedemann steigert die Erregung noch, indem er von g nach a2 springt und diesen Teil schließlich auf der V. Stufe zu G-Dur wiederholt (wieder mit *forte* und *piano* Kontrast). Das Geschehen im Baß, also der chromatischen Schritt c, cis, d kann wieder als Ableitung von a1 betrachtet werden. Die Mittelstimme benutzt wie auch in den T. 7 und 8. intervallisch nichts Neues, ergänzt aber das harmonische Geschehen. Wir sind immer noch im vierstimmigen Bereich, allerdings nur für zwei Takte, dann ist wieder alles dreistimmig. Nun bekommen wir einen Bezug zu T. 7: Man kann nämlich auch T. 7 als Antizipation des T.11 deuten. Hier wäre nun das Geschehen im Verhältnis zu T.7 in der Diminution, aber in Achsendrehung! Die kleine Sexte h-g1 geht aufwärts, anschließend jedoch führt der melodische Gang über eine große Sekund und eine verminderte Terz abwärts nach dis1, das sich als Vorhalt zum e1 erweist;

anschließend erfolgt wieder ein Sprung einer kleinen Sexte aufwärts und eine Verkettung im punktierten Rhythmus der Motive a und b. Dies wird in Sexten von der Mittelstimme begleitet. T.12 bringt dann die Fortführung dieser punktierten Figuren. Auf Zählzeit-Drei erleben wir schließlich, daß Friedemann das Verhältnis von Linie und Klang hervorragend löst. Damit steht der Verfasser dieser Studie wieder konträr zu Clemens Kühn. Wir bekommen einen Klang von unten nach oben gelesen: g/h/c2. Dieses Geschehen ist rein melodisch motiviert:
Das c2 geht nach cis2 und wird Leitton des A-Dur Sekundakkordes, das g ist eigentlich dessen Septime, doch es stellt sich alles ganz anders heraus: es ist ein melodisches Geschehen über einem Orgelpunkt g! Friedemann legte mehr Wert auf das Lineare. Das h geht als ein Nonvorhalt zum a. Jedoch ist das Geschehen zeitlich so gedehnt, daß es nur als Einzelbewegung der Stimmen wahrnehmbar ist. Die Stelle ist klanglich sehr hart, man kennt vergleichbare Stellen aus den Werken des Vaters. Sie ist ein wenig aus dem Vorhergehenden motiviert. Um sie anders zu gestalten, hätte man T.12 vollkommen anders entwerfen müssen. Denn Friedemann hat ihn mit einer kleinen Imitation entworfen, nun müßte aber imitatorisch korrekt in der Mittelstimme auf Zählzeit-Drei c-h-c folgen. Zelter bemerkte in seinen Anmerkungen seines Handexemplars der Bach-Biographie Forkels:

»Die enge Nachahmung, woran man ihn leicht erkennt.«[845]

Das wäre dann aber melodisch und harmonisch mit der Oberstimme zusammen vollkommen abwegig. So mußte Friedemann die Imitation abbrechen, wenn er die Oberstimme beibehalten wollte, um das d2 in T.13 zu erreichen. Daß dieser ungewöhnliche Klang gewollt ist, läßt sich der Parallelstelle T.26 entnehmen! Er hätte vielleicht weit eleganter das e2 statt des c2 auf Zählzeit-Drei des Taktes 12 aufsuchen, in der Mittelstimme die Imitation durchziehen und den Schritt c-cis sich dann vollziehen lassen können. Er tat es aber nicht, weil dann ein D-Dur auf Zählzeit-Eins des Folgetaktes hätte stehen müssen, und dieser Takt hätte dann nicht mit I-IV-II-V-I harmonisiert werden können, wie Friedemann es tat. In T.13 ist das beschriebene harmonische Modell mit Zweiunddreißigstel-Skalen aufgefüllt. Interessant ist hier wieder die Dissonanz dis1 über d1. Auf Zählzeit-Zwei erleben wir wieder den Dezimsprung und eine Verkettung von kleiner Sekunde abwärts und kleiner Terz aufwärts, worauf dann eine Skala von g2 zu h führt, die auf Zählzeit-Dreiund im Sextabstand von der Mittelstimme begleitet wird. Das Zweiunddreißigstelgeschehen endet abrupt in den Achteln T.14. In dieser Schlußwendung wird der Mordent zum Pralltriller umgedeutet. Wir sind am Wiederholungszeichen angelangt. Das Geschehen fand nun überwiegend im dominantischen Bereich statt. Sehen wir einmal, wie es weitergeht: Wie in der Triosonate werden die Anfangstakte nun wörtlich auf der V. Stufe der Grundtonart wiederholt. Interessant ist hier, welche Oktavregionen Friedemann aufsucht. Er zieht von der eingestrichenen Oktave in der Oberstimme in die kleine hinab, das Baßgeschehen grummelt in der Kontra- und großen Oktavregion. Wie zu Beginn ist die erste Phrase laut, die zweite eine Oktave tiefer im *piano*. Nun stellen sich wieder ganz andere Symmetrien ein. In T.17 beginnt im *forte* »hereindonnernd«, leider wird das nie so gespielt, eine aufsteigende Dreiklangszerlegung. War der 1. Teil eine Komposition von a, wird nun Motiv b mehr Aufmerksamkeit geschenkt. Diese Dreiklangszerlegungen sind freilich eine Ableitung von b. Das Geschehen führt harmonisch nach einer letzten Bestätigung des G-Dur über die Kadenz G-Dur=I: I-IV-VII-I-I7 abwärts nach d-Moll. Es ist also ein Abstieg um zweieinhalb Quinten. Hier sind nun auch die Dreiklangsbrechungen im Baß zu finden. T.21 bringt eine Modulation nach C-Dur, jedoch über einige Umwege, wie man sie aus den Württembergischen und Preußischen Sonaten C.P.E. Bachs kennt. So wird die Skalenbewegung triolisch wieder aufgenommen und dann jeweils auf Zählzeit-Drei vom Baß beantwortet wird. Das führt uns nun in die *Reprise* in T.23. Das Erreichen des C-Dur wirkt in der Tat wie eine große Befreiung. In T.25 ist nun zur Analogstelle T.3 Unter- mit Oberstimme vertauscht. Ein ganz großer musikalischer Moment ist in T.26 die Hinwendung zur IV. Stufe von C-Dur in T. 26. Dies alles ist wieder ein imitatorisches Geschehen. Der Komplex ist nun vier statt zwei Takte lang. Die Korrespondenz ist:

T.3+4=T. 25-28

Interessant ist hierbei die Kadenz, die aus einem d-Moll Hintergrund nach C-Dur führt. Absolut bezeichnet wäre die Fortschreitung:
d-Quartsexttakkord, g-Sextakkord-h-halbverminderter Septakkord-C. Die folgenden Korrespondenzen sehen nun so aus:

T.29-38=5-14

Nach T.34 sind die punktierten Rhythmen abgemildert zu Sechzehnteln. In T.36 findet sich dann der besagte Klang wieder. In T.38 findet die Polonaise wie in T. 14 nun ihr Ende.
Großformal ergibt sich folgendes Schema:
Exposition

T.1-6=I. Abschnitt oder Teil A (zu unterscheiden von Motivgruppe A)
T.7-14=II. Abschnitt oder Teil B

Durchführung

T.15-21=III. Abschnitt oder Teil A1

Reprise

T.22-28=IV. Abschnitt oder Teil A2
T.29-38=V. Abschnitt oder Teil B1

Man sieht, auf welch hohem Niveau Friedemann hier komponiert. Vertikale und Horizontale, gebundener und galanter Stil finden zu einer höheren Synthese. Über die Dualität gebunden-galant siehe auch das Fugenkapitel.

6.1.2. Nr.2 c-Moll

Stand in der 1. Polonaise das Lineare im Vordergrund, so geht es in der zweiten mehr um das Harmonische. Es ist ja auch ganz klar, denn das Moll bietet ungleich mehr Möglichkeiten harmonischer Variation. Diese ist eine der Polonaisen, über die Clemens Kühn in seinem Aufsatz sehr negativ spricht. Es gilt, einiges zurechtzurücken. Man könnte dieses Stück als eine Komposition über die Terz bezeichnen, das erste war eine Komposition über die Sekunde. Das dritte ist eine über die Quarte und Quinte und deren Ausfüllungen. Nun zur zweiten Polonaise. Der Autor fragt sich, ob Clemens Kühn vielleicht nicht doch ein heimlicher Verehrer der Friedemannschen Musik ist und mit seinem Aufsatz einfach nur provozieren wollte, damit sich Musiker mit Friedemann beschäftigen.[846] Wenn dem so ist: In diesem Falle wäre die Rechnung aufgegangen.

Das Stück beginnt wie das erste sofort mit einer Dualität von Dreiklangszerlegung=a und Sekundschritt=b. Ein aufsteigender c-Moll Sextakkord in Sechzehnteln wird vom Sekundschritt es2-d2 beantwortet. Es kommt zu einer abgebrochenen Imitation in der Mittelstimme und einer Imitation auf c im Baß. Der Baß bringt das gesamte Geschehen verkürzt, der Sekundschritt wird zu einem Rubato-Vorhalt, als solchen sieht der Autor der vorliegenden Studie die Punktierung an. Der Folgetakt bringt ein vergleichbares Geschehen auf der VII. Stufe. Es soll also ein I-#VII-I Pendel eröffnet werden. Der Unterschied zu Takt 1 liegt schon darin, daß nun die Vorhaltswirkung fehlt, Sopran und Alt bleiben auf f2 und as1 stehen, der Baß aber schert aus und bringt eine elegische Melodie, die den Sekundschritt in ihrer Dreiklangsbrechung verarbeitet. Mit Takt 3 beginnt eine Auflösung des Geschehens: Über einem Orgelpunkt löst sich die Spannung in Terzen und Sexten absteigend (die melodischen Umspielungen sind wiederum Verkleinerungen von a und von b!) zu T.4 hin, der Takt 2 wörtlich wiederholt. An dieser wörtlichen Wiederholung nimmt Herr Kühn (und nicht nur hieran) Anstoß. Friedemann hätte hier sicherlich variieren können, aber das ganze hat einen dichterischen Hintergrund: Es handelt sich hier um einen verschränkten Reim. Friedemann hatte wohl für dieses Stück eine Art poetisches Programm im Hinterkopf. Denn wir finden das Reimschema abcdd wieder. Es ist ähnlich dem Reimschema einer »Lira«, auch dem Reimschema der Stanze nicht unähnlich. Vielleicht hatte er tatsächlich die Vorstellung einer poetischen Musik, immerhin sind die Polonaisen ja freie Charakterstücke. Die ganze Wut intervallischer Beziehungen der Motive kann hier abgelesen werden:

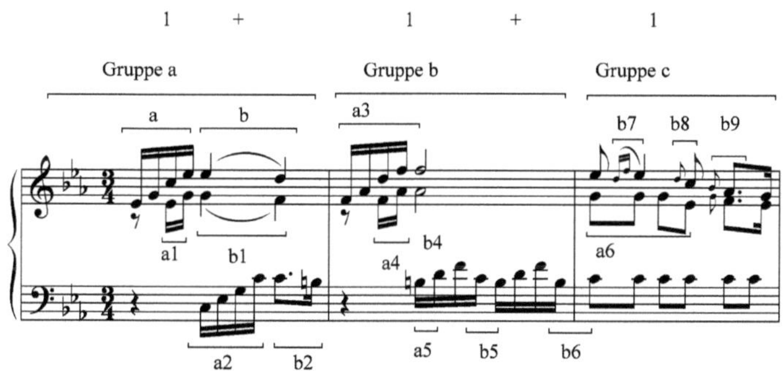

Den anschließenden Komplex könnte man als Reim dd1 betrachten. Dies ist ein Modulationsprozeß nach Es-Dur hin, wobei die Takte 5 und 6 zunächst in As-Dur und as-Moll stehen (dazu später mehr). Motiv a wurde in Oktavfiguren aufgespalten, Motiv b wird nun parallel zwischen Mittel- und Unterstimme geführt. Die Takte unterscheiden sich nicht nur durch den Laut-Leise-Kontrast, sondern auch dadurch, daß die Mollvariante der IV. Stufe von Es-Dur, also ein as-Moll gebracht wird, das dann in einen es-Moll Quartsextakkord mündet. Die Kadenz nach Es-Dur wird über einen Quintsextakkord der II. Stufe und anschließend der verdurten II. Stufe eingeleitet. Es ist kein neues Verfahren, sondern eine Kadenz mit der Doppeldominante von Es-Dur. Aber es wird dadurch eine chromatische Fortschreitung im Baß ermöglicht, die im Kontext von Bedeutung sein wird. Auch hier herrscht also die Triosonatenform vor, wir sind am Wiederholungszeichen angelangt. Interessant ist, was dann geschieht: es zieht alles tonartlich noch viel weiter hinab. Friedemann greift Motiv a imitierend auf, versieht es aber mit der kleinen Septime, so daß wir einen Dominantseptakkord auf Es-Dur erhalten, der uns nach As-Dur führt. In T.10 wird dieses As-Dur mittels der übermäßigen Quinte – was im Kontext sehr romantisch wirkt – leittönig nach Des-Dur geführt, das wiederum mittels der übermäßigen Quinte, das e2 wirkt als Vorhalt zu f2, uns kurzfristig nach b-Moll in Sextakkordstellung geleitet. Da der Komplex weiterhin dreistimmig bleibt, ist es fraglich, ob man nun sagen kann, daß der Klang auf Zählzeit-Dreiund ein Des-Dur oder ein halbverminderter Septakkord in Terzquartstellung auf g ist. Die Frage stellt sich deshalb, weil das g1 nach as1 zurückführt; natürlich wäre dieser Terzquartakkord dann nur ein Sechzehntel lang. Deshalb muß man wahrscheinlich doch dies als rein melodisches Phänomen deuten. Nun greift Friedemann wieder Motivgruppe d auf, die nun einen Modulationsprozeß nach Des-Dur darstellt; wie zuvor gruppiert er diese Gruppe wieder doppelt, nacheinander. Dabei wurde auch wieder die zweite Gruppe vermollt. Aus dem Material der Schlußwendung in der Oberstimme in T.7 und der Oktavfigur in Gruppe d wird das melodische Modell in der Oberstimme des T.10 abgeleitet. Die Unterstimme bringt Motiv b in der Umkehrung. Wir bekommen die Fortschreitung des-Moll\ as-Moll Quartsextakkord. Mit des-Moll ist in diesem Stück der harmonische Tiefststand auf der Quintensäule erreicht. Nun zieht Friedemann über einen verminderten Septakkord auf d wieder hinauf. Es ist wieder fraglich, ob in T.13 auf Zählzeit-Drei ein c-Moll Sextakkord oder ein As-Dur Quartsextakkord steht, ob g1 Vorhalt ist zu as1 oder nicht. Der Autor der vorliegenden Studie erachtet diesen Klang für ein As-Dur in Quartsextstellung, denn der nächste Klang scheint ein reines Fes-Dur zu sein. Es ist aber auch hier möglich, diesen Klang auf das d2 zu beziehen, dann wäre er dreifach vermindert und stünde in Quintsextakkordstellung, wäre somit ein übermäßiger Quintsextakkord. Es bleibt dem Ohr überlassen, zu entscheiden, welche Töne als Akkordtöne gehört werden.

Das fes wird enharmonisch umgedeutet zu e, worüber ein doppelt verminderter Septakkord errichtet wird. Beziehen wir das Geschehen auf das zu erwartende f-Moll, dann wäre nun das As-Dur im vorhergehenden Takt doch ein c-Moll Sextakkord, also V. Stufe, der Klang auf Zählzeit-Eins im Folgetakt tatsächlich ein dreifachverminderter Septakkord und damit letztlich ein übermäßiger Quintsextakkord, hier dann erhöhte VI. Stufe. Der folgende verminderte oder doppeltverminderte Septakkord wäre die erhöhte VII. Stufe, also eine Kadenz V-VI-VII, von f-Moll aus betrachtet. Friedemann überrascht uns aber, indem er uns nach B-Dur führt, denn das f-Moll wird nicht gebracht, stattdessen ein F-Dur Septakkord. Damit erweist sich nun das ganze Geschehen als ein aufsteigender Sekundgang. Es folgt wieder dd1 in Es-Dur. Das Verfahren ist nun bekannt, es kommt allerdings in T.20 zu einem vollkommen überraschenden Ges-Dur im *forte*, nachdem alles zuvor im *piano* war, das von einer absteigenden Skala unterstützt wird. Wenn man sich den korrespondierenden Takt 14 anschaut, wäre der Klang in der Un-

terstimme auf Zählzeit-Eins in T. 14 vielleicht doch ein Fes-Dur; zieht man aber auch hier wieder die Oberstimme heran, so ist das harmonische Geschehen des T.20 auch – wie in T. 14 – als übermäßiger Quintsextakkord zu verstehen. Diesmal wird er auch folgerichtig über einen Quartsextvorhalt auf f aufgelöst, und er befindet sich auch tatsächlich auf der IV. Stufe, der nun folgenden Tonart. Wir erinnern uns, daß er tonartlich in T.14 eigentlich schulmäßig als erhöhte IV. Stufe von As-Dur hätte gelten müssen, was aber im Kontext schwierig zu deuten war, da die Kadenzierung eine andere war. Folgende Wendung könnte man, wenn wir beim Reimschema bleiben, mit Variable e versehen. Diese Stelle ruft unweigerlich die späteren Brahms´schen Intermezzi in Erinnerung. Es wurde bereits dargelegt, daß Brahms sich mit den Werken Friedemanns beschäftigte. Man schaue sich hier einmal an, wie Friedemann in T.21 durch Synkopen die verminderte Septime betont sowie den Leitton a von B-Dur, indem er die letzte Zweiunddreißigstel in der Oberstimme herüberbindet, wodurch das es2 als Vorschlag zum a wirkt. Diese Stelle ist von unglaublicher Poesie. In T.23 findet dann die Rückmodulation über einen chromatischen Terzgang im Baß statt; die folgende Umspielung des Dominantseptnonakkordes in T.24 wird durch einen Trugschluß auf der VI. Stufe von c-Moll gestört, in der Friedemann wieder auf dd1 zurückgreift, das uns dann über die analoge doppeldominantische Schlußwendung zurück nach c-Moll führt.
Interessant ist, daß dieses Stück fast ausschließlich in Einertakten gruppiert ist. Es ist fast immer die Gruppierung 1+1. Sicherlich kann man den Beginn auch als 4+4 auffassen, die 1er Gruppierung ist allerdings stichhaltiger, weil T.3 schon etwas ganz anderes bringt als Takt 1 und T.5 und 6 sich durch die Vermollung bei identischem Material unterscheiden und nicht im Sinne eines Frage und Antwort Schemas. Die Analogie zu Reimschemata durch die Motivgruppierungen, die fast unverändert wiederkehren und dabei alle von vorhergehendem Material abgeleitet sind, ist hier hoffentlich ausreichend dargelegt worden. Sie sind z.b. auch die Vorhaltsfiguren in T.3 bereits in Motiv b des Taktes 1 angelegt und bilden auch den Motivator für die spätere Mordentfigur der Gruppe d im Sinne des Reimes. Es wird Friedemann nicht unterstellt, wirklich Poesie gefolgt zu sein, aber die Analogien für das mehr blockmäßige Komponieren, das gerügt wurde, liegen hier auf der Hand. Gerade durch dieses Blockhafte wird Eingängigkeit erreicht. War im ersten Stück alles von reinstem Durchführungscharakter auf motivisch-thematischem Gebiet geprägt, liegt hier die kompositorische Arbeit mehr in der Suche des sich durch Modulationen verändernden Klanges! Das ist später ein bevorzugtes Schubertsches Verfahren!
Als ein reines virtuoses Feuerwerk schließt sich die 3. Polonaise an, die aus Platzgründen leider nicht behandelt werden kann. Jedem Pianisten kann nur geraten werden, sich sie einmal anzuschauen. Die 4. Polonaise – man könnte sie die zwölftönige nennen – wurde bereits mehrfach in den vorangegangenen Kapiteln besprochen.
Unbedingt besprechen will der Autor noch die Polonaisen 6 und 8. Die 8. atmet den Geist Chopins!
Ob Chopin diese Polonaisen durch seinen schlesischen Lehrer Elsner kennengelernt haben könnte? Das kann nicht bewiesen aber auch nicht widerlegt werden. Da Warschau zu Beginn im ersten Viertel des 19. Jahrhunderts musikalisch dem Westen deutlich hinterher hinkte, ist es durchaus denkbar, daß jene ältere Lite-

ratur dort noch bekannt war und gespielt wurde. Das ist aber reine Spekulation. Die Ähnlichkeiten der Gestik der Polonaisen Friedemanns und der Chopin´schen Musik insgesamt sind jedoch zu gravierend. Allerdings ist ernsthaft anzunehmen, daß John Field[847] durch seinen Lehrer Clementi (wir erinnern uns, daß Wollny schreibt, daß Clementi die Werke Friedemanns sammelte und herausgab) mit den Werken Friedemanns in Kontakt gekommen ist und die Musik Friedemanns über Field zu Chopin fortwirkte. Field bildete mit seinen Nocturnes das Charakterstück weiter aus. Chopin brachte das Nocturne zur Vollendung. Ob eine Einflußnahme der Musik Friedemanns auf Field[848] während oder nach Herausgabe der »Practical Harmony« Clementis erfolgte, kann nicht bewiesen werden, wäre dabei aber unerheblich. Ein Einfluß der Werke Friedemanns auf Field ist immerhin möglich! Die Musik Clementis hatte auf Fields Nocturnes jedenfalls nur geringen Einfluß. Friedemann Bach wäre damit der kompositorische Großvater Chopins! Die Behauptung des Autors, Friedemann sei ein »Chopin des 18. Jahrhunderts«, bekäme damit einen ganz anderen Stellenwert! Bei Friedemann wie bei Chopin wird das Ornament oft zur Struktur. Chopin selbst schätzte bekanntlich die Werke J.S. Bachs und verwendete sie im Klavierunterricht.

6.1.3. Nr.6 es-Moll

Mit seiner 6. Polonaise hat Friedemann ein Charakterstück voller Erhabenheit und harmonischer Kühnheiten geschaffen. Interessant sind seine harmonischen Sequenzen. Auch hier folgt er wieder der Triosonatenform und bleibt der Dreistimmigkeit treu. In einem sanften, wehmütigen es-Moll in Quintlage und in der Mittellage setzt das Thema ein. Im Prinzip hätten wir hier eine zweitaktige Periode, bzw. 2+2 Takte, was freilich auf die Sequenz zurückzuführen ist. Trotzdem entspricht sie, wie wir oben bei Rosen gelesen haben, durchaus dem Wesen der Periode. Interessant ist hier aber vor allem die harmonische Fortschreitung: es-Quartsextakkord, Ges-Quintsextakkord, as-Quintsextakkord As. Bei dieser Dominantisierung nach Des-Dur hin passiert das Entscheidende und für das Stück Charakteristische: Friedemann repetiert viermal, bzw. zweimal in der Mittellage und einmal in der kleinen Oktavlage, wobei beim – alle zusammen genommen – vierten Mal die Fortführung kommt, die große Sekunde as\ges und damit die eigentliche Septimdissonanz! Damit wird die Dissonanz an sich zum Klangträger und zum Kompositionsmerkmal und Kompositionsmittel des ganzen Stückes. Als hätte das noch nicht gereicht, geht Friedemann folgerichtig in seinem harmonischen Sekundgang weiter und wiederholt in T.4 auf Ges-Dur: die Dissonanz ges\fes![849]

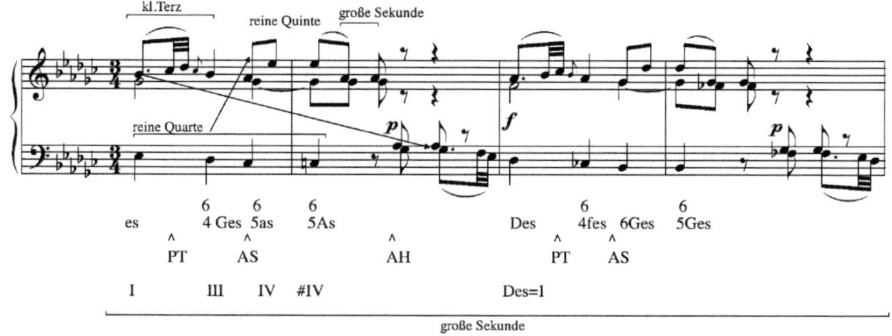

Interessant ist auch, daß er gerade diese Dissonanzen mit der Dynamik *p* versieht. Die Rückführung nach es-Moll über das B-Dur in T.7 erweist sich als Trugschluß, denn es wird in T.11 das Ges-Dur, also die Paralleltonart, mit der es dann auch nach der Wiederholung weitergeht, gebracht. Interessant ist allerdings die Rückführung eben zur V. Stufe von es-Moll, dem B-Dur, nach der Sekunddissonanz in T.4: das Ges wird nach Ces aufgelöst, das in einen übermäßigen Terzquartakkord auf des (in Grundstellung wäre es ein doppeltverminderter Septakkord auf g) mündet, der sich in einen As-Sextakkord auflöst. Dieser wird dann nochmals über die Grundstellung in einen doppeltverminderten Septakkord auf a dominantisiert und nach B-Dur im Sekundschritt aufwärts aufgelöst, wodurch die Dominante der Ausgangstonart erreicht ist. Gehen wir noch einmal zurück zum Anfang, so sehen wir thematisch etwas sehr Interessantes: der Sopran begeht eine aufwärtsgehende skalenmäßige Linie in einem punktierten Rhythmus mit Nachschlagsfiguren in Zweiunddreißigsteln. Diese Figur wird in T.2 vom Baß – nun absteigend – imitiert. Die Mittelstimme bildet eine Spiegelachse – sozusagen eine Klangachse, denn der Baß hat gleichzeitig ein absteigendes Modell. Doch die Spanne der Oberstimme ist die einer kleinen Terz; anschließend kommt das Quint-Motiv in Achteln, man hat also den Gesamtambitus einer Quinte im Sopran erreicht: Der Baß allerdings durchschreitet gleichzeitig den Ambitus des Komplementärintervalls der Quinte. Es ist also höchste Verdichtung auf engstem Raume! Die repetierte Sekunde erweist sich – bedenken wir nun die Skalenfigur des Soprans am Anfang und den in Sekunden absteigenden Baß – nur als Zusammenziehung von beiden. Absolute Einheit von Vertikaler und Horizontaler ist erreicht. Deswegen macht der nun folgende harmonische Sekundgang auch Sinn. Die motivischen Beziehungen sind so vielfältig, auch zu den anderen Polonaisen, daß die eingehende Behandlung den Rahmen sprengen würde.

In T.7 finden wir die typischen Friedemannschen Synkopenfiguren wieder, die den folgenden Ablauf bestimmen werden. Der Baß darf in T.10 auch einmal zur Gestaltung beitragen und hat eine »Cellokantilene«, die Sekunde und Terz miteinander kombiniert. Die Parallelstelle hierzu ist T.34: Dort wird die Kantilene in ein Portato überführt, also nicht mehr im Legato und wird zudem auch in eine aufwärtsgehende Tonleiter umgebaut (also eine Aneinanderkettung von Sekunden). Man schaue sich auch im folgenden T.35 an, wie reichhaltig Friedemann

die Schlußgruppe variiert hat! Nun kommt es in T.11 zu einer Verarbeitung des Themas mit parallelen Mordenten. Es ist keine wirkliche Scheinreprise, da der Anfangsakkord ein schwebender Sextakkord ist. Die punktierte Figur wurde von einer Skalen- in eine Akkordzerlegungsfigur umgearbeitet. In T.13 erfolgt eine aufwärtsgehende von der punktierten Figur des Beginns bestimmte Schlußgruppe, die in einer Sechzehnteltriole kulminiert und als Ausformulierung des Anfangsmotiv im Ambitus der kleinen Terz gesehen werden könnte. Dafür spricht auch, daß die Punktierungen nun umgekehrt werden. Das können wir so auch bei Haydns späterer c-Moll Sonate beobachten. Diese in der Schlußgruppe beschriebenen Motive findet man oft in den frühen Haydnsonaten wieder, so daß sich der Verfasser die Frage stellt, ob nicht auch der junge Haydn diese Werke gekannt haben könnte. Der Autor denkt hierbei an die ersten beiden Sätze der berühmten c-Moll Sonate Haydns aus dem Jahre 1771. Erwähnenswert ist noch, daß die Überleitung in die Wiederholungsgabel zuvor über einen übermäßigen Dreiklang stattfindet. Verminderte Septakkorde, übermäßige Dreiklänge, chromatische, leittönige Schritte dominieren die so überaus reichhaltige Musik, sie sind der »Transporter« der Affekte.
Eine wirkliche Reprise in der Ausgangstonart finden wir erst in T.25, zuvor kam das Thema nach dem Doppelstrich in Ges-Dur und wurde mehrfach verarbeitet: Die Quintenfigur in Achteln wird zu einer verminderten Quinte umgedeutet und dann in T.18 auch noch diminuiert und zu einer verminderten Septime erweitert! Danach kommt der gleiche Vorgang noch einmal in as-Moll, so daß es sich hier um einen aufsteigenden Sekundgang im Harmonischen handelt. Dadurch wird das b-Moll erreicht, und wir erleben ab T.21\T.22 in den staccatierten Quintenfiguren den musikalischen Höhepunkt des Werkes. Es ist ein wunderschöner Dialog zwischen Sopran und Altus, der hier stattfindet und die Dualität zwischen Sekundmotiv und Quintmotiv zu einer höheren Synthese vereinigt:

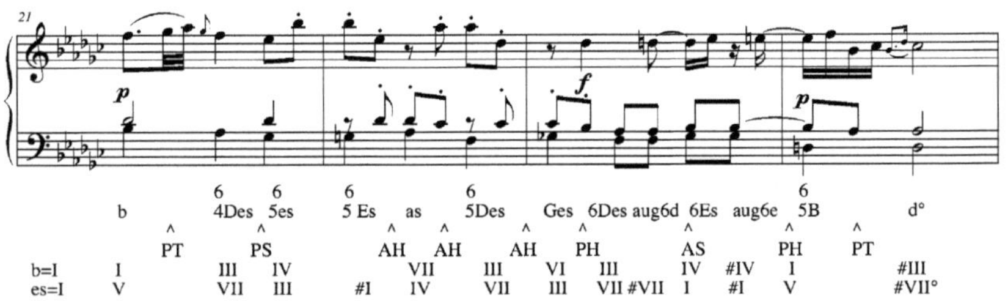

Auch die synkopierte, in kleinen Sekunden aufsteigende Linie in T.23 ist ein großer musikalischer Moment: das Forte bricht ab, wir erleben wunderschöne Umspielungen, dabei kommen in Sopran und Alt die Sekunden wieder ins Spiel, und auf einem verminderten Septakkord auf d bleibt das Geschehen stehen: umso ergreifender ist nun die Rückkehr des Themas. Mit dieser Polonaise hat sich Friedemann in die Reihe der Großen eingereiht. Zum weiteren Verlauf des Stückes muß nichts hinzugefügt werden. Formal könnte man hier wieder mit Reimschemata arbeiten: betrachtet man die Takte 1-2=a, 3-4=a1, 5-6=b, so hätte man

dann mit 7-8=c. Die Takte 9-10 könnten dann b1 sein, T.11-12 wären dann= a2 und T.13-14=d, T.15-16=e. So ergäbe sich folgendes Prinzip, immer Zweitaktigkeit vorausgesetzt: a\a1\b\c\b1\a2\d\e. Im zweiten Teil ergäbe sich dann: T.17-18=a3, T.19-20=a4,T.21-22=a5, T.23-24=b2,T.25-26=a, T-27-28=a1, T.29-30=b3, T.31-32=c1, T.33-34=c2, T.35-36=d1, T.37-38=e1. Die Zweitaktigkeit wird nur schematisch vorausgesetzt, sie entspricht freilich nicht immer der musikalischen Gestaltung. Somit stünde:
a\a1\b\c\b1\a2\d\e gegen a3\a4\a5\b2\a\a1\b3\c1\c2\d1\e1.

6.1.4. Nr.8 e-Moll

Als hätte Friedemann eine Vision der Chopinschen Preludes gehabt, schreibt er die 8. Polonaise ganz im Geiste dieser Stücke. Ebenfalls vom gleichen Gestus ist die Polonaise Nr.10, in ganz anderem Gestus, aber ebenfalls im Geiste verwandt ist Nr.12. Was die Dur-Versionen betrifft, so atmen auch die 3., die 7. und die 10. jenen Chopinschen Geist.
Nr.8 ist sicherlich sehr vom doppelverminderten Septakkord bestimmt. Aber bereits der melodische Gestus, nämlich der Sprung einer kleinen Dezime aufwärts im Sopran ist so urromantisch, daß man glaubt, man sei im falschen Jahrhundert. Jener Sprung wird dann in Sechzehnteltriolen wieder skalenmäßig abgebaut. T.2 bringt das gleiche Geschehen sequenziert. Allerdings ist dies kein Sekundgang: Takt 2 findet sozusagen auf der Molldominante statt! Finden wir im Sopran zunächst kleine Terz aufwärts und Sekunden abwärts, bringt der Altus eine große Terz und eine kleine Sekunde abwärts, sozusagen als Gegenrichtung, jedoch in Achteln, also im Verhältnis in großen Werten.

Die Harmonik ist zunächst ganztaktig. Die aus den Terzen gewonnenen und zerlegten Akkorde werden im weiteren Verlauf des Stückes thematisch. Auch wäre es hier wieder möglich, mit Reimschemata zu agieren. Es soll aber nur knapp auf dieses Stück eingegangenen werden, der Autor hat dem Leser genug Handwerkszeug zur Erschließung der anderen Stücke gegeben. Hier der Beginn jener Chopinschen Friedemann Bach-Polonaise:

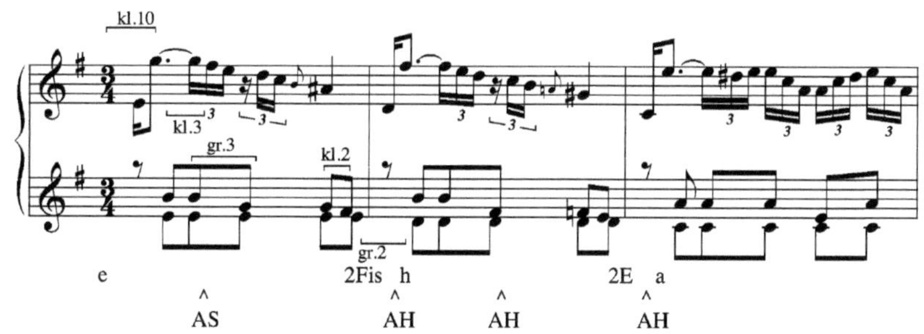

Copyright 2011 G. Henle Verlag, München.

Die Deutungsmöglichkeiten auf der jeweiligen Zählzeit-Drei sind vielfältig. Es ist fraglich, ob man die Fortschreitung auf Zählzeit-Drei statt als Vorhalt auch als e-2Fis und auf Zählzeit-Drei des 2. Taktes nicht als d-2E auffassen könnte. Es wäre auch denkbar, diese im 1. Takt funktional als Doppeldominante mit Septime im Baß und 4-3 und 9-8 Vorhalt darzustellen. Die Analyse ist im Notenbeispiel nur grob gezeichnet. In Zukunft wird der Autor nur noch Generalbaßziffern in harmonischen Analysen verwenden, da sie die Sachverhalte am besten darstellen. Das sähe dann so aus:

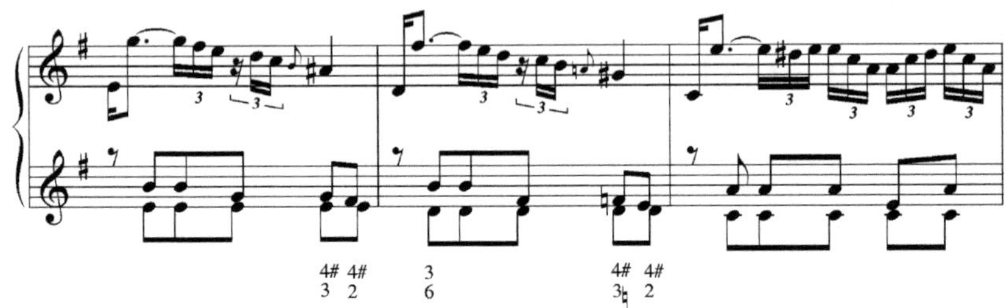

Diese Form liest sich einfach besser und ist der Musik auch angemessener, da sie der Denkweise der Zeit entspricht. Nochmals zur Harmonik. Es ist paradox: Wir erleben die stärksten harmonischen Schritte, aber durch die Wendung zur Molldominante und die Melodik wirkt alles sehr labil. Wir sind auch wieder in der Dreistimmigkeit. Diesmal, im Gegensatz zu Nr.6, ist die Klangachse im Baß als Orgelpunkt. Und wieder haben wir im Baß einen absteigenden Quartgang. Der weitere Verlauf birgt noch einige harmonische Überraschungen, es ging dem Autor aber nur darum, den Gestus dieser Musik zu zeigen. Voller Schwermut, voller Melancholie ist dieses Werk. Und so überaus klar ist die musikalische Gestaltung. Wie Chopin, so liebt auch Friedemann das Ornamentale, nur mit dem Unterschied, daß Ornamente strukturell durch kompositorische Arbeit gewonnen werden, bei Chopin wird das Ornament selbst zur Struktur. Artur Schnabel und Glenn Gould hätten Friedemann bestimmt in diesem Stück ebenfalls einen »rechthändigen Genius«[850] genannt. Es ist schade, daß von Glenn Gould keine Aufnahmen der Werke Friedemanns existieren, denn seine Aufnahme der Württembergischen Sonate Nr.1 von C.P.E. in a-Moll ist hervorragend.

Es gäbe noch vieles mehr an den Polonaisen aufzuzeigen, aber das würde den Rahmen dieser kleinen Monographie sprengen.

Anmerkungen

[818]Falck, S.83-84

[819]Vgl. Wollny, S.198

[820]Vgl. Bitter II, S.167

[821]Vgl. Falck, S.81-82

[822]Vgl. Wollny, S.198-199

[823]Vgl. Wollny, S.200

[824]Vgl. ebda.
[825]Wollny, S.201
[826]Vgl. Wollny, S.201
[827]Vgl. ebda.
[828]Vgl. Wollny, S.202
[829]Vgl. Wollny, S.204
[830]Vgl. Wollny, S.204f.
[831]Vgl. Wollny, S.205
[832]Vgl. Wollny, S.205
[833]Wollny vermerkt hier, daß wie bei den meisten – wenn nicht allen – Kopien von Anon. 306., Mus. ms. 1572 direkt von Friedemanns Autograph kopiert worden sei. Nach der Komplettierung durch Anon. 300, habe P 699 Pate für weitere Kopien gestanden. Das folgende Manuskirpt überliefere Lesarten des vollständigen Manuskript P 699: B-Bc, 12.135, US-CA, fMS Mus 62.1, F-Pn, Mus. ms. 1573, so basiere Clementis Edition in der Selection of Practical Harmony indirekt auf P 699. Griepenkerls Edition aus dem Jahre 1819 führe den Text in Textform a, so daß dieses nicht auf P 699 basieren können, wie Falck auf S.82 darstelle, müsse diese von einem anderen Manuskript herrühren.
[834]Vgl. Wollny, S.206
[835]s.o.
[836]Vgl. ebda.
[837]Vgl. ebda.
[838]Vgl. ebda.
[839]Vgl. Wollny, S.206 f., Fußnote 246
[840]Vgl. Wollny, S.207
[841]Vgl. Wollny, S.208
[842]Johann Mattheson, Der vollkommene Kapellmeister, Hamburg 1739, S.228; zitiert nach Wollny, S.208
[843]Vgl. Wollny, S.212
[844]Karl Greininger, zitiert nach Kahmann, S.254
[845]Wollny, S.211, Fußnote 255
[846]Manchmal lehnen wir das ab, das uns am meisten berührt! Weil wir es nicht aushalten können. Anm.d.Verf.
[847]Das ist eine reine Schlußfolgerung des Autors. In der Dissertation Wollnys konnte er nichts weiter über die Wirkung Friedemanns auf die folgenden Generationen finden. Anm.d.Verf.
[848]Field war ab 1793 Schüler Clementis. Beide waren ab 1802 zusammen gemeinsam auf Reisen. Anm.d.Verf.
[849]Diese Art der Dissonanzbehandlung weist auf Debussy voraus. Das ist nicht abwegig, wenn man Friedemanns Musik aus den genannten Gründen als Voraussetzung der Musik Chopins annimmt, die auf Debussy fortwirkte. Anmd.Verf.
[850]Glenn Gould, Vom Konzertsaal zum Tonstudio, Schriften zur Musik 2, München 2002, S.64

7. Die Fantasien

Peter Schleuning, der Friedemanns Fantasien herausgegeben hat, berichtet:

> »Aus zeitgenössischen Darstellungen geht hervor, daß die Klaviermeister des 18. Jahrhunderts häufig fantasierten, ohne ihre Einfälle schriftlich zu fixieren. Dadurch – nicht etwa durch geringe Beliebtheit der Gattung – erklärt es sich, daß die Fantasie in der schriftlichen Überlieferung dieser Zeit hinter Gattungen wie der Sonate oder Variation zurücktritt. Wo Fantasien überhaupt aufgezeichnet werden, geschieht dies nicht zur Verbreitung unter einem größeren Publikum, sondern zur Anleitung für Schüler und Kenner, die die Kunst des Fantasierens nach beispielhaften Improvisationsmustern erlernen und einem engeren Kreis tradieren wollen. Deshalb stellen die in verhältnismäßig geringer Zahl erhaltenen Fantasien etwa aus der Zeit der Bach-Söhne eine positive Auslese dar, die auch die Ausgabe aller Fantasien von Wilhelm Friedemann Bach besonders reizvoll macht.«[851]

Im Sinne der Tradierung von Improvisationsmustern muß man diese Fantasien auch verstehen. Schleuning berichtet, daß Friedemann sich im Verlaufe der Fantasien nur allmählich vom Zeitgeschmack habe lösen können und sich nicht an Werke des Vaters wie der Chromatischen Fantasie angelehnt habe.[852] Da sie zu Lebzeiten des Komponisten nie gedruckt wurden, hätten sie auch keinen wesentlichen Einfluß auf die Zeitgenossen und die nachfolgende Generation ausgeubt.[853] Der Unterschied zu den Fantasien Carl Philipp Emanuels besteht vor allem darin, daß Friedemann vom einfachen Klavierstück ausgeht, das in seinem Ablauf in Ton und Taktart fixiert ist.[854] Dem Autor dieser Studie scheinen die Fantasien wie Steinbruch musikalischer Ideen zu sein, in dem Friedemann Material für seine gearbeiteten Werke sammelt: Vieles findet man in den minutiös gearbeiteten Sonaten und Polonaisen wieder. Auf die genaueren Quellenzusammenhänge muß auf Wollny verwiesen werden, eine ausgiebigere Darstellung führte zu weit. Es wurden hier sowohl die Henle-Ausgabe »Ausgewählte Klavierwerke« Wilhelm Friedemann Bachs für die Fantasien in a-Moll als auch die in c-Moll Nr.1 herangezogen, wie der Band »Klavierfantasien« der Edition Schott für die übrigen Beispiele.

7.1. Fantasie Nr.4 a-Moll Fk23

Ab der 4. Fantasie in a-Moll stellt man eine deutliche Reife fest. Die harmonischen Phänomene wußte Clemens Kühn nicht zu schätzen: Es kommt eine Laufpassage, die zu einem F-Dur Akkord führt. Der folgende Ablauf bringt uns über die V. Stufe ins Adagio nach C-Dur. Das c erweist sich damit als Orgelpunkt. Bei Ziffer 1 bringt Friedemann im *Adagio* ganz unvermittelt eine Wendung vom C-Dur Sekundakkord nach As-Dur, also eine mediantische Wendung, in der Form im 18. Jahrhundert unbekannt. Sie gefiel Friedemann so sehr, daß er sie gleich wiederholte. Er löste sie dann aber über einen übermäßigen Sextakkord auf as nach G auf. Es ist freilich eine Anleihe aus der Moll-Variante.

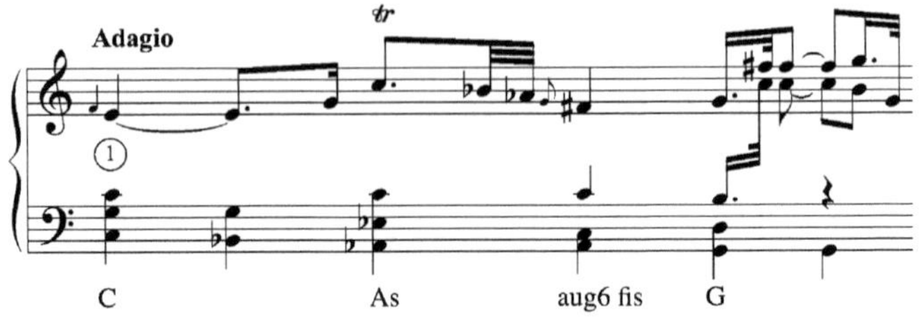

Das folgende *Allegro* scheint die Laufpassage gar motivisch-thematisch zu verarbeiten. Dabei zieht Friedemann harmonisch immer um eine Sekunde nach oben. Das folgende *Adagio* bringt nun exakt den gleichen Ablauf nur um eine Quinte nach oben transponiert. Das folgende *Allegro* bringt neues virtuoses Passagenwerk. Dieses Passagenwerk kommt dann in anderen Fantasien in der Form auch immer wieder vor (es ist wohl das, was er als Cembalist am besten in den Fingern hatte). Das *molto Adagio* ist ein neuer Teil. In einem furiosen *Prestissimo* läuft die Fantasie aus. Die von Kühn kritisierten Sechzehntelnachschläge haben ihren Effekt in der Tat nur im Cembalo. Spielt man sie auf dem modernen Klavier, ist die Wirkung recht kümmerlich. Diese offene Quintfallsequenz ist auch recht einfallslos, es sei denn, man spielt sie in rasendem Tempo! Nochmal zum Instrumentarium: Für das moderne Klavier waren die Fantasien nicht geschrieben, was uns zur nächsten Fantasie führt.

7.2. Nr.5 Fantasie e-Moll 1 Fk 20

Strodthoff stellt zurecht fest, daß sich diese Fantasie auf dem Klavier ohne ein Pedal, wie es die Orgel oder das Pedalclavichord haben, nur schwer ausführen läßt.[855] Sie scheint in der Tat eher eine Orgelkomposition zu sein. Näheres hierzu siehe Strodthoff. Vom Stil her hat man hier den Eindruck, als habe der junge Joseph Haydn dieses Werk gekannt. Die kleinen Figuren, die Triolenfiguren in T.11, erinnern sehr an den jungen Haydn. Wie fast immer bleibt Friedemann auch hier dreistimmig. Das *Largo* in dieser Fantasie zeigt uns jenes typische Moment der Friedemannschen Mittelsätze.

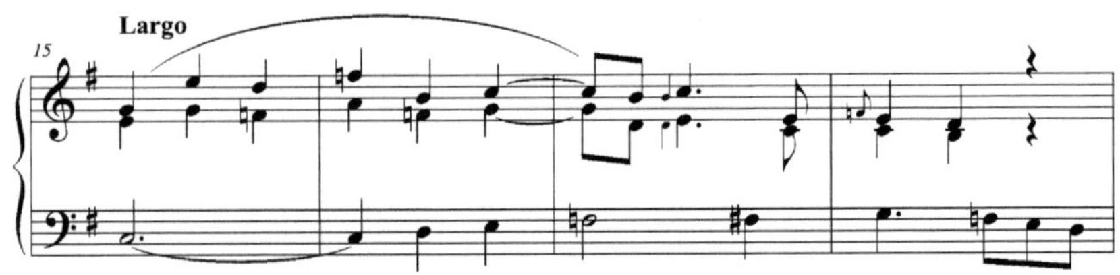

Diesen Typus findet man in den Sonaten, Klavierkonzerten und auch in anderen Fantasien immer wieder. Das *Allegretto* bringt jene typischen Synkopenfiguren, wie wir sie auch in den Polonaisen sehen konnten. Diese Fantasie und auch die folgende in d-Moll scheinen »gearbeitetere« Werke zu sein als die a-Moll Fantasie. Die beiden e-Moll Fantasien wie auch die zweite d-Moll Fantasie gehören zu den musikalisch stärksten Fantasien Friedemanns.

7.3. Nr.6 Fantasie d-Moll Fk 19

Sie ist überaus konsequent und variierter gearbeitet. Neben einem virtuosen *Allegro di molto* gibt es als Kontrast ein schweres *Grave.* Als wären diese beiden Typen nicht genug, erinnert sich Friedemann an seinen Vater, der in Gestalt des Soggettos aus der Fuge des WKI g-Moll auftaucht. Eine geradezu gespenstische Stelle!

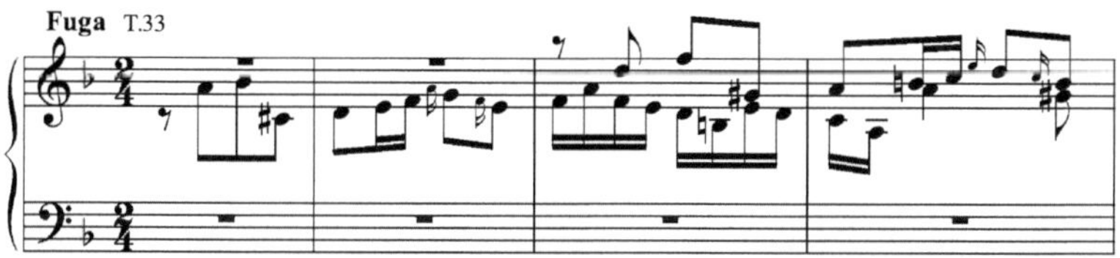

Mit freundlicher Genehmigung von SCHOTT MUSIC, Mainz.

Zum Vergleich das Thema des Vaters aus WKI:

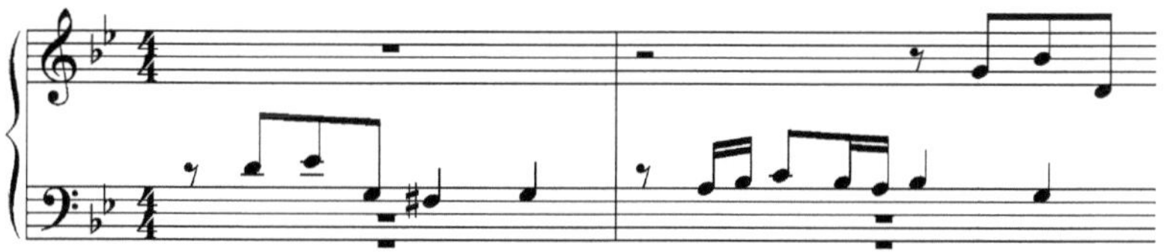

Nach einem variierten *Grave* und einem *Allegro di molto* in g-Moll kehrt die Fuge nun ebenfalls in g-Moll wieder. Das *Allegro di Molto* beendet die Fantasie. Die Fuge ist sehr schwierig und liegt schlecht in der Hand im Gegensatz zu der des Vaters; auch hier scheint eher ein Pedal von Nöten zu sein. Man sollte allerdings den Themenzitaten nicht zu große Bedeutung beimessen: Nicht jedes Thema eignet sich für eine Fuge. Um zu improvisieren, ist ein Thema erforderlich, das auch Imitationen zuläßt. So viele Möglichkeiten gibt es dann nicht. Das Soggetto ist überdies leicht abgewandelt, auch die Themeneinsätze sind anders. Der Duktus aber ist der gleiche.

7.4. 7. Fantasie e-Moll 2 Fk 21

Diese Fantasie ist sehr reichhaltig. Neben dem *Furioso* gibt es sogar Rezitative, ein zartes *Andantino*, wieder ein *Grave*, ein *Prestissimo*, wobei im weiteren Verlauf ein Konflikt zwischen *Andantino* und Rezitativ entsteht. Dadurch werden beide immer bewegter und finden in das virtuose *Prestissimo* zurück. Es hat ähnliche Abläufe wie das aus der 2. d-Moll Fantasie. Diese Fantasie wirkt wie die Summe aus dem vorhergehend Besprochenen. Hier das feinnervige *Andantino*:

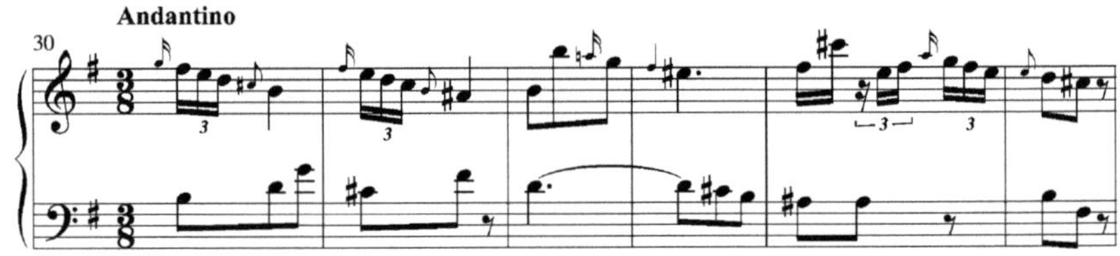

Mit freundlicher Genehmigung von SCHOTT MUSIC, Mainz.

Ein schweres *Grave* schließt sich an. Der Anfang ist ein I-#VII-I Pendel. Diesem Typus begegnet man auch in der 1. c-Moll Fantasie wieder.

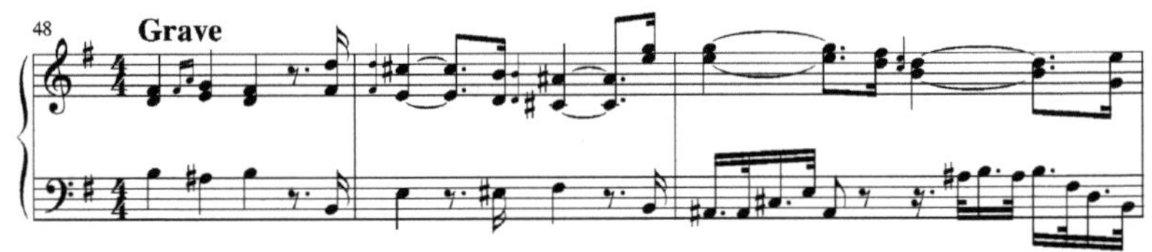

Mit freundlicher Genehmigung von SCHOTT MUSIC, Mainz.

Das wiederholte *Grave*, ein *Largo* und ein sich anschließendes *Furioso* beenden die Fantasie. Die Formteile sind hier immer klar von einander getrennt. Allerdings verwirrt der Albertibaß ab T.20. Wollte Friedemann, salopp gesagt, hier »auf modern machen«? Der Frau des Autors mag die Stelle wie ein Witz erscheinen, ganz so, als mache sich Friedemann über die neuen Strömungen lustig. Diese Auffassung hat in der Tat sehr viel für sich. Auf die Frage hin, wie meine Frau denn darauf komme, gab sie mir – wohlgemerkt als musikalischer Laie – die Antwort, daß ein Mann wie Friedemann sich doch seiner kompositorischen Mittel wohl bewußt gewesen sei und sich der Auseinandersetzung mit der zeitgenössischen Musik ja nicht habe völlig verschließen können. Und vielleicht ist es ja tatsächlich als ein Scherz gemeint, oder als ein: »Seht her, ich – ein Bach– kann das noch allemal.«

7.5. 8. und 9. Fantasie in c-Moll 1 und 2 Fk 15 und 16

Mit diesen Fantasien hat sich der große Improvisator Friedemann als eine Art »konservativer Revolutionär«[856] im Sinne Arnold Schönbergs verabschiedet. Allerdings nur in dem Sinne, daß sie die letzten angeführten Fantasien sind. Denn komponiert wurden sie – entgegen früherer Meinung nicht in Friedemanns letztem Lebensjahr, sondern wie Peter Wollny überzeugend in seiner Dissertation dargestellt hat – ein Jahrzehnt vor Friedemanns Tode in Braunschweig. Sie wurden wahrscheinlich in Göttingen vom Schwiegersohn Keyserlingks, Baron Ulrich von Behr, in Auftrag gegeben.[857] Wir stießen bereits auf diesen Namen in dem oben angeführten Brief vom 2. Juli 1784 an Forkel, in dem Behr Forkel um Stellungnahme zur Quailtät dieser beiden Fantasien bittet. Da aber von Behrs Anwesenheit in Göttingen nur im Jahre 1765 schriftlich nachgewiesen kann, muß er entweder Friedemann in Berlin getroffen haben oder aber unbekannterweise noch einmal in Deutschland gewesen sein. Wollny nimmt an, daß Behr Friedemann im August 1773 in Göttingen hörte und danach diese Fantasien in Auftrag gegeben hat.[858]
Man hat diese Fantasien immer als Ausdruck der Stimmungen des letzten Lebensjahres interpretiert: Das ist haltlos. Allerdings ging es Friedemann in der Zeit um 1773 auch nicht gerade gut. Jedenfalls war er ohne Stellung und in wirtschaftlich prekärer Lage. Da er allerdings zu jener Zeit ständig Orgelkonzerte gab, könnten diese Fantasien uns einen Einblick in Friedemanns Improvisationskunst in jener Zeit geben. Befindet sich vielleicht sogar Material darunter, das er an dem Tage improvisierte, als von Behr im Konzert anwesend war?
Zu den Fantasien: Sie haben als gearbeitete Werke die Musikwissenschaft einigermaßen verstört. Das listet Kahmann in seinem wunderbaren Buch ausführlich auf.[859]
Diese Fantasien sind auch ungewöhnlich. Deswegen fragte auch Baron von Behr noch 1784 Forkel, was er denn von diesen Fantasien halte. Diese Tatsache hat man fälschlicherweise als Entstehungszeit der Fantasien angenommen.

> *»Ew. Hochedelgeb. Habe ich das Vergngügen beygehende zwey Fantasien zu überschicken, die ich von Friedemann Bach für mich habe aufsetzen lassen. Sehr angenehm wäre es mir von der Ausarbeitung dieser Fantasien Ihr Urteil zu erfahren, und die Schönheit derselben von Ihnen entwickelt zu sehen.«*[860]

Nicht daß sie keine schöne Musik enthielten! Allerdings werden vor allem in der 1. c-Moll Fantasie alle Formteile wild durcheinander gewürfelt, und die 2. mag einem wie ein Experiment in der Klangfarbenkomposition erscheinen – so machen die ausgedehnten *arpeggio*-Stellen auch absoluten Sinn, mehr als Klangwert, nicht als harmonische Fortschreitung. Das wußte Clemens Kühn auch nicht zu schätzen. Mit 424 Takten ist die 1. Fantasie wahrscheinlich sogar das längste Klavierwerk Friedemanns überhaupt. Auf Kühns Kritik am *Grave* will der Verfasser dieser Analysen hier nicht eingehen. Es sei aber bemerkt, daß diese vielstimmige Musik für Friedemann – wie auch der entsprechende Teil in der a-Moll Fantasie – eher untypisch ist. Typisch ist für Friedemann wiederum die Verwendung des passus duriusculus, denn Quartgänge hat er – wie auch sein Vater – sehr geschätzt. Die 1. c-Moll Fantasie dauert fast – je nach Spieler – 20 Minuten, und es braucht hier einen genialischen Interpreten, um den formalen Zusammenhalt zu gewährleisten.

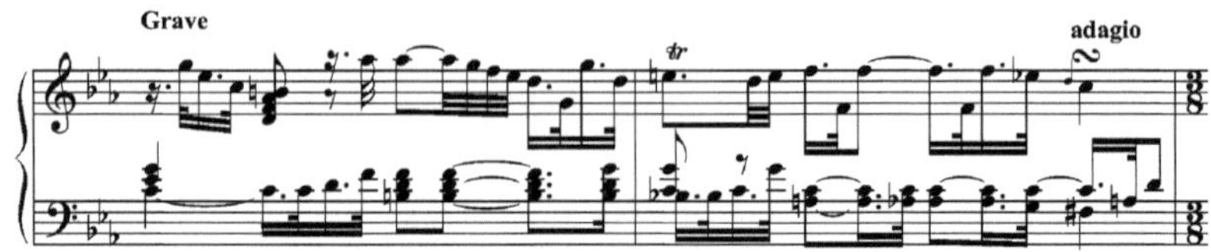

Nach dem sehr schönen *Grave* folgt ein nicht minder schönes *Vivace*, mit drei obligaten polyphonen Stimmen.

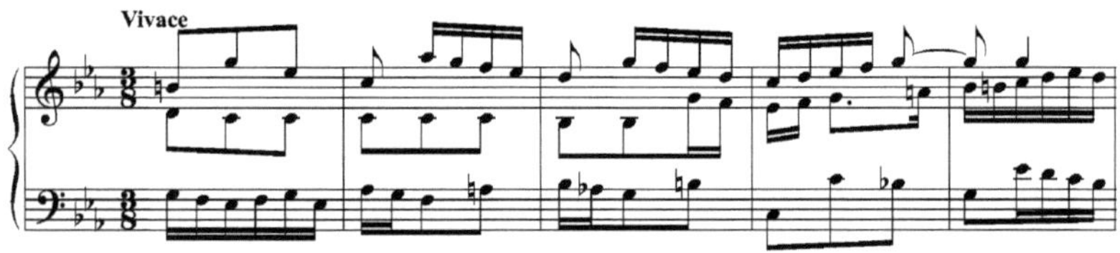

Nach einem erneuten variierten und transponiertem *Grave* folgt ein *Andantino*, das in Des-Dur beginnt. Die Wirkung, die sich durch das vorangegangene C-Dur ergibt, ist im Kontext bezaubernd, freilich ist sie als Trugschluß gedacht, denn das C7 hätte nach f-Moll gehen müssen. Man sieht, wie überaus zart die Friedemannsche Musik noch im hohen Alter sein kann. Von einem Mangel an Kraft in der melodischen und harmonischen Gestaltung, wie Kühn sie Friedemann vorwirft, kann keine Rede sein. Sind nicht auch Mozarts und Haydns Melodien nur Durchgänge in einer Dreiklangsmelodik? Und kommt Friedemann da im Vergleich nicht eher von einer doch mehr am »sekundlichen Fortschreiten« gedachten Melodik? Wirkliche Dreiklangsmelodik findet sich bei ihm nur sehr selten. Hier das Andantino:

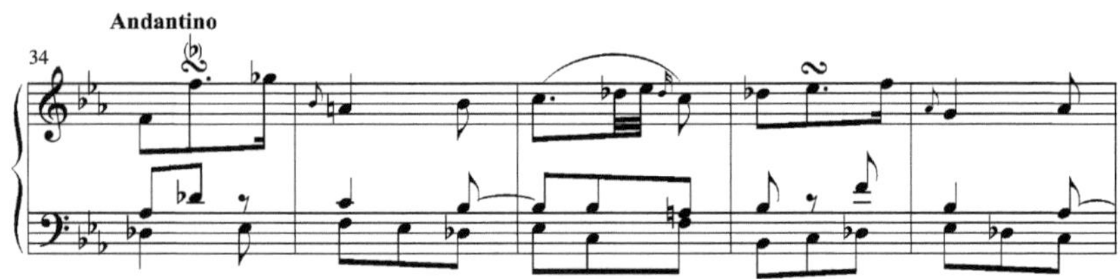

Bemerkenswert ist auch hier die ruhelos schreitende Harmonik, sie ist nun ein abwärtsgehender Sekundgang. Im folgenden gibt es ständiges Sichbewegen und Innehalten. Der Kulminationspunkt ist jene viel gescholtene *arpeggio*-Stelle. Hier muß eben der Interpret mit den Harmonien etwas anzufangen wissen. Es folgt in T.50 erneut das *Vivace*, bei dem nun A und S vertauscht sind. Ein erneutes Innehalten erfolgt über das *Andantino*, diesmal in c-Moll. Nach der Fermate in T.91 setzt eine *arpeggio*-Stelle ein, die wie bereits für die 2. Fantasie erwähnt, mehr Klang- als harmonischen Fortschreitungswert zu haben scheint. Die Strecke umfaßt 28 Takte. Eigentlich müßte nun ein Es-Dur kommen, Friedemann zieht aber gleich weiter über einen Sekundakkord in Es-Dur nach as-Moll. Die erste Phrase der harmonischen Fortschreitung wird nach einem Phrasenabschluß über den übermäßigen Sextakkord nach einem F-Dur in es-Moll in T.101 neu angesetzt. Durch Sekundakkorde, Sextakkorde und Septakkorde mit großer Septime, Quartsextakkorde und verzögerte und verschleierte Auflösungen, nicht zuletzt durch den doppeltverminderten Septimakkord, wird hier ein einzigartiger Schwebezustand erreicht, bei dem es nicht mehr auf die Spannungskraft der Tonalität ankommt, sondern bewußt der Schwebezustand gesucht wird, wie ihn später auch Brahms in seinen »Vier ernsten Gesängen« über ähnliche Mittel suchen wird. Hinzu kommt, daß die Akkorde frei arpeggiert werden müssen. Es gibt drei Phrasenabschlüsse: in T.100, in T.106, und die extremste ist der von T.119, in dem man in der rechten Hand die fallende verminderte Septime vorfindet und in der linken die aufsteigende Oktave. Die dramatische Pause findet sich in jedem der Abschlüsse, aber am meisten Raum hat auch sie in dem letzten Phrasenabschluß. Es sind mehr Phrasenabrisse denn Schlüsse. Die Fortschreitungen sind auch zunehemend dissonanter. Friedemann verwendet hier oft Sekund- und Quintpendel.
Die 1. Fortschreitung: 2Es, 6as, Quartsext-es, a°, Terzquart-d°, Quintsext-e°, aug6-e, aug6 e–F.
2. Fortschreitung: es; Ces (eine schöne mediantische Wirkung, wenngleich freilich diatonisch und nicht außergewöhnlich); a°, Quartsext-es, Ces (durch die Wechselnoten=ces – 2d°–Ces–Quartsext-es), a°–B.
3. Fortschreitung: 2e°, 6as, Terzquart-e°, as, Terzquart a°, 6b, 6aø, Terzquart-e°, 6f, Quintsext-e°, f, aug6-h.
Über ein polyphones *Prestissimo* in c-Moll, das einen deutlichen Bezug zum *Vivace* aufweist und sich jeweils einmal mit virtuosem Passagenwerk, in dem Friedemann nochmal alle seine spielerischen Künste aufbietet, mit Laufwerk (das wir schon aus der 2. d-Moll Fantasie kennen) abwechselt, landen wir in einem sehr schönen und sehr musikalischen *Adagio,* das an den jungen Haydn erinnert, und einem noch schöneren *Cantabile.*

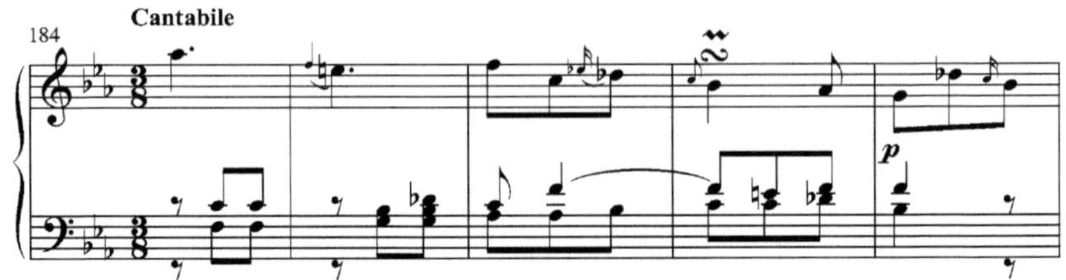

Formal ist dieses Stück voller Überraschungen. Ein sehr starkes polyphones *Allegro di molto,* das Bezug auf das *Vivace* und das *Prestissimo* nimmt, so daß die jeweiligen Teile wie Variationen voneinander wirken, beendet das Stück nicht, sondern führt uns folgerichtig in das *Grave* zurück. Dieses wie auch das folgende *Vivace* wirken wie die Reprise in einer klassischen Sonate. Ein kurzes *Prestissimo,* gleichsam einer *Stretta,* aber mit Bezug zum *Prestissimo,* führt uns in ein neues *Grave,* das wir aber aus der vorher behandelten Fantasie vom Typus her bereits kennen. Es scheint, als sei nun alles vereint: das instrumentale Rezitativ aus der e-Moll Fantasie 2, auch der Grave-Typus und Figuren aus der es-Moll Polonaise (die punktierte Stelle T.371 kennen wir daher). Es scheint, als bildeten die Elemente die Summe des Lebens von Wilhelm Friedemann Bach. Dieser Teil ist harmonisch beständig auf der Suche und in sich dreiteilig. Der letzte Teil ab T.319 führt uns erneut zu einer *arpeggio*-Stelle. Diesmal ist sie verkürzt, nicht weniger merkwürdig und harmonisch wieder überraschend, da nicht die Ausgangstonart c-Moll angesteuert wird, sondern f-Moll. Die punktierten Figuren aus dem Beginn werden nun in der Umkehrung Engführungen zusammengezogen und bilden eine deutliche Steigerung. 424 Takte atemberaubende und glühende Musik eines alten Mannes in der höchsten kompositorischen Konzentration! In dieser Fantasie wurde Friedemann zu einem sich in seiner kompositorischen Gedankenwelt austobenden, geradezu anarchistisch rasenden Komponisten. Laut Schleuning habe Bach in die Mitte des Stückes drei Sätze nicht ohne Bezug zu den anderen Teilen eingefügt, was bestätigt wurde.[861] Die Deutung Schleunings auf Zerfahrenheit eines zunehmend verbitterten und erfolglosen Mannes will der Autor nicht ohne weiteres teilen, zumal sie im historischen Kontext falsch ist. Dem Komponisten im Autor der vorliegenden Studie scheint das Stück in der Tat ein Moment des Experimentes mit disparatem Material zu sein, das gelungen ist. Obwohl man Schleuning recht geben kann, was den Affektgehalt dieser Musik betrifft und der Vergleich sich anbietet. Für Schleuning gehören Teile der großen c-Moll Fantasie zum Besten, was Bach geschrieben hat.[862] Aber wieviel Schönheit wird hier von einem »zerfahrenen« Mann besungen? Sehen wir uns mal den rationalen\irrationalen Formaufbau an:

T.1-2.Grave = 2Takte

T.2 adagio

T.3-29 Vivace = 27Takte

T.30-32 Grave = 2 Takte
T.32-33 adagio = 1
T.34-49 Andantino = 16 Takte
T.50-73 Vivace = 24Takte
T.73-91 Andantino = 19 Takte
T.92-119 arpeggio = 28 Takte
T.120-167 Prestissimo = 48 Takte
T.168-183 adagio = 16 Takte
T.184-257 Cantabile = 64 Takte
T.258-323 Allegro di molto = 66 Takte
T.324-325 Grave = 2 Takte
T.325 adagio
T.326-354 Vivace = 39 Takte
T.355-358 Prestissimo = 4 Takte
T.359-402 Grave = 44 Takte
T.403-418 arpeggio = 16 Takte
T.418-424 un poco allegro =6 Takte

Man könnte die T.1-91 als Exposition auffassen, T.92-323 als Durchführung, T.325-418 als Reprise und 418 - 424 als Coda. Würde man nun verschiedene Klammern ziehen, zum Beispiel von allen Formteilen mit gleicher Bezeichnung, oder von allen langsamen zu allen schnellen Teilen, so würde schnell klar werden, daß es sich um eine Mischung aus Bogenform und einer »verschachtelten« Form handelt, ähnlich den Programmschleifen in heutigen Computerprogrammen. Es sollte einen auch nicht verwundern: Friedemann war Mathematiker! Lebte er heute, so hätte er sich sicherlich mit Computermusik auseinandergesetzt, was nicht heißt, daß er sie auch schreiben würde.
Die längsten Teile in Takten, nicht in Zeit, bilden *Cantabile* und *Allegro di molto.* Es scheint aber – je nach Sichtweise – so zu sein, daß *adagio* und *Cantabile* das Zentrum, den ruhigen Pol des Stückes bilden, um den herum sich alles gruppiert. Wir haben die unterschiedlichsten Satzmuster gesehen, und man kann getrost sagen, daß Friedemann sämtliche Satz- und Spielmuster der norddeutschen Schule beherrschte, von virtuosem Spielwerk bis zu Imitationsabschnitten.

Schließen wir das Fantasie-Kapitel mit Schleuning:

> »Trotz des Mangels an Modernität und stilistischer Geschlossenheit erreichen jedoch diese Werke in ihrer Eigenwilligkeit eine Größe und einen überpersönlichen Ernst, die an J.S. Bachs Klaviermusik gemahnen und uns in den stets vollkommenen, »empfindsamen« Fantasien C.P.E Bachs selten begegnen.«[863]

Die zweite c-Moll Fantasie wirkt durch die übermäßigen *arpeggio*-Teile zunächst formal unausgeglichen und beim ersten Betrachten wie der schwache Appendix der 1. Aber auch sie hat ihre großen Momente. Und wird sie im richtigen Tempo gespielt, dann sind die *arpeggio*-Teile vollkommen ausgewogen! Vom Material her ist sie eng der 1. c-Moll Fantasie verwandt, so daß man beide nie unmittelbar hintereinander spielen sollte. Sie beraubten sich dann ihrer Wirkung! Jedoch ist 2. in ihrer Art viel kompromißloser, zukunftsweisender und wesentlich dissonanter.

Ein bewegtes *Vivace* in Skalen, das ab T.5 bereits das Schema verläßt und das mit dem neapolitanischen Sextakkord operiert, führt uns in ein *Grave*, das einem erscheinen mag, als nähme Friedemann für wenige Sekunden das Pathos aus der Beethovenschen Sonate Nr.8 in c-Moll, der Pathetique, vorweg. Wie eine Antizipation Beethovens, wie eine leise Ahnung davon erscheint dem Autor dieser Abschnitt. Es ist mit seinen Vorhaltsfiguren außerordentlich dissonant. Ein Beispiel sei T.10: über der liegenden Oktave G\g finden wir einen 4-3, einen 6-5 und einen 7#-8 Vorhalt. Die trugschlüssige Wendung ist ein Selbstzitat aus der a-Moll Fantasie. Dieser Abschnitt ist geradezu majestätisch. An dem letzten Klang in T.13 kann man erkennen, daß es Friedemann wieder mehr um die Linearität als um das Harmonische ging. In der Bewegungsrichtung ergibt der Quintsextakkord Sinn, als Zusammenklangfolge wirkt er merkwürdig. Man hört ihn freilich nur kurz und als melodisches Phänomen. Das folgende *arpeggio ed allegro* beginnt statt im vorbereiteten es-Dur mit einem as-Moll Sextakkord. Es ist ähnlich jenem der 1. Fantasie. Interessant ist auch, daß jene *arpeggio*-Stellen unfreiwillig an das es-Moll Präludium aus WKI erinnern. Der Baß steigt vier Takte lang chromatisch vom ces an abwärts, von T.20 dann aber einen großen Sekundschritt ab- und dann einen kleinen aufwärts. Friedemann führt uns hier sehr in die Irre und endet mit einer fragenden Kadenzierung in es-Moll mit einem B-Dur Akkord, dem sich eine Viertelpause auf Zählzeit-Vier mit Fermate versehen anschließt. Und wieder setzt er in as-Moll ein, diesmal aber nicht schwebend. Beim ersten Mal hat man ein Es-Dur erwartet und bekam ein as-Moll in Sextakkordstellung, nun erwartet man ein es-Moll und bekommt ein grundständiges as-Moll. Es sind sehr subtile Verwirrungen. Der Böswillige nennt es: schwache Verwirrungen.
T.26 bringt einen halbverminderten b-Septakkord in Sekundakkordstellung. Wir befinden uns nun in einem Prozeß, der das as-Moll bestätigen soll. So bekommen wir eine mediantische (wenngleich wieder diatonische) Wendung as-Moll\Fes-Dur von T.28 bis 29. In T.30 bleibt das Geschehen mit einem as-Moll in Quartsextakkordstellung mit einer Fermate stehen. Normalerweise würde man nun die Auflösung in ein dominantisches Es-Dur erwarten, doch Friedemann stürzt mit einem *Presto*, das nach Es-Dur hinzielt, los, wenngleich auch nur für zwei Takte. Dieses muß so gespielt werden, daß der vorangehende Prozeß soviel an Spannung aufbaut, um sich hier zu entladen. Das folgende *Cantabile* bringt wieder klare Linien, die auch vom jungen Haydn sein könnten. Der Sechsachteltakt bringt hier einen deutlichen Konrast. Es kommt in T.45 wieder ein *Vivace,* nun is Es-Dur als Bezug zum Beginn des Stückes: Es ist sehr leidenschaftlich, und das Fes-Dur in T.54 als neapolitanische Wendung ist von außerordentlicher Dramatik. Aber anstatt einer Kadenzierung nach es-Moll hin, erleben wir ein Wegdriften davon im nächsten *arpeggio*, das diesmal in Sequenzen strukturiert ist und Beethoven und Schubert voraushört. Die Sequenz ist folgende: zunächst sind es aufsteigende Sekundschritte (nach Sechter Stufesteigen). Ab T.65 ist die Sequenz als Terzfall und Quintfall strukturiert, wobei zum Anschluß der Akkordgrundton alteriert wird, so daß ein neuer doppeltverminderter Septimakkord entsteht. Ein kurzer *adagio*-Einschub als »fragende Kadenz«, ist mehr abgerissen als fragend. Friedemann macht das im ganzen Stück nie in der Form, daß er einen unaufgelösten Akkord fragend im Raum stehen ließe, wodurch er die dramatische Wirkung abschwächt. Er benutzt im folgenden *allegro* wieder viele doppeltverminderte

Septakkorde, auch einfach verminderte, allgemein viele Vierklänge. Dieses *allegro* muß aber ebenfalls arpeggiert werden und ist eigentlich gleichbedeutend mit dem *arpeggio ed allegro.* In T.80 erreichen wir gar ein des-Moll! Es wird über einen as-Moll Quartsextakkord zu einem verselbständigten Neapolitaner Des7 geführt, der sich in einen G-Dur Sekundakkord bewegt. Wir zielen nun über einen f-Moll Quartsextakkord und einen doppeltverminderten Septakkord auf h und einen G-Dur Quintsextakkord eindeutig nach c-Moll hin. Die Energie entlädt sich schließlich in T.85 und bestätigt dieses mehrfach, dabei höchst dramatisch. Wieder folgt eine »fragende Kadenz« im *adagio* T.86. Und statt des erwarteten c-Molls fängt das *allegro* (das auch wieder arpeggiert werden muß) mit einem F-Dur an. Nun werden auch die Fortschreitungen extremer. Sehr bewegend ist der Wechsel von As-Dur im Sextakkord T.109 zu as-Moll im Sextakkord T.110. Über ein *moderato* als Kadenzierungsmodell, das seine Parallelstelle in T.31 hat, erreichen wir zunächst das Vivace in T.115: Statt des erwarteten c-Moll befinden wir uns aber in einem flüchtigen Es-Dur. In einem Steigerungsprozeß werden wir in ein *Presto* geführt, das nach einer hetzenden Quintfallsequenz 6g-c-6f-b ein 6es erreicht und mit einer Frage auf einem C-Quintsextakkord ohne Quinte im Raum stehen bleibt. Das *Presto* wird nun durchgeführt, nimmt Bezug auf das *Vivace* des Anfangs und wird dabei auch immer wieder einmal freistimmig, um in ein abschließendes *Vivace* mit den typischen Friedemannschen Spielfiguren – dem Abwechseln der Hände in gebrochenen Intervallen – zu führen, das nun endgültig das c-Moll bestätigt. Diese Figuren sind als Ableitungen aus den *arpeggio*-Stellen zu betrachten. Auch hier gäbe es noch vieles an motivisch-thematischer Arbeit und an harmonischen Fortschreitungen zu zeigen, aber der Raum ist knapp, und wir wollen ja noch einen Blick auf die Fugen werfen. Hier noch einmal die harmonischen Fortschreitungen:
Ab T.17: 6as–Quartsext-es, a°, Terzquart-d°, 6es, Quintsext-Es, as–Quartsext-es, aug Quintsext-a–B, as, 2bø, g°, 6Es, as, Fes, Quartsext-as.
Ab T.55: Terzquart-d°, 6Es, Terzquart-e°, 6F, Terzquart-fis°, 6G–TerzquartB, 6c–TerzquartG, Terzquart-G–Quartsext-f, Terzquart-dø–Quintsext-G, c.
Ab T.65: Terzquart-g°, 2Es, 2Es–6As, Terzquart-a°–2F, 2F–6B, Terzquart-h°–2G, 2G–6C, Quintsext-F-a°, a°–2F, QuintsextB-d°, d°-2B, Quintsext-Es–g°, g°-2Es, Quintsext-As–Cø7, Cø7–2As, 6Des, 6des, Quartsext-as, Des7, 2G–Quartsext-f, h°–Quintsext-G, c, aø7-Quintsext-fis°-G (mit den Vorhalten #7-8, 4-3# und 6-5).
Ab T.87 f, 2gø, 2gø-Quintsext-C, e°, f–2f, 6b–Quintsext-h°, Es–2Es, 6As–2Es, 2e°–Terzquart-e°, 6F–2F, 2fis°–Terzquart-fis°, 6G–2G, Terzquart-h°–Quintsext-h°, Quintsext-C–e°, Quintsext-F–a°, a°–2F, QuintsextB–d°, d°–2B, Quintsext-Es–g°, g°–2Es, 6As, 6as, Quartsext-es, a°, Quintsext-fis°–Quartsext-c.
Man sieht: Das ist eine harmonische Irrfahrt, ohne festes Ziel, aber von außerordentlichem Klangwert. Die These, daß es hier primär um den Klangwert der Arpeggien geht und weniger um die harmonische Fortschreitung, sieht die vorliegende Studie durch die Analyse bestätigt. Von »Zerfahrenheit« könnte man höchstens in der Expressivität der Stücke sprechen. Friedemann ist hier ein kompositorisch zutiefst abwägender, dabei leidenschaftlich im Ausdruck rasender und in der Entdeckung des Paramters »Klang« außerordentlich experimenteller Komponist. Eine ähnliche klangorientierte Musik findet man erst in der As-Dur Etüde Chopins op.25 Nr.1 wieder! Diese Musik war ihrer Zeit einfach in ihrem Empfin-

den zu weit voraus, ihre technischen Mittel entstammen freilich der Zeit der Mitte des 18. Jahrhunderts.

Anmerkungen

[851]Peter Schleuning, Wilhelm Friedemann Bach, Klavierfantasien, Hrsg. Peter Schleuning, Mainz 1972, Vorwort, S.4

[852]Vgl. ebda.

[853]Vgl. ebda.

[854]Vgl. ebda.

[855]Jörg Strodthoff, Diesseits des Urtexts. Wilhelm Friedemann Bach und die Orgel, in: wilhelm friedemann bach, der streitbare sohn, a.a.O., S.44

[856]Vgl. Willi Reich, Arnold Schönberg oder der konservative Revolutionär, 1. Auflage 1968, München 1974

[857]Wollny, S.183ff.

[858]Vgl. Wollny, S.187

[859]Kahmann S.246

[860]Brief Forkels vom 4. April 1803 an den Verlag Hoffmeister&Kühnel; ziziert nach Kahmann, S.261

[861]Vgl. Schleuning, a.a.O., S.5

[862]Vgl. Ebda.

[863]Schleuning, ebda., S.4

8. Die Acht Fugen

Anmerkung zur Analyse:
Es muß klargestellt werden, daß es sich bei der Fuge wie bei der Sonate eher um eine Kompositionstechnik als um eine Form handelt. Charles Rosen sagt über die klassische Sonate:

> »[...] Die Sonate ist ohnehin keine Form wie das Menuett, die Da capo-Arie oder die französische Ouvertüre; sie ist vielmehr gleich der Fuge eine Kompositionsweise, d.h. ein gewisser Sinn für Proportion, Richtung und Textur, und nicht ein Schema.«[864]

Der formale Grundriß ist frei. Es ist die Frage von Material und Verarbeitung, die hier die Form gestaltet. Im Sinne der Aufstellung oder Gegenaufstellung des Fugenthemas und dessen Verarbeitung in den Zwischenspielen wird die Form komponiert. Damit aber ist der Weg dorthin über das „Fugieren" ein technischer, somit die Fuge eine Kompositionstechnik. Das Gleiche gilt für die klassische Sonate. Auch die alten Termini wie Durchführung und Zwischenspiel sind irreführend, da die eigentliche thematische Verarbeitung der Fuge in den Zwischenspielen stattfindet.[865] Es werden hier die analytischen Begrifflichkeiten Zsolt Gárdonyis angewendet, weil sie sich zur Fugenanalyse hervorragend eignen. Nach Ansicht des Autors der vorliegenden Studie müßte man die Fugen-Zwischenspiele »Zwischenspieldurchführung« nennen. Gárdonyi tut dies nicht und schlägt die Begriffe »Themaphase« und »Zwischenspiel« vor.[866]

> »Nach der Exposition vollzieht sich die musikalische Form der Fuge meistens in einem stetigen Wechsel zwischen den einzelnen Thema-Phasen und den Zwischenspielen. Die hier seltene unmittelbare Aufeinanderfolge von zwei oder mehr thematischen Phasen kann fallweise als Phasengruppe qualifiziert werden. Der Begriff Durchführung eignet sich wenig zur Bezeichnung der Thema-Phasen einer Fuge: die Anwendung des Durchführungsbegriffes in der Fugentechnik kann insbesondere dann zu terminologischen Konflikten führen, wenn die normative Annahme, daß das Thema nach jedem Zwischenspiel durch alle Stimmen geführt zu werden habe, bei der Vielzahl der typischerweise einzeln auftretenden thematischen Phasen zwangsläufig den Terminus "unvollständige Durchführung" hervorbringt. Dies nämlich suggeriert den vermeintlichen Regelfall "vollständiger Durchführungen", für die jedoch außerhalb der Exposition kaum Beispiele zu finden sind.
>
> Damit würde der in der Fuge benutzte Durchführungsbegriff den Blick auf das fugentypische Alternieren zwischen Thema-Phase und Zwischenspiel verstellen und die Proportionen zwischen Regelfall und Ausnahme umkehren.«[867]

Die Aufstellung der Themen wird mit Exposition, die Gegenaufstellung mit Kontraexposition und das Auftreten des Fugenthemas mit Themaphase bezeichnet. Mit Tonalität ist in den Diagrammen die tonale Bestimmung des Themas gemeint. Freie Gegenstimmen werden mit einem X gekennzeichnet. Das Thema

mit Th, das Kontrasubjekt mit Ks, Zwischenspiele werden im Diagramm durch einen senkrechten, durchgezogenen Strich angedeutet. Im Prinzip sollte man eigentlich nur die Termini der Zeit verwenden, man sollte harmonisch höchstens Generalbaßziffern unter die Analysen schreiben, auch sollte man nur Termini verwenden, die man in Marpurgs »Abhandlung von der Fuge«[868] findet. Das wäre ein richtiges Sich-hinein-versetzen in die Geisteswelt des 18. Jahrhunderts!
Zu den acht Fugen:
Die acht Fugen waren eines der weitverbreitesten und bekanntesten Werke Friedemanns. Sie wurden 1778 komponiert und sind Prinzessin Anna Amalia gewidmet.[869] Friedemann hat, wie sein Vater auch, ein Leben lang Fugenstrukturen komponiert, vor allen Dingen in seinen Kantaten begegnet man immer wieder Fugenstrukturen. Der Klavierfuge als solcher, die allerdings durch den Vater einen normativen Charakter bekommen hat[870] und später von dessen Nachbetern zu einer vertrockneten, akademischen Disziplin wurde, künstlerisch also schon gestorben war, huldigt er nun auf höchst lebendige Art und Weise! Man kann und man muß noch eines sagen: J.S. Bachs Fugen sind nicht aufregende Musik, weil sie Fugen sind, sondern obwohl sie Fugen sind:

> »[...]Eine grundsätzliche Bemerkung über die Fuge sei hier noch eingeschaltet. Viele Laien, aber auch manche Musiker glauben, daß etwas schon dadurch einen höheren Rang innerhalb der musikalischen Kunstwerke einnehme, weil es eine Fuge ist. In Wahrheit verhält es sich hier ähnlich wie mit der Zwölftontechnik, bei der das verhängnisvolle Mißverständnis entstand, daß etwas schon Musik sei, weil es sich dieser Technik bedient. Die Größe Arnold Schönbergs bestand vielmehr darin, daß er Musik schreiben konnte, obwohl er sich der Zwölftontechnik bediente. Diese musikalische Techik bietet aber ebensowenig Gewähr für den Wert der in ihr geschaffenen musikalischen Substanz wie die Anwendung der Fugentechnik oder der C-Dur Skala. Uns so besteht auch die Größe Bachs darin, daß er ein musikalisches Kunstwerk schaffen konnte, obwohl es eine Fuge war. Das müßte eingesehen werden, daß die Fugen Bachs zu den größten Kunstwerken gehören, nicht weil sie Fugen sind, sondern obgleich sie Fugen sind. Die Fugentechnik ist ebenso wie die Zwölftontechnik eine bedeutende Erschwerung für die Gestaltung musikalischer Ideen[...]«[871]

Holtmeier hat dargestellt, was die Fugen Friedemanns von denen des Vaters unterscheidet. Auch hat er gleich bemerkt, daß es keine Nostalgie ist, die Wilhelm Friedemann dazu bringt, die Gattung wiederaufzugreifen. Nach Holtmeier sei jedenfalls keine Nostalgie feststellbar, die die Welt der Kindheit wiederherstellen oder das Werk des Vaters würdigen möchte, aber auch keine Abkehr von der väterlichen Tradition im Sinne eines Bruches. Für den Autor dieser Arbeit bedeutet dies aber, daß für Friedemann die Fuge dann künstlerisch doch noch lebendig war. Holtmeier bemerkte gleich, daß die Gliederung zwischen Themaphase und Zwischenspiel überaus deutlich ist. Die klare Abgrenzung der Formteile lasse an die Wiener Klassik denken.[872] Holtmeier sieht allerdings das Friedemannsche Komponieren insgesamt als ein analytisches »Dekomponieren«![873] Der Terminus des Dekomponierens birgt allerdings ein Negativum und erscheint im 18. Jahrhundert auch weit hergeholt. Holtmeier kommt zum Schluß:

> *»Die Musik Mozarts, Brahms, manches von Schumann kann nicht nur analytisch dekomponiert werden, sondern scheint ihrer eigenen Faktur nach auf Verfahren der*

Dekomposition zu beruhen. Auch die Musik Wilhelm Friedemanns scheint mir dekomponierte, bzw. dekomponierende Musik zu sein, und gerecht wird man ihr wohl nur, wenn man die Techniken verfolgt, mit denen sie das, was sie der Tradition entlehnt, entstellt. Das was uns als dilettantisch aufscheinen mag, mag auch damit zusammenhängen, daß wir diese Musik falsch hören. Wer die „klassische" Ausgewogenheit Johann Sebastians sucht, wird genauso enttäuscht, wie der, der die clartè Haydns und der Wiener Klassik sucht. Wer sich aber mit der Anverwandlung des barocken Kontrapunkts durch die Wiener Meister auseinandersetzt, der kann nicht allein in Mozarts Gigue erkennen, daß so mancher durch die dekonstruktive Schule Wilhelm Friedemanns gegangen ist.«[874]

Nach der Meinung des Autors bezeichnet aber auch der Begriff der »Komposition« die Fuge Friedemanns am besten. Der Begriff der Anverwandlung greift bei ihm nicht, denn man kann sich nur etwas anverwandeln, was außerhalb der Tradition liegt: Steht man in ihr, kann man sie nicht mehr aufgreifen, sie ist bereits Teil von einem selbst.[875] Friedemann komponiert im Sinne einer musikalischen Gestaltung von Zeit! Ein Zeitabschnitt wird durch Musik ausgefüllt. Die Musik ist in sich wiederum in Zeitabschnitte strukturiert. Wenn Sie dabei ihre Struktur offenlegt, also den Weg zur Analyse schon ebnet, ist das aber noch kein Beweis für ein Dekomponieren, sondern nur ein Spezifikum der Musik. Der zeitliche Abschnitt, in dem die Musik Raum ergreift, wird gestaltet und damit komponiert. Das, was erklingt, ist somit zusammengesetzt, also komponiert. Wenn Holtmeier darauf anspielt, daß Friedmann die väterliche Norm nicht erfüllt, das Gefüge in Umbruch gerät, es voller Hektik ist, ihm die Ausgewogenheit fehlt, so muß das nicht zwangsläufig heißen, daß hier dekomponiert würde, sondern daß das Erbe des Vaters im Sohn eine Wandlung erfährt, so wie die Menscheit zu jener Zeit sich innerhalb einer Generation änderte und im Umbruch war. Das Erbe wurde tradiert, und in gut verstandener Tradition verändert sich das Erbe. So floß, wie wir in der Analyse sehen werden, der »galante Stil«, auch in die Fugen ein.

Wenn man aus Friedemann jetzt einen musikalischen Zertrümmerer der Traditionen macht, wird man ihm auch wieder keinen Gefallen erweisen, selbst, wenn man es gut meint. Die Friedemannsche Fuge lebt in ihm, er bestimmt, wohin die Reise der Fuge geht! Wenn ein Komponist fähig ist, sich mittels einer Technik auszudrücken, wird die Technik als Mittel zum Zweck betrachtet und dient der Sache, sie ist nicht Selbstzweck. Friedemanns Fugen sind keine Demonstration kontrapunktischer Künste, sondern sie sind ein Medium, in dem sich der Komponist ausdrückt! So ist z.B. allen Fugen eine seltsame Melancholie eigen. Es ist keine Nostalgie, die an die kindliche Wahrnehmung der Fugenkompositionen im väterlichen Hause gemahnt, was auch Holtmeier festgestellt hat. Man kann, wie bereits oben erwähnt, eine Brücke zu Franz Liszts Spätwerk schlagen, wenn man beide Ausdruckssphären betrachtet. Beide schreiben im Alter Werke, voll *»amertume de coeur«* (Liszts Bitternis des Herzens) und einer ausgesprochenen Kargheit in der Anzahl der mitwirkenden Stimmen. Nur schaut Franz Liszt weit in die Zukunft, verläßt die »ästhetische Geborgenheit«[876] und begibt sich ins kompositorisch Ungewisse. Friedemann Bach drückt sich aber doch in einem ihm bekannten Medium aus. Allerdings wird der Hang zur Melancholie, den wir aus den Polonaisen kennen, hier in die Fugenwelt übertragen und verstärkt: aus Melancholie wird eben Bitternis. Allerdings beweint Friedemann nicht die vergangenen

Zeiten, in denen man noch Fugen komponierte: Vielmehr scheinen diese Stücke doch mit seiner finanziell angespannten und seiner letztlich aussichtslosen beruflichen Situation zusammenzuhängen. Diese Parallele scheint gerechtfertigt zu sein durch die Sprache, die die Fugen sprechen.
Wenn man sich mit Friedemanns Klavier-Musik eingehend beschäftigt, so stellt man fest, daß Melancholie oder gar Depression ihm nicht fremd gewesen waren, genauso wie manische Zustände. Allerdings geht man dann doch zu weit, wenn man aus ihm einen manisch-depressiven Menschen machen will. Es gibt ja auch Stücke von echtem Schwung, Heiterkeit und Lebensfreude. Friedemanns Musik deckt eben alle Ausdrucksbereiche ab, sie ist damit überaus reich.
Wollny gibt aber an, daß der konservative Geschmack Prinzessin Amalias verantwortlich sei für die stilistische Grundlage dieser Fugen. Durch einen Brief ihres Kapellmeisters Johann Philipp Kirnberger würde klar werden, daß in ihrem Zirkel die Musik des Vaters immer noch als eine Art Standard gehandelt wurde. Deshalb habe Friedemann sich stilistisch hier angenähert.[877] Man muß aber betonen, daß die Fuge Friedemanns ganz eigene Wege geht. Hier eine Würdigung Marpurgs:

> *»Gerade zur Zeit, als die Welt auf einer andern Seite auszuschweifen begunte, als die leichte Melodienmacherey überhand nahm, und man der schweren Harmonien überdrüßig ward: war der seel. Herr Capellmeister derjenige, der ein kluges Mittel zu ergreifen wuste, und mit den reichsten Harmonien einen angenehmen und fliessenden Gesang verbinden lehrte.«*[878]

Friedemann ordnet die Fugen 1-4 wie seine Polonaisen an: Nr.1 C-Dur, Nr. 2 c-Moll, Nr. 3 D-Dur, Nr.4 d-Moll. Danach weicht er allerdings vom Tonartenplan ab: Nr. 5 steht in Es-Dur, Nr. 6 in e-Moll, Nr. 7 in B-Dur und Nr. 8 in f-Moll. Es werden hier die signifikantesten der acht Fugen analysiert. Angemerkt sei, daß sämtliche Fugen dreistimmig sind! Man kann versuchen, in den Fugen latente großformale Ansätze von Exposition, Durchführung und Reprise im Sinne der Wiener Klassik zu finden, allerdings sind solche Versuche allzu bemüht und sagen auch nicht wirklich etwas zur Komposition aus. Wollny bezeichnet die kurzen Fugenbeispiele als Fughetten. Es wird nun aufgezeigt werden, welcher Kosmos sich einem in der Beschäftigung mit den kurzen Fugen erschließt. (Hier wurde die alte Peters-Ausgabe[879] der Fugen Wilhelm Friedemanns verwendet).

8.0.1. Nr.1 C-Dur:

Die 1. Fuge in C-Dur ist von einem Schwung und einer Frische, die an die erste Friedemannsche Polonaise in C-Dur erinnert. Nur liegen hier die Verhältnisse ganz anders: war erstere ein Ausdruck des Suchens und Findens einer eigenen musikalisch unbesetzten, freien Form, so liegt hier eine jahrhundertealte Technik zugrunde. Aber gerade in der Auseinandersetzung mit der Fugentechnik erreicht Friedemann eine spielerische Freiheit im Umgang mit dem Material, wie wir sehen werden. Den Ausführungen Holtmeiers möchte der Autor wiederholt entgegenstellen, daß es sich hier nicht um Dekomposition handelt. Es ist doch unglücklich, wenn mit Termini hantiert wird, die klassifizieren sollen, aber dem Denken der Komponisten unendlich fremd waren, da sie erst zweihundertfünfzig Jahre später geschaffen wurden. Der Verfasser dieser Untersuchungen nimmt sich von dieser »Sünde« allerdings selbst nicht aus. Dekomposition kann und wird einfach nicht das Ziel Friedemanns gewesen sein. Doch Holtmeier hat recht, wenn er sagt, daß die überstarke Gliederung der Friedemannschen Fuge in die einzelnen Formteile besonders auffällig erscheint, obwohl im Vergleich zum Vater die Grenze zwischen Themaphase und Zwischenspiel oft verschwimmt.

Das Stück steht im Viervierteltakt. Auffällig ist zunächst, wie überaus dicht das polyphone Geschehen ist und wie wenige Themaphasen vielen Zwischenspielen gegenüberstehen und weiter: die exzessive Verarbeitung des Fugensoggettos. Das Soggetto besteht aus einem aufsteigenden C-Dur Dreiklang, das rhythmische Muster ist: Achtelpause, dann zwei Sechzehntel, Achtel, Sechzehntelpause. Nachdem wir auf g1 gelandet sind, wird über den großen Sekundschritt von g1 nach a1 eine große Sexte nach unten zurück nach c1 gesprungen. Da der Tonraum bisher nur aus Sprüngen bestand, füllt Friedemann ihn nun mit den anderen Tönen h, d1, e1 und f1 auf. Somit sind alle Töne der C-Dur Skala erreicht. Die Beantwortung des Dux ist dann eine tonale. Friedemann eröffnet folgendermaßen: Alt, Sopran und Baß. Hier die Eröffnung:

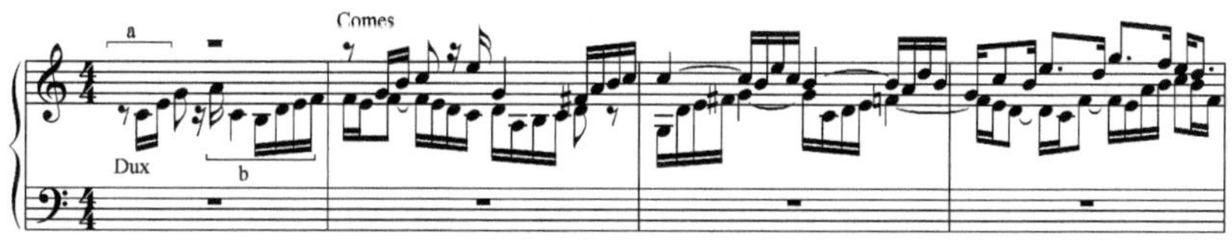

Man kann das Dreiklangsmotiv, isoliert besehen, als Motiv a betrachten, denn es wird später immer wieder vorkommen. Interessant ist, daß wir hier kein eigentliches prägnantes Kontrasubjekt vorfinden, sondern freie Gegenstimmen. Denn spätestens beim Einsatz des Dux im Baß wird klar, daß die parallel geführten Sexten nichts weiter als Ableitungen des Themas sind. Die Takte 3 und 4 bilden übrigens bis zum Einsatz des Basses in T.5 eine Codetta. Das Fugenthema an sich ist nur einen Takt lang. Der Folgetakt ist schon eine extreme Ableitung. Es muß übrigens auch gesagt werden, daß der Einsatz des Alt in T.2 bereits auf einer Sekunddissonanz erfolgt! Harmonisch betrachtet wäre es zwar nur der Septakkord der V. Stufe, aber der Einsatz des g1 geschieht auf dem f1 des Alt, und wir sind hier noch in der Zweistimmigkeit. Die Gegenstimmen bilden zu den Soggetti einfach einen Komplementärrhythmus, so daß der Sechzehntelfluß stattfinden kann. In sich stolpern die Stimmen allerdings. (Es ist die Frage, ob man grundsätzlich das zerrissene rhythmische Moment der Friedemannschen Musik nicht im Sinne der Suspiratio-Figur auffassen könnte). Auffällig bleibt immer die Gruppierung von zwei benachbarten Sechzehnteln, entweder mit Achtelpause vorher oder mit Sechzehntelpause hinterher. Nun beginnt das erste Zwischenspiel:

In T. 6 erleben wir eine Umspielung der Sechzehntelgruppen in der Oberstimme, die nun mit Vorschlägen versehen sind, über einem Orgelpunkt im Alt, wobei der Baß ab Zählzeit-Zwei die Sechzehntelgruppen zu Dreiergruppen nach einer Sechzehntelpause umgruppiert hat, um einen Komplementärrhythmus zu bilden. Im folgenden Takt geschieht ein Stimmtausch, der Orgelpunkt wandert in den

Sopran, die Sechzehntelumspielungen wandern in den Baß und die Dreiergruppen in den Alt. In T.8 wird der Kopf des Dux, also Motiv aU1 rhythmisch umgekehrt: Die Sechzehntel werden nun in der Folge zwei Sechzehntel plus Achtel gebracht, nicht Achtelpause plus zwei Sechzehntel und das Dreiklangsmotiv wird an sich tonal umgekehrt.

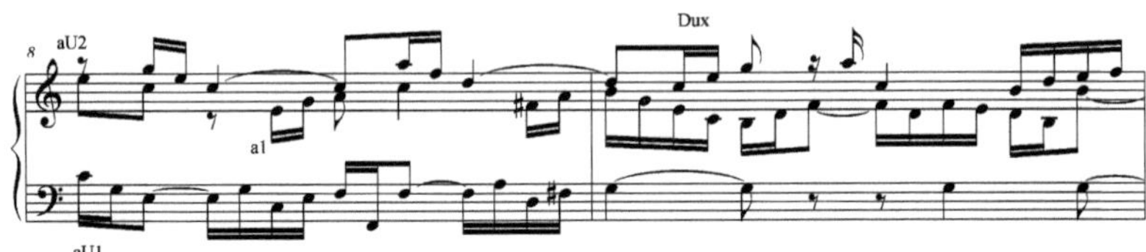

Im Sopran erleben wir nun schon eine Engführung, denn der Sopran bringt in rhythmisch originärer Gestalt die Umkehrung von Motiv a=aU2. Im Alt taucht das Thema in intervallischer Hinsicht in extrem verbogener Gestalt als a1 auf, was freilich auf der harmonischen Fortschreitung C-Dur, F-Dur, 6D-Dur beruht. Wir erreichen nun endlich wieder wie zuvor in T. 3 über die Doppeldominante die Dominante.[880] Hier tritt nun der Dux im Sopran deutlich hervor. Das harmonische Geschehen bewegt sich allerdings sogleich wieder weg und führt uns nach a-Moll. Tonartlich bewegt sich Friedemann zwar in der gesamten Fuge nicht weit weg, allerdings ist er ständig auf Wanderschaft innerhalb seines diatonischen Rahmens. Es folgt ein nächstes Zwischenspiel, bei dem auch deutlich wird, daß Friedemann immer noch einerseits der barocken Sequenzharmonik treu bleibt, andererseits aber, wie Holtmeier bereits dargelegt hat, auch »frühklassische Klänge«[881] wie den übermäßigen Sextakkord verwendet.[882] Holtmeier hat recht, wenn er sagt, daß die chromatischen Wechselnoten der Takte 14 und 15 mit ihrer »melodischen Chromatik«[883] typisch für die klassische Klanglichkeit sind.[884] Der übermäßige Sextakkord ist ein für den gesamten Hochbarock untypischer und stilfremder Akkord. Wenn er auftritt, dann höchstens in Figurationen. Über den übermäßigen Sextakkord schreiben Gárdonyi und Nordhoff:

> »Etwa ab der Mitte des 18. Jahrhunderts trifft man immer häufiger auf Akkorde mit dem charakteristischen Merkmal einer übermäßigen Sexte. Das Auflösungsverhalten der übermäßigen Sexte ist so zwingend, daß man gelegentlich dieses Phänomen auch ohne Akkordbildung in einer einfachen Zweistimmigkeit komponiert findet. Durch dieses alterierte Intervall erfährt zunächst die Kadenz eine Intensivierung, indem der Grundton der V. Stufe durch die übermäßige Sexte gleichzeitig von einem unteren und oberen diatonischen Halbton erreicht wird. Es ist deshalb sinnvoll, die so gesetzte übermäßige Sexte als "Doppelleitton-Intervall" zu bezeichnen. Durch diese zweifache Leittönigkeit erfährt die jeweilige Klangverbindung eine verstärkte Dominantisierung und bildet somit in der ADW eine doppeldominantische Verbindung.[...]Ausgangspunkt dieser Entwicklung sind der Dreiklang bzw. der zweifach verminderte Septimakkord der #IV. sowie der doppeldominantische Septimakkord der II. Stufe. Typischerweise trifft man im 18. Jahrhundert in solchen

alterierten IV. und II. Stufen nicht auf die Grundstellung, sondern nur auf die [...] Umkehrungen.«[885]

Über Johann Sebastian Bach und die alterierten Akkorde schreiben sie:

»Der dreifach verminderte Septimakkord in Grundstellung oder in anderen als der Quintsextumkehrung ist erst im Verlauf des 19. Jahrhunderts und wesentlich seltener anzutreffen. Bei J.S. Bach zählen die verminderte Terz bzw. die übermäßige Sexte noch nicht zum Standardrepertoire der etablierten Kadenzformeln, sondern finden sich eher noch in figurativer Umgebung oder im Zusammenhang mit einem starken, ggf. textbezogenen Affekt.«[886]

Zurück zu Friedemann: Das nächste Zwischenspiel erstreckt sich insgesamt von T.10 bis 19. Das Zwischenspiel ist in sich latent dreiteilig: Der erste Teil wäre von T.10-12, der zweite Teil besteht aus dem Sekundgang. Dieser verhält sich harmonisch folgendermaßen: C\ C7\ F\ (aug6 cis) D\ D7\ G (aug6dis)\E. In Stufenfolge wäre das: I-IV-#I-II-V-II-III, der dritte Teil wäre dann von T.16-18. Er nimmt Bezug auf das Orgelpunkt- und Sechzehntelumspielungsmodell von T.6. Hier liegt allerdings eine formale Spiegelung vor: so erscheint der Orgelpunkt nun in der Oberstimme, das Dreiermotiv in der Mittelstimme und die Umspielung in der Unterstimme, im folgenden Takt dann aber das Dreiermotiv in der Unterstimme, die Umspielung in der Oberstimme und der Orgelpunkt in der Mittelstimme. Diese Spiegelung wird dann aber nicht konsequent auf die folgenden Stimmen nach diesen Zwischenspieltakten übertragen. Hier die besagte harmonische Fortschreitung der Sequenz des Zwischenspiels:

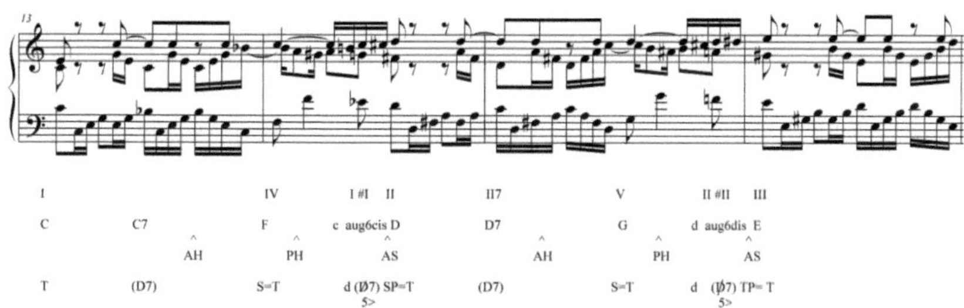

In T.19 erleben wir eine neue Themaphase in der Paralleltonart a-Moll. Allerdings sehen wir sofort wieder eine Sequenzierung, denn tonartlich zieht das Geschehen nach d-Moll, in dem die nächste Themaphase stattfindet. Schließlich landen wir nach diesem Sequenzierungsmodell in G-Dur, in dem eine neue Themaphase beginnt. Im folgenden Takt finden wir schließlich die vorletzte Themaphase in Dux-Gestalt, der Baß führt Motiv a fort, um schließlich in T.24 die letzte Themaphase in Dux-Gestalt zu bringen. Lesen wir als Verständnishilfe für die Tabelle folgende Ausführungen Gárdonyis;

»Die Gestalt des Themas kann auch außerhalb der Exposition vielfältige Verformungen (=Transformationen) erfahren und sollte außerhalb der Exposition bzw.

Kontraexposition lediglich dann als Dux bzw. Comes charakterisiert werden, wenn sie hinsichtlich ihrer Tonart *und* ihres Intervallverlaufs mit einer der Themengestalten aus der Exposition übereinstimmt.«[887]

Hier eine Formübersicht:

Takt	1	2	5	9	19	20	21	22	24
Oberstimme		Comes	Kp	Dux	Th	Kp	Th	Kp	Kp
Mittelstimme	Dux	Kp	Kp	Kp	Kp	Th	Kp	Dux	Kp
Unterstimme	———		Dux	Kp	Kp	Kp	-	Kp	Dux
Themaphase	1	2	3	4	5	6	7	8	9
Tonalität	C	G	C	G	a	d	G	C	C

Wie man sieht, kann man in diesen 27 Takten ein überaus Dichtes musikalisches Geschehen verfolgen. Auffällig ist, daß im Gegensatz zu den Zwischenspielen der Fugen J.S. Bachs Friedemann nicht über Quintfallsequenzen moduliert. Quintfallsequenzen sind in den Werken Friedemanns nicht allzu häufig anzutreffen, wenn man von der Fantasie in a-Moll absieht. Sie ist allerdings auch nur eine Anleitung zur Improvisation. Auffällig ist auch, daß – im Gegensatz zu den klassischen Fugenversuchen eines Haydn, Mozart oder Beethoven – es hier nicht darum geht, einen vergangenen Stil wiederzubeleben (in ihren Fugenversuchen paßt auch die Fugentechnik nicht mehr so recht zum klassischen Tonalitäts- und Formempfinden), sondern sich in einer eigenen, lebendigen Sprache fugentechnisch auszudrücken. Diese Musik lebt. Es sind keine trockenen Fugenversuche, wie man sie von vielen Bachepigonen kennt. Wenn man unbedingt eine Formbetrachtung im Sinne der zeitlich parallel stattfindenden Wiener Klassik anstellen möchte, so kann man die Takte 1-9 als Exposition, die T. 10-21 als Durchführung und die T.22-26 als Reprise betrachten. Allerdings sagt diese Formansicht über die Musik viel weniger aus, als man denkt. Sinnvoller ist es, die obige Tafel zu benutzen und dabei die Zwischenspiele kenntlich zu strukturieren. Dann sieht das Geschehen so aus: nimmt man an, die Themaphasen bis T. 5 bildeten einen Teil A, T.6 und T. 7 einen Teil B, dann kommt man der Sache schon näher. Dann würde nämlich der formale Grundriß so aussehen:
T.1- 5 T.6-8 T.9-10 T.11-18 T.19-T.26
A B A1 C A1 A2
Wobei Teil C folgendermaßen zerfällt: T. 11 - 16 Teil C, T. 17 - 18 Teil B1.

8.0.2. Nr.4 d-Moll:

Das Soggetto gemahnt deutlich an die Fugen Nr. IV, VI und XI aus WK II. Es scheint, als sei das Soggetto ein Konglomerat aus den Soggetti der benannten Fugen. In dieser Fuge ist Friedemann seinem Vater am nächsten, im Hinblick auf die Durchchromatisierung des Tonvorrats. Diese Fuge ist ebenfalls sehr kurz, wie z.B. Nr.1 und nicht weniger dicht. Sie ist von hoher Dramatik. Auch hier fällt wieder die klare Formgliederung auf. Die Einsatzabfolge ist wieder A-S-B. Der Dux ist schon an sich chromatisierend entworfen, er beginnt auf der Quint: Sechzehnteltriolen: a1-gis-a1, Achtel b1, Sechzehntelpause, Sechzehntel-a1, Achtel-gis1, dieses wird als Vorhalt herüber gebunden auf die Viersechzehntelgruppe und zu a1 auf dem zweiten Sechzehntel der Gruppe geführt. Nun erfolgt ein Absprung nach e1 und Gang über f1 nach Achtel-fis1, wieder als Vorhalt übergebunden, und Gang nach g1 sowie Sprung nach d1, die letzten beiden Takte also als Sekundgang nach unten. Das d1 führt über e1 nach f1, das die angestaute Energie, die von T.1 versprochen und von den Takten 2 und 3 aufgehalten wurde, in einer Sechzehnteltriolenkette entlädt. Mit Einsetzen des Comes werden alle zwölf Töne der chromatischen Skala erreicht.

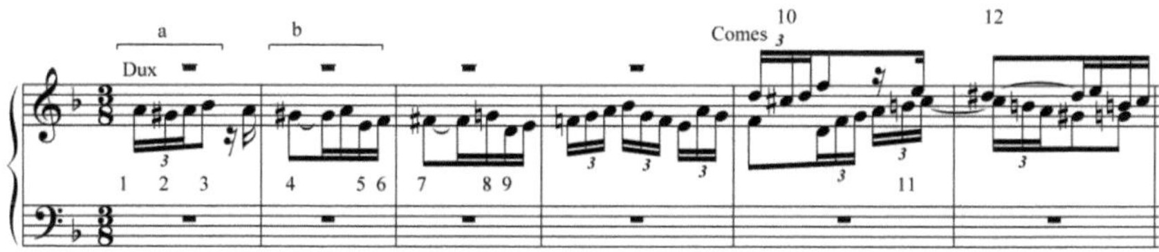

In T.9 schließt sich wieder eine Codetta an, die die aufgestellten Motive durchführt. Hier findet ein aufwärtsgehender Sekundgang statt, der uns dann nach einer Kadenzierung in T. 12 zum Einsatz des Comes in T. 13 geleitet. Das Motiv im Alt ist Motiv a kombiniert mit Motiv b=c. Es ist auch in dieser Fuge wie in der ersten sehr schwer, ein Kontrasubjekt zu bestimmen, es sind wieder vielmehr freie Gegenstimmen, die sich komplementär im Rhythmus verhalten und alle aus dem Soggetto abgeleitet sind. Hier die Codetta:

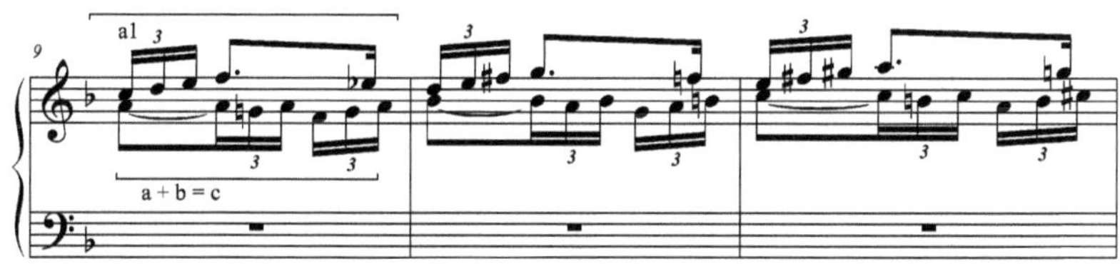

In T.17 findet das erste Zwischenspiel statt. In T.19 kommt es zu einer bemerkenswerten harmonischen Fortschreitung über einem »passus duriusculus«. Die Oberstimmen bestehen alle aus Ableitungen der Motive a und b. Die Fortschreitung sieht harmonisch so aus: d-6B-6A-6a-6G-6g-A-(gis °, b wird hier nicht mehr gebracht, aber auch nicht nach h erhöht, somit ist diese Deutung unter Vorbehalt) A. Quintparallelen umgeht Friedemann geschickt durch die Septimvorhalte im Alt, harmonisch betrachtet Nonvorhalte.

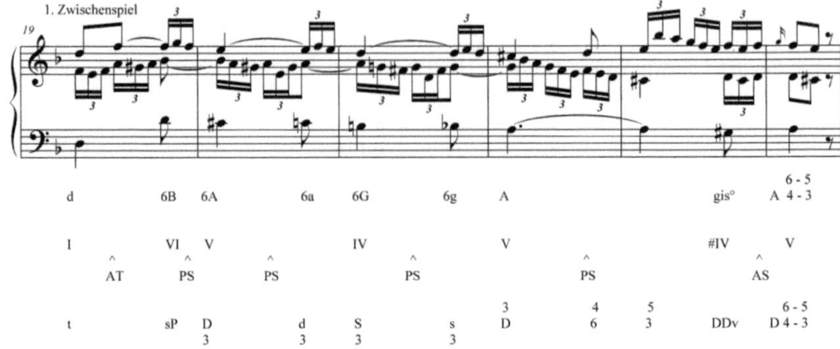

Nach diesem Zwischenspiel setzt im Altus der Dux ein. Wir erleben aber gleich zwei Engführungen mit der Comesgestalt: einmal im Sopran auf Zählzeit-Zwei und einmal im Baß auf Zählzeit-Drei, hier schließt sich nun erneut der »passus duriusculus« an, der nun in der Diminution erscheint. Harmonisch ist diese Fortschreitung nun ganz anders gehalten.

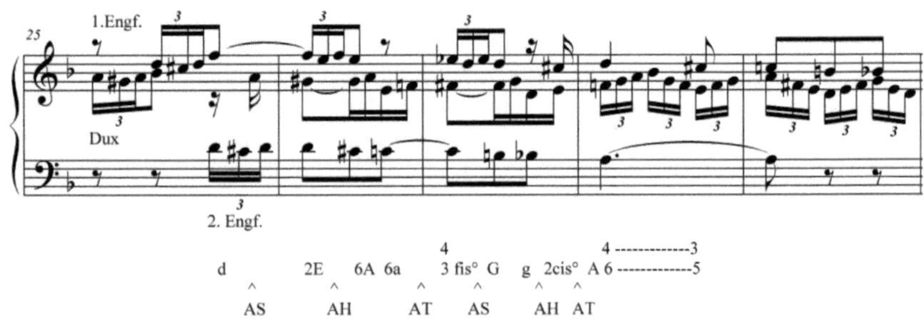

In T.30 findet das zweite Zwischenspiel statt: Ein chromatischer Quartgang aufwärts im Baß ist zu beobachten. Die Entwicklung führt uns in ein Klanggeschehen des verminderten Septakkordes auf gis in T. 34, wobei der Ton h1 mittels Fermate ausgehalten wird.

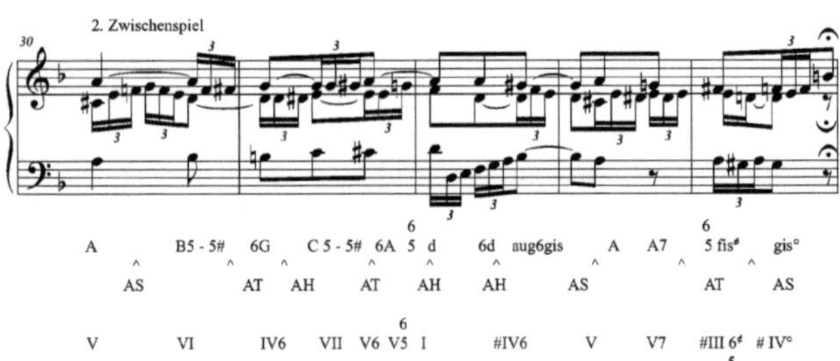

Die authentischen Schritte herrschen hier vor. Die Takte 30 bis 34 zählen zu den bemerkenswertesten harmonischen Fortschreitungen in den Fugen Friedemanns. Vielleicht kann man den verminderten Septakkord in T. 34 als Reminiszenz an die Extensiofigur auffassen. Die These Clemens Kühns, daß die Problematik zwischen Linearem und Harmonischem bei Friedemann im Vergleich zum Vater nicht bewältigt sei, ist damit jedenfalls widerlegt! Das lineare und harmonische Moment gehen hier in einer höheren Symbiose auf. Im folgenden Takt stürzt der Dux im Baß ins Geschehen, der verminderte Septakkord wurde hier in einen Quartsextvorhalt auf dem a des Dux aufgelöst, und die Fuge nimmt nach dem Aussingen des Dux mit einer eintaktigen Kadenz ihr Ende.
Hier eine formale Übersicht:

Takt	1 5 13	25	35
Oberstimme	Comes Kp	1.Ef.	Kp
Mittelstimme	Dux Kp Kp	Dux	Kp
Unterstimme	Dux	2.Ef.	Dux
Themaphase	1 2 3	4\5\6	7
Tonalität	d d d	d	d

Bei dieser Fuge sticht eines deutlich hervor: ihre Modulationsfeindlichkeit. Wir verlassen hier nie die Grundtonart d-Moll! Dies kann allerdings darin begründet sein, daß Friedemann in einem ständigen chromatischen Gewebe verhaftet bleibt, wodurch das tonartliche Empfinden sowieso gestört ist und keiner Modulation bedarf. Außerdem ist die Fuge ja sehr kurz. Es sind nur sieben Themaphasen; läßt man die zwei abgebrochenen Engführungen weg, sind es gar nur fünf. Die Frage ist berechtigt, ob es nicht sinnvoller sei, folgenden formalen Zusammenhang zu sehen.

Exposition		Durchführung		Reprise
	1.Zwsp.	Scheinreprise	2. Zwsp.	
T.1-17	T.17-23	T.24-29	T.30-34	T.35-40

Somit würde sich wieder eine Bogenform um eine Scheinreprise ergeben, es ist aber diskussionswürdig, ob eine solche formale Deutung nicht zu weit geht.

8.0.3. Nr.6 e-Moll:

Ein sehr interessanter Fall ist auch die e-Moll Fuge. Auch dieser Satztypus ist vom Vater her bekannt, man denke nur an die Einleitung der Matthäus-Passion. Diese Fuge ist neben der f Moll Fuge mit 84 Takten die größte des Zyklus. Beim ersten Hören könnte man denken, es sei eine Doppelfuge, schaut man aber genau hin, so stellt man fest, daß Friedemann in den zwei großen Zwischenspielen jeweils einen imitierenden Abschnitt interpoliert. Die Musik besteht aus schmerzlichen Vorhaltsfiguren. Auch hier ist die Frage, ob man diese Vorhaltsfiguren als Pathopoeia-Figuren im Sinne eines leidenden Momentes sehen oder, ob die Figur der kleinen Sexte hier für die Exclamatio-Figur stehen könnte. Gerade die kleine Sexte kommt als Geste immer wieder, natürlich ist das auch harmonisch bedingt. Doch ist diese Fuge durchaus eine Komposition über die kleine Terz und die kleine Sexte. Vorhalte und Synkopen bestimmen die Zwischenspiele, also drängt sich der Verdacht auf, daß diese rhetorischen Figuren bewußt gesetzt sein könnten.

Schließlich wuchs Friedemann noch im barocken musikalischen Milieu auf und war sich auch der barocken kompositorischen Topoi bewußt. Das Stück steht im 6\8 Takt und wird mit einem sechstaktigen Soggetto eingeleitet, das in Takt sieben dann real beantwortet wird. Das Thema ist folgendermaßen strukturiert: 2+2+1+1 Takt, eigentlich dreiteilig, T. 1 wird un T. 3 variiert und T. 2 wird in T. 4 wörtlich wiederholt.

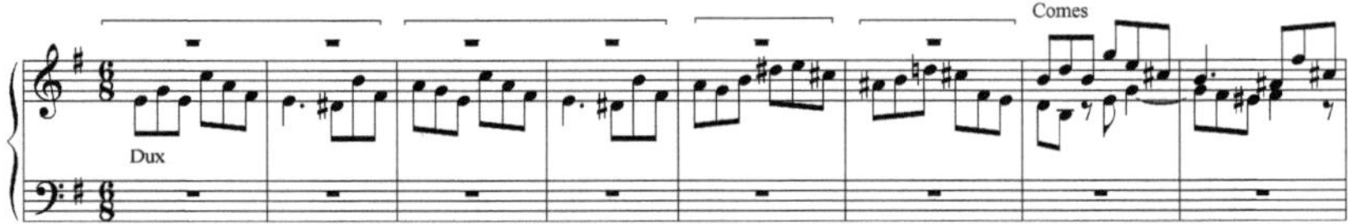

Es ist wieder die Einsatzabfolge A-S-B. In T.17 setzt der Baß dann mit dem Dux ein, und es gesellen sich zwei echte Kontrasubjekte hinzu.

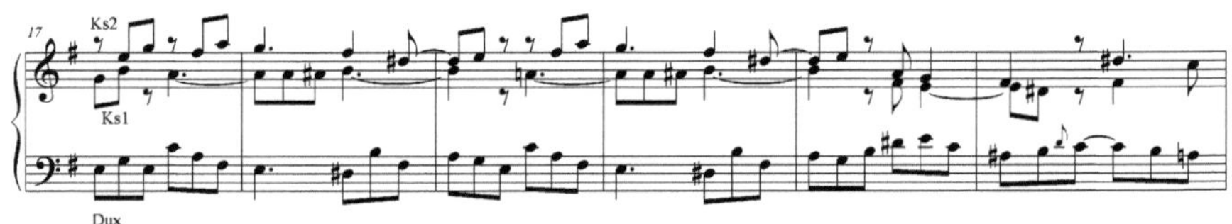

In T.23 beginnt das erste Zwischenspiel. Mit Synkopenfiguren versehen, wird hier der Ausdruck des Schmerzlichen verstärkt. Das Zwischenspiel ist eigentlich zweiteilig: Der erste Teil dauert von T.23 bis T.28, der zweite, der besagte 1. imitatorische Teil, von T.40 bis T.50. Dieser Teil, hier mit B benannt, zeichnet sich dadurch aus, daß Friedemann das Soggetto zerlegt, das teilweise kanonisch, wie z.B. die Figur im Sopran von T.27. Sie wird wörtlich in T.28 vom Altus übernommen. Friedemann läßt sie durch die Stimmen wandern und mittels einer Quintfallsequenz (was wie besagt bisher sehr selten war) in den Teil C münden. Hier das 1.Zwischenspiel:

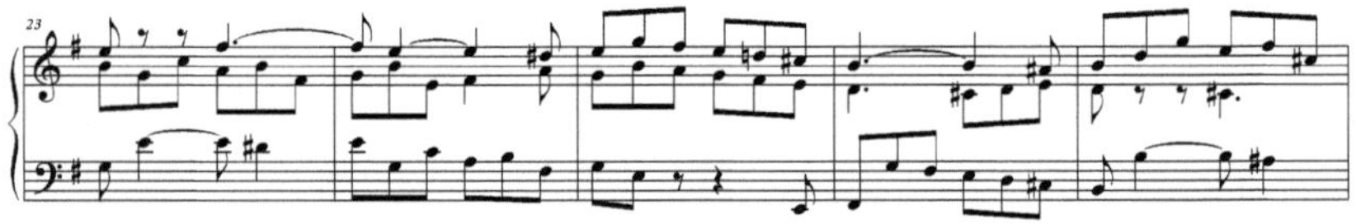

Das eigentlich zweiteilige Zwischenspiel wird unterbrochen von einer Themaphase in h-Moll in Comesgestalt, im Altus. Diese dauert von T.29 bis T.34 an. Interessant, daß das Kontrasubjekt 1 nun auf Baß und Sopran verteilt wird. Nun landen wir in Teil 2 des Zwischenspiels, hier mit Teil C benannt.

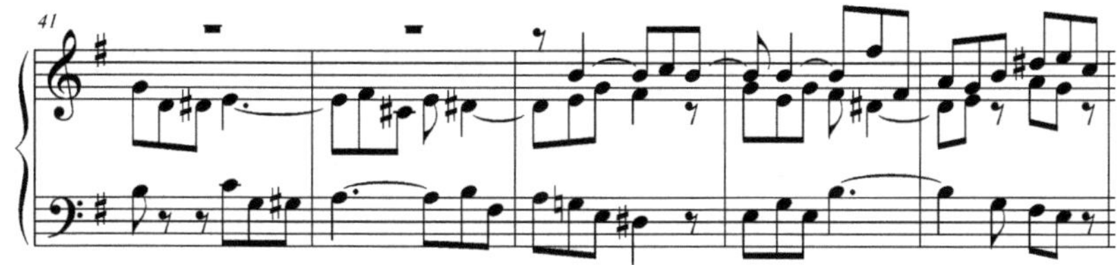

Dieser besteht aus einem kanonischen Abschnitt, der aus chromatisierenden Figuren besteht. Danach schließt sich eine neue Themaphase in a-Moll an. Nach acht Takten beginnt das zweite Zwischenspiel, das aus dem zweiten imitatorischen Teil besteht.

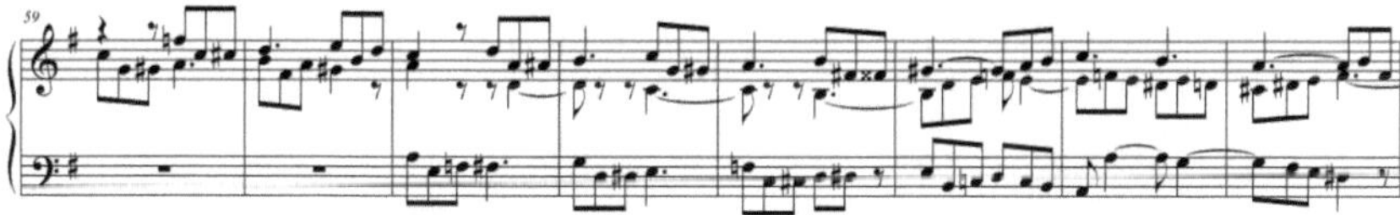

Wir erleben hier wieder eine Teil-Spiegelung, denn nun kommt das, was im ersten Zwischenspiel als Teil 1 zuerst auftrat (in der folgenden Skizze mit Teil B benannt) und auf den der imitatorische Abschnitt (in der Skizze Teil C) nach der Themaphase folgte, im zweiten Zwischenspiel nach dem imitatorischen Abschnitt. Die Spannung nimmt stark zu, denn seit Beginn wurde das h2 nicht mehr erreicht, das nun in T.70 auf sehr dramatische Weise nach einer Achtelpause auf Zählzeit-Eins nun zeitgleich mit der Synkope e1 des Altus nun im Sopran einsetzt. Dieser Einsatz wird zwischen Sopran und Altus im folgenden auch wieder imitatorisch behandelt:

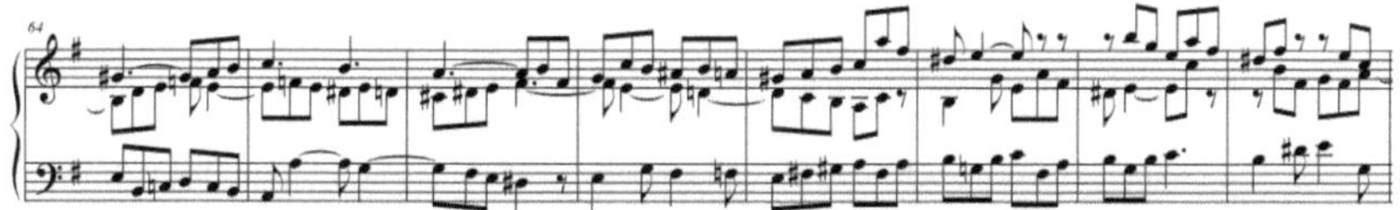

Zur Verdeutlichung der Beziehungen der Zwischenspiele:
B-A1(h-Moll Themaphase)-C-A2 (a-Moll Themaphase)-C1-B1
In T.76 geht auf einem Halbschluß auf der V. Stufe das Zwischenspiel zu Ende. Es erfolgt der Einsatz des Dux im Baß. Es ist auch hier auffällig, daß die Zwischenspiele einen überaus großen Raum einnehmen und die eigentlichen Themaphasen in der Anzahl geringer sind. In T. 77, diese Zahl scheint kein Zufall zu sein, setzt der Dux wieder im Baß ein, und die Fuge geht ihrem Ende entgegen. Auffällig sind die Schlußbemühungen in T.82, die mittels des verminderten Sepakkordes auf ais im Pendel mit H-Dur, also #II mit V und dem Sprung der verminderten Quinte im Sopran in Vorhaltsfiguren führen, die man, nachdem bisher alles im 6\8 Fluß eingebettet war, als Apokope-Figur oder Abruptio-Figur betrachten könnte.

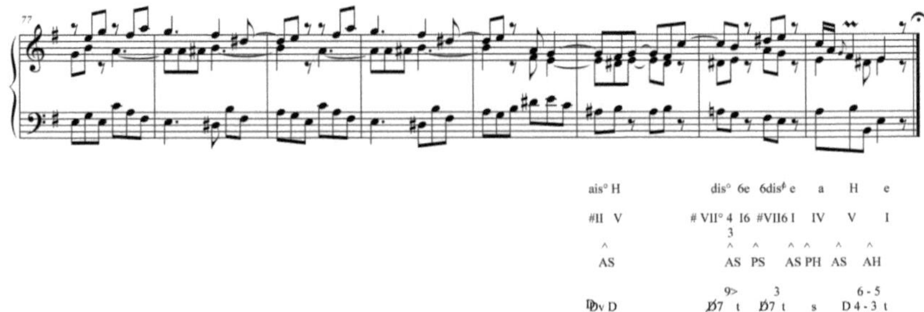

Hier eine formale Übersicht:

Takt	1 7	17	29	51	77
Oberstimme	Comes	Ks2	Ks1	Th	Ks2
Mittelstimme	Dux Kp	Ks1	Comes	Ks1	Ks1
Unterstimme		Dux	Ks1	Kp	Dux
Themaphase	1 2	3	4	5	6
Tonalität	e h	e	h	a	e

Mögliche Betrachtungsweise:

T.1-23	T.24-28.	T.29-34	T.35-50	T.51-58	T.59-76	T.76-84
A	B	A1	C	C1	B1	A2

8.0.4. Nr.8 f-Moll:

Diese Fuge ist der Höhepunkt Friedemannscher Fugenkomposition! Man könnte von einem zweistimmigen »doppelten Thema« sprechen. Das erklärt Gárdonyi folgendermaßen:

> »In einigen Fugen ist das Thema bereits in der ersten Phase der Exposition mit einer Gegenstimme verknüpft, deren Material in allen weiteren Phasen erhalten bleibt und damit zum Kontrasubjekt wird. Dieser Fugentypus wird aufgrund des zweistimmigen Themas auch "simultane Doppelfuge" bezeichnet, obwohl der Formverlauf dem einer einfachen Fuge entspricht. Eine der beiden Stimmen setzt hier oft einige Zählzeiten vor der anderen Stimme ein (z.B. BWV 579 h und "Thema fugatum" in der Passacaglia c-Moll, BWV 582). Das zuerst einsetzende musikalische Material des zweistimmigen Themas kann meistens auch aufgrund seiner Prägnanz, seiner großformalen Bedeutung oder seines c.f.-Bezugs als "primus inter pares" gelten; demnach wird in der analytischen Darstellung von Thema und Gegenthema (=Kontrasubjekt) oder von Material 1 und 2 bzw. A und B die Rede sein.«[888]

In dieser Analyse wurde die Bezeichnung »Thema und Kontrasubjekt« gewählt. Es finden sich viele Anklänge an die f-Moll Fuge WKI und an die Sinfonia Nr.9 f-Moll von Johann Sebastian Bach. Eigentlich ist das Fugenthema und auch das Kontrasubjekt der f-Moll nichts anderes als das variierte Thema und Gegenthema der Sinfonia Nr.9. Doch das, was Friedemann hier schafft, ist etwas gänzlich anderes, in der Dimension weitaus größer! Das Thema wird von einem »passus duriusculus« gebildet, allerdings liegt dieser in der Mittelstimme. Ihm schließt sich sofort im zweiten Takt das Kontrasubjekt an. Holtmeier spricht bekanntlich bei Friedemann von einer Dekomposition der Fuge.[889] Man kann das durchaus so sehen, wenn man die väterliche Norm betrachtet. Es ist überhaupt seltsam, daß Friedemann hier auf das väterliche Erbe zurückgreift. Gleichsam wie eine abgeklärte Erinnerung wirken die Fugen (gespenstisch auch seine Themenzitate und Fugenzitate aus Fugen des Vaters in seinen Fantasien). Doch das, was hier passiert, ist reinster W.F. Bach. Dem Vater alle Ehre, doch dies ist nicht einfach nur eine Nachahmung oder Dekomposition des väterlichen Werks, es ist eine eigenständige Weiterentwicklung der Fugentechnik, so wie Beethovens Große Fuge ja auch ein selbständiger Beitrag zur Fugenkomposition darstellt in der Auseinandersetzung mit der Händelschen Fuge. Wir finden allerdings immer wieder irritierende Momente. So gleich zu beginn in Takt 7. Dem Fugenthema hat sich eine Codetta angeschlossen, diese exponiert das Modell der kleinen Terz, das später in den – der Autor schafft einen neuen Terminus – »Zwischenspieldurchführungen« von enormer Bedeutung sein wird. Würden wir nun das Thema, das Kontrasubjekt und Motivteile der Codetta mit Variablen belegen, so reichte innerhalb dieser vielgestaltigen Verarbeitung unser Alphabet kaum aus!

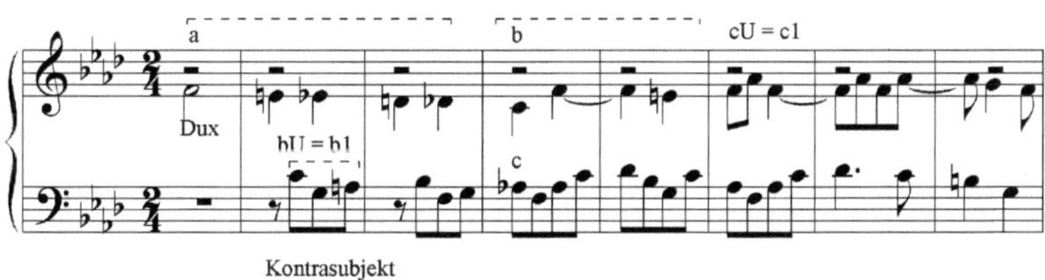

Es ist außerdem anzumerken, daß das Kontrasubjekt die verkleinerte Umkehrung der letzten zwei Takte des Fugenthemas darstellt, bzw. Motivzelle b ist die vergrößerte Umkehrung des Kontrasubjektes. Das ist also thematische Verarbeitung auf engstem Raum, wie wir sie später bei Alban Berg und Anton Webern wiederfinden! Diese eigenartige Codetta wird auch in der 2. Themaphase in der Oberquinttransposition wiederholt. Es bleibt also die Frage, ob diese Codetta nicht eigentlich doch noch zum Fugenthema gehört. Das Thema wäre dann nämlich achttaktig und würde zweiteilig ausfallen. Das Terzenmotiv der Codetta begegnet uns allerdings vorher im Ks in der Umkehrung; es ist die Frage, was hier Ableitung und was Grundgestalt ist! In T.22 tritt dann die Unterstimme in Duxgestalt dazu, die Mittelstimme wird durch eine freie Gegenstimme gebildet. In T.39 beginnt das erste Zwischenspiel. Belegen wir das Fugenthema mit der Variable a, das Kontrasubjekt mit b^1 (es ist ja bereits eine Ableitung, eigentlich bU) und die Terzenpassage der Codetta mit c1 und betrachten hier die Ableitungen, so erhalten wir folgende Schichtung:

1. Zwischenspiel, 1. Drittel T. 27-T.33:

1. Zwischenspiel

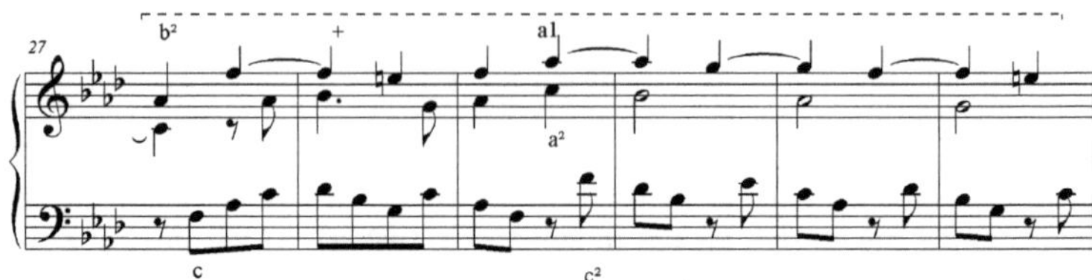

O b^2 + a1
M a^2
U c^2

1. Zwischenspiel, 2. Drittel T. 33 – 37
O c^2
M c^2
U a^2

1. Zwischenspiel, 3. Drittel T. 38 - 41
O a^2
M c^2
U b^3

Das Zwischenspiel ist also dreiteilig. Es findet eine überaus reiche Verarbeitung statt, die uns über modulierende Quintfallsequenzen zur nächsten Themaphase in Comesgestalt in c-Moll führt. Dies ist eine fünftaktige Phase, im folgenden Zwischenspiel wird Motiv b^1 zur Verarbeitung aufgegriffen. War das erste Zwischenspiel eher eine Durchführung von Motiv c, so ist dieses mehr eine Durchführung von b. Es wird dann zusätzlich auf das Material des 1. Zwischenspiels zurückgegriffen, das dann bis T.57 verarbeitet wird. Ein vorläufiger Höhepunkt findet sich mit dem neu eingebrachten Motiv d, das man als eine diminuierte, umgekehrte Ableitung aus a verstehen kann, das in T.58 sofort von den Oberstimmen aufgegriffen und parallel geführt wird. Dies mündet dann in die nächste Themaphase in der Mittelstimme auf As1, die Umgebungstonalität suggeriert für einen Takt ein f-Moll, bzw. auf dem letzten Achtel dann die VII. Stufe von Es-Dur, im folgenden Takt erleben wir eine Engführung, die Oberstimme setzt mit dem Thema auf Es2 ein.

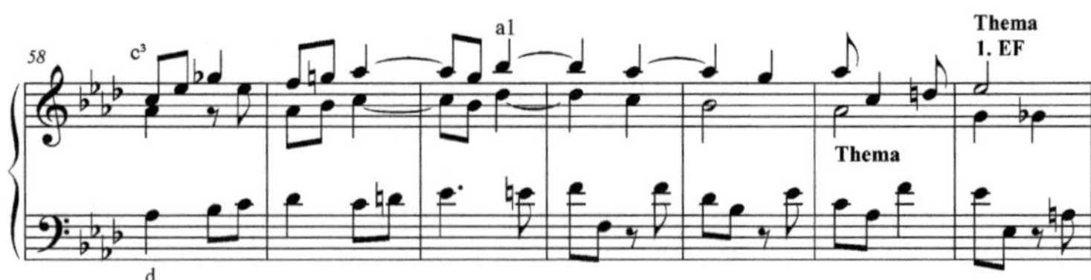

In T.69 kommt es zur nächsten Zwischenspieldurchführung, die nach as-Moll moduliert. Hier finden sich dann die für Friedemann so typischen Synkopen-Figuren in parallelen Terzen und Sexten wieder. Man mag sich zunächst fragen, ob das hier noch eine Fuge ist, denn sie bekommt nun einen gar phantastischen Charakter. Aber alles ist folgerichtig entwickelt. Dieses eher lockere und freie Zwischenspiel, das ein wenig an die Toccaten-Fugen J.S. Bachs (was eben jene Freiheit betrifft), denken läßt, mündet in eine kanonische Struktur in T.78.

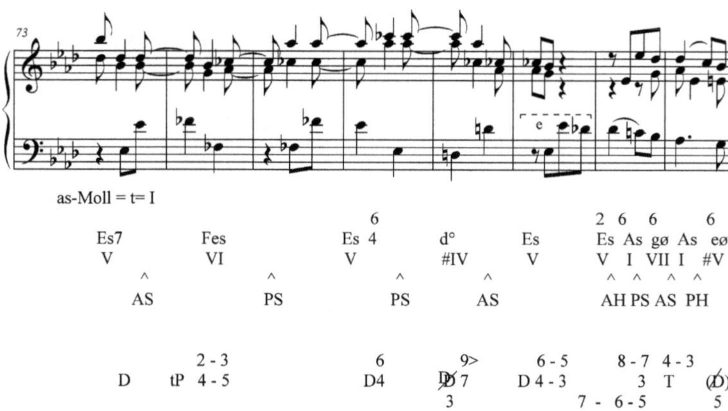

Dieser kanonisch, imitatorische Abschnitt stellt einen der musikalischen Höhepunkte der Fuge dar. Das Soggetto dieser Struktur ist eine erweiterte Ableitung von b^1, kombiniert mit Motiv d. Nennen wir es Motiv e. Dieses imitatorische Struktur findet sich zwischen den Außenstimmen wieder, die Mittelstimme ist eine freie Stimme. Friedemann baut die Zwischenspiele noch mehr als sein Vater zu Durchführungen im Sinne der klassischen Sonate aus, wobei ein Motiv aus dem anderen abgeleitet ist. Diese Durchführungen erlebt man allerdings als Momente des freien Improvisierens und Phantasierens. Es sind Momente allergrößter Musik! Der Sohn ist selbst ein Meister der Fuge. Er braucht sich vor dem Vater nicht zu verstecken. Das ist ein richtig gebrauchter Traditionbegriff, nämlich das Weitergegebene auch weiter zu entwickeln. Diese Zwischenspieldurchführung dauerte von T.69-T.98, also 29 Takte! Nun beginnt eine neue Thema-Phase in der Unterstimme, die 7. übrigens, die sofort im nächsten Takt durch eine Engführung mit dem Dux in der Mittelstimme beantwortet wird. Das Kontrasubjekt in der Oberstimme wurde nun durch das vorherige Zwischenspiel umgearbeitet. Wir befinden uns in b-Moll. In T.105 erleben wir einen Scheineinsatz des Themas auf ges^2 in der Oberstimme. Wir sind allerdings schon längst in der nächsten Zwischenspieldurchführung, der vierten. Diese Zwischenspieldurchführung erleben wir als ein ständiges tonales Suchen, ohne daß die Richtung klar auszumachen wäre; das tonale Gefüge ist in den Zwischenspieldurchführungen bewußt instabil gehalten, denn selbst die vorkommenden Kadenzierungen schaffen selten Klarheit. In T.22 sind neue Umformungen des Kontrasubjekts erreicht, die uns durch die eher chromatische Melodieführung tonal in die Irre führen sollen. So erreichen wir dann in einer *tristanesquen* durchchromatisierten Kadenz mit Trugschluß auf der VI. Stufe, der im Kontext erstaunlich wirkt, den Halbschluß auf C-Dur, in dem eine neue Themaphase beginnt.

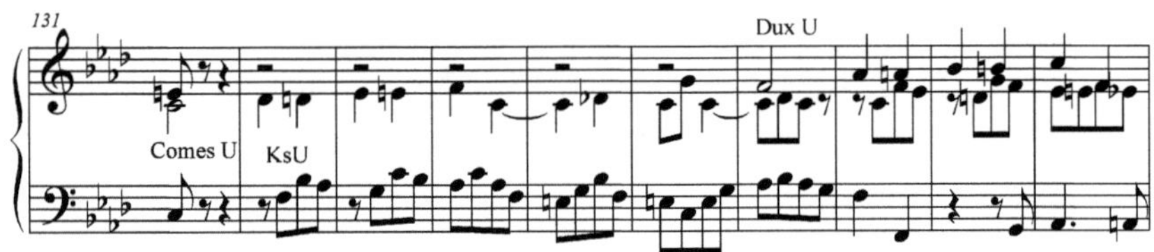

Nun kommt einer der überraschensten Momente der Fuge: Thema und Kontrasubjekt werden in der Umkehrung gebracht. Die Reihenfolge ist wie zu Anfang M\O\U. Das Thema beginnt auf c1, die vier folgenden Takt haben eine dominantische Wirkung nach f-Moll hin. Hier ist die Frage nach Deutung der Tonalität im Linearen schwer. Die nächste Themaphase in der Umkehrung des Dux auf f in T.138 ist zugunsten der tonalen Umgebung umgeformt, also in freier Umkehrung. In T.146 setzt dann die nächste Themaphase im umgekehrten Comes in der Unterstimme ein. Dieser Phase schließt sich dann in T.152 der Dux in der Oberstimme in regulärer Gestalt an. Es ist hier ein Moment höchster kontrapunktischer Meisterschaft! Die Kadenzierung in T.162 führt uns zu einem Trugschluß auf As-Dur, auf dem der Comes in der Oberstimme einsetzt. Das Kontrasubjekt wird demgegenüber in latent gespiegelter Version gebracht – diesen Vorgang wird die Wiener Schule Achsendrehung nennen, die Mittelstimme und die Unterstimme spiegeln sich hier und da. Das allerdings wirklich nur latente Spiegelverfahren konnten wir auch schon in T.152 beobachten. Die Comesphase in T.164 wird beantwortet durch die Umkehrung in T.168. Diese Comesphase ist die letzte Themaphase. Es schließt sich eine letzte Zwischenspieldurchführung an, die uns auf abenteuerliche Weise in zahlreichen Umformungen des Kontrasubjektes zurückbringt. Abenteuerlich ist es deswegen, weil wir wieder irritiert werden durch die Sequenz von T.184 an, die uns auf höchst dramatische Weise zur Schlußkadenz leitet. T.184 ist der Beweis dafür, daß es Friedemann mehr um das lineare als um das harmonische Element geht; dissonanter kann man in dieser Zeit kaum mehr komponieren! Der Autor merkt an, daß nach Stufe, Funktion und Grundtonfortschreitung untersucht wird, weil es immer mehrere Deutungsmöglichkeiten gibt und der Autor eben eine detaillierte Klangbeschreibung vornehmen möchte. Selbst funktional kann man den Sachverhalt anders darstellen, als es hier geschehen ist. So kann man auch den verminderten Sextakkord auf a als Zwischendominante betrachten und den Klang auf Zählzeit-Eins in T.184 schon als neue Molltonika. Damit würden sich andere Bezeichnungen ergeben (hier wurde nur eine Variante gewählt).

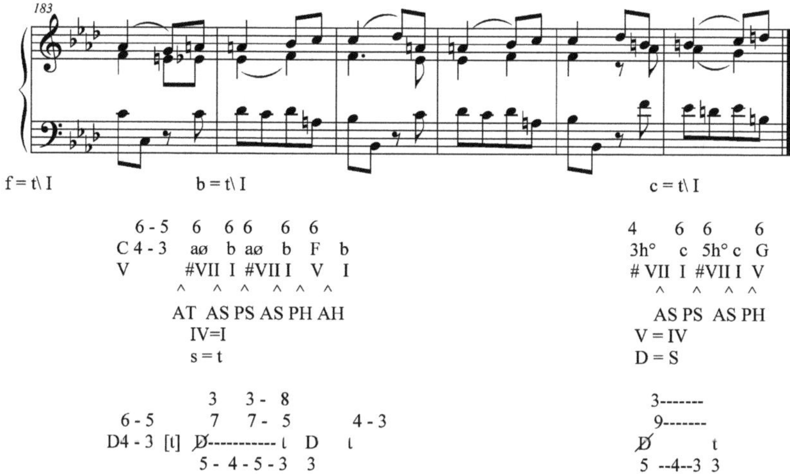

Eine formale Übersicht über die Themaphasen:

Takt	T. 132	T. 138	T. 146	T.152	T. 164	T. 166
Oberstimme	–	ThU	Ks	Dux\3. Ef	Comes\4.Ef	Ks
Mittelstimme	ComesU	Ks	X	ThU	KsU	ComesU
Unterstimme	KsU	X	ComesU	Ks	Ks	X
Themaphase	9	10	11	12	13	14
Tonalität	f	f	c	f	c	c

Zusammenfassend läßt sich sagen, daß Friedemann in seinen Fugen einem hochbarocken Stil verpflichtet bleibt, sich auch der barocken Figurenlehre bewußt ist. Daß er dem hochbarocken Stil verpflichtet bleibt, wird ersichtlich aus der Betrachtung der harmonischen Zusammenhänge, besonders des harmonischen Rhythmus und seiner Sequenzharmonik, wobei auch *frühklassische* Klänge Verwendung finden. Der harmonische Rhythmus ist in allen Fugen viel schneller, als es in klassischen Werken der Fall ist. Auch wandern Akkorde scheinbar ohne festes Ziel umher, wie man es aus den Werken des Vaters kennt. Im Gegensatz zu den Polonaisen und Sonaten werden weitgehendere Modulationen – die f-Moll Fuge stellt eine Ausnahme dar – weitgehend vermieden. Die Gárdonyische tabellarische Fugendarstellung ist für die Fugen J.S. Bachs ein geeignetes Darstellungsmittel, bei Friedemanns Fugen trifft sie die Sachverhalte nicht ganz, da die weitläufig gestalteten Zwischenspiele nicht genau dargestellt werden können. Holtmeiers These, daß der Aufbau dieser Fugen mehr an den Aufbau klassischer Sonaten gemahnen könnte, birgt einen richtigen Kern und: Schon das Fugenwerk Vater Bachs tendierte in seinen durchführungsartigen Zwischenspielen in Richtung der Durchführung klassischer Sonaten. Die gesamte motivische Arbeit läßt sich auf J.S. Bach zurückführen. Arnold Schönberg hat sich nachweislich immer auf J.S. Bach als Erfinder der entwickelnden Variation berufen. Dieses Moment findet sich in den

Werken Friedemanns nun verstärkt: Die Zwischenspiele oder Zwischenspieldurchführungen dominieren die Fugen, alle Fugen bekommen Durchführungscharakter. Dabei verschwimmen hier nicht die Grenzen zwischen Themaphase und Zwischenspiel, sondern werden geradezu gezogen. Auch da hat Holtmeier recht. In der letzten Fuge kommt es schließlich zu einer höheren Synthese des »gebundenen« und des »galanten Stils«, oder des hochbarocken und frühklassischen Stiles. Hier tritt das harmonische homphone Moment selbstbewußt zum linearen. beide vereinigen sich. Die einfache Unterscheidung zwischen dem »gebundenen« und dem »galanten Stil« macht also durchaus Sinn, wenn man Friedemanns gesamtes Werk betrachtet. Die Unterscheidung ist sinnvoller, als die Fugen nach den Topoi Spätbarock oder Frühklassik zu bewerten. Es wäre wünschenswert, wenn sich die Musikwissenschaft auf eine Neubewertung der Musik des 18. Jahrhunderts mit den Maßstäben der Zeit, wie in den Schriften Kochs geschildert, entschließen könnte! Mit diesen Fugen hat sich Friedemann Bach als großer Meister verabschiedet. Im Sinne der Erfüllung der väterlichen Norm wäre er hiermit ein Stümper (das wären dann aber auch Mozart und Beethoven in ihren Fugenversuchen, wenn man sie mit J.S. Bach vergliche). Ein Meister ist er aber nicht, weil er Fugen, sondern weil er ausdrucksstarke Musik schrieb und diese mit einer überkommenen Technik, die er für seine Zwecke, für sein Ausdrucksbedürfnis umformte. Nichts wäre leichter gewesen, als Fugen im Stile des Vaters zu schreiben. Doch Friedemann tut etwas anderes. Er erneuert die Fuge und führt die Tradition des Vaters fort. Er betet sie nicht nach! Friedemann benutzte die Fugentechnik nicht nur, weil bei ihm Stücke in dieser Technik bestellt wurden. Er kam als Organist sein Leben lang mit Fugen in Berührung. Wenn man sich anschaut, was er mit der Technik anstellt, wie er sich diese zu eigen macht, um das, was ihm vorschwebte, kompositorisch auszudrücken, wenn man sich anschaut, wie durchkonstriert die miniaturistischen Fugen im formalen Bereich sind, dann wird klar, daß er dieser väterlichen Mustergattung einen eigenen Stempel aufdrücken wollte. Das ist ihm hiermit gelungen. Denn Konstruktion und Emotion vereinigen sich hier zu einer höheren Ebene. Der angeblich äußerst modernere Carl Philipp Emanuel ist in seinen Fugenversuchen viel altmodischer, viel weniger innovativ. Er konnte sich mittels dieser Technik nicht ausdrücken. Ihm war es eine Fessel, Friedemann wurde darin frei! Ein Vergleich der Orgelfugen Wq 119 C.P.E. Bachs mit denen W.F. zeigt es.
Es gibt noch eine interessante Geschichte, die hier noch angemerkt werden soll: Es werden Wolfgang Amadeus Mozart Bearbeitungen von Fugen Johann Sebastian Bachs für Streichtrio zugeschrieben, nämlich die »6 dreistimmige Präludien und Fugen« KV3: 404a. In der Neuen Mozart Gesamtausgabe werden sie nicht mehr geführt. Die hier behandelte Fuge – transponiert nach e-Moll – bildet das Schlußstück dieser Streichtrios. Vier der hier Adagio benannten »Präludien« hat Mozart selbst komponiert. Die Anregung soll von van Swieten gekommen sein. Da das Autograph aber nicht erhalten ist, kann die Bearbeitung Mozart nicht zweifelsfrei zugeschrieben werden. Einer der wenigen Belege für eine Urheberschaft Mozarts ist folgender:

> *»...ich mach mir eben eine Collection von den Bachischen Fugen. – so wohl sebastian als Emanuel und friedemann [sic] Bach...«*[890]

Das beweist, daß Mozart sich zumindest Friedemanns »Acht Fugen« beim Baron van Swieten kopiert hatte. Und das Wort »Collection« würde das Wesen dieser Trios gut treffen. Ganz gleich, wer der wirkliche Urheber dieser Bearbeitungen war, ob Mozart oder nicht: Er hielt diese Fuge für so gut, daß er einen Zyklus, der mit Werken J.S. begonnen hatte, mit ihr beendete!

Anmerkungen

[864]Charles Rosen, *»Der klassische Stil«,* Kassel 1983, S.30

[865]Vgl. Zsolt Gárdonyi, Kontrapunkt. Fugenstrukturen bei J.S. Bach, Wolfenbüttel 1991, S.36

[866]Vgl. Gárdonyi, ebda.

[867]Gárdonyi, ebda.

[868]Friedrich Wilhelm Marpurg, Abhandlung von der Fuge, Nach den Grundsätzen und Exempeln der besten deutschen und ausländischen Meister entworfen, Berlin 1753/54

[869]Vgl. Peter Wollny: Bach, Wilhelm Friedemann [Artikel], in MGG² Personenteil, Kassel 1999, Band I, Sp.1546

[870]Vgl. Holtmeier, S.46

[871]Erwin Ratz: *»Über die Bedeutung der funktionellen Harmonielehre für die Erkenntnis des Wohltemperierten Klaviers«,* in Wege der Forschung Band CCLVII, Zur Musikalischen Analyse, Darmstadt 1974, S.41

[872]Vgl. Holtmeier, S.55

[873]Ebda.

[874]Holtmeier, S.55

[875]Das sagte mir Wolfgang Rihm einmal im persönlichen Gespräch, als ich fälschlicherweise davon sprach, in meinen Stücken eine Tradition aufzugreifen, obwohl diese in einer Tradition stehen. Anm.d.Verf.

[876]Helmut Lachenmann, *Anton Webern,* in: *Anton Webern,* von Hanspeter Krellmann, Hamburg 1975, S.143

[877]Vgl. Wollny, S. 234

[878]Friedrich Wilhelm Marpurg: »Abhandlung von der Fuge, zweyter Theil«, Berlin 1754, Vorwort

[879]Nach der Anfrage nach Genehmigung im Sinne des Zitatrechts wurde von der Edition Peters telefonisch mitgeteilt, daß es nichts zu genehmigen gäbe, da das Urheberrecht abgelaufen sei. Anm.d.Verf.

[880]Gárdonyi würde sagen, über eine »Authentische Doppelwendung« wird die +1-Ebene erreicht. Anm.d.Verf.

[881]Holtmeier, S.48

[882]Vgl. Holtmeier, S.48

[883]Holtmeier, S.48

[884]Vgl. ebda.

[885]Gárdonyi\ Nordhoff, Harmonik, S.57

[886]Ebda, S.61

[887]Gárdonyi, Kontrapunkt, S.38

[888]Gárdonyi, Kontrapunkt, S.51f.

[889]Holtmeier, S. 46-57

[890]Ernst Suchalla, Carl Philipp Emanuel Bach. Breife und Dokumente, Kritische Gesamtausgabe, 2 Bde. Göttingen 1994 (=Veröffentlichung der Joachim-Jungius Gesellschaft der Wissenschaften, Hamburg; Bd.80); Dok. 426; Dok. III; Nr.850; zitiert nach Kahmann, S.238

9. Zusammenfassung

Wilhelm Friedemann Bach verfügt über alle Kompositionstechniken des väterlichen Erbes und zeitgenössischer Erscheinungsformen. Seine Musik zeichnet sich vor allem durch ein Festhalten am polyphonen Denken aus, besitzt einen überaus harmonischen und musikalisch-poetischen Reichtum, der weit aus seiner Zeit hinausweist und eine Lust an kleinmotivischen Bezügen aufweist. Dabei schafft er Themenblöcke, die transponiert als Versatzstück im kompositorischen Kontext wiederkommen können. Jedoch wird dabei fast immer irgendein Parameter oder Moment des Blockes variiert. Dabei hält Friedemann auch an einmal gefundenen Modellen fest und verwendet sie später in anderen Stücken wieder, was allerdings auch sein Vater schon getan hat. Friedemann ist in der Lage, jederzeit zwischen »gebundenem« und »galantem Stile« zu wechseln. Friedemann schafft durch dieses Festhalten an einmal gefundenen Modellen und eben jenem Hin- und Herschalten zwischen gebunden und galant seinen ihm ganz eigenen Stil! Er bedient sich der Stilelemente nur, um sich darin auszudrücken, und erfüllt keine stilistischen Konventionen. Selbstzitate und Zitate aus den Werken des Vaters werden anverwandelt und in die Komposition obligat eingebunden. Die Verzierung wird zum Material, zum Motiv. Sein Stil begann sehr modern als Abgrenzung zum Vater in den 1730er Jahren. Die wesentlichen barocken Elemente behielt er bei. Friedemann blieb der norddeutschen Tradition treu, wenn man von einem albertischen Baß in der zweiten e-Moll Fantasie absieht. Auch ist das Diktum falsch, daß Friedemann sich generell den Neuerungen verschlossen habe. Friedemann und Carl Philipp Emanuel haben sich dem komischen Stil Italiens, den Orchesterexperimenten der Mannheimer verschlossen und einem wesentlichen Element, das den klassischen Stil ausmacht: der Periodenbildung. Bei beiden herrscht letztlich doch immer ein latenter barocker Puls vor und wenn Periodenbildungen vorkommen, dann sind sie so unregelmäßig, daß kein Periodenpuls im klassischen Sinne entstehen kann. Friedemann ist viel asymmetrischer in seiner Taktgruppierung, daß er eigentlich für die jungen Romantiker wie Schumann und Mendelssohn hätte aktuell sein können, diese orientierten sich aber am Werke des Vaters. Es ist leider nicht gesichert, ob diese Friedemanns Werke gekannt haben. Die Klassiker Haydn, Mozart und Beethoven orientierten sich allerdings am Werk Carl Philipp Emanuels. Das Studium der Quellenlage durch Wollny läßt den vorsichtigen Schluß zu, daß John Field Friedemanns Musik durch seinen Lehrer Clementi kennengelernt haben könnte. Wenn dem tatsächlich so sei, wirkte Friedemann über John Field direkt auf Chopin fort. Bedenkt man alle Konsequenzen, die sich dann aus Chopins Musik für den Impressionismus ergeben, müßte die ganze Entwicklung der Musik des 19. Jahrhunderts auf ihre Wurzeln hin neu untersucht werden! Der Autor steht zu dieser Annahme. Jenes Moment der kleinmotivischen Gestaltung aber, jene Intimität der Linie und jenes Suchen nach der Einheit von motivisch-thematischer Fortschreitung im Mikrokosmos und der harmonischen Übereinstimmung im Makrokosmos, finden wir erst wieder bei Brahms, der ein

Werk Friedemanns bearbeitete. Die Fantasien Friedemanns sind Fantasien eines Organisten, der mit Versatzstücken an der Orgel improvisiert, mit vorgefertigten Mustern. Sie können nicht den Rang einer eigenen Gattung wie die C.P.E. Bachs beanspruchen. Friedemann schafft dafür in seinen Polonaisen Charakterstücke, die weit ins 19. Jahrhundert hinaus weisen, und gar als Prototyp einer poetischen Musik erscheinen. Denn er komponiert in kleinen Zellen, die sich zu einer Art musikalischem Reimgebilde addieren. Die Harmonik der Polonaisen ist außerordentlich kühn: nicht nur eine überaus starke Chromatisierung des harmonischen Raumes ist feststellbar, sondern auch eine reiche Verwendung an verminderten Septakkorden, übermäßigen Akkorden und Dur- oder Mollvarianten mit gleichem Grundton. Eine gewisse Starrheit kann allerdings nicht abgesprochen werden: So hält Friedemann immer am dreistimmigen linearen Denken fest und kommt zu Zusammenklängen, die linear und nicht harmonisch berechtigt sind. Das mag einem als letzte Konsequenz aus dem Werk des Vaters erscheinen. Seine G-Dur Sonate ist wie eine Vorahnung der Sonaten Beethovens. Interessenten kann nur geraten werden, sich die Klavierkonzerte und die Sinfonien anzuschauen: Sie stehen denen C.P.E. Bachs in nichts nach und festigen Friedemanns Ruf. Auch das Kantatenwerk kann sich durchaus mit dem des Vaters messen, konnte in den Betrachtungen allerdings wie die Konzerte und Sinfonien nicht berücksichtigt werden. Bei anhaltendem Interesse der Leser kann sich der Autor diesem noch gerne widmen.

Die verbal-stilistische Unterscheidung für die homophonen Werke oder Teile eines Stückes als »galant« oder »frey« und die polyphonen Werke oder Teile eines Stückes als »gebunden« liefern einen wertfreien Blick auf die Musik jener Epoche, die man mit dem Wort »Vorklassik« geißelt. Sie beschreiben den Sachverhalt treffender als »nachbarock« oder »frühklassisch« und liefern eine neue\ alte Sicht auf die Musik des 18. Jahrhunderts. Waren doch im zeitgenössischen Lexikon\ bzw. in der musikwissenschaftlichen Abhandlung Heinrich Christoph Kochs selbst noch die Quartette Haydns und Mozarts als *»eigentümliche Vermischung des gebundenen und freyen Stils«*[891] charakterisiert. Warum sollten wir uns also anmaßen, das besser zu wissen, was die Zeitgenossen in ihrer Beurteilung sicher gewußt haben? Auch diese Studie hat jene Termini nicht immer angewendet. Zu sehr spuken noch die musikwissenschaftlichen und musikästhetischen Geister des 19. und 20. Jahrhunderts im Kopfe des Verfassers. Für eine Neubewertung der Musik einer ganzen Epoche schlägt der Autor folgendes vor: Künftige harmonische Analysen nur noch nach den Generalbaßfortschreitungen und eine stilistische Unterscheidung für die Musik der Mitte des 18. Jahrhunderts zwischen »galant und frei« und »gebunden« vorzunehmen. Somit stünde die Musik der Bach-Söhne nicht mehr »zwischen den Stühlen« und hätte ein wertfreies Bewertungskriterium.

Anmerkungen

[891]Heinrich Christoph Koch, Versuch einer Anleitung zur Komposition, Bd.3, Leipzig 1793, Nachdruck Hildesheim 1969, S.327

Anhang

Verzeichnis der Abkürzungen:

ADB	Allgemeine Deutsche Biographie Leipzig, 1875-1921
AmW	Archiv für Musikwissenschaft
BC	Hans-Joachim Schulze und Christoph Wolff, Bach Compendium, Analytisch-bibliographisches Repetitorium der Werke Bachs. Band I Teile 1-4, Leipzig, Peters 1985-1989
Bitter I. und II	Bitter, C.H.: Carl Philipp Emanuel und Wilhelm Friedemann Bach und deren Brüder. 2 Bde., Berlin 1868
Dok I-III	Bach–Dokumente, Hrsg. vom Bach Archiv Leipzig, Bd.1: Schriftstücke von der Hand Johann Sebastian Bachs. Vorgelegt und erläutert von Werner Neumann und Hans Joachim Schulze, Leipzig 1963; Bd.2: Fremdschriftliches und gedruckte Dokumente zur Lebensgeschichte Johann Sebastian Bachs 1685–1750. Kritische Gesamtausgabe. Vorgelegt und erläutert von Werner Neumann und Hans Joachim Schulze, Kassel, Basel, Paris, London, New York, Leipzig 1969; Bach–Dokumente, Hrsg. Vom Bach Archiv Leipzig, unter der Leitung von Werner Neumannn, Bd. 3: Dokumente zum Nachwirken Johann Sebastian Bachs 1750–1800, Vorgelegt und erläutert von Hans Joachim Schulze, Kassel, Basel, Tours, London, Leipzig 1972
Bach Reader	The Bach Reader. A Life of Johann Sebastien Bach in Letters and Documents. Ed. Hans T. David and Arthur Mendel. New York: Norton, 1945; rev. Edition, 1966
Batta	Batta, Andras (Hrsg.), Friesenhagen, Andreas (Autor): Die Brüder Bach. Leben und Werk zwischen Barock und Klassik, Köln 2000
BJ	Bach–Jahrbuch. Hrsg. Arnold Schering (1904–1939); Hrsg. Max Schneider (1940–1952); Hrsg. Alfred Dürr und Werner Neumann (1953–1974); Hrsg. Hans–Joachim Schulze und Christoph Wolff (1975ff.)
BWV	Wolfgang Schmieder. Thematisch–systematisches Verzeichnis der musikalischen Werke Johann Sebastian Bachs. Bach–Werke–Verzeichnis. Leipzig Breitkopf & Härtel, 1950; rev. und erweiterte Ausgabe: Wiesbaden: Breitkopf & Härtel, 1990.
Geck	Geck, Martin: Die Bach Söhne, Hamburg 2003

Gies	Gies, Stefan: Fehleinschätzung. Zu Wilhelm Friedemann Bachs Biographie, in: wilhelm friedemann bach der streitbare sohn, Hrsg. Michael Heinemann und Jörg Strodthoff, Dresden 2005
Gervink	Gervink, Manuel: Der Film Friedemann Bach, in: wilhelm friedemann bach der streitbare sohn, Hrsg. Michael Heinemann und Jörg Strodthoff, Dresden 2005
Falck	Falck, Martin: Wilhelm Friedemann Bach. Sein Leben und seine Werke mit thematischem Verzeichnis seiner Kompositionen und zwei Bildern, Leipzig 1913, 1919.
Fk	„Thematisches Verzeichnis der Kompositionen Wilhelm Friedemann Bachs.“ In Martin Falck. Wilhelm Friedemann Bach: Sein Leben und sein Werk Leipzig: Kahnt, 1913; repr. Hildesheim: Olms, 1977
Folter	Folter, Siegrun H: Private Libraries of Musicians and Musicologists: A Bibliography of Catalogs. Auction Catalogues of Music. Vol.7. Buren: Knuf, 1987
Forkel	Forkel, J.R.: Über Johann Sebastian Bach Leben, Kunst und Kunstwerke, Leipzig, 1802
H	Helm, Eugene: Thematic Catalogue of the Works of Carl Philipp Emanuel Bach. New Haven: Yale UP, 1989
Holtmeier	Holtmeier, Ludwig: "Decomposing the fugue". Überlegung zur Kompositionstechnik Wilhelm Friedemann Bachs, in: wilhelm friedemann bach der streitbare sohn, Hrsg. Michael Heinemann und Jörg Strodthoff, Dresden 2005
HS	Heinemann Michael und Strodthoff, Jörg: streitbar und umstritten in: wilhelm friedemann bach der streitbare sohn, Hrsg. Michael Heinemann und Jörg Strodthoff, Dresden 2005
Kahmann	Kahmann, Ulrich: Wilhelm Friedemann Bach Der unterschätzte Sohn, Bielefeld 2010
Kobayashi Chronologie	Kobayashi, Yoshitake: „Zur Chronologie der Spätwerke Johann Sebastian Bachs. Kompositions und Aufführungstätigkeit von 1736 bis 1750.“ Bach – Jahrbuch 74 (1988), 7 – 72, Kongressbericht Duisburg Johann Sebastian Bachs Spätwerk und dessen Umfeld. Bericht über das wissenschaftliche Symposion anlässlich des 61. Bachfestes der Neuen Bachgesellschaft, Duisburg 28. – 30. Mai 1986. Hrsg. Christoph Wolff. Kassel: Bärenreiter, 1988
Kühn	Kühn, Clemens: Elf Thesen zur Harmonik Wilhelm Friedemann Bachs, in: wilhelm friedemann bach der streitbare sohn, Hrsg. Michael Heinemann und Jörg Strodthoff, Dresden 2005

Lessing	Lessing, Wolfgang: Eine Klavierschule? Überlegungen zum didaktischen Selbstverständnis des Clavierbüchleins for Wilhelm Friedemann, in: wilhelm friedemann bach der streitbare sohn, Hrsg. Michael Heinemann und Jörg Strodthoff, Dresden 2005
Marpurg	Marpurg, Friedrich Wilhelm: Historisch kritische Beyträge zur Aufnahme der Musik. Bd.1. Reprografischer Nachdruck der Ausgabe, Berlin 1754 – 1755, Hildesheim, New York 1970
Mf	Die Musikforschung
NBA	Johann Sebastian Bach. Neue Ausgabe sämtlicher Werke (Neue Bach – Ausgabe). Ed. Johann – Sebastian – Bach – Institut Göttingen und Bach – Archiv Leipzig. Leipzig und Kassel: Bärenreiter, 1954ff. [NBA I/2 I, Band 2; KB = Kritischer Bericht]
Otterbach	Otterbach, Friedemann (Hrsg.): Bach, Briefe der Musikerfamilie, Frankfurt a. M. 1985
RISM	Repertoire International des Sources Musicalc
Pickmann	Pickmann, Yvonne: Wilhelm Friedemann Bach – Eine Chronik nach Dokumenten, in: wilhelm friedemann bach der streitbare sohn, Hrsg. Michael Heinemann und Jörg Strodthoff, Dresden 2005
Schulze	Schulze: Studien zur Bach-Überlieferung im 18. Jahrhundert, Leipzig 1984
Serauky II/1 II/2	Serauky, Walter: Musikgeschichte der Stadt Halle. Band II/ 1: Von Samuel Scheidt bis in die Zeit Georg Friedrich Händels und Johann Sebastian Bach. Halle: Waisenhaus, 1939. Band II/2: Von Von Wilhelm Friedemann Bach bis Robert Franz. Halle: Niemeyer, 1942
SIMG	Sammelbände der Internationalen Musikgesellschaft
Synofzik	Synofzik, Thomas: Flickwerk oder Gewebe? Beobachtungen zu einem Sonatensatz von Wilhelm Friedemann Bach, in: wilhelm friedemann bach der streitbare sohn, Hrsg. Michael Heinemann und Jörg Strodthoff, Dresden 2005
TVWV	Menke, Werner: Thematisches Verzeichnis der Vokalwerke von Georg Philipp Telemann. Band 1-2. Frankfurt am Main, Klostermann 1983
Weiss	Weiss, Stefan: Wilhelm Friedemann Bach in der fiktionalen Literatur, in: wilhelm friedemann bach der streitbare sohn, Hrsg. Michael Heinemann und Jörg Strodthoff, Dresden 2005
Vignal	Vignal, Marc: Die Bach – Söhne, Regensburg 1999
Wollny	Wollny, Peter: Studies in the Music of Friedemann Bach Sources and Style, (Diss.) Harvard 1993

Wq	Wotquenne, Alfred: Thematisches Verzeichnis der von Carl Philipp Emanuel Bach. Leipzig: Leipzig: Breitkopf & Härtel 1905; repr. Wiesbaden: Breitkopf & Härtel 1964

Abkürzung der Bibliotheken

Abkürzungen nach Peter Wollny, Studies in the Music of Friedemann Bach Sources and Style, (Diss.) Harvard 1993

A-GÖ	Benediktinerstift Göttweig
A-Sd	Salzburg, Dom – Musikarchiv
A-Wgm	Wien, Gesellschaft der Musikfreunde
A-WN	Wien, Österreichische Nationalbibliothek
B-Bc	Brüssel, Conservatoire Royal de Musique
B-Br	Brüssel, Conservatoire Royal Albert 1er
Ch-W	Winterthur, Stadtbibliothek
Ch-Zz	Zürich, Zentralbibliothek
D-B	Staatsbibliothek zu Berlin, Haus 2, ehemals Staatsbibliothek Preußischer Kulturbesitz
D-Bds	Staatsbibliothek zu Berlin, Haus 1, ehemals Deutsche Staatsbibliothek
D-Bhm	Berlin, Staatliche Hochschule für Musik und Darstellende Kunst (ehemals Königliche Akademische Hochschule für Musik)
D-BNms	Bonn, Musikwissenschaftliches Seminar der Universität
D-Dlb	Dresden, Sächsische Landes-bibliothek
D-Goa	Gotha, Augustinerkirche
D-GO1	Gotha, Forschungsbibliothek
D-Hs	Hamburg, Staats- und Universitätsbibliothek
D-Knh	Köln, Staatliche Hochschule für Musik (ehemals Conservatorium der Musik)
D-Knu	Köln, Universitäts- und Stadtbibliothek
D-Leb	Leipzig, Bach – Archiv
D-Lem	Leipzig, Musikbibliothek der Stadt
D-Leu	Leipzig, Universitätsbibliothek
D-Lr	Lüneburg, Ratsbibliothek
D-LÜh	Bibliothek der Hansestadt Lübeck
D-Müs	Münster, Santini – Bibliothek
D-SWl	Schwerin, Mecklenburgische Landesbibliothek, Musiksammlung
D-Wa	Wolfenbüttel, Niedersächsisches Staatsarchiv

DK-Kk	Kopenhagen, Det kongelige Bibliothek
F-Pc	Paris, Bibliothéque Nationale (ancien fonds du Conservatoire national de musique)
GB-Lbl	London, British Library
GB–Lrcm	Royal College of Music
I–Vc	Venedig, Biblioteca del Conservatorio
N–Oum	Oslo, Universitetsbiblioteket, Norsk Musiksamling
NL–Dhgm	Den Haag, Gemeente Museum
PL-GD	Danzig, Biblioteka Gdanska Polskiej
PL–Kj	Krakau, Biblioteka Jagiellonska
S-Smf	Stockholm, Stiftelsen Musikkulturens Främjande
US–CA	Cambridge (Mass.), Harvard University, Houghton Library
US–NH	New Haven, Yale University, Library of the School of Music
US–NYp	New York, Public Library
US–Wc	Washington (D.C.), Library of Congress

Verzeichnis der Werke Wilhelm Friedemann Bachs

BR = Bach Repetitorium, Nummern gemäß dem thematisch-systematischen Verzeichnis der Werke Wilhelm Friedemann Bachs von Peter Wollny. Da es noch zum Zeitpunkt der Enstehung dieser Arbeit in Vorbereitung ist, wird das vorläufige Verzeichnis benutzt, das in wilhelm friedemann bach - der streitbare sohn, Dresden, 2005 auf S. II4-II8 abgedruckt ist.

Klavier

1725	2 Allemandes (g-, g-Moll) (A 40-41=BWV 836-7), 2 Minuets (G-Dur, g-Moll) (A 42-43=BWV 842-2)
1726	4 Preludes (C-, C-Dur, e-, a-Moll) (A 44-47=BWV 924a, 925, 932, 931)
1730 - 35 [?]	Suite (g-Moll 1730), Scherzo (A 39, A 55a-b)=BWV 844/ 844a, zugeschrieben J.S. Bach)
1735/40	Bourlesca (auch Límitation de la Chasse) (C-Dur), La Reveille (C-Dur), Gigue (G-Dur), Präludium (c-Moll, 1740) (A 51 a-b, A 52, A 53 a-b, A 54)
1759	18 kleine Stücke für das mechanische Werk einer Standuhr im Köthener Schloß, (A 63-80, vormals J.S. Bach zugeschrieben, Vgl. BWV Anh. 133-150), darin enthalten u.a. Marsch [F-Dur], Polonaise [C-Dur]) (A 57, A 58)
1765	12 Polonaisen (C-Dur, c-Moll, D-Dur, d-Moll, Es-Dur, es-Moll, E-Dur, e-Moll, F-Dur, f-Moll, G-Dur, g-Moll), die ersten 6 Graf Vladimir Orlow in Petersburg gewidmet (A 27-28)
1770 [?]	Marsch (Es-Dur) (A 56)
1775 [?]	Andante (e-Moll), Allegro non troppo (G-Dur, verloren seit 1945), un poco allegro (C-Dur) (A 60, A 61, A62)

[?]	Menuet (g-Moll), Tempo di Minuet (d-Moll), Menuet (F-Dur), (auch als Werk C.P.E. Bachs überliefert, vgl. Wq 116/7), Ouvertüre (Es-Dur) (A 48, A 49 a-c, A 50, A 59)

Sonaten

1735	Sonate F-Dur (A 10) Sonate C-Dur, C-Dur (2 Fassungen; 1750²), F-Dur (3 Fassungen; 1740², nach 1750³) e-Moll (verloren) (A 1; A 2a, b; A 11a-c; A 9)
1745	Sonate D-Dur (per il Cembalo) Dresden, George Ernesto Stahl gewidmet (A 4)
1748	Sonate Es-Dur (pour Clavecin a Halle) (1748 dem preußischen Minister Wilhelm von Happe gewidmet; 1763² mit Widmung an Graf von Keyserlingk) (A7) Sonate A-Dur, Sonate B-Dur (1770 [?]) (A 15, A 16) Sonate C-, D-, Es-Dur (1775) (A 3, A 5, A 8) Sonate G-Dur (A 14)
1782	Sonate D-Dur für 2 Cembali (verloren) (A 6)

Fugen

1740	Fuge (F-Dur) (A 90)
1745/ vor 1758	Fuge (c-Moll) (A 89)
1774 - 78	8 Fugen (C, c, D, d, Es, e, B, f), 1778 Anna Amalia von Preußen gewidmet

Fantasien

1750 [?]	G-Dur (A 25)
1770 - 75	e-Moll (1770), c-, c-Moll, D-Dur, d-, d-. e-, a-Moll (A 23, A 18-22, A 24, 26)

Konzerte

1740	Concerto d duoi Cembali concertati (F-Dur), Concerto per il Cembalo solo (G-Dur, 2 Fassungen, 1775 [?][2]) (A 12, A 13 a-b) D-Dur, a-Moll (C 9, C 14) Es-Dur, F-Dur (C 10, C 13)
1745?	Es Dur für 2 Cembali (Klaviere) und Orchester (C 11)
1767	e-Moll, der Kurfürstin Maria Antonia von Sachsen gewidmet, handschriftlich am 29.07.1767 überreicht (C 12)
1775	D-Dur (ohne BR)
[?]	g-Moll (zweifelhaft, wahrscheinlich von J.C. Altnickol)
[?]	Konzert für Flöte und Orchester D-Dur (ohne BR)

Sinfonien

	5 Sinfonien (C-, F-, G-, G-, B-Dur) (verloren), Sinfonia A-Dur (frag.) (C 1-5, C 6), d-Moll
1755	D-Dur (C8)

Kammermusik

1733 - 1746	Sinfonien (C-, G -, G-, A-, B-Dur), (erwähnt bei Wolff, Bach Familie, S.300)
1740	3 Trios für 2 Flöten und Basso continuo (D-, D-Dur, a-Moll, Fragment B-Dur (erwähnt bei Wolff, Bach-Familie, S. 299) (B 13-15) 6 Duette für 2 Flöten (e-Moll, Es-, Es-, F-Dur, F-Moll, G-Dur) (B 1-6)
1746 - 1764	Sinfonie (d-Dur), (erwähnt bei Wolff, Bach-Familie, S. 300)
1758	Sinfonie (a-Moll), zitiert nach Blume, (erwähnt bei Wolff, Bach-Familie, S.300
vor 1762	Sonate /Trio B-Dur für Vl../Fl., Vl. und Basso continuo (B16)
1761, 1763	3 Sonaten für Fl. und B.c. (F-Dur, a-Moll, D-Dur; verschollen) (B 10-12)

1768	Trio für Vl. Cemb. (B-Dur) (Echtheit zweifelhaft) (o. BR)
1775	3 Duette für 2 Vla. (C-Dur, G-Dur, g-Moll) (B 7-9)
[?]	Sinfonie (d-Moll) für 2 Fl. Str., (erwähnt bei Wolff, Bach-Familie, S.300)

Orgel

1770 - 75	Fantasie C-Dur (A 17)
	2 Fugen F-Dur, g-Moll (A 91, A 92)
	3 Fugen (c-, a-Moll, B-Dur [Echtheit wird bezweifelt])
	7 Choralvorspiele (d-, g-, d-Moll, G-Dur, a-, g-Moll) (A 93 - 99)
	4 Choralvorspiele (Echtheit wird bezweifelt; verloren seit 1945) (A 101-104)
	Orgeltrio über »Allein Gott in der Höh« (verloren) (A 100)

Kantaten, Chorsätze

	»Wer mich liebet«, Pfingstkantate (F 13)
1749	»Lasset uns ablegen« (Johann Friedrich Möhring), Kantate zum 1. Advent (F 1) »Wohl dem, der den Herren fürchtet« (1750), Introduzione della predicazione del catechesmo (F 20) »Erzittert und fallet«, Fer. 1. Paschalis (F 9), »Der Herr wird mit Gerechtigkeit« (Möhring), Festo visitationis Mariae (F 18)
1752\ 53	»Heraus verblendete Hochmuth« (»Ach Gott, vom Himmel sieh darein«) (Stoppe), Dom. 10. post. trinit., z.T. Parodie (F 19) »Es ist eine Stimme eines Predigers« (Möhring) (1753?), Festo Ioannis e adv. Christi (F 17)

1755	»Der Herr zu deiner Rechten« (Möhring), Festo circumcisionis (F 5), »Wir sind Gottes Werke« (Möhring), Festo ascensionis (F 12), »Dies ist der Tag, da Jesu Leidenskraft« (Möhring, Sinfonie BR C8) (F 14) »Dienet dem Herren mit Freuden« (F 25)
1756	»Der Höchste erhöret das Flehen der Arme« (anlässlich der Abzugspredigt von Georg Ludwig Herrnschmidt am 3. Oktober 1756), z. T. Parodie (F 22)
1757	»Verhängnis dein Wüthen entkräftet die Armen« (anläßlich des Gedächtnisgottesdienstes für Sophia Dorothea von Preußen am 24. Juli 1757), z. T. Parodie (F 22)
1759 [?]	»Ehre sey Gott in der Höhe« (F 4)
1755-60	»Ach, daß du den Himmel zerrissest« (nach Johann Jakob Rambach, 2 Fassungen), Cantata festo nativ. Christi (F 3, F 16 [Parodie], »Ertönet, ihr seligen Völker« (z. T. Parodie auf BR F 19), Pfingstmusik (F 15)
1763	»Auf, Christen, posaunt« (1763, Kantate zur Feier des Hubertusburger Friedens, 2 Fassungen) (F 24, F 10 [Parodie] Kantate zur Geburtstagsfeier Friedrichs des Großen, 24. Januar 1756, Bezeichnung »Halle« beigefügt (erwähnt bei Bitter, Bach, S.175)
1764	»Wie schön leuchtet der Morgenstern«, Kantate Dom. 2. p. Epiph. (F 7)
1760 - 64	»Gott fähret auf mit Jauchzen« (J. J. Rambach), Festo ascensionis Christi (F 11)

[?]	»O Wunder, wer kann dieses fassen?« (Möhring), Weihnachtskantate (F 2) Kantate auf den 6. Sonntag nach dem Dreikönigsfest (erwähnt bei Bitter, Bach, S.177) »Ertönet, ihr heiligen«, Pfingstmusik (erwähnt bei Bitter, Bach, S.177) »Ihr Lichter jener schönen Höhen«, Dom. 6. p. Epiph. »Vergnügte Ruh«, z. T. Parodie von J.S. Bachs Kantaten BWV 170, 147 (erwähnt bei Wolff, Bach-Familie, S.300) Kyrie (und Gloria) g-Moll (Messe), Kyrie (und Gloria) d-Moll (Messe), Agnus Dei d-Moll (E 1, E 2, E 4,=E 2-5)

Motetten

?	erwähnt bei Bitter, Bach, S.174-177 »Aus tiefer Noth« »Du bist allein der Höchste« »Lobet Gott«

Arien

1753	Rezitativ »Wie ruhig ist doch meine Seele« (Mittelsatz eines dreisätzigen Pasticcios aus BWV 170/1 und BWV 147/1) (F 21)
1755	Arie »Laß dein Wehen in mir spielen« (Stoppe) (F 28) »O Himmel, schone« (Chor und Ensemble, Zum Geburtstag Friedrichs des Großen am 24. Januar 1756) (G 1)
1756	»O Himmel, schone« (Chor und Ensemble, Zum Geburtstag Friedrichs des Großen am 24. Januar 1756) (G 1)
1780 [?]	»Herz, mein Herz, sei ruhig«(Sopran und Cembalo) (H 1)

[?]	Arie »Der Trost gehöret nur für Kinder«(Möhring), Arie »Zerbrechet, zerreißt, Ihr schnöden Bande« (J. J. Rambach), Arienfragment »Gnade finden...des langen Kampfes schwere Last«(F 26, F 27, F 29)

Chorwerke

	a cappella: »Heilig ist Gott der Herr Zebaoth«(E 3) »Amen« und «Halleluja« (E 5, E 6) »Lobet Gott unsern Herrn Zebaoth«(E 7) »Erzittert, ihr brausenden Scharen«
	sonstige geistliche Musik: Deutsche Messe, z. T. Parodie (erwähnt bei Wolff, Bach-Familie), S.301

Oper

1778 - 79	»Lausus und Lydie« (unvollendet, nicht erhalten) (um 1778/79; Carl Martin Plümicke nach Jean Francois Marmonelli) (G 2)

Studien

1735 - 40	ca. 20 Kanons und Kontrapunktstudien (13 davon in Friedrich Wilhelm Marpurg, Abhandlung von der Fuge, Bd.2, Berlin 1754) (I 1)
1776 - 79	4 Tripelkanons a6 (C-, F-, F-Dur, g-Moll (in Johann Kirnberger, die Kunst des reinen Satzes, II/2, Berlin und Königsberg 1776-79, S.226-230) (I 2-5)
1771	Fugenexposition C-Dur (Aufzeichnung als Grundlage für eine Orgelimprovisation, bei einem Probespiel für das Organistenamt an St. Katharinen, Braunschweig am 14. Juni) (I 6)

1773	Studie nach B-A-C-H im Stammbuch von C. Fr. Cramer (23. Juli 1773) (I 7)

theoretische Schrift

vor 1754	»Abhandlung vom harmonischen Dreyklang« (1754 von Marpurg erwähnt, 1758 von W. F. selbst in der oben beschriebenen Zeitungsannonce angekündigt, nicht publiziert; verloren) (I 8)

Literaturverzeichnis

Batta, Andras (Hrsg.), Friesenhagen, Andreas (Autor): Die Brüder Bach. Leben und Werk zwischen Barock und Klassik, Köln 2000

Bitter, C.H.: Carl Philipp Emanuel und Wilhelm Friedemann Bach und deren Brüder. 2 Bde., Berlin 1868

Brachvogel, A. E.: Friedemann Bach. Kulturhistorischer Roman, Berlin o.J. [um 1910]

Dürr, Alfred: Zur Chronologie der Handschrift Johann Christoph Altnickols und Johann Friedrich Agricolas, BJ 56 (1970)

Geck, Martin: Die Bach Söhne, Hamburg 2003

Eggebrecht, Hans Heinrich: Musik im Abendland, München 1991, 2. Auflage 1998, S.567

Falck, Martin: Wilhelm Friedemann Bach. Sein Leben und seine Werke mit thematischem Verzeichnis seiner Kompositionen und zwei Bildern, Leipzig 1913, 1919

Folter, Siegrun H: Private Libraries of Musicians and Musicologists: A Bibliography of Catalogs. Auction Catalogues of Music. Vol.7. Buren: Knuf, 1987

Forkel, J.R.: Über Johann Sebastian Bach Leben, Kunst und Kunstwerke, Leipzig, 1802

Gárdonyi, Zsolt und Hubert Nordhoff: Harmonik Ein Lehrwerk, überarbeitete und verbesserte Neuauflage, Wolfenbüttel 2002

Gárdonyi, Zsolt: Kontrapunkt. Fugenstrukturen bei J.S. Bach, Wolfenbüttel 1991

Gies, Stefan: Fehleinschätzung. Zu Wilhelm Friedemann Bachs Biographie, in: wilhelm friedemann bach der streitbare sohn, Hrsg. Michael Heinemann und Jörg Strodthoff, Dresden 2005

Gervink, Manuel: Der Film Friedemann Bach, in: wilhelm friedemann bach der streitbare sohn, Hrsg. Michael Heinemann und Jörg Strodthoff, Dresden 2005

Gould, Glenn: Vom Konzertsaal zum Tonstudio, Schriften zur Musik 2, Juli 1992, München, Piper-Verlag September 2002

Guericke, Walrad: Friedemann in Braunschweig und Wolffenbüttel 1771-1774. Braunschweig, Sammlung Bartels; Bd.11

Helm, Eugene: Thematic Catalogue of the Works of Carl Philipp Emanuel Bach. New Haven: Yale UP, 1989

Hecker, Der Briefwechsel zwischen Goethe und Zelter, Band 3, Leipzig 1913-1918

Heinemann Michael und Strodthoff, Jörg: wilhelm friedemann bach der streitbare sohn, Hrsg. Michael Heinemann und Jörg Strodthoff, Dresden 2005

Holtmeier, Ludwig: »Decomposing the fugue«. Überlegung zur Kompositionstechnik Wilhelm Friedemann Bachs, in: wilhelm friedemann bach der streitbare sohn, Hrsg. Michael Heinemann und Jörg Strodthoff, Dresden 2005

Kahmann, Ulrich: Wilhelm Friedemann Bach Der unterschätzte Sohn, Bielefeld 2010

Koch, Heinrich Christoph: Musikalisches Lexikon, Frankfurt am Main 1802

Koch, Heinrich Christoph: Versuch einer Anleitung zur Komposition, Bd.3, Leipzig 1793, Nachdruck Hildesheim 1969

Kobayashi, Yoshitake: »Zur Chronologie der Spätwerke Johann Sebastian Bachs. Kompositions und Aufführungstätigkeit von 1736 bis 1750.« Bach – Jahrbuch 74 (1988), 7–72, Kongressbericht Duisburg Johann Sebastian Bachs Spätwerk und dessen Umfeld. Bericht über das wissenschaftliche Symposion anlässlich des 61. Bachfestes der Neuen Bachgesellschaft, Duisburg 28. – 30. Mai 1986. Hrsg. Christoph Wolff. Kassel: Bärenreiter, 1988

Kühn, Clemens: Elf Thesen zur Harmonik Wilhelm Friedemann Bachs, in: wilhelm friedemann bach der streitbare sohn, Hrsg. Michael Heinemann und Jörg Strodthoff, Dresden 2005

Lessing, Wolfgang: Eine Klavierschule? Überlegungen zum didaktischen Selbstverständnis des Clavierbüchleins for Wilhelm Friedemann, in: wilhelm friedemann bach der streitbare sohn, Hrsg. Michael Heinemann und Jörg Strodthoff, Dresden 2005

Marpurg, Friedrich Wilhelm: »Abhandlung von der Fuge«, Berlin 1753/1754; Reprint Laaber-Verlag 2002; 3. Auflage Bd1 2007

Marpurg, Friedrich Wilhelm: Historisch kritische Beyträge zur Aufnahme der Musik. Bd.1. Reprografischer Nachdruck der Ausgabe, Berlin 1754–1755, Hildesheim, New York 1970

Mattheson, Johann: Der vollkommene Kapellmeister, Hamburg 1739

Menke, Werner: Thematisches Verzeichnis der Vokalwerke von Georg Philipp Telemann. Band 1–2. Frankfurt am Main, Klostermann 1983

Otterbach, Friedemann (Hrsg.): Bach, Briefe der Musikerfamilie, Frankfurt a. M. 1985

Pickmann, Yvonne: Wilhelm Friedemann Bach – Eine Chronik nach Dokumenten, in: wilhelm friedemann bach der streitbare sohn, Hrsg. Michael Heinemann und Jörg Strodthoff, Dresden 2005

Prieger, Erich: Friedrich Wilhelm Rust. Ein Vorgänger Beethovens, Köln 1894

Ratz, Erwin: *»Über die Bedeutung der funktionellen Harmonielehre für die Erkenntnis des Wohltemperierten Klaviers«,* in Wege der Forschung Band CCLVII, Zur Musikalischen Analyse, Darmstadt 1974

Ratz, Erwin: Einführung in die musikalische Formenlehre, Universal Edition, Dritte, erweiterte und neugestaltete Auflage, Wien 1973

Reich, Willi: Arnold Schönberg oder der konservative Revolutionär, 1. Auflage 1968, München, dtv 1974

Rosen, Charles: *»Der klassische Stil«,* Kassel 1983

Schedl, Gerhard: Der formale Gedanke im permanenten Konflikt der zeitgenössischen Material-Klang-Diskussion, in: Musikalische Gestaltung im Spannungsfeld von Chaos und Ordnung, hrsg. von Otto Kolleritsch, Studien zur Wertungsforschung, Band 23, Wien, Graz, Universal Edition 1991

Schönberg, Arnold: Harmonielehre, Wien 1922, 1949, Wien, Universal Edition Auflage 1986

Schönberg, Arnold: Stil und Gedanke, Aufsätze Zur Musik (Gesammelte Schriften I), hg. von Ivan Vojtech, Frankfurt am Main, S. Fischer Verlag-GmbH 1976

Schubart, Chr. Fr. D.: Ästhetik der Tonkunst, Wien 1806

Serauky, Walter: Musikgeschichte der Stadt Halle. Band II/1: Von Samuel Scheidt bis in die Zeit Georg Friedrich Händels und Johann Sebastian Bach. Halle: Waisenhaus, 1939. Band II/2: Von Von Wilhelm Friedemann Bach bis Robert Franz. Halle: Niemeyer, 1942

Synofzik, Thomas: Flickwerk oder Gewebe? Beobachtungen zu einem Sonatensatz von Wilhelm Friedemann Bach, in: wilhelm friedemann bach der streitbare sohn, Hrsg. Michael Heinemann und Jörg Strodthoff, Dresden 2005

Trompke, Joseph: Tonsatz Lehrbuch und Übungen in historischen Satztechniken, Manuskript, Würzburg 2001

Uldall, Hans: Das Klavierkonzert der Berliner Schule, Leipzig, 1928

Vignal, Marc: Die Bach-Söhne, Regensburg 1999

Wolff, Christoph, Helm, E. Eugene, Warburton, Ernest u.a.: *Die Bach-Familie*, Stuttgart und Weimar 1993

Wollny, Peter: *Studies in the Music of Friedemann Bach Sources and Style*, (Diss.) Harvard 1993

Wollny, Peter: *Ein unbekanntes Autograph von Wilhelm Friedemann Bach*, in: Bach-Jahrbuch 80 (1994), S.185-190

Wollny, Peter: Ein Quellenfund in Kiew. Unbekannte Kontrapunktstudien von Johann Sebastian Bach und Wilhelm Friedemann Bach. In: Ulrich Leisinger (Hg.): Bach in Leipzig-Bach und Leipzig, Konferenzbericht, Leipzig 2000. Hildesheim 2002

Wollny, Peter: *Wilhelm Friedemann Bach´s Hale Performances of Cantatas by his Father*, in: Bach Studies 2 (1995), S.202-228

Wollny, Peter: Bach, Wilhelm Friedemann [Artikel], in MGG^2 Personenteil, Kassel 1999, Band I, Sp.1546

Wotquenne, Alfred: Thematisches Verzeichnis der von Carl Philipp Emanuel Bach. Leipzig: Breitkopf & Härtel 1905; repr. Wiesbaden: Breitkopf & Härtel 1964

***ibidem*-Verlag**

Melchiorstr. 15

D-70439 Stuttgart

info@ibidem-verlag.de

www.ibidem-verlag.de
www.ibidem.eu
www.edition-noema.de
www.autorenbetreuung.de